Armin Strohmeyr
Weltensammlerinnen

PIPER

Zu diesem Buch

Die dreiundsechzigjährige Amerikanerin Annie Taylor war
eine gewitzte Selbstvermarkterin. Bereits zu Beginn des
20. Jahrhunderts ließ sie sich auf die Klatschpresse ein, um ihr
waghalsiges Abenteuer zu finanzieren: sich in einem Fass die
Niagarafälle hinabzustürzen. Die Schweizerin Ella Maillart
heuerte gegen alle bürgerliche Vernunft anno 1924 in See-
hundmantel und gelben Golfschuhen als Matrosin an und
besegelte in den folgenden Jahren die Welt. Etwas eleganter,
aber nicht minder waghalsig war Clärenore Stinnes, deren
automobile Weltreise in der Adler-Limousine bis heute Maß-
stäbe im Motorsport gesetzt hat. Diese und weitere Pionie-
rinnen der Extreme porträtiert Armin Strohmeyr und ent-
führt uns ans Ende der Welt, auf höchste Gipfel, in heißeste
Wüsten und kälteste Meere.

Armin Strohmeyr ist promovierter Germanist und Autor viel
beachteter Biografien und Porträtsammlungen. Sein Buch
»Verkannte Pioniere« wurde von der Zeitschrift DAMALS
beim Wettbewerb »Historisches Buch des Jahres« mit dem
3. Platz prämiert und stand auf der Shortlist »Wissenschafts-
buch des Jahres« des Österreichischen Bundesministeriums
für Wissenschaft und Forschung. Im Piper Verlag erschienen
sechs Porträtsammlungen, zuletzt »Die leuchtenden Länder«,
und die Biografie »Annette Kolb«.

www.armin-strohmeyr.de

Armin Strohmeyr

Welten-
sammlerinnen

Spektakuläre Reiseabenteuer
mutiger Frauen

Mehr über unsere Autoren und Bücher:
www.piper.de

Von Armin Strohmeyr liegen im Piper Verlag vor:
Abenteuer reisender Frauen
Einflussreiche Frauen
Geheimnisvolle Frauen
Uns gehört die Welt
Die leuchtenden Länder
Annette Kolb
Weltensammlerinnen

Originalausgabe
ISBN 978-3-492-30966-0
1. Auflage Juni 2018
2. Auflage Juli 2018
© Piper Verlag GmbH, München 2018
Umschlaggestaltung: Büro Jorge Schmidt, München
Umschlagabbildung: PVED/Bridgeman Images; Universal History Archive/
UIG/Briedgeman Images
Satz: Kösel Media GmbH, Krugzell
Gesetzt aus der Berling
Druck und Bindung: CPI books GmbH, Leck
Printed in Germany

für Kathrin und Matthias

Inhalt

Annie Taylor (1838–1921)
Der Bezwingerin der Niagarafälle

Die Niagarafälle an der Grenze zwischen dem amerikanischen Bundesstaat New York und der kanadischen Provinz Ontario sind seit Langem ein Besuchermagnet. Mehr als achtzehn Millionen Touristen strömen jährlich in die Region. An drei Stellen, durch Inseln voneinander getrennt, schießen die Wassermassen des Niagara-Flusses, der Verbindung zwischen Eriesee und Ontariosee, tosend in die Tiefe. Der höchste und wasserreichste der drei Katarakte sind die Horseshoe Falls: Hier stürzt der Fluss dreiundfünfzig Meter hufeisenförmig hinab, wodurch ein dichter Nebel aus Gischt über dem »Pond«, dem unten liegenden Becken, wabert, auf dem das Ausflugsschiff »Maid of the Mist« (»Mädchen der Gischt«) seine Runden dreht.

Immer wieder waren und sind die Niagarafälle Schauplatz menschlicher Tragödien: Selbstmörder sprangen hier in die Tiefe; aber auch Menschen, die am Oberlauf verunglückten und ins Wasser stürzten, wurden von der Strömung mitgerissen und in den Katarakten zermalmt. Nur wenige hatten einen gleichermaßen flug- wie schwimmtüchtigen Schutzengel wie der siebenjährige Roger Woodward, der im Juni 1960 aus einem Motorboot in den Fluss fiel und die Fälle hinabstürzte: Bis auf ein paar Schürfwunden und eine leichte Gehirnerschütterung blieb der Junge, der von der »Maid of the Mist« geborgen wurde, unverletzt. Andere »Bezwinger« der Niagarafälle hatten meist weniger Glück: Von dem britischen Barbier Charles Stephens etwa, der sich 1920 in einem Wasserfass zu Tal stürzte, fand man später in den zertrümmerten Dauben nur noch einen Arm. Alles andere hatten die tosenden Wassermassen zerrissen und Richtung Ontariosee gespült.

Von den Verunglückten und Selbstmördern einmal abgesehen, gibt es seit über hundert Jahren die »Zunft« der »Daredevils« (der »wagemutigen Teufel«), die sich freiwillig und mehr todesmutig denn lebensmüde der Hölle der Niagarafälle ausliefern. Einer von ihnen war der genannte britische Barbier, der den Kitzel auf Leben und Tod verspüren wollte. Doch sie alle haben ein Vorbild, eine Art Urmutter des Wagemuts: Annie Taylor. Sie war die Erste, der es gelang, die Horseshoe Falls lebend (und fast unverletzt) zu überwinden – in einem Fass, der »Queen of the Mist«, der »Königin der Gischt«.

Annie Taylor, damals wohnhaft in Bay City am Huronsee, war bereits zweiundsechzig Jahre alt, als ihr der Schlüsselmoment ihres Lebens widerfuhr: Sie las im Juli des Jahres 1901 in der Zeitung *New York World* einen Artikel über die Pan-Amerika-Ausstellung in Buffalo und die nahe liegenden Niagarafälle, als ein Gedanke sie durchzuckte: »Ich legte die Zeitung weg, saß da und dachte nach, als mich wie ein Blitz der Gedanke anrührte: ›Überwinde die Niagarafälle in einem Fass. Keiner hat je dieses Kunststück vollbracht.‹« Annie Taylor geht mit Kalkül ans Werk: Zuerst muss ein Fass gezimmert werden, das robust genug ist, absolut wasserdicht, innen verstärkt und gepolstert. Sie begibt sich zur »West Bay City Cooperage Company« in der Fremont Street, einem Zulieferer der Brauerei Kolb, und trägt ihr Anliegen vor. Dort hält man die ältere Dame für verrückt, doch Geld stinkt bekanntlich nicht. Also machen sich die erfahrenen Böttcher ans Werk. Annie Taylor will aber nicht einfach nur die Wasserfälle hinabstürzen. Was nützte es ihr, wenn keiner das Spektakel »live« mitverfolgte? Sie beabsichtigt, zugleich die Leiter des Ruhms hinaufzuklettern. Und das geht, damals wie heute, nicht ohne eine befeuerte PR. Sie hat von einem Promoter gehört, einem Agenten, der Menschen und ihre Taten in die Klatschspalten der Zeitungen und Illustrierten bringt: Frank M.

Russell, der von seinen Klienten vertraulich »Tussy« genannt wird. Mit ihm schließt Annie Taylor einen Kontrakt und gibt sich zwanzig Jahre jünger aus – denn bereits damals verkauft sich Jugend gut. »Tussy« lanciert in der Presse Artikel über Mrs. Taylors todesmutige Absicht. Nun gibt es kein Zurück mehr: Will Annie Taylor nicht das Gesicht verlieren, so muss sie sich hinunterstürzen. Aber erst soll ein kleines, unschuldiges und wehrloses Wesen einen Probesturz vollführen: Annie Taylors Katze …

Eine junge Witwe

Annie kommt am 24. Oktober 1838 in der kleinen Stadt Auburn im Staat New York zur Welt. Ihre Eltern Merrick Edson und Lucretia Waring-Edson besitzen eine Getreidemühle am Owaco River, die der Familie – neben Annie hat das Ehepaar noch drei Töchter und vier Söhne – gute Einkünfte beschert. Annie ist erst zwölf, als der Vater stirbt. Die Trauer wiegt schwer. Aber anders als in ähnlichen Fällen in jener Zeit vor Einführung einer Sozialrente bedeutet der Tod des Ernährers nicht den Sturz in die Armut: Das angesparte Vermögen und der Verkauf der rentablen Mühle ermöglichen es der Witwe und ihren acht Kindern sogar ein recht komfortables Leben zu führen.

Annie erhält eine gediegene schulische Ausbildung – auch das ist für damalige Verhältnisse alles andere als selbstverständlich. Nach der Volksschule besucht sie das »Conference Seminary and Collegiate Institute« im fünfzig Meilen entfernten Charlottesville. Hier absolviert sie eine Ausbildung zur Lehrerin und legt mit siebzehn Jahren das Examen ab. Zu jener Zeit lernt sie einen jungen Mann kennen, den nur wenig älteren David Taylor. Nach nur kurzer Zeit heiraten die beiden. Bald kommt ein Sohn zur Welt, der jedoch nach wenigen Tagen stirbt. Annie und David bleiben kinderlos.

Annie Taylors Leben erfährt eine grundlegende (und letztlich tragische) Wende, als ihr Mann im Jahre 1864 im Amerikanischen Bürgerkrieg tödlich verwundet wird. Die erst fünfundzwanzigjährige Witwe genießt noch immer das Privileg, auf ein ererbtes Sparguthaben zurückgreifen zu können und nicht in Lohn und Brot stehen zu müssen, aber das macht die Einsamkeit nicht leichter. Sie wird zeitlebens keine dauerhafte Beziehung mehr eingehen und stattdessen ein ruheloses Dasein führen, das sie kreuz und quer durch die Vereinigten Staaten von Amerika führt, immer auf der Suche nach beruflicher Bestätigung, persönlicher Erfüllung und dem großen Abenteuer ihres Lebens ...

1865, nach dem Ende des Bürgerkriegs, zieht die Witwe in den befriedeten Süden des Landes, nach San Antonio in Texas, das damals noch stark mexikanisch geprägt ist und erst seit 1845 zu den Vereinigten Staaten gehört. Hier lebt eine Schulfreundin Annies, und hier findet die junge Witwe eine Anstellung als Lehrerin. Doch bald schon treibt es sie zurück in ihre neuenglische Heimat, in die Stadt New York. Des Unterrichtens überdrüssig, eröffnet sie in der Großstadt, die sich in jenen Jahrzehnten zur Metropole mausert, eine private Tanzschule. Ob und wo Annie Taylor das Tanzen gelernt hat, bleibt unklar. Vielleicht war sie auch nur eine begnadete Organisatorin.

Doch es hält Annie Taylor nirgends lange. Chattanooga/Tennessee, Birmingham/Alabama, San Francisco/Kalifornien, Washington/D.C., Chicago/Illinois, Indianapolis/Indiana und Syracuse/New York sind Stationen ihres nomadischen Lebens. Ihr ererbtes Vermögen, das bei größerer Umsicht eine Existenz in Unabhängigkeit ermöglicht hätte, schmilzt dahin. Ihr eigener Zuverdienst als Tanzlehrerin reicht nicht aus, zumal sie sich in den Jahren ihrer finanziellen Unabhängigkeit an einen gewissen Luxus gewöhnt hat.

Annie Taylors Lebensweg ist ein langsamer, aber stetiger, sich über Jahrzehnte hinziehender sozialer und seelischer Abstieg. Ihr Wille, eine »Heldentat« zu vollbringen, wird weniger von Wagemut denn von bitterer Not genährt. 1890 kommt sie nach Bay City in Michigan. Dass hier ihr Schicksal nochmals eine – wenn auch nur kurze – Wendung nehmen wird, ahnt sie nicht. Bay City liegt am Huronsee, einem der fünf Großen Seen der Vereinigten Staaten. Südöstlich liegt der Eriesee, dem sich flussabwärts wiederum der Ontariosee anschließt. Dazwischen: die Niagarafälle, deren Nimbus allein schon – damals wie heute – bei Millionen Menschen für erhabene Schönheit und gefährliche Wildheit steht und immer wieder auch Waghalsige verleitete, ihr Leben aufs Spiel zu setzen, im Verlangen, die Fälle zu bezwingen. Was zu jener Zeit für Bergsteiger der markante Gipfel des Matterhorns ist, sind für die »Daredevils« die Niagarafälle.

Der Reiz der Fälle strahlt weit über den amerikanischen Kontinent hinaus: Bereits im Jahre 1859 gelang es dem französischen Artisten Charles Blondin, die Niagarafälle auf einem dreihundertvierzig Meter langen, acht Zentimeter dicken Hochseil zu überqueren. Später wiederholte er sein Kunststück mehrmals, und jedes Mal unter erschwerten Bedingungen: mit verbundenen Augen, in einen Sack eingebunden, eine Schubkarre schiebend, auf Stelzen, seinen Manager auf dem Rücken tragend (der Promoter war von den Künsten seines Klienten wirklich überzeugt!) … Einmal setzte sich Blondin auch auf der Hälfte der Strecke auf dem Seil nieder und buk sich, in schwindelnder Höhe von rund fünfzig Metern über den donnernden Wassermassen, in aller Ruhe in einer mitgebrachten Pfanne auf einem Kocher ein Omelett, das er mit sichtlichem Appetit – Sport macht bekanntlich hungrig – verzehrte. Ein andermal stellte er einen einbeinigen Stuhl auf das Seil und setzte sich hin, um in aller Seelenruh das Spektakel unter sich zu betrachten – während den Zuschauern das Herz in die Hose rutschte.

Blondin ging später nach Irland und England und zeigte dort noch bis ins Alter seine wagemutigen Kunststücke. Er wurde steinreich, heiratete drei Mal, zeugte mehrere Kinder und starb mit beinahe dreiundsiebzig Jahren an den Folgen von Diabetes in seinem Haus »Niagara« in London.

Doch auch andere »Daredevils« forderten die Niagarafälle heraus. Einer von ihnen war der Engländer Matthew Webb, der als Langstreckenschwimmer Erfolge feierte und 1875 als erster Mensch die dreiunddreißig Kilometer breite Meeresenge zwischen Dover und Calais schwimmend in nur knapp zweiundzwanzig Stunden durchquerte. Acht Jahre später wagte sich Webb an die Durchquerung der gefährlichen Stromschnellen unterhalb der Niagarafälle. Er hatte keine Chance: Er wurde von den Strudeln hinabgezogen und ertrank.

Drei Jahre später wagte ein anderer Brite es – englische Verschrobenheit spielte hierbei wohl eine Rolle –, die »Whirlpool Rapids« schwimmend zu durchqueren, diesmal aber mit einem Hilfsmittel, einem Fass: Carlisle Graham gelang das Kunststück mehrmals, zuletzt im Juli 1901, ohne zu Schaden zu kommen. Auf die Idee, sich die Fälle in einem Fass hinabzustürzen, kam er freilich nicht. Das sollte drei Monate später eine Frau versuchen …

Entschluss und Vorbereitungen

Annie Taylor sitzt in jenem Sommer 1901 in Bay City, pleite, vereinsamt, an der Schwelle zum Alter, ohne Perspektive auf einen Ausweg aus ihrer Misere. Mit hoher Wahrscheinlichkeit liest sie einen Artikel über Carlisle Graham, der am 15. Juli in der *New York Times* erscheint:

»Carlisle D. Graham hielt heute wieder sein Versprechen und machte eine weitere Fahrt durch die ›Whirlpool Rapids‹. Das ist die fünfte Kerbe in seinem Ruhmesstab, da er bereits fünf Mal dem Wasser getrotzt hat, das durch den engsten Bereich der

Niagaraschlucht fließt. Die anderen Male waren 1886, 1887 und 1889. Aber Graham ist seither älter geworden, und heute machte er die Fahrt im Wissen, dass er über ein halbes Jahrhundert gesehen hat und nun beinahe zweihundert Pfund wiegt. Er gab zu, dass seine jetzige Kondition nicht so gut ist, wie sie es war, als er früher die Fahrt machte.

Das Fass, das er benutzte, war dasselbe, das ihm schon 1889 dienlich war. Es ist ungefähr fünf Fuß hoch und in der Mitte breiter als an den Enden. Es wurde so gewichtet, dass es aufrecht treiben würde, aber Grahams Gewicht warf es auf eine Seite, und so ritt es auf den schaumgepeitschten Wassern. Das Fass wurde bei Anbruch des Tages zu Wasser gelassen, ohne dass die Behörden dagegen einschreiten konnten. Er startete seinen Trip von einem alten Kai, mehrere Hundert Fuß stromaufwärts. Nachdem er das Fass um 3.25 Uhr bestiegen hatte, wurde es von einem Boot in den Fluss hinausgeschleppt und dort der Strömung überlassen. Statt gerade zu den Stromschnellen zu treiben, blieb es in einem Strudel hängen und gelangte erst nach fünfundzwanzig Minuten wieder zurück in die Hauptströmung.

Als das Fass die Schnellen passierte, wurde es fürchterlich hin und her geworfen, mehrere Male verschwand es aus dem Blick. Aber nach drei Minuten war das rote Objekt wieder zu sehen, wie es auf dem Whirlpool trieb. Die Strömung trug es sicher hinüber zur kanadischen Seite, ohne dass es im Becken kreiste, und ein paar Männer konnten es fassen und an Land ziehen. Als man Graham herauszog, war er beinahe erstickt. Wahrscheinlich war das seine letzte Fahrt im Fass, aber in ein paar Wochen will er auf andere Weise durch die Stromschnellen hindurch. Viele konnten es kaum glauben, dass er in dem Fass war, so gefährlich erschien ihnen der Trip.«

Annie Taylor muss diesen Artikel gekannt haben. Auch sie gewichtet drei Monate später ihr Fass, damit es aufrecht schwimmt. Und: Sie mag durch die dunkle Andeutung des Berichterstatters, Graham wolle in ein paar Wochen »auf andere Weise durch die Stromschnellen hindurch«, dazu animiert worden sein, dem

Briten zuvorzukommen. Und was soll auch mit der »anderen Weise« gemeint sein, die Stromschnellen zu bezwingen? In einem anderen, verbesserten Gefährt? Oder gar: nicht seitlich durch den »Whirlpool« treibend, sondern sich die Horseshoe Falls hinabstürzend? Annie Taylor sah sich angestachelt, den Ruhm, den der Brite wiederholt einheimste, selbst zu ernten und sich weitere Sensationen und Kunststücke nicht von ihm »wegnehmen« zu lassen.

Der wichtigste Impuls für sie ist jedoch ihre finanzielle Misere, wie sie später selbst zugibt: »Für eine Frau [wie mich], die ihr ganzes Leben lang Geld hatte und eine feine Umgebung und den Umgang mit kultivierten Menschen gewohnt war, war es schrecklich, arm zu sein.« Und sie führt aus: »Ich war immer gut gekleidet, ein Mitglied und regelmäßiger Besucher der ›Episcopal Church‹, und mein engster Nachbar hatte nicht die leiseste Ahnung, woher ich mein Geld hatte, wie viel ich hatte, noch, wie ich es ausgab. Meine Verwandten sandten mir jeden Monat eine bestimmte Summe, aber es wurde nur widerwillig gegeben, und so entschloss ich mich, keines mehr anzunehmen.«

Ob es stimmt, dass Annie Taylor freiwillig auf die ihr geleistete monatliche Rente aus dem väterlichen Erbe verzichtete, sei dahingestellt. Tatsache ist, dass ihr um 1900 das Geld ausgeht und die Verzweiflung in ihr wächst. Der Entschluss, sich die Niagarafälle hinabstürzen zu wollen, ist nicht das Ergebnis nüchternen Abwägens, sondern aus dem Augenblick geboren, es ist die Eingebung einer fixen Idee wider alle Vorsicht und Vernunft.

Annie Taylor macht sich sofort ans Werk: In einer Böttcherei, die auf die Anfertigung von Brauereifässern spezialisiert ist, bestellt sie (wohl auf Pump) ein Fass nach ihren Maßen und Anweisungen: Es ist rund hundertvierzig Zentimeter hoch und damit kleiner als Annie Taylor, die – wie Fotos, die sie neben dem Originalfass zeigen, beweisen – etwa hundertfünfundfünfzig bis hundertsechzig Zentimeter groß gewesen sein muss. In der Mitte misst das bauchige Fass etwa neunzig Zentimeter im

Durchmesser. Die Dauben sind mit starken Eisenbändern armiert. Im Innern wird das Fass mit Kissen gepolstert und – das ist wesentlich – mit einem Lederkorsett versehen, um den Körper zu stützen und somit gegen harte Stöße zu schützen. Denn Annie Taylor ahnt, dass bereits der harte Aufprall am unteren Ende des Wasserfalls oder eine Kollision mit einem Felsen ausreichen kann, um einem nicht geschützten Menschen tödliche Verletzungen zuzufügen. Bald ist das Fass fertiggestellt und wird von der Auftraggeberin inspiziert. Unter den Augen der Böttcher steigt die inzwischen etwas füllige ältere Matrone, angetan mit einem schwarzen, bodenlangen Kleid und einem riesigen Damenhut, über eine Leiter in das Behältnis. Man kann sich gut ausmalen, wie die Arbeiter, als die Dame in dem Fass steckt und deren Gesichter nicht sehen können, mit den Augen rollen, anzüglich grinsen und sich dumme Bemerkungen zuflüstern. Bier im Fass, das kennen sie, aber eine ältere Dame? Aber, nun ja, der Kunde ist König …

Unterdessen geht ein weiterer Bericht über Fahrten durch die Stromschnellen durch die Presse. Und diesmal waren es Frauen, die in ein Fass gestiegen sind: Am 6. September 1901 durchquerte Margaret Wagenfuhrer die Stromschnellen, tags darauf Maude Willard. Letztere kam bei dem Unternehmen ums Leben, da ihr Fass fünf Stunden lang in einem Strudel stecken blieb. Als man das Fass schließlich barg, war die Passagierin längst erstickt.

Sicherlich lässt das Annie Taylor aufhorchen. Sie will sich nicht den Titel nehmen lassen, als erster Mensch – und als erste Frau – die Wasserfälle zu bezwingen! Aber sie hat durch Maude Willards tödlichen Unfall vor Augen geführt bekommen, wie gefährlich die Wasserfälle und die Stromschnellen sind, und wie genau alles bedacht und vorbereitet werden muss.

Annie Taylor inspiziert alles kritisch. Sie lässt sich in das Korsett schnallen, lässt den Korkdeckel auf das Fass nageln. Dann rollen die Arbeiter, wie ihnen geheißen, das Fass in der Fabrikhalle herum und lassen es auch gegen eine Wand krachen. Die

Passagierin will schließlich wissen, wie gut die Polsterung und das Stützkorsett gegen Stöße schützen. Als die Arbeiter das Fass wieder senkrecht stellen und den Deckel aufhebeln, klettert die ältere Dame unverletzt und tapfer lächelnd heraus. Ein paar kleine Änderungen und Besserungen werden noch angebracht. Zudem wird auf ihren Wunsch hin auf die Außenwand des Fasses in großen Lettern die Aufschrift »Queen of the Mist«, »Königin der Gischt« gepinselt. Dann ist die verrückte Kundin zufrieden und ordnet an, ihr das Fass nach Hause zu liefern. – So könnte es sich in der Böttcherei zugetragen haben.

Eine PR-Kampagne

Natürlich nützte es Annie Taylor wenig, den Niagararitt in ihrem Fass zu wagen, wenn die Öffentlichkeit davon nichts erführe. Sie will ihre Knochen nicht um sportlicher Ambition willen wagen, sondern weil sie sich durch die Publicity eine Sanierung ihrer Finanzen erhofft. Ein PR-Manager muss die Sache professionell vorbereiten und vermarkten, und so schließt sie mit dem damals bekannten Promoter Frank M. Russell einen Kontrakt. Russell hat sich im Bundesstaat Michigan auf Karnevalsveranstaltungen spezialisiert, und wahrscheinlich hegt auch er die Hoffnung, endlich einmal den Events mit verordneter Lustigkeit entkommen zu können und als Agent eine Klasse höher zu spielen.

Russell macht sich sogleich an die Arbeit. Er sendet Pressemitteilungen an diverse Zeitungen, verheimlicht aber zunächst den Namen seiner Klientin – vielleicht, um sie vor unliebsamen Interviewjägern zu schützen, vielleicht auch, um nicht selbsternannte Moralapostel auf den Plan zu rufen, die in so einer Veranstaltung eine Verunglimpfung des weiblichen Rollenverständnisses sehen könnten. Zudem lässt Russell am 8. Oktober 1901 das Fass, die »Queen of the Mist«, im Schaufenster eines Ladens an der Ecke Center Avenue und Saginaw Street in Bay

City aufstellen. Zwei Tage später lässt Russell das Fass zu den Niagarafällen transportieren. Wiederum zwei Tage später packt Annie Taylor ihre Siebensachen und begibt sich zum Bahnhofsgebäude der Pere Marquette Railway Company in Bay City. Inzwischen hat Russell das Geheimnis der Identität der Fasspassagierin gelüftet, und Annie Taylor wird von einem Reporter der örtlichen *Bay City Times Press* bereits erwartet. Auf seine Frage, wie sie zu dem beabsichtigten Wagnis denn stehe, antwortet sie freimütig: »Ich wäre lieber tot, als dass ich in meinen gegenwärtigen Lebensumständen weiter verharrte.« Ob sie denn die Absicht hege, Selbstmord zu begehen? Annie Taylor: »Auf keinen Fall, ich bin zu sehr Episcopanerin, als dass ich so etwas tun würde. Ich glaube an einen Höheren Herrscher, und bin mir dessen gewärtig, was eine Selbsttötung im Jenseits bedeutete. Meine Eltern waren Christen, und ich wurde im christlichen Sinne erzogen und unterrichtet.« Der Journalist scheint indes etwas schwer von Begriff zu sein. Er kann nicht akzeptieren, dass eine Frau sich freiwillig, ohne eingetrübte Sinne, ohne lebensmüde zu sein, die fast sechzig Meter hohen Wasserfälle hinabzustürzen gedenkt. Erneut fragt er sie, was ihr denn diese selbstmörderische Idee in den Kopf gesetzt habe? Annie Taylor antwortet unbeirrt und gelassen:

»Das ist keine selbstmörderische Idee. Ich habe größtes Vertrauen, dass mir der Sturz über die Fälle unbeschadet gelingen wird. Das Fass ist gut und fest, und sein Inneres wird mit Kissen gepolstert, sodass die rollenden Bewegungen mir nicht schaden werden. Übrigens werde ich auch Riemen haben, an denen ich mich festhalten kann. An einem Ende des Fasses wird auch ein Gewicht angebracht, sodass Luft am oberen Ende, wo mein Kopf sein wird, durch ein Ventil einströmen kann.

Natürlich wird es nötig sein, das Fass mehr als eine Meile oberhalb der Fälle zu Wasser zu lassen. Es wird natürlicherweise auf dem Weg flussabwärts beträchtlich rollen […]. Das Ventil wird sich schließen, wenn es über die Kante hinabgeht.

Ich schätze, dass ich, nachdem das Fass luftdicht gemacht

worden ist, fast eine Stunde lang darin überleben kann. Und wenn alles funktioniert, wie ich es erwarte, wird das Fass weit vor diesem Zeitpunkt wieder auftauchen. Dann kann ich das Ventil wieder öffnen, um Luft hereinzulassen. An der Außenwand des Fasses werden Riemen befestigt, sodass es den Rettungskräften keine Schwierigkeiten machen wird, das Fass anzuseilen und in Sicherheit zu bringen, wo man mich dann befreien kann.«

Freilich, ganz so überzeugt ist Annie Taylor von ihrem Vorhaben nicht. Doch das darf sie sich niemandem gegenüber anmerken lassen, nicht den Reportern, nicht ihrem Manager, nicht den Helfern. Sie beschließt, in einem Tierversuch die Gefährlichkeit ihres Vorhabens zu sondieren. Der unfreiwillige Passagier: ihre kleine Katze. Am 18. Oktober 1901 bindet Annie Taylor das vor Angst fauchende und strampelnde Tier in das Fass, Helfer schließen den Deckel fachmännisch und lassen das Fass etwas oberhalb der Horseshoe Falls zu Wasser. Rasch wird es von der mächtigen Strömung erfasst und zur Bruchkante getrieben. Unterhalb der Fälle warten Helfer am Ufer. Sie sehen das Fass an der oberen Kante der Wasserfälle für einen Moment, dann kippt es, stürzt hinab und verschwindet in einem Nebel aus Gischt. Minuten vergehen. Die Männer spähen angestrengt nach dem Fass. Ist es untergegangen? Oder gar zerschellt? Da plötzlich taucht das Fass aus dem Wassernebel auf, es schwimmt aufrecht und wird von der nun ruhiger werdenden Strömung zum Rand des Beckens getrieben. Die Männer besteigen rasch einen Kahn und rudern zu dem Fass, holen es mit Haken heran, binden es fest und ziehen es an Land. Unterdessen ist auch Annie Taylor herbeigeeilt. Die Männer öffnen vorsichtig das Fass. Insgeheim befürchten sie, die Katze habe sich bei dem Aufprall das Genick gebrochen. Doch sie lebt! Ein kümmerliches Miauen schallt ihnen entgegen. Annie Taylor langt in das Fass hinein, bindet die Katze los und hebt sie heraus. Das Tier steht unter Schock, ist am Kopf verletzt, aber nicht ernsthaft. Annie Taylor drückt es an sich, streichelt es, redet ihm gut zu, bettet es dann in ein Körbchen. Alle sind froh und erleichtert: Die Katze hat den Sturz ohne größere Schäden überstanden. Die Probe aufs Exempel ist geglückt. Es gilt nun noch, die Polsterung und die Lederhalterungen zu verbessern. Fest steht jedoch: Der Niagarasturz ist möglich!

Alle sind guter Dinge, und der Agent Russell lanciert tags darauf in der *Bay City Times Press* den folgenden Artikel:

»Mrs. Taylor jagt über die Niagarafälle.

Die Gattin des Managers kommt vom Schauplatz zurück und sagt, die Frau sei dazu bestimmt, morgen über den großen Katarakt zu jagen.

Mrs. F.M. Russell […] kehrte gestern Nachmittag von den Niagarafällen zurück. Sie informierte einen Reporter der *Times Press* heute Morgen, dass ihr Ehemann, der Manager von Mrs. Anna Edson Taylor, absolutes Vertrauen in seine Fähigkeit hat, die Frau spätestens morgen über den Katarakt zu schicken. Mrs. Russell sagte weiter, dass Mrs. Taylor fest entschlossen ist, den Versuch zu unternehmen, und dass sie sich – sollten die Behörden es probieren, ihre Absichten zu vereiteln – den Protesten zum Trotz ins Wasser werfen würde. Mr. Russell, dem vom Polizeichef von Niagara Falls, New York, amtlich mitgeteilt wurde, er würde verantwortlich sein für den Tod Mrs. Taylors, sollte sie bei dem Abenteuer ums Leben kommen, hat darüber juristischen Rat eingeholt und ist überzeugt, dass er juristisch nicht zu belangen ist. Als Mrs. Russell gestern nach Hause fuhr, hatte ihr Mann noch die Absicht, das leere Fass probeweise hinunterzuschicken: Wenn es nicht zerschellt, so sei man äußerst hoffnungsvoll, dass die Fahrt vergleichsweise sicher durchgeführt werden kann. Es wird geglaubt, dass das Fass nicht mit dem Wasser hinabsinken wird, wenn es über die Kante des Abgrunds fällt, sondern dass es infolge der gewaltigen Kraft hinter sich klar aus dem Wasser herausschießen wird. Das Fass wird auf Höhe der Geißeninsel zu Wasser gelassen werden.«

So weit der Artikel vom 19. Oktober. An dessen Ende bekräftigt die Frau des Agenten nochmals Annie Taylors Willenskraft:

»[…] es bestehen kaum Zweifel, dass Mrs. Taylor morgen den Plan ausführen wird. Sie hat, seitdem sie Bay City verlassen hat, nicht eine Minute die Nerven verloren.«

Die Fahrt wird freilich nochmals um vier Tage verschoben. Die Gründe hierfür bleiben unklar. Vielleicht ist Annie Taylor doch etwas beunruhigt darüber, dass die Katze (diesen Tieren sagt man bekanntlich sieben Leben nach) bei dem Aufprall verletzt wurde (was der Presse verschwiegen wird). Also werden noch Verbesserungen an der Innenkonstruktion des Fasses vorgenommen. Ein anderer Grund für die Verzögerung dürfte darin liegen, dass die Abenteurerin am 24. Oktober 1901 ihren dreiundsechzigsten Geburtstag begeht (vor der Öffentlichkeit macht sie sich zwanzig Jahre jünger, und man nimmt es ihr eine Zeit lang sogar ab). Ein Höllensturz über die Niagarafälle am Geburtstag – das zieht als PR-Event besonders!

Der Höllensturz

Der Morgen des 24. Oktober 1901 bricht an. Es ist Annie Taylors 63. Geburtstag. Es wird der wichtigste Tag ihres Lebens werden, ein Tag auf Leben und Tod. Wie sie den Vormittag verbracht hat, wissen wir nicht, vielleicht mit einer kleinen Feier im Beisein von Freunden und ihres Agenten. Wahrscheinlich wird sie sich kaum über die Glückwünsche und Geschenke gefreut haben, denn ihr ganzes Denken und Fühlen ist an jenem Tag vom bevorstehenden Wagnis der Niagarafahrt überschattet. Vielleicht betet sie – nach eigenen Angaben ist sie sehr religiös – und bittet ihren Schöpfer um Beistand und Vergebung ihrer Verfehlungen. Sie ist sicherlich nicht so blauäugig, um das Risiko des Unternehmens nicht recht einzuschätzen. Auch wenn ihre Katze den Sturz überlebt hat, heißt das für sie, Annie Taylor, noch gar nichts. Sie weiß: Ihre Chancen, unbeschadet zu überleben, sind niedriger als das Risiko, schwer verletzt oder gar getötet zu werden. Es ist anzunehmen, dass ihr 63. Geburtstag eher ein Tag der Zweifel und der Todesangst gewesen ist. Ob sie in jener Nacht Schlaf gefunden hat, ist fraglich. Wahrscheinlich ist sie in ihren Nachtmahren von Fässern verfolgt worden, die schäumende, brodelnde Katarakte hinabstürzen und an Felsbrocken zerschellen …

Zäh verrinnen die Minuten und Stunden, und Annie Taylor wird immer unruhiger. Endlich kommt der Nachmittag heran. Annie Taylor und ihr Promoter Russell besteigen einen Wagen und fahren zu einer Uferstelle, etwa eine Meile oberhalb der Niagarafälle. Der Ort selbst wurde geheim gehalten, man will vermeiden, dass die Polizei im letzten Moment auftaucht, das Fass beschlagnahmt, die Niagara-Abenteurerin in Gewahrsam nimmt und damit das ganze Unternehmen durchkreuzt. Die eingeladenen Reporter, darunter von der angesehenen, überregionalen *New York Times*, warten unterdessen unterhalb der Fälle, am Ufer des »Whirlpool«-Beckens, in der Hoffnung, einen Blick auf das Fass zu erhaschen, wie es über die obere Kante geschossen kommt und in die Tiefe stürzt. Die Reporter sind nicht allein. Russells PR-Arbeit zeigt Wirkung: Tausende Menschen sind herbeigeströmt und tummeln sich an den Ufern des Beckens, um den todesmutigen Sturz mitzuverfolgen …

Die Helfer erwarten Annie Taylor bereits. Russell verabschiedet sich von seiner Klientin, wünscht ihr eine glückliche Fahrt und eilt hinunter zum Becken, um vor Ort zu sein, wenn das Fass aus der Gischt auftaucht und man die Tonne samt »Daredevil«-Abenteurerin aus den Fluten fischt. Unterdessen laufen die Vorbereitungen oberhalb der Horseshoe-Fälle rasch und routiniert ab: In einem Kahn rudern die Helfer samt Annie Taylor und dem Fass zu einer kleinen Insel im Fluss. Hier beschweren sie den Fassboden mit einem Amboss von zweihundert Pfund, damit das Gefährt nach Möglichkeit aufrecht schwimmt und nicht zur Seite rollt. Annie Taylor steigt hinein. Sie hat ihren besten Rock und eine weiße, gestärkte Bluse angezogen, zudem ihre Sonntagsschuhe, denn sie will, sollte sie den Sturz überleben, adrett vor den Pressekameras stehen. Die Helfer zurren die Passagierin der »Queen of the Mist« im Lederkorsett fest, arretieren vor allem Hals und Kopf. Ein letztes »good luck!«, dann pressen die Männer den Korkdeckel auf das Fass, versiegeln es, pumpen noch Luft ins Innere, schließen das Ventil. Vorsichtig zerren sie das Fass ins Boot, rudern ein paar Meter hinaus und lassen die »Queen of the Mist« zu Wasser. Es ist genau 16.05 Uhr. Sofort wird die Tonne von der Strömung erfasst und in die Mitte des Flusses getrieben. Rasch bewegt sich das Fass stromabwärts und entschwindet aus dem Blickfeld der Helfer.

Entlang des Flusses sind Posten aufgestellt, die nach dem Fass Ausschau halten und die Uhrzeit mitprotokollieren. Genau achtzehn Minuten ist die »Queen of the Mist« unterwegs, bis sie auf der kanadischen Seite des Flusses die Sturzkante des »Horseshoe«-Falls erreicht. Was Annie Taylor in diesen achtzehn Minuten gedacht und empfunden hat, wissen wir nicht. Sie hat sich darüber später nicht geäußert, jedenfalls nicht gegenüber der Presse. Vielleicht wollte sie sich nicht äußern, weil es zu intim war, vielleicht konnte sie sich nicht äußern, weil ihr die Worte für die wechselnden Empfindungen zwischen Hoffnung wider alle Vernunft und Todesangst fehlten.

Es ist 16.23 Uhr. Annie Taylor weiß das nicht. Die achtzehn Minuten, seitdem die Tonne zu Wasser gelassen wurde, dürften ihr wie eine Ewigkeit vorgekommen sein. In ihrem Fass ist es stockfinster. Das mag eine Gnade sein oder ein Fluch, je nach Blickwinkel. Sie hat kein Guckloch, also kann sie nicht sehen, wie weit es noch bis zur Sturzkante ist. Aber sie fühlt in ihrem Fass die schneller werdende Strömung, und – das wohl Fürchterlichste: Sie hört, wie ein infernalisches Tosen lauter und lauter wird. Das Fass schlingert immer mehr, wird einen Moment lang heftig gebeutelt, während draußen ein schreckliches Unwetter zu brüllen scheint. Dann stürzt das Fass in die Tiefe, nein, es wird in einen Höllenschlund gerissen. Annie Taylor spürt noch ein Ziehen im Bauch, einen heftigen Stich im Herzen – dann verliert sie das Bewusstsein –

Nach eigener Aussage erwacht sie aus der Ohnmacht, als das Fass in den Strudeln unterhalb des Wasserfalles heftig umhergebeutelt wird. Sie hat also den eigentlichen Höllensturz nicht bewusst erlebt, vielleicht eine Gnade. Die an den Ufern des »Whirlpool«-Beckens wartende Menge sieht in jener Minute, wie das Fass, die »Queen of the Mist«, kurz an der Sturzkante erscheint, einen Augenblick nur, einen Wimpernschlag. Das Fass ruckelt kurz, als es vom Sog ergriffen wird – dann verschwindet es in den Wassermassen und der Gischt, die jede Sicht auf das, was sich innerhalb dieses Infernos abspielt, nehmen.

Die Sekunden dehnen sich ins Unerträgliche. Wie lange dauert es, bis das Fass unten ankommt? Der Wasserfall ist an jener Stelle dreiundfünfzig Meter tief. Im freien Fall braucht ein Gegenstand dafür knapp 3,3 Sekunden. Beinahe ein Nichts im ruhigen Fluss der Zeit, kaum der Rede wert. Aber in einer Zeit der Erwartung (wie sie die Zuschauer erfasst) oder der Todesangst (wie Annie Taylor sie gehabt hätte, wäre sie nicht rechtzeitig in Ohnmacht gefallen) dehnen sich 3,3 Sekunden schier unerträglich.

Doch das Schlimmste kommt erst noch: Am unteren Ende des Wasserfalls, nach 3,3 Sekunden, prallt das Fass auf die Wasseroberfläche auf, wird von den tobenden Strudeln und den dauernd nachstürzenden Wassermassen hin und her geworfen. Spätere »Daredevils« sind hier bisweilen gescheitert, ihre Fässer wurden zerschmettert, ihre Leiber zermalmt und zerschreddert. Fast eine Minute lang ist von der »Queen of the Mist« nichts zu sehen. Die Zuschauer dieses fürchterlichen Spektakels bangen, insgeheim glaubt mancher schon, dass man von dem Fass allenfalls einzelne Dauben bergen wird, und von Annie Taylor wohl nur ein paar blutige, zerfetzte Glieder.

Doch mit einem Mal geht ein Raunen durch die Menge, kurz darauf ein Hurrageschrei: Die »Queen of the Mist« verlässt schwankend und rollend die tosenden Strudel und die neblige Gischt. Noch ist die Gefahr nicht überstanden: Das Fass gerät in die hier gefährlichen Stromschnellen, aber es ist offensichtlich ganz und unbeschadet und kann als großer Hohlkörper nicht in die Tiefe gezogen werden. Die »Queen of the Mist« hat schließlich auch die Schnellen passiert und treibt nun in ruhigerem Gewässer. Ein paar Männer rudern in einem Kahn in die Strommitte, können das Fass an den außen angebrachten Riemen fassen und ans nahe Ufer schleppen. Es ist exakt 16.40 Uhr. Fünfunddreißig Minuten war Annie Taylor insgesamt unterwegs, der Sturz selbst hat nur gut drei Sekunden gedauert.

Die Spannung ist groß. Ist die Passagierin tot oder lebendig, verletzt oder unversehrt? Aus dem Inneren hört man nichts. Die Helfer sind bald von der herbeiströmenden Menge umringt, Fotografen bringen ihre schweren, unhandlichen Apparate samt Stativen in Stellung. Das Fass liegt nun auf der Seite. Die Männer versuchen den großen Korken zu entstöpseln, aber er sitzt zu fest und zu tief. Also sägen sie ein Stück des oberen Endes weg, brechen dann das Fass mit einem Stemmeisen auf. Sie blicken hinein: Annie Taylor regt sich, sie ist fest in das Lederkorsett geschnallt. Die Männer lösen die Schnallen und Bänder. Sofort kriecht Annie Taylor heraus, richtet sich ohne fremde Hilfe auf, zieht instinktiv den langen Rock zurecht, steht, mühsam lächelnd, aber immerhin lächelnd, vor der nun in Jubel ausbrechenden Menschenmenge. Annie Taylor hat als erster Mensch die Niagarafälle überwunden!

Es existiert eine Fotografie, die die Abenteurerin zeigt, wie sie eben dem Fass entstiegen ist und auf einem Steg vom Kahn an Land geht. Hinter ihr in einiger Entfernung die tosenden Niagarafälle, im Vordergrund, in ihrem Rücken, die stützenden Arme eines Ruderers, ihr entgegen recken sich helfende Hände von Zuschauern, die in Anzug und Krawatte herbeigeströmt sind, um Zeugen des unerhörten Ereignisses zu sein. Annie Taylor ergreift eine der helfenden Hände, doch im Übrigen geht sie aufrecht, schreitet kräftig aus. Die Reporter drängeln sich vor. Erst jetzt bemerkt man, dass die Niagara-Bezwingerin am Hinterkopf blutet. Es ist keine schwere Verletzung. Doch sie steht unter Schock, zu einem ausführlichen Interview fehlt ihr die

Kraft. Sie gibt nur die folgende Stellungnahme ab, die sofort von den Journalisten mitstenografiert wird: »Selbst bei meinem letzten Atemzug würde ich jedermann davon abraten, dieses Kunststück zu versuchen. Eher würde ich die Mündung einer Kanone erklimmen, auf die Gefahr hin, in Stücke gerissen zu werden, als nochmals die Fahrt über die Wasserfälle zu tun.« Diese Einsicht gibt sie den Versammelten und der Nachwelt mit – dann wendet sie sich zu der bereitstehenden Kutsche, besteigt sie ohne fremde Hilfe, die Pferde ziehen an, die Kutsche bahnt sich einen Weg durch die Menge.

Annie Taylor wird in ein nahe gelegenes Krankenhaus gebracht und dort behandelt. Ihre äußerlichen Verletzungen sind unbedeutend. Der Schock wiegt schwerer, aber nach wenigen Tagen hat sie sich auch davon erholt und kann das Hospital verlassen und nach Bay City in ihre Wohnung zurückkehren. Selbstverständlich ist sie ein Profi, und so hat sie noch vom Krankenbett aus einem Reporter der *New York Times* ein kurzes Interview gegönnt, das dieser in seinen Bericht, der einen Tag nach dem Niagarasturz erscheint, einflicht. In dem Artikel vom 25. Oktober 1901 heißt es:

»Eine verwitwete Frau, Mrs. Anna Edson Taylor, hat heute Nachmittag in einem Fass die Niagarafälle sicher durchquert. Die Fahrt von einem Ende zum anderen wurde von mehreren Tausend Menschen beobachtet. […] sie ist am Leben, und die Ärzte sagen, sobald sie den Schock überwunden hat, wird sie wieder völlig in Ordnung sein.

Die Jungfernfahrt über den Niagarakatarakt begann in Port Day, beinahe eine Meile vom Rand der Fälle entfernt. Von Port Day wurden Mrs. Taylor und ihr Fass zur Grasinsel gebracht, wo sie in das Fass stieg, und um 15.50 Uhr war sie im Schlepptau eines Kahns, der hinüber in den kanadischen Teil des Stromes fuhr. Um 16.05 Uhr wurde das Fass der Drift überlassen, und Mrs. Taylor wurde dem Wohlwollen der Wasserströmung ausgesetzt, die noch nie einen Menschen, der in ihren Fängen gewesen war, verschont hat. […]

Das Fass stürzte um 16.23 Uhr den Wasserfall hinunter, mit dem Boden voran. In weniger als einer Minute erschien es am Fuße des Wasserfalls und wurde von der Strömung mitgerissen. [...] Mrs. Taylor war am Leben und bei Bewusstsein, aber bevor man sie aus dem Fass holen konnte, war es nötig, den oberen Teil des Fasses aufzusägen. Ihr Zustand war für alle überraschend: Sie ging das Ufer entlang zu einem Boot und wurde flussabwärts zur Anlegestelle der ›Maid of the Mist‹ gebracht, wo sie eine Kutsche bestieg und in die Stadt gebracht wurde.

Sie leidet noch recht unter einem Schock. Zudem hat sie einen drei Inch [7,5 cm] langen Schnitt am Schädel, hinter dem rechten Ohr, aber sie weiß nicht, wie oder wann sie sich ihn zugezogen hat. Sie klagt über Schmerzen zwischen den Schultern, aber das ist vermutlich auf den Umstand zurückzuführen, dass ihre Schultern nach hinten geworfen wurden, als das Fass ins Wasser eintauchte, da ihre Arme in Schlingen steckten, was sie zweifellos vor dem Genickbruch bewahrte.

Sie gibt zu, das Bewusstsein verloren zu haben, als sie die Wasserfälle passierte. Sie dankt Gott dafür, ihr Leben verschont zu haben, warnt aber zugleich jedermann davor, diese Fahrt zu unternehmen. Der Schock war so groß, dass sie beim Reden noch stockt, aber es bestehen kaum Zweifel, dass sie innerhalb von ein oder zwei Tagen wieder in guter Verfassung sein wird.

Drei Ärzte wachen diese Nacht an ihrem Bett. Mrs. Taylor ist dreiundvierzig Jahre alt. [...] sie hat den amerikanischen Kontinent acht Mal durchquert. Während ihres Aufenthaltes hier hat sie jeden mit ihrer wundervollen Courage beeindruckt. [...]«

Annie Taylor hat das Abenteuer ihres Lebens gemeistert, ist der Hölle der Wasserfälle und Stromschnellen glücklich und beinahe unbeschadet entronnen, und mit Recht kann sie sich nun selbst den Titel zulegen, den sie zuvor ihrem Gefährt als Namen verpasst hat: »Queen of the Mist«, »Königin der Gischt«.

Doch so glücklich alles ablief, so unglücklich nimmt ihr Lebensschicksal erneut eine Wende: Der Ruhm, der sie in den Tagen nach dem Erscheinen des Artikels in der *New York Times* umgibt, verblasst schnell. Zu quirlig ist das amerikanische Leben, zu rasch wechseln in den Blättern die Denkwürdigkeiten, Heldentaten und Sensationen einander ab. Und obwohl Annie Taylor öffentlich vehement davor warnte, es ihr mit der Durchfahrung der Niagarafälle gleichzutun, fand sie doch bald Nachahmer, glückliche und unglückliche, die die Pionierin der »Daredevils« bald in den Schatten stellten.

Bereits am 2. November 1901, nur neun Tage nach ihrer spektakulären Fahrt, tritt Annie Taylor auf der Panamerikanischen Ausstellung in Buffalo auf. Tausende bereiten ihr einen begeisterten Empfang, und sie lässt sich stolz neben ihrem Gefährt, der »Queen of the Mist«, fotografieren. Das Honorar freilich fällt bescheiden aus: gerade einmal zweihundert Dollar. Und während sie in der Provinz in der Nähe der Niagarafälle immerhin eine gewisse Popularität genießt, ist sie in der Metropole New York allenfalls eine kuriose Lachnummer. Versuche, dort in großen Veranstaltungen aufzutreten, scheitern, allenfalls »Huber's Museum«, ein reißerisches Kuriositätenkabinett, zeigt Interesse an ihr und bietet ihr für einen Auftritt fünfhundert Dollar. Annie Taylor lehnt aus verletztem Stolz ab – obwohl sie die Gage gebrauchen könnte. Es kommt noch schlimmer: Aus Unvernunft weist sie auch das Angebot einer Filmproduktionsfirma zurück, den Sturz nachzustellen. Sie ist sich des Potenzials dieses neuen künstlerischen Mediums nicht bewusst. Da greift ihr Konkurrent Carlisle Graham zu, der ja nur die Stromschnellen unterhalb der Fälle befahren hat: Er mimt den Stunt und stellt Annie Taylors Abenteuer für den Film nach.

Mangelnder Geschäftssinn und Ungeschicktheit lassen Annie Taylor weiterhin scheitern. Als auch noch ihr wahres Alter publik wird, ist sie für die amerikanische Öffentlichkeit uninteressanter denn je. Keineswegs sind damals sportliche, agile Senioren PR-tauglich, sie gelten vielmehr, wenn sie etwas Außergewöhnliches vollführen, als »unwürdig« – man wirft ihnen vor, sie würden sich für ihr Alter und die damit verbundenen Konventionen »unangemessen« verhalten. So gerät eine kleine Tournee durch diverse Städte des amerikanischen Ostens im Winter 1901/1902, die Frank Russell organisiert hat, zum Fiasko. Nicht die Stadthallen sind Annie Taylors Locations, sondern Kaschemmen und Ladenschaufenster, in denen sie wie ein »lebendes Bild« sitzen muss, neben ihr das Fass, auf dem Arm die widerstrebende Katze, die erste Passagierin der »Queen of the Mist«. Ein Foto aus jener Zeit zeigt sie vor einem Ladenlokal, an einem Tisch sitzend, neben ihr das Fass, vor ihr ein handgemaltes Schild mit der Aufschrift »Annie Edson Taylor, Heroine of Horseshoe Falls«, »Heldin der Hufeisen-Fälle«. Auf dem Tisch Fotos und Karten, die zum Verkauf liegen, hinter dem Tisch eine sich sichtlich langweilende »Heldin«, die Ellbogen aufgestützt, auf Kundschaft wartend. Wenig später taucht Frank Russell mit dem Fass unter und beraubt Annie Taylor nicht nur der bisherigen spärlichen Gagen, sondern auch ihres wichtigsten Utensils, des Beweises für ihre Niagarafahrt. Völlig mittellos strandet Annie Taylor in Cleveland/Ohio. Wovon sie in den folgenden Monaten lebt, ist unklar. Immerhin entdeckt sie die »Queen of the Mist« im Sommer 1902 in einem Theater in Chicago, wo es in einem Stück mit dem Titel *Over the Falls* Verwendung findet. Sie klagt und erhält Recht und ihr Fass wieder.

Nochmals scheint es bergauf zu gehen. Sie engagiert einen anderen Manager, doch auch der betrügt sie und verschwindet wenig später mit dem Original-Fass. Nun lässt Annie Taylor eine Kopie der »Queen of the Mist« anfertigen. Für eine Tournee freilich interessiert sich inzwischen keiner mehr. In dem Ort Niagara Falls, gleich neben den Wasserfällen, posiert Annie Taylor in den folgenden Jahren samt Fass und Katze und bringt sich mühselig mit dem Verkauf von Souvenirs und Autogrammkarten durch. Im Jahre 1906 – sie ist inzwischen achtundsechzig –

spielt sie kurzzeitig mit dem Gedanken, die Fahrt zu wiederholen, in der Hoffnung, diesmal mehr Publicity und dadurch mehr Einnahmen zu erhalten, doch gibt sie diese Idee bald wieder auf. Zu krank ist sie inzwischen, zu alt, und die Angst vor einem zweiten Höllensturz ist zu groß.

Sie muss noch erleben, wie ihre Heldentat erfolgreich nachgeahmt wird: Am 25. Juli 1911 wagt der neunundvierzigjährige Engländer Bobby Leach in einem Metallfass die Fahrt die Horseshoe Falls hinab. Ein Reporter der *New York Times* ist wieder vor Ort und berichtet einen Tag später darüber: »Bobby Leach [...] fuhr heute Nachmittag über die Horseshoe Falls und ist noch am Leben. Obwohl er bei dem Sturz von 158 Fuß Tiefe über die Kante des Katarakts böse zugerichtet und zerschrammt wurde, erlitt er nur oberflächliche Verletzungen und ist heute Abend bereits wieder in seinem Haus. Es ist das zweite Mal in der Geschichte des Flusses, dass der Katarakt erfolgreich befahren wurde. Mrs. Anna Edson Taylor hier aus der Stadt [Niagara Falls] unternahm die Fahrt in einem Fass am 24. Oktober 1901 und überlebte.«

Immerhin, die Zeitung kennt zehn Jahre nach Annie Taylors halsbrecherischem Trip noch ihren Namen, und anders als Leach benötigte sie nach der Öffnung des Fasses keine Sauerstoffmaske, wie man sie dem Briten verabreichte (und wie die *New York Times* zu berichten weiß). Doch all das verhilft ihr nicht mehr zu Ruhm und Geld. Leach ist weit jünger als sie, ein attraktiver Mann, und er versteht es blendend, sich in der Presse und der Öffentlichkeit zu verkaufen.

Annie Taylor bringt die letzte Lebensdekade mühselig zu: Sie verdingt sich als Hellseherin und Salbaderin, liest Niagara-Touristen die Zukunft und behandelt sie mit einer neuartigen Elektroreiztherapie. Zu Beginn des Jahres 1921 – sie ist zweiundachtzig – ist sie so krank, schwach und mittellos, dass sie sich ins Armenhaus von Lockport/New York, fünfunddreißig Kilometer östlich der Niagarafälle, begeben muss. Dort stirbt sie wenig später, am 29. April 1921. Immerhin werden nach ihrem Tod ein paar Lokalreporter nochmals auf die sonderbare Lebensgeschichte der alten Frau aufmerksam. Annie Taylors sterbliche Überreste werden auf dem Friedhof von Niagara Falls bestattet, in dem Teil, der den »Stunts«, den »Daredevils« der Wasserfälle vorbehalten ist.

Viel später, gegen Ende des 20. Jahrhunderts, wird man auf Annie Taylor wieder aufmerksam: Die amerikanische Schriftstellerin Joan Murray widmete ihr 1999 ihr Erzählgedicht *Queen of the Mist*, die Autorin Emma Donoghue schrieb über sie eine Short Story, der Komponist Michael John LaChiusa entwickelte ein Musical über Annie Taylor, das 2011 in New York uraufgeführt wurde, und der Autor Chris van Allsburg verfasste über die erste Bezwingerin der Niagarafälle ein Kinderbuch. Heute erst ist Annie Taylor für viele Menschen das, was sie sein wollte: eine wagemutige, furchtlose Heldin.

Lina Bögli (1858–1941)
In zehn Jahren um die Welt

Es ist der Sonntagnachmittag des 2. Juli 1892. Lina Bögli, eine vierunddreißigjährige Schweizer Lehrerin und Erzieherin, die auf dem Landgut Kwiatonowice bei Krakau bei einer adligen polnischen Familie in Diensten steht, hat sich nach dem Mittagessen etwas hingelegt, um von den Anstrengungen der Arbeitswoche auszuruhen. Sie sinniert über die unterschiedlichen gesellschaftlichen Entfaltungsmöglichkeiten von Männern und Frauen. Männern steht die Welt offen, im übertragenen wie im wortwörtlichen Sinne. Lina Böglis Leben als Gouvernante ist eng und abgezirkelt, von moralischen Konventionen und finanziellen Engpässen geprägt. Vor Kurzem hat der zweiunddreißigjährige polnische Offizier Juliusz Bijak um ihre Hand angehalten. Doch das strenge Offiziersreglement fordert vor einer Vermählung eine Kaution von 50 000 Kronen, eine Summe, die die beiden Liebenden nicht aufbringen können. So haben sie den schweren Entschluss gefasst, sich zu trennen. Doch das Herz gehorcht nicht der Stimme der Vernunft. Immer wieder begegnen sich die Schweizer Gouvernante und der Offizier. Und immer wieder reißt die kaum vernarbte Wunde auf.

Lina Böglis Gedanken kreisen um die Freiheit: Ein hoher Begriff – und nicht zum ersten Mal geht ihr die fixe Idee durch den Kopf: »Was ich wohl tun würde, wenn ich ein Mann wäre? Gewiß große Reisen machen, um die Welt und die Menschen kennenzulernen.« Da durchfährt es sie wie ein Blitz: Weshalb nicht wie ein Mann eine Weltreise unternehmen? Was hindert sie? Sie hat weder Ehemann noch Kinder, der Vater lebt in der fernen Schweiz, die Mutter ist bereits vor etlichen Jahren gestorben. Ihre Stellung bei der polnischen Adelsfamilie ist, wie die aller Gouvernanten, ohnehin auf nur wenige Jahre beschränkt. Sie ist also frei – frei von Konventionen, von familiären Zwängen, von beruflichen Verpflichtungen. Die Geldfrage freilich meldet sich kurz zu Wort und wird von Lina Bögli recht nonchalant beiseitegeschoben: »Aber was? Mit der Kraft und der Freiheit eines Mannes könnte ich dann die Welt auch ohne Geld bereisen; Tausende von deutschen Wanderburschen haben es getan, und ich habe von Engländern gelesen, die zum Spaß – denn sie waren reich – ohne Geld eine Weltreise unternommen haben, sich auf den Schiffen als Kellner und auf dem Land als Packträger oder so etwas durchzubringen gedachten.« Fieberhaft denkt Lina Bögli nach: Sie hat in all den Jahren rund eintausendvierhundert Schweizer Franken angespart, eine beachtliche Summe. Damit käme sie, wollte sie eine Weltreise unternehmen, per Schiff bis nach Australien – das hat sie einmal im Schaufenster eines Reisebüros gelesen. Und weiter? »[…] auf dem Land könnte ich gewiß überall, wo Menschen wohnen, mein Brot verdienen. Ginge es nicht als Lehrerin, so könnte ich ja Hausdienst verrichten.« Von Unruhe getrieben, springt sie auf. An eine Mittagsruhe ist nicht mehr zu denken. Sie eilt zu ihrem kleinen Schreibsekretär, greift zu Papier und Feder und verfasst einen Brief nach London, an die »Peninsular- und Oriental-Schiffsgesellschaft«, in dem sie genaue Informationen für eine Seereise nach Australien anfordert.

Bereits nach wenigen Tagen erhält Lina Bögli Antwort: Ein Ticket ist für sie in der Triester Niederlassung der Schiffsgesellschaft hinterlegt, ebenso wird ihr ein recht naher Abfahrtstermin vorgeschlagen. Nun ist die Schweizerin doch von der eigenen Courage etwas eingeschüchtert. Sie war auch so voreilig, ein paar Krakauer Freunden von ihren Globetrotterplänen zu erzählen. Die raten der Schweizerin vehement ab: Zu gefährlich sei die Reise, es sei ein Trip ins Ungewisse. Was, wenn sie

unterwegs erkrankte? Wenn das Geld ausginge? Wenn sie überfallen oder gar getötet würde? Doch von solchen Unkenrufen
lässt sich Lina Bögli nicht beeinflussen. Natürlich wird ihr
unterwegs das Geld ausgehen, es wird gerade einmal bis Sydney
reichen – aber dessen ist sie sich ja bewusst. Natürlich wird sie
irgendwann seekrank werden oder sich eine Tropenmalaise
»einfangen« – aber dagegen hat sie in ihrem Gepäck Chinin und
andere Arzneien. Und natürlich ist es ein Trip ins Ungewisse –
aber gerade deshalb unternimmt sie ja die weite Fahrt! Denn
das fade Gesicht der Sicherheit blickt sie in Krakau jeden Tag an.
Am 12. Juli, nur zehn Tage nach ihrem jähen Entschluss, schreibt
die angehende Globetrotterin aus der Schweiz, die noch nie in
ihrem Leben das offene Meer gesehen hat, triumphierend in ihr
Tagebuch: »Mein Koffer ist gepackt, und ich selbst bin reisefertig. Heute abend verlasse ich mit dem Wiener Schnellzug das
liebe alte Krakau […].« Krakau, die stolze polnische Königs-
stadt, gehört seit den polnischen Teilungen zur Habsburgermonarchie. Und der Weg in die weite Welt führt nicht über die
Städte der Ostsee, sondern über Triest, Österreichs einzigen
Überseehafen, durch die Adria und das Mittelmeer und weiter
über den Suezkanal in die Gestade Afrikas, Asiens und Australiens. An jenem 12. Juli 1892 legt Lina Bögli ein seltsames Gelübde
ab: »Heute nach zehn Jahren werde ich, wenn es menschen-
möglich ist, wieder am Krakauer Bahnhof, dem Ausgangspunkt
meiner Weltreise, ankommen. Der 12. Juli 1902 wird das Ziel
sein, nach dem ich in den nächsten zehn Jahren unaufhörlich
streben werde.« Sie wird das sich selbst gegebene Wort halten –
auf den Tag genau.

Irrungen und ein Ausweg

Lina Bögli, die spätere selbstbewusste Globetrotterin, wird in
eine enge Welt hineingeboren: Sie kommt am 15. April 1858 im
schweizerischen Oschwand (Kanton Bern) als jüngstes Kind

eines verarmten Kleinbauern und dessen zweiter Ehefrau zur Welt. Linas Mutter stirbt früh, das zwölfjährige Mädchen wird zu einer Familie im Jura geschickt, wo es als Magd und Kindermädchen dienen muss. An einen weiteren Besuch der Schule ist für Lina nicht zu denken. »Ich erhielt mehr Schläge als Unterricht«, gesteht sie später. So bleibt ihr Wunsch, Lehrerin zu werden, ein bittersüßer Traum, selbst die Lektüre von Büchern bleibt ihr aus Zeitmangel verwehrt. Sie wechselt mehrfach die Dienststelle, arbeitet auf einem Bauernhof, findet dann bei einer Schweizer Familie in Neapel Unterkommen. Drei Jahre bleibt sie in dem großbürgerlichen Haushalt, wird gut und anständig behandelt, darf die große Hausbibliothek benutzen. Dann findet sie eine Anstellung als Erzieherin bei der gräflichen Familie Sczaniecki in der Nähe von Krakau, im österreichischen Galizien. Auch hier begegnet man Lina Bögli mit Anstand und Achtung. Der Graf führt ein reges gesellschaftliches und kulturelles Leben, an dem die Schweizerin teilhaben darf. In all jenen Jahren legt Lina Bögli von ihrem bescheidenen Lohn Geld beiseite, mit einem hohen Ziel: Sie will eine weiterführende Schule besuchen. Endlich, im Jahre 1886, sie ist bereits achtundzwanzig Jahre alt, kann sie in die École supérieure in Neuchâtel in der Schweiz eintreten. Die Gebühr für die zweijährige Ausbildung beträgt zwölfhundert Franken (ungefähr so viel, wie sechs Jahre später die Überfahrt nach Australien kosten wird). Lina Bögli ist in dem Institut die mit Abstand älteste Schülerin – aber sie ist, vor dem Hintergrund ihrer nicht immer schönen Lebenserfahrungen, besonders zielstrebig und ehrgeizig. 1888 schließt sie mit dem Diplom ab, das zum Unterrichten an privaten (jedoch nicht staatlichen) Schulen berechtigt. Für ein halbes Jahr geht sie nach England, um am »Ladies College« der Universität Oxford zu unterrichten und ihre eigenen Englischkenntnisse zu perfektionieren.

Dann kehrt Lina Bögli zur Familie Sczaniecki zurück. Sie besitzt nun das Lehrerinnendiplom und beherrscht zwei Fremdsprachen, das Französische und das Englische, nahezu perfekt.

Krakau ist ihr eine zweite Heimat geworden. Doch die unglückliche Liebe zu Juliusz Bijak lähmt ihre Lebenskraft. Sie sieht nur noch einen Ausweg: Sie will ausbrechen, noch einmal etwas Neues kennenlernen, ihrem Leben eine entscheidende Wendung geben. An jenem 2. Juli 1892 beschließt sie urplötzlich eine Fahrt nach Australien und weiter um den ganzen Globus. Zehn Jahre soll das Abenteuer währen, keinen Tag länger, aber auch keinen kürzer. Das hat sie sich selbst als Gebot erlassen. Das Heimweh soll bei diesem Unternehmen von vornherein keine reelle Chance haben: Denn Lina Böglis Erspartes reicht gerade einmal für die Überfahrt nach Sydney. Dort heißt es: eine Anstellung finden und sich nach und nach weiter durchschlagen. Geld für ein Rückfahrticket jedenfalls ist keines da, das passt genau ins Kalkül der Schweizerin.

In jenen zehn Reisejahren »rundherum« macht Lina Bögli eifrig Notizen. Später, nach ihrer Rückkehr, bearbeitet sie die Tagebucheinträge und bringt sie als Buch heraus: *Forward* erscheint 1904 zuerst in englischer Sprache in Großbritannien und den USA, zwei Jahre später in einer von der Autorin übersetzten deutschen Version *(Vorwärts)* in einem Verlag in der Schweiz. 1907 schließlich folgt eine französische Übersetzung, 1908 eine polnische. Das Buch wird ein Verkaufserfolg. Anders als in ihren auf der Reise gemachten Tagebuchnotizen (sie wurden erst in den 1990er-Jahren in Privatbesitz wiederentdeckt, blieben aber bis heute unveröffentlicht), wendet Lina Bögli im gedruckten Buch einen literarischen Kunstgriff an, der eine emotionale Nähe zur Leserschaft herstellt: Es sind (fiktive) Briefe an eine Freundin – vor allem Leser*innen* fühlten sich dadurch von der Autorin direkt angesprochen.

Von solch einem großen Erfolg als Reiseautorin kann Lina Bögli an jenem 12. Juli 1892 natürlich nichts ahnen. Sie sitzt auf gepacktem Koffer und steht vor dem großen Unbekannten: Einer Reise um die Welt, fast ohne Geld, ohne Empfehlungen, ohne Begleitschutz, ohne konkrete Reiseroute. An jenem Abend, es ist ein Dienstag, fährt sie mit einer Mietdroschke zum Krakauer Bahnhof und besteigt den Nachtzug, der sie über Prag nach Wien bringt. Dort steigt sie in den Zug nach Triest um. Sie muss sich beeilen, denn bereits am Sonntag, dem 17. Juli, wird der Dampfer »Ballarat«, für den sie ein Schiffsticket erworben hat, in Brindisi in Süditalien ablegen. Eintausend Franken hat sie für die Schiffspassage nach Australien berappen müssen, den Rest von vierhundert Franken gedenkt sie für weitere Fahrkarten (Eisenbahn und die Schiffspassage von Triest nach Brindisi), für Ausrüstung und Essen und Trinken auszugeben. In Australien angekommen, so rechnet sie sich aus, wird sie nur noch wenige Franken haben, um ein paarmal bescheiden übernachten zu können. Dann wird sie darauf angewiesen sein, eine Stelle zu finden – oder in der Gosse landen.

Am 14. Juli ist sie in Triest, tags darauf soll der Dampfer nach Brindisi ablegen. Hilflos streicht Lina Bögli durch die Hafenstadt, die ihr vertraut und fremd zugleich vorkommt: Österreichische Architektur und Kultur vermengen sich mit italienischer Atmosphäre und Lebensart. Noch nie in ihrem Leben war sie ohne Empfehlung oder Buchung in einer fremden Stadt. Ratlos betrachtet sie am Bahnhof die Kofferträger der diversen Hotels, die auf Gäste warten. Schließlich fasst sie sich ein Herz und spricht einen Dienstmann an, auf dessen Schirmmütze die Inschrift »Hotel zum guten Hirten« prangt. Das erscheint ihr vertrauenswürdig, und der Lakai führt sie auch unbeschadet zum nahen Hotel, das sich freilich als rechte Absteige entpuppt. Doch für eine einzige Nacht mag es hinreichen, denkt sich die Schweizerin, wenngleich ihre Courage in den vergangenen zwei

Tagen schon gehörig zusammengeschmolzen ist. Vor allem, als sie zum Hafen geht, um nach dem anderntags abgehenden Dampfer zu sehen, wird ihr recht blümerant angesichts des weiten Meers »mit seinem Wald von Masten«. Im Büro der Schiffsgesellschaft Lloyd ist sie sogar kurz davor, das Unternehmen abzubrechen und stattdessen besiegt, aber immerhin heil, in die Schweiz zurückzukehren: »Also zurück zu den stillen, friedlichen Tälern meiner Heimat!« Eben will sie zur Tür hinaus, als sie das Wort »Vorwärts« zu hören glaubt: »Wie ein elektrischer Strom durchrieselte es plötzlich meine Glieder.« Sie blickt auf und sieht den Angestellten des Lloyd, der nach dem anderntags nach Brindisi auslaufenden Dampfer geschaut hat. Ihn hört sie sagen: »Gnädiges Fräulein, der Dampfer, mit dem Sie morgen fahren, heißt ›Vorwärts‹.« Lina Bögli gibt sich einen Ruck: Sie nimmt das als ein gutes Omen und entscheidet sich augenblicklich, doch zu fahren: »Vorwärts soll von nun an mein Losungswort sein!« Und *Vorwärts* wird zwölf Jahre später auch der Titel ihrer Reiseerinnerungen lauten.

So fasst sie sich also ein Herz und besteigt den Dampfer »Vorwärts«, der am 15. Juli den Hafen von Triest verlässt und durch die Adria südwärts fährt. Lina Bögli hat das Meer nur einmal, auf der kurzen Überfahrt über den Ärmelkanal, gesehen. Doch nie zuvor war ihr die Weite so schön und verheißungsvoll erschienen, zumal die südliche Sonne alles in ihr gleißendes Licht taucht. Kurz vor Brindisi wird sie vom Kapitän darauf aufmerksam gemacht, dass das Schiff den Hafen nicht anläuft, da sie die einzige Passagierin sei, die dort umzusteigen gedenke, und man ihretwegen keine wertvolle Zeit verlieren wolle. »Der ›Vorwärts‹«, so schreibt sie fassungslos, »hielt wirklich ganz draußen auf offener See an.« Anders als der etwas ruppige Kapitän ihr zu vermitteln trachtete, wird sie aber nicht an einem Seil die hohe Schiffswand hinabgelassen, um von einem von der »Ballarat« entsandten Kahn aufgenommen zu werden. Vielmehr legt man eine hohe, wackelige Leiter an, über die sie hinabsteigen muss, und über die man auch ihren Koffer hinunterbugsiert. Glücklich von den Matrosen des Ruderkahns eingeholt, geht es ein Stück weit auf offener See zu der ebenfalls weit draußen ankernden »Ballarat«. Hier wiederholt sich das Spiel zum Ergötzen der Passagiere und zum Entsetzen Lina Böglis: »Dutzende von Fern- und Operngläsern waren auf uns gerichtet, und als es an das Hinaufklettern kam, lehnte alles, was nur einen Platz finden konnte, über die Brüstung hinaus, um das erhabene Schauspiel zu genießen.« Nachdem diese Anfangsschwierigkeiten buchstäblich »überwunden« sind, erweist sich die Fahrt auf dem großen Passagierschiff, das für Überseefahrten konzipiert ist, als erstaunlich angenehm und kurzweilig. Das Publikum freilich könnte nach Lina Böglis Geschmack etwas bunter gemischt sein: »Unsere Gesellschaft besteht meistens aus englischen Offizieren, Ingenieuren, Ärzten und anderen Beamten, die sich auf ihre Posten nach Indien begeben. Wir sind nur wenige Frauen an Bord, einige indische Offiziers- oder Beamtenfrauen und ein halbes Dutzend Bräute, die nach Australien fahren, um ihre dort ansässigen Bräutigame zu heiraten.«

Durch den Suezkanal gelangen sie ins Rote Meer. Die Hitze wird schier unerträglich. Mit Schaudern betrachtet Lina Bögli etliche Männer, die der Glut mit dem Genuss von viel Whiskey entgegenzutreten versuchen. Sie selbst trinkt nur lauwarmes Wasser und »fährt« damit gut, selbst von der Seekrankheit bleibt sie verschont – zunächst jedenfalls. Sie erreichen Aden im Jemen, damals nur eine Ansammlung ärmlicher Hütten, von Sonne und Wind gebleicht, von Wüste umgeben: »Einen traurigeren und unschöneren Ort habe ich nicht nur nie gesehen, sondern ich hätte gar nicht gedacht, daß er irgendwo, außer in Dantes Hölle, existieren könnte.« Sie betritt Dantes Hölle erst gar nicht, belustigt sich aber an den jemenitischen Knaben, die gewandt nach Münzen tauchen, die von den Reisenden zum Spaß ins Hafenbecken geworfen wurden. Erscheinen sie nach einigen Sekunden, das Geldstück zwischen den Zähnen, wieder an der Wasseroberfläche, so werden sie von den Europäern beklatscht und dürfen die Münze als Lohn behalten. »Diese Tauchervorstellungen müssen ganz lukrativ sein«, rechnet die Schweizerin aus, »wenn man bedenkt, wie viele Schiffe da wöchentlich auf ihrem Weg von und nach Australien, Indien, China und Japan vorbeifahren [...].«

Die schöne Spazierfahrt auf der »Ballarat« ist vorbei, als das Schiff das sturmgepeitschte Arabische Meer kreuzt, ein »Spielball in den Händen des übelgelaunten Neptun. Das Schiff krachte ständig in allen Fugen, und was mich betrifft, so war ich jeden Augenblick – ich sage nicht in Todesangst, aber – auf den Tod gefaßt.« Sie ankern vor Colombo, der Hauptstadt Ceylons, wie die Insel unter britischer Herrschaft heißt. Lina Bögli macht ein paar Ausflüge an Land, ist aber nicht sonderlich glücklich darüber, wieder festen Boden unter den seekranken Füßen zu haben: »[...] zu viel Hitze, zu viele Schlangen und zu viele Bettler.« Die Schweizerin, bislang in behüteten Verhältnissen lebend, ist angesichts der bitteren Armut entsetzt: »Wir wurden buchstäblich von Bettlern umschwärmt; nicht nur haben sie uns angebettelt, sondern sie haben uns an den Kleidern gefaßt, uns die Broschen und Uhrketten abnehmen wollen. Ja, sogar Steine haben sie nachgeworfen, wenn wir nichts geben wollten oder nichts mehr zu geben hatten.« Geht Lina Bögli auf den Markt, um Obst zu kaufen, so reißt man ihr das Münzgeld buchstäblich aus den Händen. Und auch von den angeblich so schmackhaften Südfrüchten ist sie im Land ihres Anbaus enttäuscht: »Von all den schönen, saftigen Früchten war keine genießbar für meinen uneingeweihten Gaumen außer der Ananas. [...] Mögen die Früchte hier auch noch so schön und goldig aussehen, ich würde doch immer einem saftigen europäischen Apfel den Vorzug geben.« Missgelaunt besteigt sie also wieder das Schiff, und endlich geht es weiter, die letzte Etappe auf der weiten Fahrt nach Australien, der britischen Kolonie, die einst als großes Sträflingslager angelegt worden war.

Am 18. August 1892, gut fünf Wochen nach ihrer Abreise aus Krakau, kommt die Schweizerin im Fünften Kontinent an: Das Schiff läuft in den Hafen von Adelaide, der Hauptstadt der Provinz Südaustralien, ein. Doch bevor die Reisenden an Land dürfen, müssen sie eine amtsärztliche Untersuchung über sich ergehen lassen. Lina Bögli wird es angst und bange, da sie sich alles andere als gesund fühlt. Die ärztliche Delegation kommt an Bord, die Passagiere müssen sich, nach Männern und Frauen getrennt, in einer Reihe aufstellen, die Mediziner gehen von einem zum nächsten, blicken den Examinanden in die Augen und heißen sie die Zunge herausstrecken. Lina Bögli leidet »Todesangst«, denn wenn sie nun, wenige Meter vor dem Gelobten Land, abgewiesen würde, wäre alle Mühe umsonst gewesen, zumal sie nicht einmal Geld für die Rückfahrt besitzt. Doch sie hat mehr Glück als Verstand, als sie sich zwischen zwei imposante, füllige Damen einreiht: »Näher und näher kam der Gefürchtete [der Amtsarzt], lauter und lauter hämmerte mein armes Herz. Endlich war er da, schaute Miß B. zu meiner Rechten an, dann Miß M. zu meiner Linken und dann nur ganz flüchtig mich zwischen den beiden und ging weiter. Ich wollte gerade aufatmen, als er sich eines anderen zu besinnen schien, zurückkam, mich genauer fixierte, während ich fast in Ohnmacht fiel vor Schreck, und dann mit einem Lächeln auf seinem breiten Gesicht weiterging. Ich war gerettet!« Wenige Stunden später steht sie endlich auf australischem Boden: »Ein wundervoller Tag war es, so sonnig und so mild. Es ist zwar Winter hier, aber ein süditalienischer Winter, wo Rosen blühen auf Söllern und Balkonen. […] so weit das Auge reicht, scheint alles ein Garten zu sein. Und was für eine schöne Stadt Adelaide, die Hauptstadt Südaustraliens, ist! Großartige Gebäude, prachtvolle Parks und Gärten und Straßen, die Boulevards ähnlich sehen, so breit und schön sind sie.« Auch den Schweizer Reinlichkeitsvorstellungen ist Genüge getan: »Dabei ist alles, man mag hinsehen, wo man will, makellos rein. Hier gibt es keine jener schmutzigen Stadtviertel, wo Armut und Elend aufeinandergehäuft sind; auch wo die arbeitende Klasse wohnt, sieht man überall kleine, saubere Häuschen, von einem Gärtlein umgeben, und überall Blumen, überall gewaschene, gekämmte und geschäftige weiße Menschen.« Die literarisch gebildete Reisende mag sich in jenen Stunden an Shakespeares *Der Sturm* erinnert haben: »O, wonder! How many goodly creatures are there here! How beauteous mankind is! O brave new world, that has such people in it!« [in der Übersetzung von Schlegel und Tieck: »O, Wunder! Wie viele herrliche Geschöpfe es hier gibt! Wie schön der Mensch ist! O schöne neue Welt, die solche Bürger trägt!«] Freilich hat die Schweizerin, die ein – was sonst? – betont eurozentriertes Weltbild in sich trägt, auch ein Erklärungsmuster für den zivilisatorischen Aufschwung in der einst so verrufenen Sträflingskolonie parat: »Die Stadt ist aber auch fast nur von Engländern und Deutschen bewohnt. Daher darf man sich über ihren Fortschritt kaum wundern.« Auch als sie erste Schritte vor die Stadt macht, ist sie über die Fruchtbarkeit des Landes (zumindest eines schmalen Küstenstreifens) und seine Prosperität erstaunt und hat auch hierfür eine Erklärung: »Viele der kleineren Farmer sind Deutsche; ja es gibt sogar ganze Dörfer, die nur von Deutschen bewohnt sind und deutsche Namen haben.«

Sie kann freilich nur einen Tag in der reinlichen, damals noch recht kleinen Stadt Adelaide bleiben, dann legt die »Ballarat« schon wieder ab und fährt weiter nach Melbourne. Lina Bögli fährt mit, denn sie hat ein Ticket bis Sydney gelöst. Melbourne, Hauptstadt der Provinz Victoria, ist damals bereits eine umtriebige Großstadt. Hier steigen die meisten Passagiere aus, auch die Frauen, die die weite Überfahrt machten, um sich in Australien zu verehelichen (der Heiratsmarkt via Annonce boomt in dem jungen Land mit seinem starken Männerüberschuss). Lina Bögli kann von Melbourne nur wenig sehen (das holt sie einige Monate später nach), denn das Schiff legt nach einigen Stunden schon wieder ab und bringt den Rest der Passagiere nach Sydney in Neusüdwales, dem Ziel- und Endpunkt der langen Fahrt. Am 24. August 1892 langt Lina Bögli dort an und kommt zunächst bei einer Familie unter, die ihr bereits in Europa von einer ihrer englischen Freundinnen empfohlen worden ist. Ihren Koffer muss sie im Hafenamt abholen, und der Beamte fragt sie pflichtgemäß, ob sie etwas zu verzollen habe. Sie fragt naiv zurück, was das bedeute: verzollen? Der Beamte erklärt: »Silber, Gold, solche Sachen.« »Gold!« Lina Bögli kann sich das Lachen nicht verkneifen. »Denn die Annahme, daß eine arme Schweizerin Gold in das Land der Goldminen schmuggeln könnte, schien mir auch gar zu lächerlich! ›Gold? Nein, das hab ich nicht; das kann ich mir hier holen‹, antwortete ich ihm. Er lachte nun auch, sagte *all right*, und die Sache war abgetan.«

Kleine Fluchten

Zunächst also lässt sich alles gut an. Denn noch hat die Weltreisende Geld, das für ein paar Übernachtungen und etwas Essen reicht. Frohgemut kauft sie sich an einem Kiosk einen Stadtplan, um mit diesem, wie sie tatendurstig schreibt, »die Stadt zu erobern«. Aus ein paar Zeitungen, die sie ersteht, schreibt sie Adressen von Privatschulen heraus (denn nur in nicht-staatlichen Instituten darf die Schweizerin ja mit ihrem Lehrerinnenexamen unterrichten). Dann marschiert sie durch die Stadt, die bereits damals recht groß ist und von quirliger Geschäftigkeit brodelt, um sich persönlich vorzustellen. Anfänglich hat sie herbe Rückschläge einzustecken: Sie geht von Schule zu Schule, von Tür zu Tür, und wird überall abgewiesen, bisweilen sogar recht grob und abschätzig behandelt. Ihr restliches Erspartes geht bereits zur Neige – da hat sie überraschend doch Glück: Eine Privatschule sucht eine Lehrerin für Französisch, bei freier Kost und Logis und einem bescheidenen Lohn. Lina Bögli sagt zu. Australien durchleidet in jenen Jahren eine Wirtschaftskrise, insofern kann die Schweizerin nicht wählerisch sein. Bereits wenige Tage später beginnt der Unterricht. Sie findet sich rasch in die Gegebenheiten ein, unterrichtet gern, wenngleich die dargebotenen Mahlzeiten spärlich und lieblos gekocht sind. In ihren Freistunden spaziert Lina Bögli durch die junge, pulsierende Stadt, die eine halbe Million Einwohner zählt, macht kleine Ausflüge ins Umland, unterhält sich mit Leuten, besucht Kricketspiele, Pferde- und Bootsrennen. Von ihrem Fenster hat sie einen grandiosen Blick: »Überall, wo man nur hinsieht, ist es bezaubernd schön. Sydney ist wunderschön gelegen, teilweise auf grünen Hügeln, die den unvergleichlich lieblichen Hafen übersehen.« Nicht zu leugnen sind jedoch die Auswirkungen der Wirtschaftskrise: Viele Konsumgüter werden aus Amerika oder Europa importiert, die Bevölkerung Australiens lebt überwiegend von der Landwirtschaft und von Dienstleistungen, jedoch nicht von industrieller Produktion. Die Arbeitslosigkeit ist entsprechend hoch, in den wenigen Großstädten kommt es zur Verelendung der Arbeiterschicht, was sich auch im Stadtbild widerspiegelt, wie die an Ordnung und Sauberkeit gewöhnte Schweizerin empört konstatiert: »Ich bin doch schon viel gereist im Leben; aber so ekelhafte Trottoirs wie in Sydney und Melbourne habe ich nirgends gesehen. Die Gesundheitskommission sollte da einschreiten und Ordnung machen!«

Sie erlebt ihr erstes Weihnachtsfest in der südlichen Hemisphäre, bei »36 Grad Celsius im Schatten«, und kann sich »nicht in eine richtige Weihnachtsstimmung versetzen. Sogar die Christbäume, die ich in den Fenstern sehe, lassen mich kalt oder, besser gesagt, warm; denn es sind ja doch keine Tannenbäume – hier gibt es keine Tannen –, und das weiße Zeug, das auf den Ästen liegt, ist ja doch nur Watte. Arme australische Kinder, die den Schnee nur als Watte kennen!«

Lina Bögli gelingt es durch Beharrlichkeit und ihr wachsendes Ansehen unter den Schülerinnen, Nebenjobs an zwei anderen Instituten zu erlangen. Nun ist sie finanziell besser gestellt und kann es sich erlauben, an den Wochenenden und in den Schulferien Ausflüge in die Umgebung zu unternehmen und so

Land und Leute kennenzulernen. Einmal verbringt sie sogar mehrere Wochen in Melbourne, der Stadt, die sie bei ihrer Anreise nur kurz gesehen hat. Hier wohnt sie bei einer befreundeten polnischen Auswandererfamilie, der sie Neues aus der europäischen Heimat berichten kann. Die Fahrt nach Melbourne unternimmt Lina Bögli mit dem Zug, und sie ist recht amüsiert über die Bimmelbahn: »Man erzählt die Geschichte von einem gutmütigen Zugführer, der, als er einst ein altes, schwerbeladenes Mütterchen die Landstraße entlanghinken sah, den Zug anhielt und es einlud, mitzufahren. ›Nein, danke‹, antwortete die Alte, ›ein andermal; heut bin ich pressiert.‹«

Auch Melbourne ist eine aufstrebende, pulsierende Großstadt. Beeindruckt ist Lina Bögli von der großen öffentlichen Bibliothek, »in der man alle Bücher, von der frivolsten modernsten Novelle bis zu den wissenschaftlichsten und klassischsten Werken, umsonst lesen kann.« Es ist eine Bibliothek, »die den ganzen Tag für jeden offen steht, wo man ein- und ausgeht, sich Bücher wählt oder nur Umschau hält ohne die geringste Kontrolle«.

Zurück in Sydney, nehmen die Schwierigkeiten mit der Schulleiterin zu: Das Essen wird immer schlechter und spärlicher, »ich stehe daher sehr oft hungrig vom Tisch auf«. Die Lohnzahlungen sind unregelmäßig, und Lina Bögli macht sich, da sie angesichts der hohen Arbeitslosenquote schlecht aufbegehren kann, immer öfter Selbstvorwürfe: »Natürlich bin ich oft heimwehkrank, trotz der vielen Arbeit, und ich gestehe ganz aufrichtig, hätte mir jemand diese Reise angeraten oder mich dazu überredet, ich würde oft die bittersten Anklagen gegen diese Person oder Personen schleudern.« Zerstreuung bieten Reisen ins Umland, die sie vom Ersparten finanziert: So verbringt sie einmal ein paar Ferienwochen in den Blauen Bergen, westlich von Sydney, wo es angenehm kühler ist als an der Küste. Hier gibt es, ungewöhnlich für den ansonsten recht trockenen Kontinent, sogar Wasserfälle. »Etwas Imposanteres als die Wasserfälle von Leura, Wentworth und Katoomba findet man selbst in der Schweiz nicht«, schwärmt die etwas heim-wehkranke Globetrotterin. Sie bestaunt das dortige Talbecken mit seinem Urwald von Farnbäumen, seinen steilen Felsabhän-gen, seinen Schluchten, die – so vermutet sie – noch kein Men-schenfuß betreten hat. In Schwierigkeiten gerät die Schwei-zerin jedoch, als sie trotz des amtlichen Verbots geschützte Blumen pflückt und dabei von einem Ranger ertappt wird. Nur ihre naiven Beteuerungen, sie habe davon nichts gewusst und sei eine arglose Naturliebhaberin und Touristin, bewahren sie vor einer Geldstrafe.

Im November 1893, nach über einem Jahr in der Privatschule in Sydney, kommt es zum Bruch zwischen der Schweizer Leh-rerin und der Leiterin, die ihrer Angestellten den Lohn von drei Quartalen schuldig ist. Lina Bögli hat inzwischen ihre Schüch-ternheit abgelegt und nimmt sich einen Anwalt, der ihr zu ihrem Recht und ihrem Geld verhilft. Und obwohl das neue Schulquartal bereits begonnen hat, findet Lina Bögli – die durch Mundpropaganda inzwischen einen exzellenten Ruf genießt – sogleich eine Anstellung an einer anderen Schule, an der die Konditionen besser sind.

Schlangen, Schafe, Kängurusuppe

Bereits in den nächsten Schulferien – es ist Sommer – zieht Lina Bögli für ein paar Wochen zur Familie einer Schülerin nach Lake Cowal in Neusüdwales, rund vierhundert Meilen von Syd-ney entfernt. Die Gastgeber nennen mehrere Hunderttausend Stück Vieh ihr Eigen. Voller Staunen beobachtet die Schweizer Lehrerin das Leben auf dem Land, auf einer Farm, die so gar nichts mit den kleinbäuerlichen Betrieben ihrer Heimat gemein hat. Jene abgelegenen Gegenden im Innern des australischen Kontinents sind beinahe eine reine Männerwelt, der Frauen-mangel ist eklatant. Lina Bögli wird auf der Fahrt in Eisenbahn und Kutsche wie eine Außerirdische bestaunt, »daß mir fast bange wurde«. Auch auf der Farm, deren Fläche größer ist als manch kleiner Schweizer Kanton oder manch winziges deutsches Fürstentum, bietet sich ein ähnliches Bild: »Nichts als Pferde und Männer, Männer und Pferde, wo ich auch hinsah! [...] Ich befand mich in einer verzweifelten Lage.« Doch der erste Eindruck trügt: Lina Bögli verbringt schöne, interessante Wochen bei ihren aufmerksamen Gastgebern und wird überall mit Freundlichkeit und Respekt behandelt. Peinlich scheint es zu werden, als ihr einmal wie selbstverständlich ein Pferd zugeführt wird, das einzige Fortbewegungsmittel in der zivilisationsfernen Provinz. Lina Bögli saß noch nie hoch zu Ross, ist aber zu stolz, sich vor den raubeinigen Cowboys eine Blöße zu geben: »Nun, diese australischen Männer sollen keine Gelegenheit haben, sich über eine Schweizerin lustig zu machen. Es muß einfach geritten werden, sagte ich mir. Am Ende wird man doch wohl in einem Sattel sitzen können, ohne Reitstunden genommen zu haben.« Ohne groß zu überlegen, sitzt sie auf und versucht sich nichts anmerken zu lassen. Im Trab geht es voran, bei fünfunddreißig Grad in der Sonne. Anfänglich sitzt Lina Bögli recht verkrampft im Sattel, doch nach ein paar Stunden hat sie sich zu ihrer eigenen Überraschung recht gut in die ungewohnte Gangart des Pferdes eingefunden und kann den Blick auf die weite, verdorrte Ebene richten: »Wir konnten den ganzen Tag lang durch schattenlose Wälder, über sonnenversengte Felder reiten – von Wegen ist hier nämlich keine Rede –, ohne, außer Tausenden von Schafen, einem lebenden Wesen zu begegnen. Ja selbst die Känguruhs und die Kasuare [große, flugunfähige Laufvögel], die doch hier zu Hause sind, schienen sich an jenen Tagen versteckt zu haben. Etwas Einförmigeres kann man sich gar nicht denken. Über uns ein wolkenloser Himmel, zu unseren Füßen, so weit das Auge reichte, dürres, gelbes Gras. Kein Flüßchen, kein Teich, kein Hügel [...].« Sie machen mitten in der Prärie Pause, in einer kleinen Hütte, die von zwei Engländern bewohnt wird. Dort werden sie mit »Omelette aus einem Kasuarenei« verköstigt, »die so groß war, daß ich für drei Frühstücke genug daran gehabt hätte«. Auch eine Känguruschwanz-suppe steht auf dem Menüplan, und auch die wird von der tap-feren Schweizerin artig aufgegessen. Ihren Lesern gesteht sie jedoch, sie könne »nicht sagen, daß mir die Omelette und die Suppe gerade besonders geschmeckt haben«.

Der Aufenthalt auf der Farm erweist sich als unerwartet angenehm und abwechslungsreich. Tagsüber macht Lina Bögli Ausritte, abends laden sich die Nachbarn der weit voneinander gelegenen Güter gegenseitig zu Tanz, Musik und Gesellschafts-spielen ein. Sie erfährt von den Nöten der Farmer: der steten Trockenheit, Dürren und Präriebränden, denen oft Tausende von Schafen zum Opfer fallen, den letztlich fruchtlosen Versu-chen, Obst und Kartoffeln anzubauen. Nachts, so vernimmt die Schweizerin, werden die wenigen Bäume von Unmengen flie-gender Hunde heimgesucht, »groß wie eine Katze«, und sie ist froh, in der Dunkelheit nicht nach draußen gehen zu müssen. Abends, vor dem Schlafengehen, ist es ratsam, das ganze Zim-mer, auch das Bettzeug, nach giftigen Schlangen abzusuchen, denn die kriechen tagsüber gern durch Spalten und Ritzen in die Häuser und machen es sich in Winkeln und Wäsche bequem. Vor allem der »See«, der dem Anwesen Lake Cowal den Namen gab (in Wahrheit nur ein ausgetrocknetes, morastiges Becken), ist ein Tummelplatz von Schlangen und anderem giftigen Ge-tier. Am Ende ihres Ferienaufenthalts in der australischen Prä-rie kann Lina Bögli, zäh und widerstandsfähig geworden, stolz ihrem Tagebuch vermelden: »Ich bin so dünn und braun gewor-den, daß ich, in Lumpen gehüllt, ganz gut als adenische [jeme-nitische] Bettlerin auftreten könnte. […] ich verliere regelmä-ßig ein Pfund wöchentlich. […] Dabei bin ich kerngesund; ich reite stundenlang, jeden Tag, in der heißen Sonne umher und habe nie den leisesten Anflug von Kopfweh.«

So gestärkt, kehrt sie zum Ende der Schulferien nach Sydney zurück. Auch hier hat sie sich inzwischen gut eingewöhnt und genießt das – im Vergleich zu dem von Konventionen und Tradi-tionen geprägten Europa – viel unkompliziertere Alltagsleben:

»Es ist hier auch leichter als bei uns, weil alles ins Haus gebracht wird. Der Milchmann, der Bäcker, der Fleischer und der Gemüsehändler kommen jeden Morgen an die Küchentüre ihrer Kunden; man bestellt dann den einen Tag für den nächsten oder tut es per Telephon in der Frühe, bevor die Lieferungswagen weggefahren sind. Fleisch ist sehr billig [...]. Gemüse und Früchte sind auch billig und das ganze Jahr frisch und in großer Auswahl zu haben [...].«

Wieder wird sie in den nächsten Ferien von zwei Schülerinnen auf deren elterliche Farm eingeladen. Diesmal geht es nach Gragin, nördlich von Sydney, an der Grenze zu Queensland gelegen. Diese Gegend ist sehr fruchtbar und wasserreich, es wird Obst und Getreide angebaut, aber auch große Schafsfarmen gibt es, manche zählen bis zu einer halben Million Tiere. Fasziniert betrachtet die Schweizerin die Prozedur der Schafschur, die von fahrenden Scherern ausgeführt wird, die, je geschickter und schneller sie sind, damit gutes Geld machen: »Der behendeste brauchte grade drei Minuten und der langsamste fünf und eine halbe – per Maschine natürlich. Für hundert Schafe bekommen sie 25 Franken. [...] Der Dreiminutenmann ist ein ehemaliger österreichischer Offizier. [...] So schneidig, wie er einst in glänzender Uniform und Schleppsäbel ausgesehen haben mag, sieht er heute in seinem ausgewaschenen roten Flanellhemd nicht aus. Aber jedenfalls bezahlt sich Schererdienst in Australien besser als Soldatendienst in Österreich, und wenn das Glück, wie man sagt, von dem Grade unserer Nützlichkeit abhängt, so muß er hier wohl auch glücklicher sein.« Im Hader liegt die Schweizerin nicht nur mit den Schlangen, nach denen man abends Zimmer und Bett absuchen muss, sondern auch mit einem australischen Vogel, dem »lachenden Jakaß«, der frühmorgens ein lautes, einem menschlichen Hohnlachen ähnelndes Geschrei anstimmt. Lina Bögli maßt wider besseres Wissen dem Vogel so viel Verstand zu, dass sie ihm böse Absichten unterstellt und sich auf ihre Weise dagegen wappnet: »Jeden Morgen um fünf Uhr fing einer zu lachen an, und gleich stimmte der ganze Baum voll mit ein – und es war, als ob Hunderte da wären. Der Lärm zerriß mir fast die Ohren. Da das Fenster immer offen war und sie mich im Bett sehen konnten, bildete ich mir ein, sie lachten über mich, und das ärgerte mich so, daß ich jedesmal aufstand. Ihnen verdanke ich daher eine gute Gewohnheit; denn ich stehe seither immer um fünf Uhr auf.«

Das frühe Aufstehen lohnt sich, vor allem in den Schulferien. Ihre nächsten verbringt die lebenshungrige Lina Bögli am südlichen Ende des Fünften Kontinents, auf der Insel Tasmanien, die ihr »gemütlich und heimelig« vorkommt und sie in Klima und Landschaft an Südengland erinnert.

Heißer Boden unter den Füßen

Es könnte so weitergehen, Lina Bögli hat sich als Lehrerin in Sydney etabliert, sie besitzt unter Kollegen und Schülerinnen einen guten Ruf – wäre da nicht das Versprechen, das sie sich selbst gab: nach zehn Jahren zum Ausgangspunkt ihrer Reise, nach Krakau, zurückzukehren. Nun, im Dezember 1896, sind bereits mehr als vier Jahre verstrichen, und die Globetrotterin hat noch nicht einmal die Hälfte der Weltumrundung bewältigt! Also entschließt sie sich in jenen vorweihnachtlichen Wochen, während das Thermometer auf dem Südkontinent immer mehr ansteigt, zur Weiterfahrt, zunächst nach Neuseeland, dem eigentlichen Land der Antipoden, von Mitteleuropa aus berechnet. Am Montag, dem 21. Dezember 1896, verabschiedet sich Lina Bögli von Sydney und sticht an Bord des Dampfers »Monowai« in See. Die Überfahrt ist lang und stürmisch: Fünf Tage benötigt das überfüllte Schiff, von widrigen Winden und hohem Wellengang gebeutelt, bis es den Hafen von Auckland auf der Nordinsel Neuseelands erreicht. Der Zeitpunkt ist ungünstig: Auckland ist noch nicht die Millionenstadt von heute, und die Zahl der Hotelbetten sehr begrenzt. Die aber sind alle belegt, denn in jenen Tagen findet das alljährliche große Pferderennen statt. Nach langem Umherirren in der Stadt findet Lina Bögli doch eine alte Zimmerwirtin, die ihre ausnahmslos männlichen Mieter bewegen kann, zusammenzurücken und der jungen Schweizerin kavaliersmäßig Platz zu machen. Die seekranke Globetrotterin schläft sich erst einmal tüchtig aus, anderntags ist sie schon wieder sicher auf den Beinen und durchmisst zu Fuß die Stadt. Ihr erster Eindruck von der jungen Pioniergesellschaft: Die Neuseeländer, damals noch Kolonisten des britischen Empire, aber schon recht selbstbewusst und auf kulturelle Eigenständigkeit bedacht, sind stolz auf ihr Inselreich, das sie als »das schönste und reichste Land« rühmen, das »das gesündeste und angenehmste Klima« habe und »bei Weitem die beste Regierung«. Besonders ist die Schweizerin vom Umstand beeindruckt, dass die neuseeländischen Frauen das Wahlrecht und dieselben politischen Rechte wie die Männer besitzen, wovon die Frauen in Europa nur träumen können. Auch aus dieser Besonderheit heraus erklärt sich das Selbstbewusstsein einer jungen Gesellschaft, die zwar formell noch abhängig von Großbritannien ist, sich aber geistig-kulturell abzunabeln beginnt und optimistisch in die Zukunft blickt. Dass es ethnisch unter der schönen Oberfläche gärt, vor allem was die sozial, kulturell und rechtlich benachteiligten Ureinwohner, die Maori, anbelangt, will und kann Lina Bögli, die ganz ein eurozentriertes Kind ihrer Zeit ist, nicht sehen. Die Vulkane schlafen noch, so wie auch die erloschenen Krater des Mount Eden, den sie auf ihren Spaziergängen durch Auckland ersteigt, »von wo aus man eine wunderschöne Aussicht auf die Stadt und den Hafen hat und von wo aus man über fünfzig kleinere und größere erloschene Vulkane zählen kann. Welch großartiges Feuerwerk, wenn es ihnen allen auf einmal einfallen sollte, auszubrechen!« Diesen Gefallen tun die Vulkane der erlebnishungrigen Reisenden indes nicht, sie kommt aber wenig später in Gegenden der Nordinsel, in denen die Erdkruste sehr dünn ist und der Boden unter den Füßen brennend heiß: Im Gebiet von Whakarewarewa bei Rotorua in der vulkanisch aktiven Zentralregion sieht und spürt sie erstaunliche Phänomene, die ihr, so heiß es auch ist, Gänsehaut verursachen: »Hier bin ich in der Mitte von zischenden und speienden Geisern und kann durchaus nicht sagen, daß ich mich heimisch oder besonders wohl fühle. Es ist kein angenehmes Gefühl, wenn man den Erdboden, auf dem man sich bisher so sicher geglaubt hat, beständig unter sich zittern fühlt.« Immerhin beneidet die praktisch veranlagte Schweizerin die Maorifrauen um ihre durch die vulkanischen Kräfte vereinfachte Haushaltsführung: »Die Natur hat es hier der Hausfrau bequem gemacht. Das Essen wird immer in Gesellschaft gekocht. Die Dörfler bringen alle ihr Fleisch, oder was sie sonst zu kochen haben, in denselben [siedend heißen] Teich. Das Fleisch wird in einen Sack getan, der mittels eines Seiles an einem Pfahl am Ufer befestigt wird, und den Sack läßt man im Wasser schwimmen, bis der Inhalt gar ist.« Zum damaligen Zeitpunkt sind die Maori schon längst keine Kannibalen mehr (während der Entdecker James Cook im 18. Jahrhundert davon noch zu berichten wusste). Mit wohligem Schauer hört sich die Schweizerin Erzählungen an, die vom früheren Dasein der Maori als Menschenfresser wissen. Und als ihr ein neunzigjähriger Maori-Häuptling das zweifelhafte Kompliment macht, die junge Dame »würde ein zarter Bissen« sein, weiß sie nicht, ob er sich über sie nur lustig macht oder ob ein atavistischer Kern in den Äußerungen dieses Gourmets liegt: »Ich mag ihn seitdem nicht mehr so gern, besonders wenn er mir die Hand küßt, was er stets zum Gruße tut. Denn mir scheint jetzt immer, er behalte sie unanständig lange an seinen Lippen!« Solche »Geschmacklosigkeiten« sind freilich spätestens bei einem großen, kulinarisch korrekten Festmahl vergessen, das die Maori ausrichten und zu dem auch die Globetrotterin eingeladen ist. Just an jenem Abend bricht der große Geysir, der seit Jahren ruhte, mit Gewalt aus: »Wir waren gerade bei Tisch, als wir plötzlich eine starke Erschütterung fühlten und ein Donnern hörten, als ob das Dorf bombardiert würde. Natürlich dachte niemand mehr ans Essen; wir stürmten alle hinaus, um das großartige Schauspiel zu sehen. Über 100 Fuß hoch [ca. dreißig Meter] – so sagt man – spritzte das Wasser unter dem furchtbarsten Donnergetöse in die Luft.«

Nacktheit und Drogen

Im Januar 1897 besteigt Lina Bögli erneut ein Schiff und macht sich auf den Weg nach Hawaii. Die Fahrt durch den »Stillen« Ozean ist alles andere als geruhsam, der Dampfer wird tüchtig umhergeworfen. Die wohl auffälligste Gesellschaft an Bord ist eine Gruppe von Theosophen, darunter eine Dame, die vorgibt, die Reinkarnation der Helena ·Blavatsky zu sein, jener legendären, 1891 verstorbenen Begründerin der sektiererischen Gemeinde. Lina Bögli versucht mit ihnen ins Gespräch zu kommen, doch zeigen die Theosophen sich als schweigsam und abweisend, sehr zum Bedauern der neugierigen Schweizerin.

Sie erreichen Samoa, das damals von den Kolonialmächten Großbritannien, Deutschland und den USA als Kondominium verwaltet wird. Entgegen ihrer ursprünglichen Absicht, gleich nach Hawaii weiterzufahren, folgt Lina Bögli der Einladung der deutschen Leiterin einer Missionsschule und bleibt ein paar Wochen zu Gast in deren Haus in der Inselhauptstadt Apia. Der Archipel ist vom kulturellen Einfluss der Europäer erst wenig vereinnahmt, und Lina Bögli genießt es, eine pazifische Kultur noch ohne Eisenbahnen, Telefone und »Tramways« erleben zu dürfen. Sie ist von Land und Leuten hingerissen: »Ich bin schon ganz verliebt in die Samoaner. Ihre bronzene Schönheit, ihr elastisch eleganter Gang, ihre Heiterkeit, ihr liebenswürdiges Benehmen, alles entzückt mich.« »Kleider«, so weiß die Schweizerin, die auf Fotografien immer in bis zum Hals hochgeschlossenen Kleidern zu sehen ist, »hat er [der Samoaner] bis dahin keine getragen, ein Privileg, um das ich ihn, seitdem ich hier bin, schon mehr als einmal beneidet habe. Denn gewiß kann man in Samoa nur dann ganz glücklich sein, wenn man nichts auf dem

Leibe hat. Das allerleichteste Kleidungsstück ist schon eine heiße und gänzlich überflüssige Bürde.« Sie überhöht sicherlich manches und verfällt damit dem alten europäischen Projektionsmuster des »edlen Wilden«: »Und nicht nur freigebig sind die Samoaner, sondern auch von einer Höflichkeit und Freundlichkeit, die man in Europa beim Volk umsonst suchen würde.« Als sie einmal im Urwald spazieren geht und sinnierend an einem Bach steht, der einen Hang herabplätschert und über den nur ein Baumstamm als Steg liegt, kommen aus dem Wald unvermittelt zwei junge, fast nackte Burschen gerannt. Sie erweisen sich überraschend als die vollendeten Kavaliere: »Sie stellten sich auf beiden Seiten der Brücke ins Wasser und streckten ihre Hände aus zum Zeichen, daß sie mich hinüberführen wollten. Könnten die feinsten Hofleute galanter sein?« Die Schweizerin lässt es sich gern gefallen – und kommt dabei auch ästhetisch auf ihre Kosten.

Als Lina Bögli auf die zu Samoa gehörende Insel Upolu kommt, wird sie, der inzwischen der Ruf einer Berühmtheit vorauseilt, vom Inselkönig Malietoa Laupepa feierlich empfangen, der ihr artige Komplimente macht und besonders lobend hervorhebt, dass sie so ganz allein und ohne Angst durch die weite Welt reise. Auf den Samoa-Inseln gilt ein aus Kawa, einer Pflanzenwurzel, gebrauter Saft als Delikatesse – und auch als paralysierende Droge, wenn man zu viel davon genießt. Lina Bögli kann aus Neugierde nicht umhin, davon zu kosten, immerhin will sie doch ihren Leserinnen Bericht erstatten. »Du weißt also«, schreibt sie in ihrem Reisebericht an ihre fiktive Briefpartnerin, »daß die Wurzel in Gegenwart der Gäste von jungen Mädchen und Knaben gekaut und dann in ein Becken gespuckt wird, wo mit Zugabe von frischem Wasser der Trank bereitet wird. Es gibt aber auch eine moderne Art der Zubereitung, wonach die Wurzel ganz einfach mit einem Reibeisen gerieben wird, und da ich, als Ehrengast, um die Wahl der Zubereitung befragt wurde, entschloß ich mich natürlich für die letztere; denn ich wollte ja kosten, nicht nur sehen.« Vom Geschmack und der Wirkung des sagenhaften Tranks ist sie hingegen nicht so recht überzeugt: »Schlecht ist zwar der schöne dunkelbraune Trank nicht; sehr bitter im ersten Augenblick, aber mit einem höchst angenehmen süßlichen Nachgeschmack.« Kultureller Höhepunkt, zumindest aus europäischer Sicht, ist der Besuch bei Robert Louis Stevensons Witwe auf deren Anwesen Vailima bei Apia. Hier erfährt die Weltreisende so manches interessante Detail über den erst gut zwei Jahre zuvor verstorbenen Autor der *Schatzinsel*.

Die erste Frau auf dem Haleakala

Am 24. Februar 1897 verlässt Lina Bögli das ihr lieb gewordene Samoa und tritt auf einem Dampfer die Weiterfahrt nach Hawaii an, das damals bereits unter starkem US-amerikanischen Einfluss steht, aber formell noch ein eigenes polynesisches Königreich darstellt. Wieder zeigt sich der Stille Ozean als rau und ungestüm, und just als sie den Äquator passieren und ein Matrose dies mit einem Ruf über Deck den Passagieren kundtut, wird der Dampfer von einer plötzlichen Bö geschüttelt, eine Woge ergießt sich über die in Liegestühlen dösenden Reisenden und reißt alle losen Gegenstände mit sich. Lina Bögli, die eben noch mit Genuss in einem Buch von Mark Twain geschmökert hat, erinnert sich: »Wie ein Pfeil flogen wir dem Geländer zu, und wenn nicht der Offizier, der, dicht hinter mir stehend, die Gefahr gleich bemerkte, uns noch zeitig genug erwischt hätte, so würde ich jetzt keine Briefe mehr schreiben können. Was das für dich bestimmte Briefpapier, meine Feder und den lieben Mark Twain betrifft, so sind sie alle in der Meerestiefe und wundern sich wohl, wo ich steckengeblieben bin.«

Am 5. März 1897 geht Lina Bögli in Honolulu auf der zu Hawaii gehörenden Insel Oahu an Land. Die Ortschaft hat damals nur dreißigtausend Einwohner, besitzt aber, vor allem dank US-amerikanischer Investitionen, die Infrastruktur einer modernen Großstadt – ganz das Gegenprogramm zu Apia: »Sie ist elektrisch beleuchtet, hat Telephon in jedem Hause, *Tramways* in allen Straßen und eine schnaubende, dampfende Eisenbahn.« Lina Bögli hat in Australien reichlich Geld gespart, und so kann sie es sich erlauben, mehrere Monate »im Paradies«, wie sie Hawaii nennt, zuzubringen. Sogar die Zeitungen haben über die Ankunft der Weltreisenden berichtet, und Lina Bögli wird von Schweizer Landsleuten, die in das Inselkönigreich ausgewandert sind, gastlich empfangen und wie ein Weltwunder bestaunt. Nach einigen Wochen jedoch zeigen sich bei ihr gewisse Ermüdungserscheinungen. Zu viel des Gartens Eden macht unzufrieden, davon wussten bereits Adam und Eva ein Lied zu singen: »Sehr erklärlich ist es, daß in einem Land, wo ewiger Sommer herrscht, die Energie nach und nach abnimmt und man etwas schlaff wird.« Zudem ist ihr das Inselreich zu weitab »vom Schuss«, und immer mehr sehnt sie sich nach Kalifornien, jenem anderen großen Garten, wo man sich wieder mitten in der westlichen Zivilisation befindet. Aber noch ist ihre Zeit auf Hawaii nicht ganz vorüber, sie will noch etwas Besonderes vollbringen: die Ersteigung des Vulkans Haleakala auf der Insel Maui. Am 17. Juli 1897, es ist gerade Halbzeit ihrer projektierten zehnjährigen Reise, besteigt die furchtlose Schweizerin, die bereits in ihrer Heimat Bergerfahrung gesammelt hat, den 3055 Meter hohen erloschenen Vulkan (der gleichwohl im 16. und 17. Jahrhundert noch aktiv gewesen sein muss). Einheimische bieten ihr für den Aufstieg Maulesel an, sie hätten noch nie davon gehört, dass jemand den Berg zu Fuß bezwungen habe. Die stolze Weltreisende lehnt dies ab und erklimmt aus eigener Kraft den Vulkan. Im nahen Dorf verbreitet sich die Nachricht wie ein Lauffeuer: »Als ich sonntags darauf zur Kirche ging, kam die ganze Gemeinde, um mir die Hand zu schütteln und mich bewundernd anzusehen. ›Sie sind die Dame, die den Haleakala bestiegen?‹ war der Ausruf eines jeden, der sich mir näherte. Wer hätte je gedacht, daß ich mir einen Namen als Bergsteigerin machen würde!« Die Gipfelstürmerin wird für ihre Mühen belohnt: »Ich habe vielleicht schönere Aussichten genossen in meinem Leben, aber so großartige nie. Wir schwebten über den Wolken; aber wenn sich diese lichteten, was hie und da geschah, konnten wir den ganzen hawaiischen Archipel – acht Inseln an der Zahl – übersehen. Dazu standen wir am Rande des größten Kraters der Welt, der einen Umfang von 21 englischen Meilen hat und so tief ist, daß die 14 kleinen Vulkane, die darin zerstreut sind und von denen einige 700 und 800 Fuß hoch sind, wie kleine Maulwurfhügel aussehen.«

Lina Bögli will nach diesem »Höhepunkt« im doppelten Wortsinn endlich weiter, nach Kalifornien – doch ein ehrenvolles Angebot des hawaiianischen Unterrichtsministers stimmt sie um: Sie soll am einzigen Gymnasium Honolulus Vorlesungen zur deutschen und französischen Literatur halten. Mit Chuzpe und Begeisterung stürzt sie sich in die Aufgabe und erntet, will man ihren Erinnerungen glauben, viel Beifall.

Fast ein ganzes Jahr verbringt sie so in Honolulu. Der Winter und das Frühjahr 1898 sind ungewöhnlich kalt und verregnet, »Wolkenbrüche, zehn und zwölf Zoll in vierundzwanzig Stunden«, ergießen sich auf die Insel und verursachen große Überschwemmungen. Das Paradies auf Erden ist zu einem Morast verkommen, und zudem spielt die Weltpolitik hinein: Es herrscht Krieg zwischen den Vereinigten Staaten von Amerika und dem Königreich Spanien. Große Truppenverbände werden mit Kriegsschiffen nach Hawaii gebracht, wo sie zwischenstationiert werden, um weiter zu den spanischen Philippinen in den Kampfeinsatz gebracht zu werden. Lina Bögli sehnt sich weg von Honolulu. Endlich sind die Truppen nach Manila verschifft und der gewöhnliche Linienverkehr, der monatelang ruhte, weil alle Schiffe von der Armee requiriert worden waren, wird wieder aufgenommen. Die Schweizerin kann ein Ticket auf einem Dampfer nach San Francisco buchen. Am 22. Juni 1898 legt das Schiff ab, just an dem Tag, als die Nachricht aus Washington eintrifft, der amerikanische Senat habe der Annexion Hawaiis zugestimmt. Der Archipel ist nun offiziell amerikanisch – sehr zum Bedauern der eingeborenen Bevölkerung, aber zur Freude der vielen eingewanderten Amerikaner. Unter Hochrufen, Böllerschüssen und dem Flattern amerikanischer Flaggen und Wimpel verlässt der Dampfer »Alameda« Honolulu, und Lina Bögli könnte sich beinahe einbilden, der Jubel gebühre ihr.

El Dorado und fahrende Häuser

Ebenso pompös wie die Ausfahrt aus Honolulu ist die Ankunft in San Francisco, nur dass diesmal die Natur für die theatralische Inszenierung sorgt: »Der Dampfer lief gerade bei Sonnenuntergang in den prachtvollen Hafen von San Francisco ein. Kein Wunder, daß die Spanier, die diesen Hafen entdeckt haben, den Eingang dazu das ›Goldene Tor‹ nannten; wenn sie einmal einen Sonnenuntergang hier sahen, konnten sie kaum auf einen anderen Namen verfallen. Alles war goldig angehaucht, der Himmel, das Meer, die Berge und die Stadt im Hintergrunde, Gold, überall Gold! Wir waren wahrhaftig in Dorado.« Nach Monaten des Müßiggangs sind Lina Böglis Ersparnisse aufgebraucht, und so nimmt sie erneut eine Stelle an einer privaten Schule an. An den freien Tagen und in den Ferien unternimmt sie auch hier Ausflüge in die Umgebung, allein schon, um sich aufzuwärmen: Denn der häufig kalte Wind vom Pazifik, der vor allem nachmittags und abends in San Francisco einfällt, macht der Reisenden, die eben noch im sonnigen Südseeparadies war, zu schaffen. Sie klagt in ihren Briefen über Erkältungen, Halsweh, Zahnschmerzen und allgemeines Unwohlsein. Andererseits genießt sie das freie gesellschaftliche Leben und lobt die – im Vergleich zu Australien – guten Löhne. Amüsiert zeigt sie sich über die Straßen, die sich die steilen Hügel schnurgerade hinaufziehen, und entdeckt eines Tages voller Staunen, dass selbst die prächtigeren Gebäude San Franciscos ganz aus Holz, worüber nur ein Verputz gelegt wurde, erbaut sind. Fassungslos beobachtet sie, wie ein ganzes Haus, auf eine große Karre gepackt, von Pferden eine

Straße entlanggezogen wird. Ein amerikanischer Bekannter lacht über ihr Erstaunen und meint: »Das ist gar nichts Außergewöhnliches bei uns; wir ziehen oft mit unserem ganzen Haus fort, wenn uns seine Lage nicht mehr gefällt; ich habe das meinige auch von drunten in der Stadt hier hinauf transportieren lassen.« Knapp acht Jahre später, am 18. April 1906, wird San Francisco, die hölzerne Stadt, von einem Erdbeben und einer durch geborstene Gasleitungen verursachten Feuersbrunst in Schutt und Asche gelegt werden.

Auch in Kalifornien, so vernimmt Lina Bögli, gibt es Schweizer Auswanderer. Eine Gemeinde lebt in El Verano im Sonora County. Die Weltreisende nutzt die Gelegenheit der Neujahrsferien und macht sich am 3. Januar 1899 mit dem Zug dorthin auf. Mit Wohlgefallen betrachtet sie die schier endlosen kalifornischen Obstplantagen: »[…] ich habe selten einen Ausflug mehr genossen als diese mehrstündige Eisenbahnfahrt durch üppige Zitronen- und Orangenwälder.« Kurz hinter der Bezirkshauptstadt Sonora hält der Zug unvermittelt auf offenem Feld. Der Schaffner bedeutet ihr, auszusteigen, das sei »Kings Station«, von hier aus sei es nicht mehr weit nach El Verano, zur Siedlung der Schweizer. »Mit fieberhafter Eile packte ich meine Siebensachen zusammen, ließ mir von dem Schaffner aus dem Wagen helfen, und bevor ich recht draußen war, setzte sich der Zug schon wieder in Bewegung, wie das in diesem Lande der Eile so der Brauch ist. Nun stand ich da mutterseelenallein mit meinen Bündeln auf offenem Feld an einem Kreuzweg und hatte nicht die entfernteste Idee, nach welcher Himmelsrichtung ich meine Schritte lenken sollte.« Unschlüssig sitzt sie auf ihrem Gepäck. Endlich, nach über einer Stunde, kommt ein Karren des Weges. Lina Bögli spricht den Fuhrmann auf Englisch an, er scheint sie nicht recht zu verstehen. Sie versucht es auf Französisch. Da hellen sich seine Gesichtszüge auf: Er ist ein Belgier und lebt in der von französischsprachigen Schweizern bevölkerten Siedlung El Verano. Er bittet die Fremde, aufzusteigen und mit ihm zum Dorf der Eidgenossen zu fahren. Lina

Bögli kommt sich wie eine Königin unter kalifornischer Sonne vor – wenngleich ihre »Staatskarosse« recht sonderbar wirkt: »Auf einem vollen Kartoffelsack sitzend, neben einem Führer in Hemdsärmeln, der mir mit echt französischer Zungengewandtheit die Honneurs der Umgebung machte, hielt ich meinen Einzug in das geheimnisvolle El Verano.« Die Schweizer indes sind überglücklich, eine Landsmännin bewirten zu können, noch dazu eine Weltreisende.

Moralische Herausforderungen und ein Salzbad

Ein ganzes Jahr bringt sie in Kalifornien zu, dann bricht sie erneut auf und fährt weiter nach Salt Lake City in Utah. Die nächtliche Fahrt im Pullman-Waggon wird für sie zur Pein, denn voller Scham wird ihr bewusst, dass in den Schlafabteilen, die von Amerikanern auf den weiten Überlandfahrten so gerne benutzt werden, Männer und Frauen gemeinsam untergebracht werden, jedes Klappbett nur durch einen Vorhang vom nächsten getrennt. Für die sittenstrenge Schweizerin eine moralische Herausforderung, der sie jedoch mit der gut gespielten Bravour einer Globetrotterin begegnet. Doch das ist nur die eine Seite des Schreckens. Die andere: die Enge und Unbequemlichkeit dieser Art eines Nachtlagers, »besonders da man sich hinter den Vorhängen gar nicht rühren kann. Man muß sich in sitzender Stellung aus- und anziehen, weil kein Stehraum da ist, und dann das obere Bett so nahe, daß sogar ich, so klein ich bin, nicht Platz genug hatte, mir das Haar aufzustecken.« Die Luft in den winzigen Schlafkojen ist so verbraucht und heiß, dass Lina Bögli zu ersticken glaubt. Schlaflos liegt sie da, zählt die Minuten und Stunden. Gegen zwei Uhr in der Nacht ist sie mit ihrer Geduld am Ende: Sie zieht sich an, steht auf und begibt sich in den Vorraum des Waggons, wo sie, auf einem Schemel sitzend, den Rest der Nacht zubringt – schlaflos, aber immerhin mit genügend Sauerstoff – und durchs Fenster die Monotonie der Wüste betrachtet, »wie Sand und Salbeigras, Salbeigras und Sand abwechselnd an uns vorüberzogen […]«.

Wie so viele Europäer kommt auch Lina Bögli voller Vorurteile und anerzogener Klischees nach Salt Lake City, in die Stadt der Mormonen. Doch rasch wird sie eines anderen belehrt. Der Ort gefällt ihr sofort: »Erstens ist es die ruhigste und reinste Stadt, die ich je gesehen; zweitens liegt sie wunderhübsch am Fuße des stolzen, schneebedeckten Felsengebirges und ist, obwohl sozusagen eine Wüstenstadt, das grünste und frischeste Fleckchen Erde, das man sich nur wünschen kann.« Sie lernt bald Mormonenfamilien kennen – auch Schweizer Auswanderer – und ist von deren Freundlichkeit, Offenheit, Fleiß und harmonischer, gottesfürchtiger Lebensführung angetan. Und wenngleich sie der von den Mormonen damals noch praktizierten Polygamie ablehnend gegenübersteht, weiß sie doch zu differenzieren und kommt für sich selbst zu dem Resümee: »Im Vergleich mit unseren guten Ehen ist die Mormonenehe eine armselige Einrichtung, aber im Vergleich mit unseren schlechten ist die Mormonenehe sogar sehr gut.« So sehr es Lina Bögli in Salt Lake City auch gefällt – der namengebende Salzsee enttäuscht sie: Sie besucht eine Badeanstalt und stürzt sich voller Bewegungsdrang in die Fluten – als sie bemerkt, dass das Wasser durch den hohen Salzgehalt sehr eigenwillig reagiert: »Leider ist das Schwimmen im See unmöglich, weil das Wasser zu schwer ist, dreimal schwerer als Meerwasser. Man kann sogar drauf sitzen, wenn man es versteht, die Füße auf eine gewisse Art heraufzuziehen. […] Kein lebendes Wesen kann in diesem Wasser existieren.«

Nach knapp einer Woche verlässt Lina Bögli die Mormonenstadt und fährt, diesmal nur noch im Tagwaggon, mit dem Zug nach Denver, eine Stadt, die, so notiert sie, vor vierzig Jahren nur aus zwanzig Bretterbuden bestand, nun aber eine pulsierende Großstadt ist, durch die Bergwerke der Umgebung reich geworden. Doch die Stadt ist nach ihrem Geschmack hässlich, ihre Bewohner »unfreundlich und ungehobelt«, und so fährt sie rasch weiter. Über Omaha, Nebraska, wo sie den breiten Missouri-Strom bestaunt, geht es durch die schier endlose Prärie, eine monotone Landschaft, die ihr von Australien her schon vertraut ist, die sie hier aber besonders fasziniert: »Ich hätte nie gedacht, daß eine Prärielandschaft schön sein könnte; aber sie hat wirklich auch ihren Reiz, und zwar einen ganz eigenen, besonderen, einen melancholischen Reiz, möchte ich sagen. Diese scheinbar endlosen Korn- oder Maisfelder, die in der Ferne die Wölbung des Himmels zu berühren scheinen, geben wirklich, besonders bei Sonnenuntergang, ein schönes Bild ab.«

Weiter geht es nordwärts, zu den Großen Seen. Chicago ist die »Stadt der hohen Häuser und Millionäre«, aber auch der Schlachthöfe, des brutalen Kapitalismus und des Verbrechens. Lina Bögli beklagt sich über die Ruppigkeit der Bewohner, über die vielen »Ellbogenstöße«, die sie auf der Straße erhält, über Hast und Eile und die Gier nach dem großen Geld, über das harte Nebeneinander von Arm und Reich, von edlen Boutiquen und billigen Kramläden, teuren Restaurants und schmierigen Imbissbuden, oft nur geschieden durch eine einzige Straße.

»Ich möchte am liebsten Amerikanerin sein!«

Ganz anders nimmt sich Boston aus, wo sie im August 1898 ankommt: Die Stadt, einst von den Pilgervätern gegründet, und geistige Keimzelle des Aufstands gegen die Engländer, atmet Geschichte, europäische Tradition, Kultur, Intellekt. Lina Bögli fühlt sich sofort wohl – je näher sie der alten Heimat kommt, desto größer wird das (uneingestandene) Heimweh: »Die Wälder, die wohlbebauten Felder [von Massachusetts], die in Obstgärten versteckten Bauernhöfe, alles erinnerte mich an die Heimat, und Boston mit seinen alten Häusern und seinen krummen, engen Straßen ist ganz wie eine europäische Stadt.« Massachusetts ist die Heimat etlicher Dichter und Philosophen, hier lebten Ralph Waldo Emerson, Nathaniel Hawthorne, Henry Wadsworth Longfellow, John Greenleaf Whittier und Henry David Thoreau. Letzterer wohnte eine Zeit lang im tiefen Wald, am Walden Pond, und schrieb dort sein »Aussteiger«-Buch *Walden*, das zu einer »Bibel« allerlei Reform- und Ökologie-Bewegungen wurde. Lina Bögli pilgert ehrfürchtig zu dem verschwiegenen See. Thoreaus Holzhütte steht damals nicht mehr (sie wurde erst im 20. Jahrhundert nach alten Zeichnungen wiedererrichtet), aber dennoch atmet der Ort noch immer Stille und Verschwiegenheit und erzählt von der Gedankenwelt des einst hier lebenden Dichter-Einsiedlers. Die Schweizerin legt sich träumerisch ins Gras und blickt in das Blätterdach des Waldes hinauf, »in solchen Momenten bin ich glücklich«.

Über Pennsylvania reist sie südwärts durch die Staaten Neuenglands, hin und wieder bleibt sie irgendwo länger und verdient Geld. Sie gelangt nach Washington. Es ist Mitte April 1900, und die veranschlagte Reisezeit von zehn Jahren wird langsam knapp. Die Schweizerin ist von Amerikas Hauptstadt begeistert, nennt sie die »bei Weitem […] schönste Stadt der Vereinigten Staaten«: »Washington ist eine Stadt von Palästen. Dazu kommen noch die Staatsbauten wie das Kapitol, die Staatsbibliothek und viele andere, die durch ihre Pracht und ihren Reichtum geradezu überwältigend wirken.« Im nahen Mount Vernon besucht sie das einstige Wohnhaus George Washingtons und darf sogar an einem Empfang im Weißen Haus teilnehmen, wo sie vom amtierenden US-Präsidenten William McKinley (er wird 1901 ermordet) begrüßt wird.

Bei aller Weltläufigkeit, die Lina Bögli sich in den Jahren ihrer großen Reise angeeignet hat: Sie kann sich nie von den damals gängigen rassischen Vorstellungen und Vorurteilen lösen. Ob bei den Aborigines Australiens, den Ureinwohnern Samoas oder Hawaiis oder den Afroamerikanern, denen sie vor allem in den amerikanischen Großstädten begegnet: Immer hat sie harsche Vorbehalte, ja sogar Ablehnung und Abscheu, ohne diese zu hinterfragen oder sich von einzelnen persönlichen Begegnungen eines Besseren belehren zu lassen. Äußerungen wie die folgende stehen in ihrem Reisebericht nicht allein: »[...] alle Dienstboten in den Hotels und Restaurants [in Washington] sind Neger, und so sehr ich mich auch bemühe, ich kann mich nicht an sie gewöhnen. Ich kann noch so hungrig sein, sobald ich die schwarze Hand bemerke, die mir den Teller oder die Platte reicht, ist es um meinen Appetit geschehen.« Das wirkt auf uns Heutige verstörend, ja, abstoßend – zu Lina Böglis Zeiten war es, unter Europäern wie Amerikanern, eine weit verbreitete, gesellschaftlich gebilligte Haltung.

Gegen Ende ihres Trips um den Globus nimmt eine gewisse Überreizung und Übermüdung zu. Von der quirligen Millionenstadt New York ist Lina Bögli schlicht überfordert: »Kaum drei Wochen habe ich in dieser Riesenstadt zugebracht und bin ihrer schon so müde, daß ich mein Leben sozusagen nur so dahinschleppe. Ich komme mir vor wie ein weiblicher Ahasverus, der todmüde ist von einem jahrhundertelangen Leben [...].« Sie sehnt sich zurück in die Natur, an den Walden Pond, oder in die Berge ihrer Schweizer Heimat, »denn ich brauche frische Luft, Bäume, Blumen, Vögel und einen wenigstens mäßig weiten Horizont, um glücklich zu sein«. Freilich ist auch Lina Bögli eine eitle Frau, die von den vielen Shopping-Möglichkeiten in New York überwältigt ist: »[...] nirgends gibt es so großartige Läden und eine so große Auswahl von schönen Sachen, die zudem nicht teurer sind als in Europa. [...] in keinem Land sieht man so gut gekleidete Frauen wie in Amerika, und zwar ist die Kunst des Kleidens hier in allen Klassen verbreitet [...].« Auch sie gönnt sich von ihrem Ersparten das eine oder andere Stück, das sie, so stellt sie es sich schon vor, nach ihrer Rückkunft in Krakau stolz und zum Neid der anderen Damen tragen wird. Ihr Resümee über die Neue Welt lautet indes kurz und bündig: »Wäre ich nicht Schweizerin, so möchte ich am liebsten Amerikanerin sein!«

Lina Böglis Aufenthalt in Amerika neigt sich langsam dem Ende zu – aber noch stehen ein paar touristische Ziele auf ihrer Wunschliste: die Niagarafälle und das nördlich gelegene Kanada, damals noch ein britisches Kondominium. Am 22. Juli 1900 erreicht die Schweizerin die weltberühmten Wasserfälle. Wäre sie fünfzehn Monate später dorthin gefahren, hätte sie Augenzeugin der ersten Niagarabefahrung durch die todesmutige Amerikanerin Annie Taylor werden können. So aber steht Lina Bögli vor den gewaltigen, donnernden Wassermassen mit gemischten Gefühlen der Erhabenheit und des Schreckens und kann nicht im Geringsten glauben, dieser Orkus könne jemals von einem Menschen bezwungen werden: »Sehr oft lesen wir von Leuten, die vom Niagarafall in den Tod gelockt wurden, und viele meiner Bekannten haben mir gesagt, daß sie, nachdem sie einige Zeit in den weißen, schäumenden Abgrund geschaut haben, an sich halten müssen, um sich nicht hineinzustürzen. […] Mich lockt es nicht hinein in seine wilden Fluten. Wohl aber bannt es mich an die Stelle. Ich kann stundenlang an einem Ort sitzen oder liegen, ohne mein Auge von dem Wasser abzuwenden, und mich dabei so vollkommen glücklich fühlen […].« Kritisch sieht sie allerdings die weit fortgeschrittene Bebauung, auch mit Industriebetrieben, entlang des Flusses, vor allem auf US-amerikanischer Seite, und verurteilt dies als »Profanation« und »Majestätsbeleidigung«.

Bevor sie in das nahe Kanada weiterreisen kann, heißt es wieder einmal den Sparstrumpf auffüllen. In Naples, einer Kleinstadt im Staate New York, findet sie eine Zeit lang Unterkunft bei einer Pastorenfamilie, deren Sohn sie zu unterrichten hat. Die Gegend, in einem lieblichen Tal mit mildem Klima gelegen, ist von Weinbau geprägt, und nicht ohne Stolz erfährt die Weltreisende, dass vor allem deutsche und schweizerische Winzer die Gegend mit ihrem Know-how geprägt haben. Und während im fernen Europa in den meisten bürgerlichen Familien noch recht patriarchalische Vorstellungen und Sitten herrschen, wird ihr hier ein neues Frauen- und Familienbild vorgeführt, das von Gleichberechtigung und echter Partnerschaft geprägt ist: »Ein Ehemann würde sich schämen, sich von seiner Frau cajolieren [verhätscheln] und bedienen zu lassen, selbst wenn sie dumm genug wäre, es zu tun. Er flucht und schimpft nicht jedesmal, wenn ihm irgendwo ein Knopf fehlt, sondern er näht ihn selbst an, und er bleibt nicht im Lehnstuhl sitzen, wenn er weiß, daß er seiner Frau helfen könnte. Ich habe eine junge Bekannte, die selbst Doktor der Philosophie und mit einem gutsituierten Arzt verheiratet ist. Da sie aber auch in einem kleinen Städtchen wohnen, wo keine Dienstboten zu haben sind, besorgt die gelehrte junge Frau alles selbst. Mehr als einmal kam ich gerade hinzu, wie sie beschäftigt war, das Geschirr abzuwaschen, während ihr Mann mit aufgestülpten Hemdsärmeln und eine große Schürze umgebunden es trocknete, wobei beide lustig waren wie die Lerchen. Ich kenne viele Männer dieser Art hier, eine Art, die in anderen Ländern leider unbekannt ist.«

Endlich hat sie wieder genügend Geld beisammen, um die Reise nach Kanada anzutreten: Im Juni 1901 fährt sie nach Montreal und ist fasziniert von dem Nebeneinander zweier Sprachen und Kulturen, dem Englischen und dem Französischen, da die ganze Provinz Québec bis zum Siebenjährigen Krieg französische Kolonie war. Und obwohl die Schweizerin nahezu perfekt Französisch spricht, muss sie sich, wenn sie sich mit Einheimischen unterhält, doch konzentrieren, »denn sie sprechen ein ganz kurioses, altmodisches Französisch. Es ist die noch fast unverfälschte Sprache ihrer Vorväter, der französischen Bauern, die zur Zeit Ludwigs XIII. und XIV. nach Kanada ausgewandert sind.« Lina Bögli besucht auch die Stadt Québec, am Unterlauf des Sankt-Lorenz-Stroms gelegen, deren altes, europäisches, so gänzlich unamerikanisches Aussehen und Flair sie sofort einnimmt: »[...] und nun liegt das schöne, malerische, so mittelalterlich aussehende Quebec vor uns. Auf stolzer Höhe steht das imposante Schloß Frontenac [...], während die Stadt sozusagen am Schloßberg hängt. Eine Stadt, die älter aussieht und mehr an die feudalen Zeiten erinnert, habe ich in Europa nie gesehen, obwohl Quebec eigentlich, mit dem Alter unserer Städte verglichen, gar nicht alt zu nennen ist [...].« Sie besteigt den Schlossberg und blickt hinab auf die Stadt und den Strom mit seinen zahlreichen Schiffen und den an seinen Ufern liegenden Dörfern: »Diese Gegend von Kanada ist noch viel französischer als die Gegend um Montreal herum.« Es ist das geistige Zentrum der französischen Siedler und behauptet seine kulturelle Identität. Sogar an der Universität, so die Schweizerin, »wird nur in französischer Sprache vorgetragen, und die Herren des Landes müssen Französisch lernen, wenn sie die Vorlesungen besuchen wollen«. Der Aufenthalt in der zugleich fremden und doch so vertrauten frankokanadischen Kultur währt indes nur wenige Tage. Dann besteigt Lina Bögli einen Dampfer, der sie flussaufwärts nach Buffalo am Eriesee bringt, wo damals die Pan-Amerikanische Ausstellung ein Gegengewicht zu den von den europäischen Nationen organisierten Weltausstellungen bildet und bereits von der ungeheuren Wirtschaftsmacht und Innovationskraft der Vereinigten Staaten von Amerika kündet. Zurück im Staate New York, erfährt sie von dem tödlichen Attentat auf den US-Präsidenten William McKinley. Zum Zeitpunkt der Beerdigung hält das gesamte öffentliche Leben in dem Riesenland, vom Atlantik bis zum Pazifik und vom Golf von Mexiko bis zu den Großen Seen, für fünf Minuten inne, um in der Stille des ermordeten Präsidenten zu gedenken. Dessen Nachfolger, so weiß die Schweizerin, wird Theodore Roosevelt.

Sie zögert ihre Rückreise über den Atlantik hinaus, denn noch hat sie einen wichtigen Teil der USA nicht kennengelernt: die Südstaaten, die, als »Sklavenhaltergesellschaft« verschrien, im Amerikanischen Bürgerkrieg gegen den liberaleren Norden unterlagen und bis in Lina Böglis Gegenwart hinein sich wirtschaftlich, politisch und gesellschaftlich davon nicht erholt haben. Zum Jahreswechsel 1901/1902 fährt sie nach Salisbury, North Carolina, und taucht in eine gänzlich andere Welt ein.

Das warme Klima behagt ihr, auch die etwas gelockerten Sitten gefallen ihr (während die Staaten Neuenglands noch immer stark puritanisch geprägt sind), doch übersieht sie nicht die sozialen und rassischen Konflikte und beobachtet die breite Verarmung und die grassierende Arbeitslosigkeit unter den Schwarzen. Über die Befreiung der schwarzen Sklaven urteilt sie indes unkonventionell (und etwas naiv): »In früheren Zeiten wurden sie anständig genährt, gekleidet und logiert; wenn sie alt und krank waren, wurde für sie gesorgt, vielleicht nicht großartig, aber gewiß besser als jetzt. […] was man über die Grausamkeit mancher Sklavenbesitzer geschrieben hat, darf man nicht als allgemein aufnehmen. Denn wenn man bedenkt, daß ein Sklave einen Wert von 200 bis 2000 Dollar repräsentierte, kann man sich leicht vorstellen, daß selbst der grausamste Mensch ein so kostbares Individuum nicht gar zu schlecht behandeln durfte. Heute sind sie frei, das ist wahr; aber was hilft die Freiheit, wenn man nichts damit anzufangen weiß?« Mit Unbehagen beobachtet sie die Fertilität der schwarzen Bevölkerung, der »Neger« (damals noch ein gängiger, wertfreier Terminus) – und spricht damit ein Konfliktpotenzial an, das heute, zu Beginn des 21. Jahrhunderts, für die US-amerikanische Gesellschaft aktueller denn je ist: »Man zählt jetzt schon in einigen der Südstaaten hundert Neger auf einen Weißen, und daß sie [die Schwarzen] endlich auch gern einmal nach oben kommen möchten, kann man ihnen am Ende nicht verargen; aber ich möchte nicht hier sein, wenn eine Negerrevolution ausbricht!«

Ein einfaches Leben

Schließlich ist der Tag der Abreise gekommen: Am 31. Mai 1902 besteigt Lina Bögli in Philadelphia den Dampfer »Belgenland« mit dem Ziel London. Obwohl sie sich auf Europa und auf ihre Freunde und Verwandten freut, wird ihr der Abschied von Amerika, das sie lieb gewonnen hat, und von dem zehnjährigen

Leben voller Freiheit, Überraschungen und Abenteuer doch schwer: »Ja, wenn man nur die Menschen, die man auf seinen Lebenswanderungen kennenlernt, nicht liebte, so könnte man sich jedesmal über das Weiterziehen freuen. Aber ich bin leider noch viel zu dumm, um das Leben mit philosophischer Kühle und Indifferenz nehmen zu können.« Die »Belgenland« erreicht nach einer ruhigen Überfahrt London, wo Lina Bögli sich ein paar Tage aufhält, um Freundinnen, die sie in Australien kennengelernt hat und die wieder nach England zurückgekehrt sind, zu besuchen. Nach einigem Tratsch und Klatsch geht es weiter, auf den Kontinent. Am 12. Juli 1902, auf den Tag genau zehn Jahre nach ihrer Abreise, langt Lina Bögli wieder am Ausgangspunkt ihres Globetrips an: Der Zug fährt in den Bahnhof von Krakau ein. Sie hat das zehnjährige Abenteuer bestanden, und sie hat das Gelübde, das sie sich selbst geleistet hat, erfüllt.

Wie viel hat sie in jenen zehn Jahren gesehen und erlebt, und wie sehr hat sie sich unter den Eindrücken verändert! Jetzt, da sie durch das vertraute Krakau spaziert und alte Freunde besucht, ist sie glücklich und enttäuscht zugleich: Denn sie kehrt in eine Welt zurück, die eng geblieben ist, räumlich und geistig, von Konventionen und Traditionen verstellt und belastet: »Jetzt, da ich wieder da bin, kann ich kaum glauben, daß ich zehn lange Jahre von Europa abwesend war, so wenig scheinen mir die Orte und die Leute verändert.« Sie stößt nicht nur auf Wiedersehensfreude, sondern auch auf arglose Beschränktheit. Eine alte Dame, der Lina Bögli von Australien erzählt, kontert ohne jegliche Bosheit: »Aber Fräulein Bögli, Sie können uns doch nicht weismachen, daß Sie in Australien waren; Sie sind ja noch ganz so weiß wie wir.« Lina Bögli ist über solche Reaktionen mehr belustigt denn konsterniert. Und sie ist vor allem dankbar: Dass sie diese Reise tun und sich die Freiheit dazu nehmen durfte – keine Selbstverständlichkeit für eine Frau ihres Standes und ihrer Zeit: »Ja, Glück habe ich wahrlich gehabt! Nicht nur, daß ich so viele gute und liebe Menschen kennengelernt habe, sondern ich habe auch nie einen Unfall gehabt, […] nie ist mir etwas gestohlen worden; ich bin nie durch einen Blick oder ein Wort beleidigt, sondern mit der größten Achtung behandelt worden von den Männern aller Nationen und aller Rassen. So hat die Vorsehung überall gütig über mich gewacht […].«

Lina Bögli ist und bleibt eine Tochter des Glücks: Ihr Buch *Vorwärts*, in den Jahren nach 1904 in mehreren Sprachen erschienen, wird ein großer Erfolg. Das macht ihr Mut, im Jahre 1910 eine zweite große Weltreise zu unternehmen, die sie mit der transsibirischen Eisenbahn bis nach Wladiwostok führt und von dort per Schiff nach Japan und China. Ihr Bericht über diesen zweiten Trip erscheint 1915 unter dem Titel *Immer vorwärts*, findet aber im Krieg keine große Resonanz.

Vom Weltkrieg und dessen Folgen bleibt die Schweizerin Lina Bögli verschont: 1914 zieht sie nach Herzogenbuchsee im Kanton Bern. Hier lebt sie bescheiden in einem Zimmer im Gasthof »Kreuz«, ein von der Sozialpolitikerin Amelie Moser gegründetes Zentrum für gemeinnützige Bestrebungen, mit Lesezimmer, Versammlungslokal und Gaststätte ohne Alkoholausschank. Lina Bögli findet hier Freunde und Mitstreiter. Sie bleibt weiterhin aktiv, wenngleich meist auf die Schweiz beschränkt, hält Lesungen und Vorträge und gibt Sprachunterricht.

Über ihr einfaches, aber zufriedenes und glückliches Leben jener Jahre schreibt sie: »Ich lebe fast nur von Obst, […] Brot und Käs und hie und da ein Ei. Fleisch esse ich selten und gehe höchstens zwei Mal in der Woche hinunter zum Essen. […] Mein Getränk ist das klare, schöne Wasser, nur selten schwacher Kaffee oder Tee. Wenn nicht die Wohnung wäre, so könnte ich es dem amerikanischen Philosophen Thoreau, der mit 5 Dollar monatlich in seiner Einsiedelei auskam, zuvortun. Nur bei der Wohnung hört mein Entbehren auf. Sauber und hell zu wohnen ist mir Bedürfnis, wenn ich dies nicht hätte, wäre ich sehr unglücklich, während das Entsagen im Essen und Trinken mich eher freudig als traurig stimmt. Ich bin jedesmal so dankbar für mein frugales Mahl, wie ich es für die fürstlichen Essen, deren ich im Leben so viele genoss, nie war. Ich esse zwar auf einem gedeckten Tisch, aus schönem Porzellan und mit dem Besteck des Königs Kalakaua, das mir die Dodges zum Abschied von Honolulu präsentierten. Das ist allerdings auch ein Luxus, aber einer, der mich nichts kostet – als das Waschen der Tischtücher – und mir sehr, sehr wohltuend ist.«

Als im September 1939 der Zweite Weltkrieg ausbricht, bleibt die Schweiz erneut eine friedliche Insel. Die große weite Welt der Globetrotterin Lina Bögli ist in jenen Jahren klein geworden, geopolitisch und geistig. Sie stirbt, während um sie herum Europa in Krieg und Barbarei untergeht, am 22. Dezember 1941 in Herzogenbuchsee. Ihr Grabstein, von ihr selbst entworfen, zeigt eine fliegende Taube, unter ihr die Erdkugel, und die Worte »vorwärts – aufwärts«.

Nach ihrem Tod geriet Lina Bögli außerhalb ihrer Heimat bald in Vergessenheit, bis im Jahre 1990 in einem Verlag in der Schweiz ihr Bericht über ihre erste Weltreise neu ediert wurde. Die Schweizer Schriftstellerin Judith Arlt machte sich um die Jahrtausendwende auf Spurensuche und veröffentlichte 2006 einen Aufsatz mit spannenden neuen Erkenntnissen. 2014 folgte Judith Arlts Roman *Die Welt war schneller als die Worte*, eine belletristische Darstellung des Lebensabenteuers Lina Böglis.

Maria Leitner (1892–1942)

In den »Ländern des Schreckens«

Im Jahre 1925 macht sich die dreiunddreißigjährige Maria Leitner auf den Weg nach Amerika. Vier Jahre lang wird sie die USA und die Inseln und Länder der Karibik bereisen, immer auf der Suche nach dem Abenteuer. Aber nicht zivilisationsmüder Spleen treibt die junge Frau an, sondern journalistische Neugier. Sie will über die Benachteiligten des globalen kapitalistischen Systems berichten, nicht aus der Perspektive der Draufsicht, sondern aus der der Miterlebenden, Mitleidenden. Maria Leitner würde heute wohl als investigative Journalistin oder Undercover-Reporterin bezeichnet werden. Sie geht in die Fabriken und in die Elendsquartiere, in die Gefängnisse und Arbeitslager, lässt sich anheuern und einschleusen, um möglichst nahe am Geschehen zu sein. In drei Jahren wechselt sie rund achtzig Mal die Stellung, schuftet als Putzfrau, Kellnerin und am Fließband, um einerseits ihre Reportagereise zu finanzieren und andererseits dem Leben der Ausgebeuteten, derer, die im Schatten stehen, möglichst nahezukommen. Noch während ihrer Reise schreibt sie eine Reihe von Berichten über diese Erfahrungen und Erlebnisse, Reportagen, die in Deutschland in einer auflagestarken Zeitschrift des Ullstein-Konzerns publiziert werden und 1932 auch in Buchform erscheinen. Das eigentlich Besondere und Neue daran: Maria Leitner kam auch an Orte und Örtlichkeiten, die hermetisch abgesichert und abgeschottet waren, für gewöhnliche Sterbliche nicht erreichbar, No-Go-Areas der dunklen Seite der modernen Zivilisation – etwa die Teufelsinsel vor Französisch-Guayana (der berüchtigte Verbannungsort Frankreichs) oder die Diamantenfelder in Britisch-Guayana.

Doppelmonarchie und Räterepublik

Maria Leitner, die als Journalistin zu übersehenen Orten der vermeintlich glamourösen Neuen Welt gelangt, wird in das alte, scheinbar unwandelbare Gefüge der österreichisch-ungarischen Doppelmonarchie hineingeboren: Sie kommt am 19. Januar 1892 im ungarischen Varaždin als erstes von drei Kindern des Bauunternehmers Leopold Leitner und dessen Frau Olga, geborene Kaiser, zur Welt. Nach ihr werden noch die Söhne Max und Johann geboren. Die Leitners sind deutschsprachige Juden. In ihrer deutschen Muttersprache wird Maria Leitner später bevorzugt schreiben, wenngleich sie zweisprachig aufwächst und auch für ungarische Blätter arbeiten wird. 1896 zieht die Familie in die ungarische Hauptstadt Budapest. Maria Leitner besucht von 1902 bis 1910 die »Ungarische Königliche Höhere Mädchenschule«, ein Institut von ausgezeichnetem Ruf. Neben Deutsch und Ungarisch (den beiden Sprachen des Elternhauses und der Doppelmonarchie) erhält sie Unterricht in Englisch und Französisch – wichtige Voraussetzungen für ihr späteres Leben als weltweit agierende Journalistin. Nach dem Abitur geht sie nach Wien, dann nach Berlin, wo sie Kunstgeschichte studiert. Bald arbeitet sie als Praktikantin im Verlag und der Galerie des berühmten Kunstsammlers Paul Cassirer und schreibt nebenbei Artikel für ein Budapester Boulevardblatt. Während des Ersten Weltkriegs ist Maria Leitner als Korrespondentin im neutralen Schweden tätig, gegen Ende des Kriegs ist sie erneut in Budapest. Doch die so vielversprechend begonnene berufliche Laufbahn wird erschüttert, durch den Krieg, durch den Bankrott des väterlichen Unternehmens und die Scheidung der Eltern im Jahre 1916, und schließlich durch den Tod des Vaters 1918. Es ist auch das Jahr des Zusammenbruchs der Donaumonarchie. Im Jahr darauf stirbt Maria Leitners Mutter Olga in verarmten Verhältnissen.

Ungarn wird in der Nachkriegszeit von bürgerkriegsähnlichen Wirren erschüttert. Ein Versuch des gestürzten Kaisers Karl, durch einen Putsch zumindest wieder im ehemaligen Königreich Ungarn an die Herrschaft zu gelangen, scheitert. Ungarn wird demokratische Republik unter seinem ersten Staatspräsidenten Mihály Károlyi. In jenen Nachkriegsjahren engagieren sich Maria Leitners Brüder Max und Johann aktiv in der kommunistischen Bewegung Ungarns. Johann hat bereits am 16. Oktober 1918 ein (missglücktes) Attentat auf den ungarischen Ministerpräsidenten Graf István Tisza unternommen (der Politiker wird zwei Wochen später, am 31. Oktober 1918, von revolutionären Soldaten ermordet). Der Zusammenbruch der Habsburgermonarchie und die Revolutionswirren retten Johann Leitner das Leben, er wird in der kurzlebigen ungarischen Räterepublik im April 1919 sogar zum Vorsitzenden des Kommunistischen Jungarbeiterverbandes Ungarns gewählt. Auch Max Leitner ist nach dem Krieg für die Kommunisten aktiv: Er arbeitet eine Zeit lang für die *Vörös Újság (Rote Zeitung)*, die in Budapest erscheint. Ob Maria Leitner ebenfalls engagiert war, ist bis heute unklar. Verbürgt ist jedoch ihre Sympathie für sozialistisches Gedankengut, eine Prägung, die später auch in ihren sozialkritischen Reportagen zum Ausdruck kommt.

Die Räterepublik in Ungarn ist – wie auch in anderen europäischen Ländern – nur von kurzer Dauer: Am 6. August 1919 putschen Weißgardisten und bringen die Macht an sich. Der Großindustrielle István Friedrich erklärt das Ende der Republik und beruft den österreichischen Erzherzog Joseph zum »Reichsverweser« der früheren Monarchie. Die Weißen Truppen unter ihrem Anführer Miklós Horthy »säubern« in den kommenden Wochen und Monaten das Land von linken Kräften, sie ermorden rund fünftausend Sympathisanten der Revolution und sperren über siebzigtausend Menschen in Gefängnissen und Lagern ein. Den drei Geschwistern Leitner gelingt die Flucht nach

Wien (nur Max wird kurzzeitig inhaftiert, kann aber nach ein paar Wochen entkommen). Johann Leitner wird 1920 in Wien festgenommen, aber nach scharfen Protesten aus den Reihen der Kommunisten nicht wie befürchtet an das Horthy-Regime in Ungarn ausgeliefert. Er bleibt zunächst in Wien und wird 1922 von der ungarischen Kommunistischen Partei zur politischen Arbeit in die USA entsandt, wo er für die kommunistische Tageszeitung der dort lebenden Ungarn *Új Előre (Neuer Vorwärts)* arbeitet. Nur drei Jahre später stirbt Johann Leitner in New York an der Tuberkulose. Max Leitner bleibt in Wien und arbeitet weiterhin für sozialistische Blätter der Alpenrepublik. Die Geschwister haben als deutschsprachige Bürger der ehemaligen Donaumonarchie einen österreichischen Pass und teilen so zumindest nicht das unsichere Los der vielen Staatenlosen in der Nachkriegszeit. Maria Leitner indes macht bei den Wiener Behörden falsche Angaben und gibt als Geburtsdatum den 22. Dezember 1893 an, als Konfession die römisch-katholische. Die Gründe hierfür sind nicht klar. Vielleicht befürchtete sie wegen der politischen Aktivitäten ihrer Brüder Unannehmlichkeiten und wollte so gegenüber den Polizeibehörden die eigenen Spuren verwischen. Freilich hält sie das nicht davon ab, weiterhin für linke Blätter zu arbeiten und sich für sozialistische Belange zu engagieren. So nimmt sie (wohl in Vertretung ihres Bruders Johann) vom 19. Juli bis 7. August 1920 als Jugenddelegierte Ungarns (!) am II. Kongress der Kommunistischen Internationale (Komintern) in Moskau teil.

1921 geht Maria Leitner nach Berlin und arbeitet im *Verlag der Jugendinternationale*, dessen Räume sich in der Feurigstraße in Berlin-Schöneberg befinden. Sie schreibt Artikel und überträgt Jack Londons utopischen Roman *Die eiserne Ferse*, ein Buch mit sozialistischer Tendenz, ins Ungarische. Die Übersetzung erscheint 1923 in Fortsetzungen in der Zeitung *Új Előre* (für die ja Johann Leitner arbeitet). Die kommunistische Aktivistin Luise Kraushaar ist Maria Leitner in den Verlagsräumen in Schöneberg begegnet und erinnert sich: »Sie [Maria Leitner] saß immer in einem winzigen Zimmer, in das gerade ein Schreibtisch und ein Sessel hineinpassten […], hier arbeitete die kleine zierliche Ungarin, immer auf einem untergeschlagenen Bein hockend. Sie sprach sehr gut deutsch, aber mit starkem Akzent […]. Sie war wenig gesprächig und arbeitete offenbar sehr intensiv. Ihr Arbeitsraum hatte wohl nicht einmal eine Tür, um sie vor Kommen und Gehen der Genossen, vor lebhaften Diskussionen der vielen Besucher abzuschirmen.«

Im Juli 1924 kehrt Maria Leitner nochmals für ein paar Wochen nach Wien zurück, in den Meldeunterlagen ist sie kurioserweise als »ungarische Beamtin« verzeichnet – sicherlich auch das eine Finte, um Spuren zu verwischen und die österreichische Polizei zu täuschen, denn Maria Leitner dürfte in Wien erneut mit kommunistischen Aktivisten in Verbindung getreten sein. Wieder zurück in Berlin, findet sie Kontakt zum Ullstein Verlag, der nicht nur mit Büchern, sondern auch mit einer Vielzahl auflagenstarker Zeitungen und Zeitschriften ein Millionenpublikum erreicht. Sie veröffentlicht Erlebnisberichte in der Ullstein-Tageszeitung *Tempo* und in der Zeitschrift *Uhu*. Ullstein ist von der österreichisch-ungarischen Journalistin und ihrer packenden, bildreichen Darstellungskunst so angetan, dass man ihr anbietet, eine ganze Serie von Reportagen aus der Neuen Welt zu veröffentlichen. Der sozialistische Grundton in Maria Leitners Erlebnisberichten ist freilich nicht im Sinne des Verlags, der seine Leserinnen und Leser lediglich gut unterhalten will. Andererseits bietet die Bereitschaft der Autorin, dorthin zu gehen, wohin sich sonst keiner traut, ein ungeahntes journalistisches Potenzial. Der »amerikanische Traum« und die irrwitzigen Versprechungen des »Landes der unbegrenzten Möglichkeiten« werden in Deutschland von einer wachsenden Zahl vergnügungs- und abenteuersüchtiger Großstadtmenschen für sich entdeckt und zum Ideal erhoben. Das Publikum hungert nach Geschichten und Reportagen aus der »schönen neuen Welt«, und es gilt, diese Sehnsüchte möglichst rasch, ausgiebig und sensationell zu füttern. Wenn zwischen den Zeilen ein wenig Kapitalismuskritik durchschimmern sollte, so unterstreicht dies den authentischen Charakter der Reportagen nur und trägt zum Kitzel der Erfahrung einer rauen amerikanischen Wirklichkeit bei.

Also schifft sich Maria Leitner im März 1925 im Auftrag des Ullstein Verlags nach New York ein. Freilich muss sie die Kosten für das Ticket auf dem Passagierschiff »Thuringia« vorstrecken. Ullstein scheint zwar Versprechungen gemacht, aber kaum Vorschuss gezahlt zu haben. Auch die vielen Jobs, die Maria Leitner in den kommenden Jahren annimmt, dienen nicht nur der investigativen Recherche des amerikanischen Arbeitsalltags, sondern sind schlicht notwendig, um die Ullstein-Reporterin finanziell über Wasser zu halten.

Zimmermädchen und Abräumerin

Maria Leitner geht am 18. März 1925 in New York von Bord. Die Ankunft in der Neuen Welt ist alles andere als heiter. Sie besucht sogleich ihren kranken Bruder Johann, der wenige Wochen später, am 17. Juni, stirbt. Nicht nur wegen dieses persönlichen Verlusts wird der amerikanische Traum für Maria Leitner eher zum Albtraum. Sie taucht ein in die Arbeits- und Lebenswelt der am Rande Stehenden, des Proletariats im Industrie- und Dienstleistungsgewerbe, und wird Zeugin des alltäglichen Rassismus gegenüber Schwarzen und Latinos, des Machismo gegenüber Frauen, der puritanischen Verachtung gegenüber jenen, die nicht aus eigener Kraft ihres materiellen Glückes Schmied geworden sind. Ihre Reportagen, mehrmals wiederaufgelegt (nach der Buch-Erstausgabe 1932 nochmals 1962 und 1986 in Ost-Berlin, und zuletzt 1999 in Wien), haben nichts von ihrer Farbigkeit, ihrer packenden Drastik, und – ungeachtet der historischen Distanz – ihrer Aktualität verloren, was grundlegende Probleme der amerikanischen Gesellschaftsordnung anbelangt.

Rund achtzig Mal wechselt Maria Leitner in jenen drei Jahren die Arbeitsstelle – in einem Land, dessen Arbeitgebermoral auf »hire and fire« baut, ohne gewerkschaftliche Organisation und arbeitnehmerrechtlichen Schutz, zwar nicht alltäglich, aber auch nicht außergewöhnlich. Arbeit findet sich überall, und ein Job, der kein Beruf ist, kann jederzeit gewechselt werden. Diese Einstellung nutzt die Journalistin, da sie ja »undercover« recherchieren will. Sie versucht ein möglichst breites Spektrum kennenzulernen, um das Material für ihre Reportagen bunt aufbereiten zu können. Und sie wechselt meist nach bereits wenigen Tagen, wenn sie glaubt, genügend an Informationen und Gesprächen gesammelt zu haben.

Zunächst jobbt sie als Putzfrau im 1919 eröffneten New Yorker Hotel »Pennsylvania«, mit 2200 Zimmern damals das größte Hotel der Welt. Sie selbst nächtigt in einer fensterlosen, stockfinsteren Kammer mit acht Betten. Als »Nummer 952« muss sie in sieben Stunden zwanzig Zimmer und zwanzig Badezimmer reinigen, auf den Knien lange Flure schrubben und im obersten Stockwerk des Wolkenkratzers, mit atemberaubender Aussicht auf die Skyline New Yorks, den Galasaal für das versnobte abendliche Partypublikum auf Hochglanz polieren. Die Putzfrau Maria Leitner kümmert sich indes nur recht nachlässig um den Marmorboden und zeigt sich von dem Ausblick auf die Megastadt überwältigt: »Ja, es ist ungeheuer, dieses gigantische Durcheinander von Warenhäusern, Fabriken, Banken, Bürohäusern, alles voll Arbeit, Menschen, Hast, und tief unten rasen die Autos, Menschen, Hochbahnen, rasen, halten, rasen, halten, ohne Pause.« Es liegt ihr nicht daran, eine möglichst »gute Figur« zu machen, sondern sie arbeitet nur so schnell wie unbedingt nötig. Stattdessen versucht sie möglichst viele Interna zu erhaschen und mit Kolleginnen und Kollegen ins Gespräch zu kommen. Gehen über sie Beschwerden ein, oder wird sie gar »gefeuert«, ist ihr das nicht nur egal, sondern sogar recht. Denn dann zieht sie ein paar Häuserblocks oder eine Stadt weiter, heuert anderswo an und füllt weitere Seiten ihres Notizhefts, wertvolles Material für die Reportagen, auf die Ullstein in Berlin wartet. Bisweilen treibt sie bewusst Unfug, um ihre Entlassung zu beschleunigen. Immer jedoch ist sie in ihrem Denken unangepasst, in ihrem Handeln unberechenbar: »Die Leute sitzen ringsumher. Sie langweilen sich und rekeln sich in den Sesseln. Sie sehen zu, wie ich arbeite. Wahrscheinlich denken sie: Die strengt sich aber auch nicht sehr an. Und die Frauen: Die Perle möchte ich auch nicht zu Hause haben. Denn ich beeile mich nicht. Ich gebe mir das Tempo an: sehr langsam, und befolge es auf das gewissenhafteste. Ich hätte nicht übel Lust, wenn ich mit dem Eimer voll schmutzigem Wasser vorbeigehe, ›zufällig‹ einige Leute abzuschütten. Es gelang mir nur einmal, und da dachte ich gar nicht daran. Oh, die Lackschuhe, und die wütenden Augen, und obendrein mußte ich auch noch lachen.«

Natürlich wird solch ein Zimmermädchen mit dem Tempo einer Schnecke rasch gefeuert. Und so darf Maria Leitner ihr Köfferchen packen, das sie aber vor mehreren Hausdamen wieder öffnen muss. Erst nachdem alles peinlich genau untersucht worden ist, wird der Koffer wieder geschlossen und mit Bindfaden und einer Bleimarke versiegelt. Mit dem so plombierten Gepäck verlässt die in Ungnade gefallene Putzfrau das First-Class-Hotel. Vor dem Eingang durchschneidet der Portier den Bindfaden am Koffer. Erst jetzt ist Maria Leitner wieder frei und Herrin über ihre Siebensachen.

Sie findet sofort wieder einen Job: Als Abräumerin in einem Automatenrestaurant namens »Horn & Hardart« in Manhattan. Hierher strömen täglich Tausende Menschen, Angestellte und Rentner, Banker und Obdachlose. Sie alle sind hungrig, und alle haben es eilig – fast alle. Denn manche sitzen, nachdem sie ein paar Münzen in einen Automaten geworfen, ein sich entriegelndes Fach geöffnet (das ständig von der Rückseite her von fleißigen Küchenhilfen neu befüllt wird) und einen Teller mit Essen entnommen haben, stundenlang da, bisweilen nur mit einer einzigen Tasse Kaffee (der längst kalt ist), nur um einen Vorwand zu haben, als Gast behandelt zu werden, zu sitzen und sich auszuruhen und nicht so schnell wieder hinaus in die Kälte und das Getriebe der Megacity zu müssen. Gerade mit diesen Randständigen schlägt das Herz der sozialistischen Abräumerin aus Ungarn, und so lässt das »Bus-Girl« – wie die Hilfsbedienungen hier genannt werden – den Leuten ihren mit kleiner Münze gekauften Frieden. Denn gerade diese Schnorrer erscheinen Maria Leitner als Verkörperungen der menschlichen Spezies, während die meisten Figuren, die das Automatenrestaurant besuchen, selbst zu Automaten geworden sind: »Hier essen die Roboter. […] Sie tragen alle die gleichen billigen Kleider, die gleichen Hemden, die gleichen Ausverkaufsschuhe, sie essen alle jeden Tag die gleiche Tomatensuppe, die gleichen Sandwiches, Schinken mit Salat, Ei mit Salat, Käse mit Salat, Sardinen mit Salat, sie verdienen den gleichen Wochenlohn, sie arbeiten alle gleich schwer, gleich lang.« Auch die Bediensteten des Schnellrestaurants sind zu Automaten verkommen: »Aber auch hinter den Automaten stehen unsichtbar in dem schmalen, heißen Gang Automaten. Sie legen Sandwiches auf Teller, immer wieder neue […]. Wir anderen Automaten tragen die schweren Tablette, räumen immer wieder das schmutzige Geschirr ab, das sich alle fünf Minuten auf jedem Tisch von neuem auftürmt. Automaten stehen ganz unten in der Tiefe, Negerautomaten, und waschen Geschirr, den ganzen Tag, die ganze Nacht.«

Natürlich hat Maria Leitner, die Undercover-Reporterin, auch in dieser »Organisation der Massenabfütterungsgesellschaft« kaum Ambitionen, sich bei den Vorgesetzten beliebt zu machen. Nach wenigen Tagen hat sie genug gesehen, um darüber berichten zu können, und so kann sie sich ganz dem Müßiggang hingeben: »Ich mache meine Arbeit absichtlich langsam, bleibe manchmal träumerisch stehen. […] Manchmal hat man eine kleine Zerstreuung. Man zerbricht Geschirr. Tassen fliegen hin vor die Füße eines ohnehin schon feindlichen Managers, oder man läßt ein ganzes mit Geschirr vollgepacktes Tablett fallen.« Kaum verwunderlich, dass die Vorgesetzten dieser vermeintlichen Transuse bald überdrüssig sind. Und so sind sie sogar erleichtert, als das österreichisch-ungarische »Bus-Girl« kündigt. Die packt die Gelegenheit beim Schopf und wechselt die Fronten – von der Abräumerin zum Gast: »Ich nahm einen Nickel [Fünf-Cent-Münze] und holte mir einen Kaffee und setzte mich. Und trank Kaffee und saß. So erfüllten sich Träume. Aber ich weiß nicht, ich habe es mir doch noch schöner vorgestellt.«

Pralinen, Schnaps, Klamotten

Der nächste Job, den Maria Leitner annimmt, nennt sich salopp »Candy-Girl«. Ihr Arbeitsplatz: das »Schlaraffenland«, oder das, was sich brave Mädchen wohl darunter vorstellen. Es ist eine Schokoladenfabrik in einem der riesigen Hochhäuser New Yorks, und die »Candy-Girls« haben die Aufgabe, Pralinen und Kekse mit Schokolade und Zuckerglasur zu überziehen. Damit die Schokolade nicht schmilzt, werden die Arbeitsräume heruntergekühlt, die Arbeiterinnen sind in Pullover, Mäntel und Schals eingehüllt, »die Luft ist trotz der Kälte schlecht, die Fenster fest verschlossen«. Das neue »Candy-Girl« wird an seinen Arbeitsplatz geleitet, es ist der Prüf- und Verpackungsstand. Maria Leitner muss die empfindlichen Pralinen nicht nur fachgerecht in Stanniol und Seidenpapier hüllen und in Kartons stapeln, sie soll auch jede Praline vorsichtig drehen und wenden, genau prüfen und fehlerhafte Süßigkeiten aussortieren sowie die Kontrollnummern der Produzentinnen notieren. Rasch erkennt sie, dass ein paar Frauen fehlerfrei arbeiten, ein paar andere jedoch mangelhaft. Mitleid erfüllt sie, und sie versucht ein bisschen Schicksal zu spielen: indem sie auch den fehlerfreien Arbeiterinnen Mängelpralinen unterschiebt und umgekehrt. Doch die ausgleichende Gerechtigkeit – oder das Mitgefühl – währt nur kurz: Bereits anderntags fliegt der Schwindel auf. Die schlechten Produzentinnen werden gefeuert, und die »neue Fortuna« Maria Leitner wird versetzt. Nun ist sie »Dipper«, darf die Rohpralinen in flüssige Schokolade tauchen. Aber auch hierbei stellt sie sich zu ungeschickt an. Ihre Tage für den Süßkram sind gezählt. Sie wendet sich neuen, »härteren« Produkten zu.

Da ist der Alkohol. Der ist in jenen Jahren der Prohibition in den USA verboten – und gerade deswegen boomt der Schwarzmarkt mit Spirituosen. Mafiosi, Schieber, Schmuggler verdienen sich – am Fiskus vorbei – goldene Nasen, und ausgerechnet in das feine Haus eines Alkoholschmugglers gerät Maria Leitner. Sie heuert als Kinder- und Küchenfräulein an und freut sich, in der herrschaftlichen Villa ein Zimmer mit Klubsesseln, Ankleideraum und eigenem Badezimmer zugewiesen zu bekommen. Anfänglich ist ihr gar nicht bewusst, in welchen Geschäften der Hausherr, den sie kaum zu Gesicht bekommt, tätig ist – bis ihr der Chauffeur dunkle Hinweise gibt. Der Patron stammt aus ärmlichen Verhältnissen, seine Eltern sind bäuerliche Einwanderer aus Bessarabien, und wenn die Mutter in traditioneller russischer Kleidung zu Besuch kommt und über den Verfall der Sitten predigt, gibt sie in der luxuriösen Villa ein seltsames Bild ab. Der Hausherr selbst ist stets schlecht gekleidet, unrasiert, spiegelt nichts von seinem sagenhaften Reichtum wider, ist dabei aber ein jovialer Mann. Camouflage oder Primitivität? Das bleibt der neuen Hausangestellten ein Rätsel. Klar ist nur: In der gesamten Villa ist Schnaps tabu, gilt doch Alkohol als der Beginn allen Übels. So gerieren sich der mafiöse Schnapsagent und seine Familie als Biederbürger – und entsprechend langweilig geht es in der Villa auch zu: keine Exzesse, keine Partys, keine Orgien. Maria Leitner flieht so rasch wie möglich dieses kreuzbrave Milieu.

Sie bewirbt sich um eine Stelle als Verkäuferin in einem Kleidungsdiscounter. Der Manager macht ihr gleich klar, dass sie keine Verkaufsgespräche führen muss, die Ware nicht anpreisen soll – denn die Klamotten verkaufen sich von selbst, die Kundinnen reißen die billigen Fetzen nur so von den Bügeln. Und: Sie stehlen wie die Raben. Deshalb haben die Verkäuferinnen nur die eine Aufgabe: erhöht auf einem Stuhl stehend oder auf einer Leiter sitzend, den Laden wie Detektive zu überwachen. Augenfällig ist auch die »Dekoration« der Verkaufsräume: »Die Wände sind mit Ansichten von Gefängnissen, Zuchthauszellen geschmückt; man sieht Gitterstäbe, gefesselte Hände. Zur Abwechslung gibt es Zeitungsausschnitte, die sich mit der Strafe abgefangener Ladendiebe befassen, Mitteilungen, daß Ladendiebinnen deportiert wurden, und ähnliches.« So sitzt Maria Leitner tagaus, tagein erhöht auf der Sprosse einer Leiter und beobachtet das Geschehen. Was sich ihrem Blick offenbart, erfüllt sie mit Mitleid und Beschämung. Der Kommerz hat die Konsumenten zu willigen Objekten erniedrigt: »Mein Beobachtungsposten befindet sich über dem großen Anproberaum. Hier kämpfen die Frauen in krankhafter, fiebriger Gier um einige billige Fetzen. Ohne Scheu enthüllen sich die Körper, schöne, noch junge, aber auch von Arbeit entstellte, durch das Leben schon deformierte, und stolzieren ohne Unterschied vor den Spiegeln. Frauen aus allen Gettos der Stadt, Büromädchen, Arbeiterinnen, die jetzt den schwerverdienten Wochenlohn in Seide, in Hoffnung auf Schönheit, einlösen.« Eine Kollegin erzählt Maria Leitner ein Erlebnis, das geradezu gleichnishaften Charakter hat: Einmal habe sie eine Diebin überführt, eine alte Italienerin, die unter ihren billigen Klamotten ein Glitzerkleid habe verschwinden lassen. Die Verkäuferin erhält zur Belohnung zehn Dollar, die sie sofort in ein ganz ähnliches, mit goldfarbenen Spitzen besetztes Glitzerkleid investiert, denn sie hat für denselben Abend eine Verabredung zum Tanz mit einem jungen Mann. Sie sieht in dem Kleid hinreißend aus (zumindest in künstlichem Licht), doch ist sie den ganzen Abend missgelaunt, da das schlechte Gewissen sie plagt, zur Verräterin an einer armen alten Frau geworden zu sein. Ihr Galan verliert entsprechend bald die Lust an solch einem griesgrämigen Mädchen, das zwar ein hübsches Kleid trägt, aber nicht lächeln kann. Der Abend endet in Missstimmung, die Hoffnungen erfüllen sich nicht, die junge Frau kehrt allein in ihr schäbiges Zimmer zurück. Rasch will sie sich auszuziehen, da reißt das Kleid, »die goldenen Spitzen, wie Papier. Nur Fetzen hielt ich in der Hand«.

Ankunft in der Strafkolonie

Maria Leitner hat einstweilen genug vom amerikanischen Traum. Sie will dorthin, wohin man die Kaufhausdiebinnen und die Schnapsschmuggler angeblich bringt: in das »Land des Schreckens«, in die französische Sträflingskolonie Guayana. Doch so leicht, wie sie sich es ausgemalt hat, ist es nicht, dorthin zu gelangen. Die Kolonie ist hermetisch abgeriegelt, Einreisevisa werden nur in Ausnahmefällen erteilt. Damit will die französische Regierung nicht nur verhindern, dass Gefangene fliehen können, sondern man will auch Journalisten und Aktivisten außen vor halten. Denn bereits seit Jahrzehnten mehren sich in Frankreich und der internationalen Gemeinschaft Proteste gegen die Behandlung von Inhaftierten und Verbannten und die teils mittelalterlich anmutenden Bedingungen in den Gefängnissen, vor allem auf der dem Festland vorgelagerten Teufelsinsel, einer berüchtigten Strafkolonie für politische Gefangene, einem infernalischen Eiland ohne Wiederkehr.

Recht naiv wendet sich die österreichisch-ungarische Journalistin an das Französische Konsulat, erntet jedoch Kopfschütteln und ein müdes Lächeln der Abwehr. Sie telegrafiert an das Französische Innenministerium in Paris. Doch auch von dort erhält sie eine Absage: Man habe kein Interesse daran, dass eine Reporterin die Strafkolonie bereise und darüber berichte. Schließlich erhält sie den Tipp, sie solle nach Niederländisch-Guayana fahren und von dort versuchen, die Grenze zur französischen Kolonie zu überschreiten. Also kauft Maria Leitner ein Schiffsticket auf dem Dampfer »Biskra« und sticht in See. Durch die Karibik – Projektionsfläche europäischer Paradiesvorstellungen – geht es zügig voran, zur Küste des südamerikanischen Kontinents, mit den drei unter britischer, niederländischer und französischer Herrschaft stehenden Ländern Guayanas. Die »Biskra« ist alles andere als ein Traumschiff. Maria Leitners Kabine ist wie ein Backofen. Das Etagen-Badezimmer ist verdreckt, die Toilette überschwemmt. Als sie sich bei einem Steward beschwert und ihm ihr Ticket Erster Klasse reicht, zeigt der ihr, wie eine Kabine Dritter Klasse aussieht: In der brütend heißen, stickigen Gemeinschaftsunterkunft stapeln sich entlang der Wände schmale Kojen; die Passagiere, zerlumpte, ausgezehrte Gestalten, Auswanderer auf der Suche nach Arbeit, essen eine ekelerregende Suppe aus verbeulten Blechnäpfen. Sie kommen aus aller Herren Länder: aus den USA, aus China, Indonesien, Indien. Alle suchen sie das kleine oder große Glück, als Goldgräber im Dschungel, Industriearbeiter, Haushaltshilfen oder Händler. Recht kleinlaut ist Maria Leitner, und sie beschwert sich nicht mehr über ihre Kabine mit Etagenklo, zumal sie auch noch erfährt, dass es eine Vierte Klasse gibt: die der Ärmsten an Bord, die an Deck schlafen, ohne Matratze, ohne Schutz vor Sonne und Regen, nachts den Ratten ausgeliefert, die über sie hinwegkrabbeln.

Tatsächlich gelingt es Maria Leitner auf irgendwelchen Wegen (sie schweigt sich darüber aus, Schmiergeld dürfte im Spiel gewesen sein), zunächst nach Niederländisch-Guayana (Surinam) zu gelangen, und von dort auf der »Biskra« zum Grenzfluss Maroni. Sie sieht am Flussufer Indianer, die Ureinwohner des Dschungellandes, die überhaupt nicht an die stolzen Menschen erinnern, deren Bild Maria Leitner aus Jugendbüchern kennt. Stattdessen sind es kleinwüchsige, ausgemergelte Gestalten, »mit banalstem und häßlichstem Kattun bekleidet«. Auch an ihnen hat sich die Zivilisation längst vergangen: »Die Missionare haben es auf sie sehr abgesehen, sie haben die Indianer über die Sünde der Nacktheit aufgeklärt, außerdem aber gibt es besondere Gesetze, die ihnen ihre Kleidung vorschreiben, wenn sie in auch von weißen Menschen bewohnten Gegenden sich aufhalten.« Maria Leitner glaubt sich um fünfzig Jahre zurückversetzt, in die Zeit der Belle Époque und der großen Kolonisatoren: Je tiefer sich das Schiff auf dem Maroni-Fluss ins Landesinnere hineinschiebt, desto mehr achten die Passagiere der Ersten Klasse auf ihr Äußeres, legen die besten weißen Kleider an, benehmen sich betulich wie die Noblesse des längst untergegangenen Second Empire – alles im grotesken Gegensatz zur Schäbigkeit der Strafkolonie und zur feuchten Hitze der Tropen: »Schneeweiße Tropenhelme beschatteten die in Brillantine erstrahlenden Schnurrbärte, und um das Bild martialischer Erscheinung zu vervollständigen, hatten sie ihre im allgemeinen wenig schlanken Taillen mit Revolvern umgürtet. Einer der zukünftigen Kerkermeister von Cayenne zog sogar weiße Handschuhe an. Die Gesellschaft sah wirklich tadellos aus, wie Soldaten aus einem Warenhaus, frisch geliefert für den Geburtstagstisch eines braven Knaben.« Die gelangweilten Kolonial-Aristokraten benehmen sich wie Schauspieler aus einem Stummfilm: Sie stolzieren an Deck umher, zwischen den zerlumpten Gestalten und Ratten hindurch, und beobachten durch Ferngläser und Monokel Kolibris in den Bäumen und Eingeborene, die sich hin und wieder scheu am Ufer zeigen. Das Schiff erreicht Saint Laurent, »ein nichtssagender kleiner Flußhafen«. Doch die scheinbare Banalität ist zwiegesichtig: »Sobald man aber den Boden betritt und alles aus der Nähe besehen kann, verwandelt sich das Bild langweiliger Kleinbürgerlichkeit in eine grausige Vision. Auf den halb verfaulten Holzplanken der Warenschuppen [...] hocken, liegen Menschengestalten, die aussehen wie Skelette, Todkranke oder Scheintote. Sie tragen gestreifte Zuchthauskleider oder Fetzen, die Kleider zu nennen eine Übertreibung wäre. Ihre Füße sind meist nackt, manche sind nicht nur schmutzig, sondern auch von Geschwüren entstellt.« Die Sträflinge beladen Schiffe mit wertvollem Tropenholz, das nach Frankreich exportiert wird, »aber wenn sie einen Baumstamm ein Stück getragen haben, fallen sie auf den Boden und können nicht weiter. Die Gefangenenaufseher sind vollkommen machtlos.« Das System in der Strafkolonie ist perfide und grausam: Selbst wenn jemand nach Jahren des Zuchthauses und der Zwangsarbeit als »libéré«, als »befreit«, vorzeitig entlassen wird, erlangt er deswegen noch lange nicht seine bürgerlichen Rechte wieder. Er muss weiter zu einem Hungerlohn schuften, nun allerdings ohne freie Kost und Logis, vielmehr auf eigene Rechnung Miete und Lebensmittel begleichen, ohne jede Aussicht, als einstiger Gefangener von Guayana und permanent Stigmatisierter ein Einreisevisum für das Mutterland Frankreich zu erhalten. »Faktisch ist«, so resümiert Maria Leitner voller Entsetzen, »daß fast alle Gefangenen lebenslänglich verurteilt sind, nur den wenigsten gelingt es, alle Hindernisse zu überwinden, die den Weg zurück verbarrikadieren.«

Ein teuflisches System

Sie mietet sich in dem Hafenort ein und kommt mit ein paar Sträflingen ins Gespräch, die sich außerhalb ihrer Arbeitszeiten relativ ungehindert bewegen können. Es ist eine trügerische Freiheit, denn die Gefangenen besitzen keine Schuhe (und dürfen auch keine kaufen) – dies soll sie davon abhalten, die Flucht durch den Urwald zu wagen, die barfuß undenkbar wäre. »Die Gefahren sind nicht romantisch, und man braucht nicht so sehr Schlangen wie Blattläuse zu befürchten. Diese Blattläuse verursachen schrecklich juckende Stiche, die wochenlang nicht vergehen […].« Die Arbeitsmoral der Sträflinge ist verständlicherweise gedämpft, Maria Leitner betrachtet deren Langsamkeit und Umständlichkeit, die Sabotagelust und Schauspielerei verraten, mit Genugtuung und Freude (erinnert sie das doch an ihre eigenen Dienstverhältnisse in New York): »Chaplin würde diese Arbeit sicher auf ähnliche Weise verrichten, wie es hier die Sträflinge tun, vorsichtig jeden einzelnen Halm ausreißen und dann mit gravitätischen Bewegungen beiseitelegen. Aber das Ganze wirkt nicht komisch, sondern schaurig. Denn wir haben achtunddreißig Grad im Schatten, doch es gibt keinen, und die Sonne brennt höllisch.« Etwas Geld verdienen sich die Sträflinge in ihrer freien Zeit mit dem Fang und Verkauf von Schmetterlingen, aber da die Händler in Saint Laurent und Cayenne schon mehr als genug der großen, vielfarbigen Falter in ihren Läden hüten und die Zahl der ausländischen Reisenden in der fast hermetisch abgeschlossenen Kolonie sehr begrenzt ist, ist die Nachfrage gleich null, und so verstauben die meisten der schillernden Prachtexemplare oder werden von Motten zerfressen.

So wie eine Flucht durch den undurchdringlichen, von wilden Tieren bevölkerten Dschungel undenkbar ist, so ist auch ein Entkommen über den Maroni-Fluss, hinüber nach Niederländisch-Guayana, kaum vorstellbar: »Das andere Ufer scheint ganz nahe, man sieht deutlich die Häuser des holländischen Ortes Albina. Es sieht aus, als könnte man mit Leichtigkeit hinüberschwimmen, aber der Fluß ist voll gefährlicher Strudel. [...] Wer den Maroni nicht sehr genau kennt, wird von ihm erbarmungslos verschlungen.« In Saint Laurent leben nicht nur Sträflinge und ihre Wärter, sondern auch zahlreiche Gestrandete aus aller Welt, Abenteurer, die das Glück suchten und namenloses Elend fanden. Besonders augenfällig wird das beim Besuch einer Kneipe: »Was sitzen hier für Gestalten vor ihrem Glas Rum, Gespenster, deren Element Bazillen sind. Es riecht nach Schmutz und Fäulnis. Die Gläser sehen aus, als nähme man sich nie die Mühe, Krankheitskeime von ihnen abzuspülen. Wirklich, der Durst vergeht mir. Zwischen den Tischen geht eine dicke Negerin umher und schreit mit den Wagemutigen, die mit ihr zu schäkern versuchen.« Französisch-Guayana, Kolonie eines europäischen Landes, das sich viel auf Freiheit, Gleichheit und Brüderlichkeit zugutetut, ist eine Klassengesellschaft: zuoberst die schmale Schicht der Weißen – Verwaltungsbeamte, Polizisten, Wärter (die sich strikt abgrenzen, weil sie in der verhassten Kolonie ohnehin nur einen zeitlich begrenzten Dienst tun und so bald wie möglich ins Mutterland zurück wollen); zuunterst die Sträflinge, rechtlos und gebrochen; dazwischen aber die diversen Einwanderergruppen, vor allem Chinesen und

Schwarzafrikaner (deren Vorfahren meist Arbeitssklaven waren), die sich – so klein die Ortschaften auch sein mögen – in Ghettos abgrenzen, auch aus einem moralisch begründeten Klassendünkel heraus. Maria Leitner beobachtet dies selbst: »Französisch-Guayana ist das einzige Land, wo sich die Neger als Aristokraten fühlen können, sie verachten unglaublich die Weißen. Für eine Negerin, die sich mit einem Weißen abgibt, ist das eine genau so große Schande wie für eine blaublütige Amerikanerin, sich mit einem Neger zu verbinden. Weiße, das sind Henker oder Verbrecher, gehetzte Tiere oder brutale Jäger, die niedrigste Rasse der Welt.« Eines dieser »gehetzten Tiere«, ein Sträfling, der wegen einer Jugenddummheit nach Guayana geschickt worden ist und nun als »libéré« seit Jahren vergeblich versucht, eine Genehmigung zur Rückkehr nach Frankreich zu erhalten, betrachtet das System ebenfalls vom moralischen Standpunkt aus – wenngleich anders als die meisten Weißen, wie er im Gespräch mit der Journalistin offenbart: »Aber wenn Sie nach Paris berichten wollen, sagen Sie doch den Herren, sie sollen, wenn sie Französisch-Guayana unbedingt bevölkern wollen, alle großen Diebe, alle großen Betrüger, die großen Mörder herschicken und nicht die kleinen, und sie brauchten sich nicht zu sorgen, daß es hier nicht genug voll wird.«

Es wird ohnehin voll: Immer wieder landen Gefangenentransporte aus Frankreich an, die ihre menschliche Ladung am Pier von Saint Laurent ausspeien (erst 1946 wird die Kolonie in ein französisches Département umgewandelt und dadurch Teil des Mutterlandes, 1951 werden die Sträflingslager nach jahrzehntelangen nationalen und internationalen Protesten aufgegeben). Maria Leitner wird Zeugin solch eines Gefangenentransports. Im Durchgangslager von Saint Laurent werden die Neuankömmlinge »sortiert«: Sie werden je nach der Schwere ihrer Verbrechen in Kolonnen eingeteilt und in die diversen Lager und Gefängnisse des Landes verbracht: »Das Durchgangslager besteht aus einem Komplex von Gebäuden. Es gibt Gefängnisse für fest stationierte und Gefängnisse für durchreisende Sträflinge, denn hier werden die Gefangenen sortiert. Die Diebe kommen nach Saint Jean, die Mörder nach der Insel Royal, die Raubmörder haben ein Lager auf Saint Joseph, Militärpersonen, die Verbrechen begingen, haben ihr Hauptquartier in Saint Laurent, die Spione aber sind noch heute auf der Teufelsinsel.«

Es gelingt der Journalistin, an den Wärtern vorbei Kontakt zu den Gefangenen aufzunehmen. Sie lässt sich einzelne Schicksale erzählen und sich die Lebensbedingungen im Lager zeigen. Verköstigung und Unterbringung sind menschenunwürdig: »Das Fleisch ist kein Fleisch, sondern verfaulte Knochen oder Sehnen, das Brot ist eine klebrige Masse, der Reis […] madig. […] Die Schlafsäle […] lassen viel zu wünschen übrig. Ein schmutziger, luftloser Raum mit Pritschen, hier schlafen sechzig, siebzig Menschen. Der Raum wird nachts vollkommen verschlossen, aus Sicherheitsgründen. Die sechzig, siebzig Männer, die hier wie Tiere zusammengepfercht werden, sind alle krank, viele fiebern. Die Moskitos finden auch in die verschlossensten Räume den Weg. […] Es gibt keine Krankheit, an der die Gefangenen nicht leiden, aber nur die Leprakranken werden abgesondert. […] Medikamente sind Kostbarkeiten, die nur in den seltensten Fällen verabreicht werden. Auch die am schwersten an Malaria Erkrankten bekommen kein Chinin.« Maria Leitner forscht weiter, schleicht sich an Wärtern vorbei (die Lager sind tagsüber keineswegs hermetisch abgeschlossen). Schließlich wird sie doch am Betreten eines Innenhofs gehindert. Aber sie kann einen Blick auf eine Guillotine werfen, die hier steht, als seien seit den Tagen des jakobinischen Terrors nicht über hundertdreißig Jahre vergangen. Hier, so wird ihr von einem Aufseher beschieden, werde am morgigen Tag ein Sträfling, der im Lager einen Kumpel im Streit erschlug, geköpft. Ob solche Taten oft vorkommen?, will sie wissen. »Ja, ziemlich oft«, entgegnet der Wärter auskunftsfreudig. »Die Gefangenen haben Wutanfälle wegen jeder Kleinigkeit, und jede Kleinigkeit, die sich hier abspielt, ist für sie von außerordentlicher Wichtigkeit.

[…] Unter den Gefangenen gibt es Freundschaften, Eifersuchtstragödien, krankhafte Erscheinungen ihrer Abgeschiedenheit. Manchmal tritt unter ihnen eine Art kollektiven Tropenkollers auf, das ist wohl das Schrecklichste. Einer beginnt nachts zu brüllen, er hat Heimweh, oder er wird sich plötzlich seiner ausweglosen Lage bewußt, und dann heulen alle mit. Kein Mensch kann sich so etwas Schreckliches vorstellen.«

Saint Laurent, nahe der Mündung des Maroni-Flusses gelegen, ist ein vergleichsweise legeres Gefangenenlager. Immerhin ist es eine Art Tor zur weiten Welt, mit Hafen, Läden, ankommenden Reisenden. Weit schlimmer sind die Lager im Landesinneren und auf den der Küste vorgelagerten Inseln. Und genau dorthin will die Undercover-Reporterin Maria Leitner. Ihr nächstes Ziel ist Saint Jean, ein Lager für Diebe, tief im Dschungel Französisch-Guayanas gelegen. Kurioserweise gibt es eine Bahnlinie dorthin, die einst von Sträflingen quer durch den Urwald gebaut wurde. Aber keine Lokomotive zieht den Waggon, vielmehr stoßen Sträflinge mit langen Stangen, als würden sie in einem Ruderkahn sitzen, den Zug voran. »Die kühnen Reisenden, die sich dieser Bahn anvertrauen, werden stark durcheinander gerüttelt, aber sie rollen wie der Blitz auf den Schienen durch den Urwald«, staunt die Passagierin Maria Leitner. Die Welt von Saint Jean ist »noch unmenschlicher als die von Saint Laurent«. Hier verbüßen kleine Diebe ihre Haftstrafe, »keine großen Räuber, keine Banditen, sondern Taschendiebe, Warenhausmarder, Hühnerdiebe«, zudem »Rélégués«, Verbannte, die selbst nach dem Ende ihrer Haft hierbleiben, da ihnen ein dauerhaftes Aufenthaltsverbot für Frankreich auferlegt worden ist und sie sich notgedrungen weiterhin im Lager aufhalten, das ihnen Heimat wider Willen geworden ist. Auch hier, am Rand des Lagers, gibt es eine kleine, feine Schicht von Weißen, Verwaltungs- und Gefängnisbeamten samt ihren Ehefrauen und Kindern. Die leisten sich Dienstpersonal aus den Reihen der Sträflinge, die tagsüber sich um Haushalt und Garten kümmern und abends – das spart den Arbeitgebern Kost und Logis – prak tischerweise in ihren Zellen weggeschlossen werden. Die Beamtengattinnen, so erfährt Maria Leitner, sind sich indes in der Frage, ob Mörder oder Diebe als Dienstpersonal zu bevorzugen seien, ausnahmslos einig: »Das Merkwürdige ist, daß Mörder bei weitem beliebter sind als Diebe. Eine Hausfrau, der man nachsagen würde, ihr Koch sei aus Saint Jean, müßte sich schämen. Dagegen ist das Beste, was man hierzulande sich leisten kann, ein Mörder aus Leidenschaft.« Auch unter den Sträflingen gilt Diebstahl als banal. Auf Nachfrage behaupten sie daher gern, sie hätten ihre Geliebte aus Eifersucht getötet. »Man hält das für sehr schick.« Ob Mörder oder »nur« Dieb: Sträflinge sind noch aus einem anderen Grund bei den Weißen als Personal en vogue, wie ein Gefangener erzählt: »Wenn einem die Sache zu bunt wird, und er will nicht mehr arbeiten für zwanzig Centimes den Tag, dann kommt er in die Dunkelzelle, wo er nichts sieht, nichts hört und nur Wasser und Brot bekommt, oder er wird an einen eisernen Pfahl angekettet.«

Hauptstadt mit Aasgeiern und Kloaken

Saint Jean, so steckt man der Reporterin aus Europa, sei nichts im Vergleich zu den »Îles de Salut«, den »Inseln des Heils«, einem Archipel vor der Küste der Kolonie, zu dem auch die berühmt-berüchtigte Teufelsinsel gehört. Und genau dorthin zieht es Maria Leitner unwiderstehlich. Die Lust am Grauen hat von ihr Besitz genommen, und sie will dies ganz auskosten. Wieder besteigt sie das Dampfschiff »Biskra«, das auch den Archipel, auf dem neben den Sträflingen auch Zivilpersonen wohnen, ansteuert. Die Fahrt geht von Saint Laurent ostwärts entlang der Küste Guayanas, zunächst nach Cayenne, der Hauptstadt der Kolonie. Der Ort atmet den Ungeist, der über dem ganzen Land des Schreckens waltet: »Wahrscheinlich gibt es keine zweite Hauptstadt in der Welt von so verzweifeltem Elend, aber immerhin ist es eine Stadt, deren Einwohner nicht unbedingt Verbrecher oder Gefangenenwärter sein müssen.« Die Stadt besitzt nicht einmal einen funktionierenden Hafen: der ist seit Langem versandet. Die »Biskra« ankert weit draußen, die Passagiere müssen Ruderkähne besteigen und werden hinüber zum Festland gebracht. In der Stadt herrscht eine bedrückte Stimmung. Die hier lebenden Weißen sind Beamte und Staatsangestellte samt ihren Familien, die sich selbst als Verbannte fühlen. Die Schwarzen, deren Ahnen einst als Sklaven hierher gebracht wurden, empfinden sich ebenfalls nicht als französische Bürger. Häftlinge sind tagsüber als Arbeitssklaven in den Straßen zu sehen und gemahnen stets daran, dass das ganze Land ein einziges Straflager darstellt, eine Ausgeburt des Ungeistes, ein Inferno der Barbarei. Sogenannte »Libérés«, freigelassene Sträflinge, dürfen laut Gesetz in der guayanischen Hauptstadt gar nicht siedeln. Die Ortschaft bemüht sich, ein zivilisiertes, bürgerliches Gesicht zu zeigen, mit Regierungsgebäude, Banken, Handelskammer, Waisenhaus. »Das klingt aber alles schöner, als es in Wirklichkeit ist«, schränkt Maria Leitner ein. »In den Straßen wächst kniehoch das Gras, eine Wasserleitung gibt es nicht, und die offenen Kloaken verbreiten in der Tropenhitze einen greulichen Gestank. Neben räudigen Hunden sind anscheinend Aasgeier die Lieblingstiere der Stadt. In ungeheuren Massen beleben sie die Plätze und Gassen, kauern schwarz in dichten Scharen auf den Hausdächern rund um den Markt und um die Lager der Gefangenen.« Armut ist der stete Gast bei Weißen, Schwarzen und Mulatten, Freien und Unfreien, und damit einhergehend Krankheit und Not: »Sie [die Aasgeier] scheinen die einzigen Lebewesen zu sein, die hier gut gedeihen, denn nicht nur die Gefangenen, auch die übrigen Einwohner sehen alle bedauernswert aus. Fast jede Negerin leidet an der schrecklichen Tropenkrankheit: Elephantiasis. Auf unförmigsten Beinen schleichen die Negerinnen durch Cayennes Straßen […].«

Das vermeintlich normale städtische Leben von Cayenne trügt: Die Kriminalitätsrate ist hoch, obwohl die bestehenden

Gefängnisse und Lager eigentlich abschreckend wirken müssten. Schiffe mit Goldtransporten aus den Minen des Landes, die nach Europa abgehen, so erfährt Maria Leitner, sind schon zwei Mal überfallen und geplündert, die Mannschaften ermordet worden. Das eigentliche Gold der Kolonie aber, so versichert ihr ein in Cayenne lebender Professor, seien die großen Bauxitvorkommen, Rohstoff für Aluminium, die noch unbeachtet unter der Erdoberfläche lägen und das Kapital der Zukunft seien. »Aber«, so der Professor desillusioniert, »was machen wir aus all unserem Reichtum? Nichts. Wir versuchen es gar nicht, ihn zu heben, wir lassen ihn verkommen.«

Maria Leitner hat genug vom Elend und der Lethargie Cayennes gesehen und will nun zu den »Inseln des Heils«, jenem vor der Küste gelegenen Archipel von drei Inseln, deren Name Hohn spricht, denn sie gehören zu den verrufenen und verwünschten Orten dieser Erde. Mit der »Biskra« erreicht sie morgens um sechs die Île Royale – auch deren Name täuscht Aristokratisches vor. Weit gefehlt: Schon vom Schiff aus sieht Maria Leitner die großen, finsteren Gefängnisgebäude, daneben die »kleinen, wohnlicheren [...] Behausungen der Beamten«, zudem am Kai Menschen in Sträflingskleidung, die auf den Dampfer warten, dessen Ladung sie zu löschen haben. Die Journalistin geht von Bord, spaziert auf geharkten Wegen durch die Siedlung, entdeckt sogar hübsche Gärten und Grünanlagen – von den Häftlingen angelegt und gepflegt. Sie kommt mit einem Sträfling ins Gespräch, einem Deutschen, der einen Franzosen umgebracht hat. Nun flicht er aus Palmblättern Körbe und bietet sie den Besuchern zum Kauf an. Mit dem Zuverdienst will er sich Kartoffeln kaufen, denn die Verköstigung der Gefangenen ist miserabel. Dennoch, so meint er, seien die Verhältnisse auf der Île Royale vergleichsweise angenehm. Schlimmer sei es auf der benachbarten Insel Saint Joseph, dem Eiland für die renitenten Fälle: »Wenn einer versucht auszurücken oder nicht gehorchen will, die werden strenger gehalten als wir auf der Insel Royale. Die dürfen kaum aus ihren Zellen, aber auch wir haben

Strafzellen, da sitzt man tagelang, wochenlang im Dunkeln, und Ketten gibt es auch zur Strafe.«

Auf der Teufelsinsel

Auch das will Maria Leitner sehen, also geht sie wieder an Bord der »Biskra« und fährt weiter nach Saint Joseph. Auch dieses Eiland trägt seinen Namen zum Hohn, ist doch der heilige Joseph Inbegriff der Güte und Gerechtigkeit, Schutzpatron der Arbeiter und Handwerker (aber immerhin auch der Patron der Reisenden, Verbannten und Sterbenden). Schon der Anblick vom Schiff aus deprimiert die Reporterin: »Hier gibt es nur Gefängnisse, Gefängnisse, die eine Strafe sind für Gefangene, die sonst in Saint Jean, in Cayenne oder Saint Laurent gelitten haben. Gefängnisse, die nach diesen Lagern noch eine Strafe sind, müssen unübertreffliche Schreckenskammern sein.« Auch jetzt wird Maria Leitner beschwichtigt. Ein Beamter, den sie anspricht, mein lapidar: »Hier sind freilich nicht die schlimmsten Verbrecher, aber es sind die undiszipliniertesten Elemente, solche, die einfach nicht zu lenken sind, die ihre Kameraden aufzuhetzen versuchen, die Verschwörungen anzetteln, die ausgerückt sind, aber wieder eingefangen wurden.« Eine Flucht sei so gut wie unmöglich, alle Boote, die Saint Joseph verlassen, werden genau kontrolliert und durchsucht. Auch schwimmend sei eine Flucht undenkbar: Die Inseln sind etwa dreizehn Kilometer vom Festland entfernt, und die Gewässer haiverseucht, »kein Mensch könnte hier auch nur einen Steinwurf weit schwimmen«.

Die schlimmsten und gefährlichsten »Subjekte« auf dem Archipel stellen in den Augen der französischen Verwaltung die Staatsverräter dar, die man auf die dritte der Inseln, die »Teufelsinsel«, verbracht hat. Sie ist das am besten bewachte Eiland, in der ganzen westlichen Welt ein Symbol für Schrecken und Hoffnungslosigkeit.

Bekannt wurde die Insel besonders durch einen Gefangenen, der hier jahrelang unschuldig festgehalten wurde: den französischen Hauptmann Alfred Dreyfus (1859–1935). Der Offizier jüdischen Glaubens wurde 1894 wegen angeblicher Spionage angeklagt und auf der Grundlage unzureichender Schriftstücke als »Beweismittel« zu lebenslänglicher Haft und Verbannung auf der Teufelsinsel verurteilt. Jahre später tauchten Dokumente auf, die den Schluss nahelegten, bei der Affäre um den Verrat von Staatsgeheimnissen sei ein anderer der Informant gewesen und bei dem Fall Dreyfus handele es sich um ein antisemitisches Komplott. Am 13. Januar 1898 publizierte der Schriftsteller Émile Zola, eine moralische Instanz des öffentlichen Lebens in Frankreich, einen offenen Brief, gerichtet an den Staatspräsidenten Félix Faure, mit dem Titel *J'accuse (Ich klage an)*. Daraufhin wurde der Fall Dreyfus juristisch und politisch wieder aufgenommen. Im Juni durfte Dreyfus die Teufelsinsel verlassen und nach Frankreich zurückkehren, seine Strafe wurde zu zehn Jahren Festungshaft umgewandelt. Wenig später begnadigte ihn der neue Staatspräsident Émile Loubet. Dreyfus nahm die Begnadigung an (was seine Sympathisanten, die von seiner Unschuld ausgingen, enttäuschte) und zog sich gebrochen ins Privatleben zurück. Seine Erinnerungen an die Zeit auf der Teufelsinsel erschienen 1901 unter dem Titel *Fünf Jahre meines Lebens*. Erst nach dem Wahlsieg der linken Parteien im Jahre 1902 wurde der Fall Dreyfus erneut aufgerollt und grundsätzlich revidiert. Dreyfus wurde im Juli 1906 von aller Schuld freigesprochen und rehabilitiert, wieder in die Armee aufgenommen, zudem zum Major befördert und zum Mitglied der Ehrenlegion ernannt. Aus dem einstigen ehrverlorenen Sträfling der Teufelsinsel war ein Symbol des Rechtsstaates und eine Ikone der Freiheit des Worts geworden.

Als Maria Leitner die Teufelsinsel besucht, weiß sie selbstverständlich um die Geschichte des berühmtesten unfreiwilligen Bewohners des Eilands – wenngleich Dreyfus' Hütte damals noch nicht als Gedenkstätte der Öffentlichkeit gezeigt wird.

Man führt sie über die palmenbewachsene Insel. Eine trügerische Idylle: »Wüßte man nicht, was diese Insel bedeutet, alle Passagiere würden entzückt ausrufen: welch eine reizende Insel. So ungefähr stellt man sich das Eiland Robinsons vor, sehr grün, mitten im Ozean, mit hohen, mächtigen Palmen. Das Teuflische würde man erst merken, wenn man hier leben müßte.« Das Teuflische: Das ist in erster Linie die absolute Isolation, die zur Folter wird – durchaus eine kalkulierte Methode, um die Sträflinge psychisch zu brechen: »Die Abgeschiedenheit ist vollkommen, keine Botschaft dringt zu den Gefangenen, sie dürfen nichts über den Lauf der Welt erfahren. Nur in Ausnahmefällen dürfen sie zensurierte Nachrichten von ihren Angehörigen empfangen.« Nur zwölf Gefangene, alle wegen Landesverrats zu lebenslänglicher Haft verurteilt, leben noch auf der Teufelsinsel, so erfährt die Journalistin. Auf dem gesamten Archipel sind es über sechshundert. Eine Guillotine sorgt überdies für die Ordnung in letzter Instanz, sollte ein Sträfling sich als besonders renitent zeigen. Bei den hier lebenden Beamtengattinnen gilt die Teufelsinsel hingegen als bevorzugter Wohnort innerhalb des Archipels. Eine der Passagierinnen auf der »Biskra«, die jahrelang auf der Teufelsinsel wohnte, gerät der fremden Reisenden gegenüber gar ins Schwärmen: »Hilfe hatte ich im Haushalt, soviel ich wollte, und hier kann keiner frech werden, wenn man ihm etwas sagt, wie in Frankreich. Ich machte meine Bestellungen in Paris, und alles kam pünktlich an. Dann haben wir auch eine Kooperative, wo alles Nötige für uns besorgt wird. Um fünf Uhr abends müssen die Sträflinge wieder im Gefängnis sein, und dann herrscht die vollkommenste Ruhe auf der Insel. Die befreundeten Familien der Administration kommen abends zusammen, wir haben Radio, die Zeit vergeht wirklich ganz angenehm.«

Nach so viel bürgerlicher Selbstgefälligkeit und dümmlichem Zynismus hat Maria Leitner genug. Beinahe erleichtert besteigt sie wieder das Schiff und fährt zurück zum Festland, nochmals zum Hafen von Saint Laurent am Ufer des Maroni-Flusses. Hier verbringt sie noch ein paar Tage. Als sie einmal einem Leichenwagen begegnet, wird sie neugierig und fragt einen der Sträflinge, was denn mit den hier in der Kolonie gestorbenen Häftlingen geschehe. Der begleitet sie bereitwillig zu einem mit Bambus umzäunten Friedhof: »Hier, das ist der Friedhof der Sträflinge, die Gräber sind alle frisch. Es ruhen hier nur Tote der letzten Monate und die anderen, die früher gestorben sind. Nach einem Jahr werden alle Gräber vollkommen abgebrannt, dann gibt es wieder neue Begräbnisstätten, man hat nicht so viel Platz, um die Toten allzu lange ruhen zu lassen.« Damit ist die Erinnerung an die unglücklichen Seelen getilgt, in einer Kolonie von der Größe Österreichs, und damals nur von etwa fünfzehntausend Menschen bewohnt, einem Land, in dem es nicht Platz für die Gräber von ein paar hundert Sträflingen geben kann. Maria Leitner wirft noch einen melancholischen Blick auf eine Reihe offener Gräber: Die werden von Sträflingen im Voraus geschaufelt, denn man weiß aus der Statistik, wie viele Gefangene hier durchschnittlich im Monat sterben.

Mumien in Palm Beach und Partys im Pyjama

Maria Leitner kehrt zurück in die Vereinigten Staaten von Amerika. Sie muss wiederum einige Monate lang Geld verdienen, denn sie will nochmals zurück in die Karibik und nach Südamerika. Freilich arbeitet sie wieder mit heimlicher Freude als Undercover-Reporterin und heuert mal hier und mal dort für ein paar Tage oder Wochen an, um ein möglichst breites Spektrum der amerikanischen Gesellschaft und des Way of Life kennenzulernen und Neues und Haarsträubendes aus dem US-amerikanischen Arbeitsleben berichten zu können. Nachdem sie bei ihrem ersten Aufenthalt die Megacity New York unter die Lupe genommen hat, wendet sie sich nun der Provinz zu: Sie jobbt als Verkäuferin in einem Drugstore in Pennsylvania, der freilich eher einer Dorfkneipe ähnelt; als Arbeiterin in einer

Zigarrenfabrik, wo sie sich mit dem sachgerechten maschinellen Einzug der Tabakblätter herumärgern kann; als Näherin in einer Schuhfabrik, wo sie den Fehler begeht, das Wort Streik fallenzulassen und deswegen noch am selben Tag gefeuert wird; als Küchenhilfe in einem Hotel in Charleston/South Carolina (wo sie abends in einer Bar den rauen Jazz der Schwarzen kennenlernt – als einzige Weiße); als Kellnerin im mondänen Badeort Palm Beach in Florida, wo sie reiche »Mumien« zu bedienen hat, »die ihre vertrocknete Haut mit Perlen und Brillanten besät haben«; als Küchenhilfe auf einer im Hafen liegenden Luxusyacht, auf der champagnerselige Partys in Pyjamas gefeiert werden; als Köchin im Haus eines Senators in Richmond/Virginia, der Wert darauf legt, dass nur Weiße sein Domizil betreten, und wo von ihr verlangt wird, sie solle eigenhändig Hühner schlachten und ausnehmen; als Bedienung in einem mondänen Golf- und Tennisklub; als Arbeiterin in einer Baumwollspinnerei, wo ihre Kolleginnen fast alle schwarz sind (und etliche erst zwölf oder dreizehn Jahre alt) und man Weiße, die arbeiten, als »white trash«, »weißen Abschaum«, bezeichnet; in einem vornehmen Hotel in Charleston/South Carolina, wo sie täglich vierzehn Stunden lang in der Küche Gemüse putzt. Dann hat Maria Leitner genug und genügend beisammen und kann sich wieder auf den Weg übers Meer machen.

Im Einbaum zu den Diamantenfeldern

Maria Leitner will nun auch Britisch-Guayana kennenlernen. Das Schiff langt in Demarara (Georgetown) an. Sie hat erwartet, eine Mischung aus südamerikanischer Indio-Kultur und englischer Zivilisation vorzufinden – und wird stattdessen überrascht: Sie glaubt in Indien gestrandet zu sein: »Inderinnen, umbauscht von weißen und farbigen Tüchern, gehen durch die Straßen. Männer, den Körper mit weißen, kurzgeschürzten Linnen bedeckt, unzählige Bettler, nur mit einigen Fetzen bekleidet, torkeln an den Arkaden entlang oder liegen auf der Erde. […] Die ›cookshops‹, die Kochbuden der Ärmsten, locken mit indischen Aufschriften die Hungrigen in ihre dunklen Höhlen. Die dicken Inhaberinnen mit glänzend schwarzem Haar, silbernen Rosetten an der äußeren Nasenwand und klirrenden Armbändern, bedienen selber mit einer dicken Suppe ihre Gäste, verhungert oder, wenn man will, asketisch aussehende Inder.« Sie taucht tiefer in das Gewimmel der Gassen ein und gelangt in Viertel, die von anderen Rassen und Nationalitäten geprägt sind: Schwarzafrikaner, Syrer, Chinesen … ein Schmelztiegel der Völker im Kleinen in der damals knapp sechzigtausend Einwohner zählenden Stadt. Die Kolonie Britisch-Guayana, flächenmäßig etwa so groß wie das Mutterland Britannien, hat in den Jahren nach dem Ersten Weltkrieg eine große Einwanderungswelle aus Britisch-Indien erfahren, sodass die Hälfte der Einwohner des südamerikanischen Landes Inder sind. Im Gegensatz zum viel weniger entwickelten Französisch-Guayana ist die Erschließung der britischen Kolonie wesentlich weiter fortgeschritten. Man baute auf arbeitswillige Einwanderer und nicht auf Sträflinge, die nur arbeiten, wenn sie unter Aufsicht stehen und wenig mehr als ihr unfreies Leben zu verlieren haben. Unter britischer Herrschaft wurden nicht nur Zuckerrohrplantagen angelegt, man hat auch begonnen, die Gold-, Diamanten- und Bauxitvorkommen des Landes auszubeuten und wertvolles Tropenholz für den Export zu ernten. Doch die Weltwirtschaftskrise in den späten 1920er-Jahren hat auch Guayana nicht verschont: Als Maria Leitner das Land besucht, leben in Demarara rund zehntausend konzessionierte, also behördlich angemeldete Bettler. Die Preise für Zuckerrohr sind auf dem Weltmarkt so gefallen, dass man es überhaupt nicht mehr exportieren kann. So bleibt das meist vage Versprechen, durch das Schürfen von Gold und Diamanten reich zu werden. Und genau dieser Hunger nach dem raschen Reichtum treibt Tausende in den noch unerschlossenen Dschungel im Landesinneren, Abenteurer mit und ohne behördliche Schürfkonzession.

Maria Leitner lernt einen indischen Fremdenführer kennen, der sich bald als vermeintlicher Agent für Diamanten-Claims entpuppt. Für zweieinhalbtausend US-Dollars, so rechnet er ihr vor, könne sie einen Claim bei ihm erwerben und dann mit etwas Glück und Ausdauer sagenhaft reich werden. Doch die Journalistin hat bei Weitem nicht so viel Geld, und so kommt sie erst gar nicht in Versuchung, der fadenscheinigen Gestalt abseits aller staatlichen Behörden auf den Leim zu gehen. Immerhin folgt sie seinem Tipp, sich nach Bartica zu begeben, einem Hafen im Mündungstrichter des Essequibo-Flusses, der das ganze Land durchmisst. Von dort würden Boote flussaufwärts gehen, zu den im Dschungel gelegenen Siedlungen der Glückssucher.

Maria Leitner, immer auf der Suche nach Abenteuern, lässt sich das nicht zwei Mal sagen. Mit der Eisenbahn geht es ein Stück landeinwärts: Der Zug ist überfüllt, »die wenigen Weißen waren Vertreter der Diamantengesellschaften, Angestellte einer Bauxit-Gesellschaft und Missionare, die in weit abgelegene Indianerdörfer fuhren. Die ›Farbigen‹ waren nicht nur Diamanten- und Goldgräber, sondern auch Plantagenarbeiter, es fuhren auch mehrere Frauen mit.« Sie kommt mit einem der Missionare ins Gespräch. Wohin sie wolle?, fragt er. Sie antwortet: Zunächst nach Bartica, dann weiter in den Dschungel hinein. Und wo in Bartica sie nächtigen wolle?, fragt der Kirchenmann nach. Im »Grand Hotel«, antwortet Maria Leitner. Der Missionar rät dringend davon ab, das sei zu abenteuerlich und zu gefährlich. Sie solle stattdessen lieber im staatlichen Zuchthaus Quartier nehmen: »Sie wären dort sicher gut versorgt.« Maria Leitner lehnt lachend ab, glaubt, der Missionar spaße. Doch der klärt sie darüber auf, dass das Zuchthaus gemeinhin alleinstehenden Damen als Quartier diene, man dort zum Frühstück bestes englisches Porridge bekomme und überdies die Möglichkeit habe, mit den Gefangenen an der Morgenandacht teilzunehmen. Maria Leitner bleibt bei ihrem einmal gefassten Entschluss und glaubt dem Kirchenmann immer noch nicht so recht. Sie landen in Bartica an, und die Reporterin begibt sich zum »Grand Hotel«. Doch bereut sie ihre Uneinsichtigkeit bald: Die Wände sind aus Pappe, und »der Stimmenaufwand der Gäste bewies, daß sie gewohnt waren, im Urwald Tiger zu überbrüllen«. Ihre späte Einsicht: »Man weiß nie im Leben, wonach man noch Sehnsucht haben könnte. Ich hätte zum Beispiel nie gedacht, daß ich mir einmal heftige Vorwürfe machen würde, warum ich doch nicht lieber ins Zuchthaus von Bartica ging.«

Nach einer kurzen, schlaflosen Nacht begibt sich Maria Leitner anderntags in Begleitung eines Führers in den Urwald, zu den nahe gelegenen Diamanten- und Goldclaims.

Die Reise auf dem Essequibo-Fluss wird in sogenannten Correals, Einbaum-Booten der Indianer, gemacht, denn »nur sie eignen sich für die Fahrten durch reißende Gewässer«. Indianer und Schwarze rudern und lenken die langen Einbäume, es geht über Strudel und Schnellen, an Wasserfällen müssen Mannschaft und Passagiere aussteigen, und der Einbaum wird mit Stricken flussaufwärts gezogen oder notfalls ein paar Hundert Meter durch den Wald getragen und an sicherer Stelle wieder zu Wasser gelassen. Besonderes Geschick müssen die Kapitäne der Correals zeigen, »Mitglieder einer Innung«, wie Maria Leitner weiß, »leicht erkenntlich an einer Stimme, die immer brausende Wasserfälle zu übertönen scheint, an einem etwas unsicheren Gang, der Neigung für Alkohol verrät, und an einem Regenschirm von außerordentlichen Dimensionen, den sie unter den rechten Arm geklemmt tragen«. Solch ein Correal-Kapitän scheucht mit seiner volltönenden Stimme nicht nur die Ruderer auf, »sondern auch die Affen, die Faultiere, die Papageien am Ufer«. Wenn er einmal nicht zu kommandieren braucht, so singt er aus dem Stegreif, um die Stimmung der Mannschaft zu heben: »Er improvisiert immer neue Lieder, was ihm nicht schwerfällt, da er auf irgendwelche Dichterregel keinerlei Wert legt.«

Während der Fahrt auf dem Essequibo-Fluss kommt Maria Leitner aus dem Staunen über die verschwenderische Pracht des Urwalds nicht heraus: »Treibhauslandschaft in ungeheuren Dimensionen, der phantastische, raffinierte Luxus eines Wintergartens, wohin das Auge blickt. Es ist wirklich Luxus, dieses ungeheure Gebiet, das sich vor dem Menschen verschließt, ihn nicht ernährt, das nur winzige Teile seiner Reichtümer sich entreißen läßt, und mit welcher Mühe.« Sie bewundert die Farbenpracht der Flora und Fauna, erntet freilich bei den Mitreisenden für ihre Begeisterung nur gleichgültiges Unverständnis: »Der Kapitän, den ich nach den Namen der rubinfarbigen, winzigen Blüten, der riesigen violetten Kelche frage, gibt immer die gleiche Antwort: ›Buschblumen haben keinen Namen.‹ Die unzähligen Insekten, die Schmetterlinge, die feuerfarbenen und blau schimmernden Vögel, sie alle warten nur darauf, entdeckt zu werden und einen gebührenden Platz in den Lehrbüchern einzunehmen.« Mitten aus diesen botanischen Träumereien wird die Urwald-Touristin in die raue Wirklichkeit zurückgeholt: Der Kapitän eines entgegenkommenden Correals ruft ihnen zu, ein Stück oberhalb sei ein Einbaum gekentert, fünf Leute seien ertrunken. »Ja«, kommentiert das der Kapitän des Correals, in dem Maria Leitner sitzt, trocken, »das kommt alle Tage vor, deshalb aufpassen, Jungens, aufpassen.«

Von einer Anlegestelle geht es hinein in den Wald, zu den Claims. Konservenbüchsen säumen den Pfad und künden, wie Maria Leitner ironisch anmerkt, vom »siegreichen Vormarsch der Zivilisation und Kultur im Urwald«. Dann endlich steht sie den Goldgräbern und Diamantensuchern gegenüber. Doch wird sie darüber belehrt, dass die Zeit der Goldgräberromantik, wie sie uns in Abenteuerbüchern aus dem 19. Jahrhundert noch entgegentritt, längst von der Bürokratie überrollt worden ist. Die heutigen Glückssucher sind auf Gedeih und Verderb der kolonialen Bürokratie ausgeliefert: »Das Diamanten- und Goldgraben im Urwald ist alles andere als ein freier Beruf. Die Hecke der Gesetze umgibt jeden Stein, jeden Fußbreit Land. Auch das menschenleere Dickicht ist kein Niemandsland.« Dennoch locken die Legenden von Schatzsuchern, die sich nur zu

bücken brauchten, um Rohdiamanten wie Kieselsteine aufzu-
sammeln, Tausende in den unwegsamen, gefährlichen Dschungel. Doch in Wahrheit verpachten die Claim-Besitzer, die sich
frühzeitig und mit viel Geld von der Regierung ihre Parzellen
gekauft haben, die Schürfrechte an sogenannte »pork-knockers«,
»Schweineklopfer«, die wie Trüffelschweine, die Nase zur Erde
gerichtet, nach Schätzen suchen. Sie arbeiten auf eigenes Risiko.
Finden sie nichts, bleiben sie auf den Unkosten sitzen. Finden
sie hingegen Diamanten, müssen sie sie dem Claim-Besitzer
abliefern, der wiederum kann die Edelsteine nicht auf dem
freien Markt verkaufen, sondern muss sie zu festgesetztem Preis
an die von der britischen Regierung kontrollierten, lizenzierten
Diamantengesellschaften veräußern. So wird der Markt gelenkt.
Die Arbeiter und Händler werden streng kontrolliert. Schwarz-
schürfen und Betrug werden hart geahndet. Das Einzige, womit
in Demarara wirklich frei gehandelt wird, sind die Claims als
solche. Es gibt Diamanten- und Gold-Claims, Edelholz- und
sogar Orchideen-Claims. Sie werden auf Auktionen verstei-
gert – ohne dass die Bieter wissen, ob das ersteigerte Land wirklich Schätze birgt. Enttäuscht kehrt Maria Leitner, um eine Illusion ärmer, nach Bartica zurück, in ihr Pappwand-Hotel, mit
dem sie sich inzwischen ausgesöhnt hat: »Nachdem ich mich an
den Lärm im Hotel gewöhnt hatte, war ich ganz zufrieden,
nicht im Zuchthaus zu wohnen.«

Überhaupt erweist sich der scheinbar verschlafene Ort am
Mündungstrichter des Essequibo-Flusses als das eigentliche
Dorado des Schatzlandes: Besonders in zwei Branchen lässt sich
gut und krisensicher Geld machen, mit dem Tod und mit dem
Sex. Maria Leitner besucht den Totengräber, einen »kleinen,
dünnen Mischling«, der ihr versichert, man könne mit dem Aus-
heben von Gräbern weit mehr verdienen als mit der Diaman-
tensuche, denn viele Schatzsucher würden im Urwald sterben.
Zehn Shilling erhalte er für ein Grab, zudem sei er im Dschungel auch für die offizielle Feststellung des Todes und die Ausstellung eines Totenscheins zuständig, er habe darin mehr Erfah-

rung als die Ärzte, und die trauten sich ohnehin nicht in den Urwald hinein. Zudem müsse es mit der Bestattung rasch gehen, wie der Totengräber der Journalistin erklärt: »Wegen der Hitze müssen die Toten doch schnell begraben werden, man übergibt sie der Erde nicht viel anders, als sie gekommen sind, man kann gar nicht daran denken, einen Sarg zu zimmern. Das Holz des Urwaldes ist hart wie Stein, und die Lebenden haben wenig Zeit für die Toten.« Die Lebenden sind nicht nur mit der Jagd nach Gold und Geld beschäftigt, sie wollen nach schwerer, gefährlicher Arbeit auch ihren Spaß: Die Prostitution blüht im Hafenstädtchen Bartica und selbst im Dschungel. Manche Claim-Besitzer schlagen aus diesem Gewerbe sogar mehr Gewinn als aus Gold und Diamanten. Maria Leitner begegnet einem Mann, der auf seinem Anwesen im Urwald über vierzig »Dienstmädchen« angestellt hat, freilich nicht, um den Haushalt zu führen, sondern um den einsamen Abenteurern in der Einöde des Dschungels etwas Gesellschaft zu leisten. Die Frauen kommen aus allen Teilen der Welt: Inderinnen sind darunter, Schwarzafrikanerinnen, Chinesinnen. Nur Weiße sind rar gesät, sie gelten auch innerhalb der Reihen der Prostituierten als Parias, vor allem, wenn sie sich mit schwarzen Kunden einlassen. Selbst auf dieser untersten Sprosse der sozialen Leiter gelten rassistische Vorstellungen und Gesetze: »Eine weiße Dirne und ›farbige Männer‹, das ist die am tiefsten gesunkene Kreatur, die die Tropen kennen.«

»Lassen Sie mich nicht zugrunde gehen!!!«

Desillusioniert und um etliche Erfahrungen reicher kehrt Maria Leitner 1928 aus den drei Kolonien Guayanas, den »Ländern des Schreckens«, zurück in die USA, mit Stationen auf den Niederländischen Antillen und der Insel Hispaniola. Wieder in New York, arbeitet sie noch in diversen Jobs. Einmal hält man die schlecht gekleidete Frau für eine Millionärin, eine Anekdote, die sie später in der Ullstein-Zeitschrift *Uhu* genüsslich erzählt: Sie bewirbt sich um einen Job als Putzfrau in einem noblen New Yorker Schönheitssalon in der 57. Straße, wird aber nicht genommen, da sie zu schlecht gekleidet sei. Da sie schon einmal in der City unterwegs ist, nutzt sie die Zeit zum Besuch einer Verkaufsausstellung mit Gemälden aus der Sammlung des berühmten französischen Sammlers und Galeristen Paul Durand-Ruel. Erstaunt bemerkt sie, dass sich die Angestellten der Galerie für sie interessieren: »Angestellte kommen zu mir und wollen zum Ankauf verschiedener Bilder zureden. Man scheint mich für eine Millionärin zu halten, die ihren Bedarf an Kunst eindecken will. Eine schlecht angezogene Frau, die sich Bilder am Vormittag ansieht, kann eigentlich nichts anderes sein.«

1929 kehrt sie nach Europa zurück. Sie lebt überwiegend in Berlin und engagiert sich im Bund proletarisch-revolutionärer Schriftsteller, zu dem auch Bertolt Brecht, Johannes R. Becher, Erich Mühsam und Anna Seghers gehören. Ihre Artikelfolge im *Uhu* über ihre Erlebnisse in den USA und den Ländern Mittel- und Südamerikas wird ein Erfolg. Die Mischung aus Abenteuerreportage und sozialkritischem Undercover-Bericht gefällt einem breiten Publikum. Auch als Erzählerin reüssiert Maria Leitner: 1929 erscheint ihre Novelle *Sandkorn im Sturm* anlässlich des zehnten Jahrestags des Falls der Ungarischen Räterepublik, worin sie die tragischen Ereignisse jener Zeit am Beispiel einer ungarischen Dorfgemeinschaft erzählt. 1930 veröffentlicht sie einen sozialkritischen Roman über die Arbeitsverhältnisse in den USA unter dem Titel *Hotel Amerika*, worin sie eigene Erfahrungen einflicht. Sie gilt in jenen Jahren als eine der führenden linksgerichteten Autorinnen des deutschen Sprachraums und publiziert in diversen sozialdemokratischen und kommunistischen Blättern sowie in sozialkritischen Frauenzeitschriften in Deutschland und Österreich.

1932 beginnt die *Arbeiter-Illustrierten-Zeitung* mit dem Vorabdruck von Maria Leitners antikolonialistischem Roman *Wehr dich, Akato!* Nach der Machtergreifung durch die Nationalsozialisten wird die Zeitung am 5.März 1933 verboten, damit endet auch der Vorabdruck des Romans, dessen Skript in den Wirren der Zeit verloren geht. Maria Leitners Bücher werden von den nationalsozialistischen Machthabern verboten und landen am 10.Mai 1933 in Berlin und andernorts auf den inszenierten Scheiterhaufen. Maria Leitner verlässt Deutschland und geht ins Exil, zunächst nach Prag, dann – über das Saargebiet – nach Paris. Hier lebt sie von 1934 bis 1940. Mehrfach kehrt sie illegal nach Deutschland zurück – ein immens gefährliches Unterfangen –, um als Undercover-Journalistin Eindrücke und Dokumente aus dem Alltag im Nationalsozialismus zu sammeln. Diese Erkenntnisse schildert sie in etlichen Berichten in Exilzeitschriften, die in Prag, Paris und Moskau erscheinen. Zudem publiziert die *Pariser Tageszeitung* im Jahre 1937 in Fortsetzungen Maria Leitners Roman *Elisabeth, ein Hitlermädchen*, die Liebesgeschichte einer Berliner Schuhverkäuferin zu einem SA-Mann. Auch hierfür schöpfte die Autorin aus ihren während ihrer illegalen Aufenthalte in NS-Deutschland gesammelten Beobachtungen.

Den Ausbruch des Zweiten Weltkriegs erlebt Maria Leitner in Paris. Frankreich hat Deutschland am 3.September 1939 als Reaktion auf dessen Überfall auf Polen den Krieg erklärt, doch unterbleiben bis zum Mai 1940 jegliche Kampfhandlungen an der deutsch-französischen Grenze. Es ist der »drôle de guerre«, der »seltsame Krieg« oder »Sitzkrieg«. Die vielen in Frankreich lebenden deutschen Exilanten verfolgen diese quälende Ruhe vor dem Sturm mit atemloser Spannung. Im April 1940 schreibt Maria Leitner an Freunde in New York: »Ich bin seit einem halben Jahr fast ständig krank. Es begann mit einer schweren Grippe, und in einer ungeheizten Dachkammer, hungernd, ist es schwer, gesund zu werden, besonders wenn sich obendrein die Weltgeschichte auch in unserem so bescheidenen Privatleben bemerkbar macht. Aber trotz allem, oder vielleicht auch deshalb, habe ich sehr viel gearbeitet.«

Am 10.Mai 1940 beginnen die Deutschen mit dem Westfeldzug. Am 22. Juni diktiert Hitler in Compiègne Frankreich Waffenstillstandsbedingungen. Paris wird von deutschen Truppen besetzt. Tausende Menschen, darunter viele deutsche Exilanten, versuchen mit den letzten Zügen ins unbesetzte Frankreich südlich der Loire zu entkommen. Maria Leitner gelingt zunächst die Flucht, doch wird sie von den südfranzösischen Behörden, die mit den Deutschen kollaborieren, im Frauenlager von Gurs in den französischen Pyrenäen interniert. Sie kann erneut entkommen und gelangt über Toulouse nach Marseille.

In Marseille, dem »Mauseloch«, wie es damals genannt wird, sitzt sie in den kommenden Monaten fest. Hilfsorganisationen, allen voran die »American Guild for German Cultural Freedom« des »Emergency Rescue Committee« (ERC) unter dessen Sekretär Varian Fry (der vor Ort in Marseille arbeitet), Theodore Dreiser und Hubertus zu Löwenstein vermitteln an Exilanten amerikanische Einreisevisa und sammeln Geld. Vielen wird dadurch die rettende Flucht ermöglicht. Auch Maria Leitner steht in Kontakt zu der Organisation und ihren Vertretern. Doch die Hilfsbemühungen ziehen sich hin. Maria Leitner erhält zwar von der »American Guild« finanzielle Unterstützung, das lebensrettende Einreisevisum jedoch lässt wegen bürokratischer Hindernisse auf sich warten. An Volkmar Zühlsdorff, Mitarbeiter der Hilfsorganisation, schreibt Maria Leitner am 4. März 1941 voller Verzweiflung: »Ich bin noch immer ohne Antwort von Ihnen [bzgl. eines Visums], hier sind Hunger und Angst das Schlimmste. Meine Situation verschlimmert sich aus jeder Sicht. Wie ist dieses Leben auszuhalten?« Dann reißen Nachrichten von ihr und über sie ab. Noch im März 1941 wird Maria Leitner in Marseille von Anna Seghers (die sich in ähnlicher Situation befindet) gesehen. Anna Seghers kann wenig später ausreisen und findet in Mexiko-City Asyl. Von dort erkundigt sie sich am 14. September 1941 brieflich bei dem in den USA lebenden Schriftsteller Franz Carl Weiskopf nach Maria Leitner, denn »Leitner war doch auf der Danger-Liste, warum helfen die [das ERC] nicht?« Der amerikanische Romancier

Theodore Dreiser, der Maria Leitner während ihres USA-Aufenthalts persönlich kennengelernt hat, versucht beim ERC und den staatlichen Behörden ein Visum für sie zu erwirken. Doch die bürokratischen Hindernisse nehmen kein Ende. Dreiser bittet Maria Leitner noch 1941 um ergänzende Angaben zu ihrem Lebenslauf für die Visabearbeitung in New York. Sie antwortet am 20. Mai 1941 – es ist das letzte Lebenszeichen von ihrer Hand:

»Ich veröffentlichte einige Bücher über meine Reisen und einen Roman, ›*Hotel Amerika*‹, der sehr erfolgreich war und in einigen Sprachen veröffentlicht wurde. […] Aber dann wurden meine Bücher verbrannt und mein Name erschien auf der Schwarzen Liste. Das geschah hauptsächlich, weil viele Berichte von den Lebensbedingungen in Deutschland und den bereits frühen Manifestierungen der Nazis handelten. Ich machte mit dieser Arbeit für antifaschistische Zeitungen weiter, aber natürlich im Geheimen und unter sehr gefährlichen Umständen, als die Nazis an die Macht kamen, und zeigte die gigantischen deutschen Kriegsvorbereitungen … Ich wurde in verschiedene KZ-Lager gesteckt, und ich war in der Gefahr, von den französischen Behörden an die Deutschen ausgeliefert zu werden. Ich habe immer gegen die Ungerechtigkeit gekämpft und gegen die Nazis, die ich als Gefahr für den Weltfrieden betrachtete. […] Lassen Sie mich nicht zugrunde gehen!!!«

Dieser flammende Appell, ein erschütterndes Zeugnis äußerster Lebensangst, verhallt. Die Behörden bringen die Angelegenheit des Visums nicht weiter. Alle Bemühungen Varian Frys und Theodore Dreisers verlaufen im Sande. Frys Stellvertreter Daniel Bénédite erinnert sich Jahrzehnte später, in einem Brief vom 17. Juli 1989 an die Germanistin Helga Schwarz: »Als eine unserer ältesten Schutzbefohlenen, Maria Leitner, eines Tages (wahrscheinlich im ersten Quartal 1942) erfuhr, dass ihr amerikanisches Visum abgelehnt worden war, bekam sie einen Tobsuchtsanfall, fing an zu schreien und sich auf dem Boden herumzuwälzen. Paul [Schirmer] (Arzt und Mitglied unseres

Stabes) sah sich – widerstrebend – gezwungen, Krankenwärter einer Irrenanstalt zur Hilfe herbeizurufen […].«

Maria Leitner wird in eine psychiatrische Anstalt in Marseille eingewiesen. Immerhin wird sie nicht an die Gestapo ausgeliefert. Erst jüngere Nachforschungen der Literaturwissenschaftlerin Julia Killet haben die dokumentarischen Lücken jener letzten Jahre und Monate Maria Leitners etwas schließen können. Maria Leitner starb am 14. März 1942 in Marseille, erst fünfzig Jahre alt.

Odette du Puigaudeau (1894–1991)
Durchs Land der freien Berber

Es ist der 28. November 1933. In der bretonischen Hafenstadt Douarnenez lichtet der Langustenkutter »Belle Hirondelle«, »Schöne Schwalbe«, den Anker. An Bord der Ketsch:
ein paar bretonische Fischer und zwei Abenteurerinnen. Odette
du Puigaudeau und ihre Lebensgefährtin Marion Sénones
(1886–1977) wollen zur mauretanischen Küste. Unterwegs werden sie den Fischern bei der Arbeit zur Hand gehen, um etwas
Geld zu verdienen. Obwohl Odette aus einem freiherrlichen
Haus stammt, ist sie recht mittellos. Doch trägt das wenig zur
Sache bei. Denn das Abenteuer, das sie und ihre Freundin bestehen wollen, bedarf kaum des Geldes, dafür aber des Todesmuts.
Sie beabsichtigen, von der mauretanischen Küste aus tief ins
noch unerforschte, unzivilisierte Innere der westafrikanischen
Sahara, ins Land der freien Berber vorzudringen. Obwohl Mauretanien seit Beginn des 20. Jahrhunderts formell französische
Kolonie ist, beschränkt sich Frankreichs Macht auf einen schmalen Küstenstreifen mit ein paar militärischen Forts. Mauretanien gilt in den 1930er-Jahren noch als ein Land freier Berberstämme, die durch die Weiten der Wüste ziehen und keinem
Herrn untertan sind. Zudem wird das Land, vor allem in Küs-
tennähe, von Banden unsicher gemacht, die Eindringlinge nicht
nur ausrauben, sondern auch ohne Gewissensbisse über die
Klinge springen lassen. Das Land hat des Weiteren einen üblen
Ruf als Drehscheibe für den Sklavenhandel mit Schwarzafrika-
nern, ein merkantiler Zweig, der selbst nach dem Verbot durch

die europäischen Mächte noch immer blüht und seine Kunden in der gesamten arabischen Welt verzeichnet.

Was also treibt zwei Frauen mittleren Alters, aus gesicherten Verhältnissen stammend, dazu, sich auf dieses Wagnis einzulassen? Ist es der Kitzel der Gefahr, die Aussicht auf Ruhm, die Flucht vor der europäischen Zivilisation, vor der Müdigkeit der westlichen Welt? Wohl von allem etwas. Aber auch der Drang nach emanzipatorischer Freiheit. Das mag paradox klingen, zeichnen sich doch die islamischen Länder keineswegs als Vorreiter eines modernen Frauenbildes aus. Die Antwort liegt jenseits aller Geschlechterrollen – zumindest aus Sicht der Reisenden, die als Gast in die Welt der Berber eintauchten. Odette du Puigaudeau hat ihre Motivation später so zu umreißen versucht: »Ich liebte dieses wilde Leben, wo man sich weder als Mann noch als Frau fühlt, sondern als ein menschliches Wesen, das sich auf den Beinen hält.«

Was sie im November 1933 nicht ahnt: Es wird eine Reise ohne Wiederkehr. Zwar wird sie weitgehend unversehrt nach Frankreich zurückkommen (lediglich einen Finger muss sie dem maurischen Abenteuer opfern), aber sie wird im Land ihrer Geburt nicht mehr heimisch werden und mehrmals ins grenzenlose Reich der Berber zurückkehren, in das Land ihrer menschlichen Initiation. Sie wird später für die Unabhängigkeit Mauretaniens eintreten, als Schriftstellerin und Rundfunkredakteurin – und in diesem ungleichen Kampf mit der westlichen Zivilisation unterliegen. Aber sie wird dem Orient die Treue wahren und ihren Wohnsitz im benachbarten Marokko aufschlagen, bis zum Ende ihres langen, siebenundneunzigjährigen Lebens.

Dem Meer und der Weite ist Odette du Puigaudeau schon von Geburt an schicksalhaft verbunden. »Mein Geburtstag am 20. Juli 1894 in Saint-Nazaire«, so bekennt sie, »hatte einen tief greifenden Einfluss auf mein Schicksal. Ich glaube, ein Kind, das im Mündungsgebiet der Loire aufwächst, das sich am Kommen und Gehen der Boote berauscht, das die Sirenen der ausfahrenden Schiffe hört und die der Frachter, die mit exotischen Früchten, Tieren und fremdartigen Gegenständen zurückkehren, ein solches Kind wird sich niemals der Faszination des Meeres entziehen können und immer von großen Reisen träumen.« Odette wächst in der Landschaft der südlichen Bretagne auf. Ihre Eltern sind der impressionistische Maler Ferdinand du Puigaudeau (ein enger Freund Paul Gauguins), der einem alten Freiherrengeschlecht entstammt, und die Porträtzeichnerin Henriette van den Brouke, die wiederum aus der Gegend von Dünkirchen ist. Zu den Verwandten väterlicherseits gehört der bretonische Romancier Alphonse de Châteaubriant. Odette besitzt selbst künstlerisches Talent. Früh erhält sie vom Vater Unterricht. Ihn begleitet sie auf seinen Spaziergängen durch die Landschaften der Bretagne, wenn er nach Freiluftmotiven Ausschau hält, oder geht auch mit auf die Jagd (bereits als Kind lernt sie schießen). Zudem zeigt Odette großes Interesse für Geografie und Naturkunde.

Während des Ersten Weltkriegs ist es mit der Einsamkeit auf dem abgelegenen Gut der Puigaudeaus vorbei: Freunde der Eltern, darunter etliche Künstler, Musiker und Literaten, verlassen Paris, das nahe der Front liegt, und ziehen sich hierher zurück – für Odette, inzwischen eine junge, lebensneugierige Frau, eine willkommene Abwechslung.

Nach dem Krieg hält es sie nicht länger in der beschaulichen Bretagne: Gegen den Willen ihrer Eltern verlässt sie das väterliche Gut und geht nach Paris, um an der Sorbonne Meereskunde zu studieren – damals für eine Frau etwas Außergewöhnliches –, und natürlich, um eigene Kontakte zur faszinierenden Welt der Boheme zu knüpfen. Beruflich ist sie in jenen Jahren unentschieden, schwankt zwischen einer wissenschaftlichen Karriere und ihren journalistischen und künstlerischen Ambitionen. Sie beginnt mit Reportagen für Zeitschriften, unter anderem berichtet sie über die Arbeit der bretonischen Fischer, die sie eine Zeit lang auf ihren Fahrten begleitet und dabei ihre Liebe zum Meer (wieder)entdeckt. Zudem arbeitet Odette du Puigaudeau als wissenschaftliche Illustratorin am Museum für Naturgeschichte in Paris und am Collège de France, und schließlich beginnt sie eine Ausbildung zur Modezeichnerin und Designerin im berühmten Pariser Couture-Haus Jeanne Lanvin.

Diverse Wege scheinen ihr offenzustehen, und doch empfindet Odette sie alle als bereits ausgetretene Pfade. Sie will ihrem Leben nochmals eine Wendung geben und die Sphären des Bürgertums und der Boheme hinter sich lassen. 1933 – sie steht bereits im vierzigsten Lebensjahr – reißt sie das Ruder herum, indem sie gemeinsam mit ihrer acht Jahre älteren Freundin Marion Sénones ein Langustenfangschiff besteigt und dort ebendieses Ruder übernimmt. Die Reise ohne Wiederkehr beginnt – nur dass Odette damals wohl am allerwenigsten ahnt, welch tief greifende Veränderungen sich für ihr gesamtes Leben vollziehen werden.

Schüsse zum Empfang

Die »Belle Hirondelle« verlässt den Hafen von Douarnenez und fährt südwärts, durch die wegen ihrer starken Winde berüchtigte Biskaya. Tatsächlich bricht auch diesmal ein Sturm los, die Ketsch kämpft sich durch hohe Wellen und den an der Takelage reißenden Wind und verliert das Focksegel und einen Teil des Großsegels. Im nächsten Hafen werden die Schäden repariert, dann lichten die Männer wieder den Anker und segeln unverwandt weiter, hinaus in den Atlantik, an der Iberischen Halb-

insel entlang und südwärts nach Afrika. Zeit ist Geld: Die Fang-
gründe vor der Küste Mauretaniens bieten reiche Beute, aber
nur in bestimmten Monaten können die grünen Langusten ge-
fischt werden. In Port-Étienne, dem nördlichsten Küstenort
Mauretaniens, sollen die beiden Hilfsmatrosen Odette und
Marion an Land gelassen werden, dort wollen sich die Frauen
den Berbern anschließen und quer durch das riesige Wüsten-
land ziehen. Freilich dauert die Seereise auf dem Kutter weit
länger als mit einem Passagierschiff, und es heißt unterwegs hart
arbeiten – auch die beiden Frauen sind davon nicht ausgenommen. Die Ketsch nimmt zudem nicht die gerade Route nach
Port-Étienne, sondern kreuzt zu den Kanarischen Inseln und zur
Küste von Rio de Oro, dem unter spanischer Hoheit stehenden
Gebiet der West-Sahara. Überall werfen die Matrosen ihre Netze
aus, machen aber nur spärlichen Fang. Unmittelbar vor der
Küste der West-Sahara, »ein flaches, eintöniges Afrika, wie ver-
schlissen, von Rost und Grünspan zerfressen«, werden sie von
Berbern mit gezielten Gewehrsalven begrüßt – woraufhin die
»Schöne Schwalbe« rasch das Weite sucht. Der Kapitän der
Ketsch versucht die Frauen von ihrem draufgängerischen Vor-
haben abzubringen: »Ich schwöre Ihnen, wenn ich an Ihrer
Stelle wäre, zwei junge Fräulein, die nicht dazu gezwungen
sind – ich würde keinen Fuß hierher setzen!« Doch Odette und
ihre Freundin lassen sich nicht einschüchtern.

Am 20. Dezember 1933 erreichen sie Port-Étienne, eines der
wenigen von den Franzosen gehaltenen Zugangstore nach
Mauretanien, dem »Trab-el-Beidane« (»Land der weißen Menschen«), wie die hellhäutigen Berber-Nomaden ihre Heimat
nennen. Eine Million Quadratkilometer ist das in den Atlanten
als Mauretanien bezeichnete französische Kolonialland groß
und zählt rund 500 000 Nomaden. Odette und Marion verab-
schieden sich von den bretonischen Langustenfischern und blicken der »Belle Hirondelle« nach, die den Hafen verlässt und
wieder hinaus aufs Meer fährt. Nun sind die beiden Frauen ganz
auf sich gestellt: »Wer in Mauretanien an Land geht, wird um

zwanzig Jahrhunderte in die Vergangenheit zurückversetzt, in eine Rückkehr in biblische Zeiten.« Sofort werden sie von Einheimischen angesprochen. Odette äußert ihr Begehr: Sie wollen sich Nomaden anschließen und mit ihnen südwärts ziehen, zunächst in die Hauptstadt Nouakchott, dann landeinwärts ins endlose Nirgendwo. Die französische Hafenkommandantur, wo sie vorstellig werden, erteilt ihnen im Namen des Generalgouverneurs von Französisch-Westafrika zwar eine Genehmigung, rät im Übrigen jedoch von solch einem Abenteuer, das nur den Kopf kosten kann, ab. Die beiden Französinnen bleiben auch jetzt bei ihrem Entschluss – und sie sind ohnehin schon mit ein paar einheimischen Nomaden, die sich ihnen als Führer angeboten haben, übereingekommen: Gegen ein Entgelt, das in den Augen der Abenteurerinnen recht bescheiden ist, vermieten die Mauren Führer, Kamele und Diener. Letztere sind Sklaven – und auch das müssen die Französinnen, die aus einem Land kommen, das so stolz ist, Freiheit, Gleichheit und Brüderlichkeit als republikanische Grundfesten zu besitzen, gleich lernen: Die Stämme der Berber haben seit jeher mit dem Sklavenhandel viel Geld gemacht und lassen diese Unglücklichen, Schwarzafrikaner aus dem Senegal oder aus Guinea, auch für sich selbst schuften, in den Oasen, auf den Viehweiden und in den Nomadenzelten.

Bald sind die Siebensachen auf den gemieteten Kamelen festgezurrt, und die beiden Abenteurerinnen hocken hoch auf dem Rücken der schwankenden »Wüstenschiffe«. Es geht südwärts, an der Küste entlang, nach dem Dorf El Memrhar: Dort soll ein Stammesführer zu den Reisenden stoßen, um sie noch weiter südwärts nach Nouakchott zu geleiten. Abends kommen sie im Dörfchen Arguin an. Die Führer bereiten den Frauen eine maurische Mahlzeit, eine Brühe aus Reis, Fleisch und Sand. Die Französinnen bewundern die einstige Bucht von Arguin, die nun, seit Langem vom Meer abgetrennt, sich zu einem halb ausgetrockneten Salzsumpf verwandelt hat und im Nordosten von riesigen Sanddünen begrenzt wird. Nach ein paar Tagen erreichen sie El Memrhar, das nur aus ein paar Hütten besteht, die wie große Bienenkörbe aussehen. Dazwischen spielen nackte Kinder, schwirren Mückenschwärme, Nomadenfrauen zerstoßen Hirse und Fischabfälle in hölzernen Mörsern. Zwischen den hellhäutigen Berbern bewegen sich schwarze Sklaven, nur mit einem ledernen Lendenschurz bekleidet. Sie schuften im Haushalt, in den Gärten und beim Fischfang im Meer: Bis zu den Hüften stehen sie im Wasser und versuchen mit Netzen, Stöcken und Lanzen Fische zu erlegen und sich im Wasser gegen die angelockten Haie zu wehren, am Strand gegen die Schakale, die die blutige Beute wittern. Odette du Puigaudeau wird Zeuge, wie freie Berberkrieger ins Dorf kommen, um Frongelder einzufordern: »Wehe den Tributpflichtigen, die nichts haben! Wenn sie nicht zahlen können, werden sie mit Knüppeln gejagt, ausgehungert in Angst und Schrecken versetzt […]. Die Krieger bewachen sie am Strand, reißen die gefangenen Fische an sich, nehmen sich die besten Hütten und die schönsten Frauen. Und wenn sie endlich auf ihren großen Mehara, den Kamelen, in die Wüste verschwinden, lassen sie in den armen, verwüsteten Siedlungen nichts als Zerstörung und Elend zurück.« Es ist eine archaische Klassengesellschaft von Freien und Unfreien, und ein Vorgeschmack auf das, was die Reisenden auf ihrem Ritt durch die Wüste noch erwarten wird. Sie werden lernen, alle Erwartungen und Voraussetzungen der westlichen Zivilisation hinter sich zu lassen.

Am 10. Januar 1934 stoßen in El Memrhar neue Führer zu ihnen: Es sind Cheikh-ould-Mouknas, ein angesehener Stammesführer, ganz in Weiß gekleidet, und drei seiner Krieger, die blaue Gewänder tragen. Odette du Puigaudeau ist von deren archaischem Anblick fasziniert und eingeschüchtert zugleich: »Mit ihren Dolchen, ihren weißen, über der Brust gekreuzten Schärpen, dem nachtblauen *litham* [eine Art Toga], der nur ihre grausamen Augen freiließ, war es, als tauchten sie aus einem unbekannten Land auf – Hassanenkrieger aus einer versunkenen Epoche, der mittelalterlichen Zeit der Leibeigenen, der stolzen Kreuzfahrten in trügerische heilige Kriege, dieses ganzen rauen, edlen Rittertums, das ihre Vorfahren einst in die Welt der Christen trugen.« Das sind vonseiten der Französin recht romantische, mädchenhafte Projektionen – einige der Trugbilder werden auf ihrer Reise banal verblassen.

Kulinarische Herausforderungen

Sie verlassen El Memrhar und ziehen mit einer kleinen Karawane landeinwärts. Unterwegs hören sie von einem brutalen Überfall auf eine andere Reisegruppe durch marodierende Räuber, Aufständische aus einem der Berberstämme, deren Aufbruch Odette du Puigaudeau wenige Wochen zuvor in Port-Étienne beobachtet hat. Es ist eine erste Lektion, und die Französin begreift, dass es besser ist, in der Wüste den Erwartungen der Einheimischen zu folgen, als ihnen europäische Vorstellungen aufzuzwingen, will sie nicht selbst als Sklavin, der man den französischen Pass abgenommen hat, irgendwo in einem Nomadenlager enden: »Was uns betrifft, so hätte unser Abenteuer um ein Haar eine unvorhergesehene Wendung genommen: in Richtung Norden, wo wir als Gefangene der Abtrünnigen alle Muße gehabt hätten, zu lernen, wie man den Mauren dient, anstatt ihnen Befehle zu erteilen.«

Bislang haben sie nur die Ausläufer der Dünen erlebt, nun aber geht es hinein in den »Busch«, der hier freilich aus schier endlosen, riesenhaften Sandwellen oder Geröllhalden besteht, auf denen nur hier und da Dornengestrüpp wuchert. Der Busch hat »eine riesige Ausdehnung rosafarbener und goldener Dünen, von rötlichen Senken und weißen Tälern durchzogen, von felsigen Regs, den Geröllwüsten, und einer steinigen Fläche, die sich unter diversem Gesträuch zwischen zwei Wüsten hinzieht – der des Wassers, des Atlantiks, und der des nackten Sandes, des sudanesischen Nordens«. Durch diese schier endlosen Gegenden wandern die Beduinen von Brunnen zu Brunnen, wo sie ihre Herden weiden, ihre Lager aufschlagen – ein Leben lang, seit Jahrtausenden. Odette und Marion haben das Nomadenleben gewählt, und es gibt kein Zurück mehr; es ist ein Leben »mit seinen Härten, an denen man wachsen kann, mit seiner Langsamkeit, die einem Zeit zum Schauen und Lauschen lässt«. Sie haben in El Memrhar andere Kamele erhalten, kräftige Tiere »mit feinen Köpfen, beigefarbenem und rötlichem Fell, weich und wellig«. Von den höckerigen Kamelrücken baumelt das Gepäck herab: Ledersäcke mit langen Fransen, Rucksäcke, Seesäcke, Tropenhelme, das blutige Fell eines soeben geschlachteten Schafs. Bald legen Odette und Marion ihre Schuhe und Sandalen ab: Die meiste Zeit sitzen sie ja im Sattel, und wenn sie am frühen Morgen durch den Sand waten, ist er noch nicht so glühend heiß, dass man es barfuß nicht aushielte. So ist es nicht übertrieben, wenn Odette du Puigaudeau später ihre Erinnerungen an das Wüstenabenteuer *Pieds nus à travers la Mauritanie (Barfuß durch Mauretanien)* betiteln wird. Zudem bekommt sie in jenen Wochen und Monaten an den Fußsohlen Hornhäute, und die Dornen und Holzsplitter, die sie sich eintritt, werden abends von einem dienstfrigen Leibeigenen mit einer Pinzette oder einem Messer herausgezogen.

Bald beherrschen die Französinnen die Kunst, ein Kamel zu besteigen: Man erteilt ihm den Befehl, sich hinzuknien, steigt auf, erteilt einen zweiten Befehl, und das riesige Huftier erhebt sich, was für den Reiter die eigentliche Herausforderung darstellt: »Alsbald kippte ich nach vorn, dann nach hinten, und nach einem letzten Stoß landete ich in einer Art Schüssel in zweieinhalb Metern Höhe.« Die Karawane zieht los, Richtung Osten, in die Geröllwüste hinein, die von gelben und violetten Blüten vereinzelter Büsche und bodenkriechender Pflanzen besprenkelt ist.

Die Mahlzeiten werden mit den Berbern geteilt, deren kulinarische Vorlieben freilich gewöhnungsbedürftig sind. Natürlich bereitet ein Sklave alle Speisen zu: »Eine ziemlich einfache Küche: Man schneidet ein Schafsviertel ab und gräbt es im Sand oder in der Glut ein: Wenn es gar ist, wird das Fleisch mit einem

Stock geklopft wie ein Teppich, um den Sand herauszuschütteln, und dann macht sich jeder mit Klauen und Zähnen darüber her.« Eine andere Spezialität sind die Leber, die Nieren und auch die Füße eines geschlachteten Kamels, in glühender Asche und Sand gebacken, und auf einem Teppich aus Leder und Fell dargeboten. Messer und Gabel sind unbekannt, und so langt jeder der im Kreis Sitzenden mit den Fingern zu: »Mit ihren Händen, die mit dem unvermeidlichen Indigo verschmiert waren, rührten die Krieger im Reis herum, der sich blau färbte, und kneteten kleine Bällchen, die sie zusammenquetschten, bevor sie sie in den Mund steckten.« Ein ganz besonderer kulinarischer Leckerbissen wird den Französinnen wenig später dargeboten: mit Fett und Fleisch gefüllter Darm vom Schaf. Odette du Puigaudeau berichtet:»Ich erfuhr ein neues Rezept der maurischen Küche: Besorgen Sie sich einen Sklaven, der über starke Nerven verfügt, und ein zähes Schaf. Der Sklave schneidet dem Schaf die Kehle durch […]. Dann schneidet er ein Stück Dickdarm von doppelter Handlänge ab, breitet es auf seinen Knien aus und drückt mit einer raschen Bewegung den Inhalt heraus, so gut er kann. Dieses Darmstück, mit Fleischbrocken und Fett gefüllt, an beiden Enden mit dünnen Lederstreifen zugebunden, wird in den Topf mit kochendem Wasser getaucht, in dem die Hirse gart. Dann noch eine Hand voll ranziger Butter zugeben und das Ganze mit dem magnesiumhaltigen Salz aus den Salinen von Dahar würzen.« Wenn es gar ist, wird das Gericht in eine Kalebasse gefüllt, die der Koch vorher mit einem Zipfel seiner Tunika ausgewischt hat, und den Gästen kredenzt. Sie murmeln ein »Bismillah!« [»Im Namen Allahs!«], um die bösen Geister zu vertreiben, und ergeben sich mit Genuss der Spezialität. Auch Odette langt, der Höflichkeit gehorchend, kräftig zu, stößt aber bald auf einen im Darm verbliebenen, mitgekochten Kotbrocken: »Das passierte mir beim dritten Bissen und gab mir die Chance, das Herz der beiden kleinen Jungen des Emirs zu erobern, indem ich diese Köstlichkeit, die für mich reserviert war, mit ihnen teilte.«

Solch »anrüchige« Gourmet-Erfahrungen sind freilich nicht dazu angetan, den reisenden Frauen das Staunen angesichts der Schönheiten der Wüste zu nehmen. Wie berauscht notiert Odette du Puigaudeau bereits nach wenigen Tagesmärschen: »Wir durchquerten große Sebkhas [ausgetrocknete flache Becken] aus blauem Salz, die von fern wie Seen aussahen; wir kletterten auf weiche Dünen und stiegen in einer rosafarbenen Staubwolke wieder hinunter. […] Die Nächte waren atemberaubend mit ihren Myriaden von Sternen, und der Zauber Afrikas schlug uns allmählich in seinen Bann.« Sie kehren zum Atlantik zurück und erreichen das Dorf Lemsid: Hier hat der Wind die Dünen »zu spektakulären Gebilden geformt«. Das Hauptproblem während der ganzen Tour ist und bleibt indes das Trinkwasser. Zwar wissen die Nomaden genau, wo Brunnen, Wasserlöcher oder die berühmten Gueltas, Quelltöpfe in den Wüstengebirgen, vorkommen, doch ist das lebenswichtige Nass, wenn es nicht gerade aus den Tiefen der Berge entspringt, meist trüb, salzig oder mit Schlamm und Tierkot verschmutzt. Was liegt näher, als sich in einer der Oasen frische Milch von den dort weidenden Kühen zu wünschen? Odette du Puigaudeau findet dies nur natürlich und stürzt den Leibeigenen, den sie zum Melken schickt, in ungeheure Nöte: »Der Sklave näherte sich einer Kuh, fesselte ihre Füße, hob ihren Schwanz hoch, band ihn mit einer Grasschnur an einem Horn fest. […] Dann streichelte er mit einer schnellen, leichten Bewegung ihr Euter und hielt eine nutzlose Kalebasse darunter.« Nun ist ein Euter kein Schlauch, den man nur aufzudrehen bräuchte. Also verfällt der Sklave auf eine besondere Melkmethode: »Er steckte den Kopf unter ihren hochgebundenen Schwanz und blies mit aller Kraft hinein; seine Hals- und Stirnadern traten unter der schwarzen, glänzenden Haut hervor. Er blies, der arme Kerl, um die Launen einer *Nçrania* [Christin] zu befriedigen, einer unwissenden Europäerin.« Das ungewöhnliche Manöver bringt überraschend Erfolg – wenngleich nur tropfenweise: »Die Kuh drehte den Kopf herum, ein wenig verwundert, und gab ein paar Tropfen ab. Ich hatte keine große Lust mehr darauf, aber der Sklave hatte Geschmack an dem Spiel gefunden und wollte gar nicht mehr aufhören mit dem Kitzeln und Blasen.« Endlos lange verwöhnt der Leibeigene die verdutzte Kuh auf diese Weise, bis er ein paar Schluck Milch aufgefangen hat, »voller Haare und Sand«, wie Odette sich angeekelt erinnert, »die ich notgedrungen köstlich finden musste, um der elementarsten Höflichkeitspflicht zu genügen«. Sie wird auf der Reise durch Mauretanien nie wieder solch einen ausgefallenen Wunsch äußern und sich stattdessen mit der braunen Brühe aus dubiosen Wasserlöchern begnügen.

Fastenbrechen und Fememorde

Sie ziehen weiter nach Süden, immer in der Nähe der atlantischen Küste, manchmal direkt am brandenden Meeressaum (was die Kamele allerdings oft scheuen lässt), meist jedoch hinter den hohen Stranddünen, das Rauschen der Wellen im Ohr, und erreichen schließlich Nouakchott. Die spätere Hauptstadt der Republik Mauretanien besteht damals nur aus wenigen Häusern und einer französischen Militärfestung. Hier kommen Odette und Marion unter und genießen nach den Strapazen des Kamelritts und der spartanischen Lebensweise in der Wüste »Champagner, Grammophon, Katzenwäsche«. Das Zimmer, das ihnen der Kommandant zuweist, »hat – o Luxus – eine Tür und Fensterläden«. Auch hier ist das Trinkwasser brackig, aber zumindest schmeckt der aus Frankreich importierte Schaumwein. Richtig zur Ruhe kommen die Französinnen dennoch nicht, denn im Hof der Festung erhebt sich ein keifendes Geschrei: Zwei arabische Lagerhuren, die für die gute Laune der Fremdenlegionäre sorgen sollen, zanken sich und machen aus ihrem Zwist ein Aufheben, als feilschten sie mitten auf dem Basar um ein paar Datteln. Nachdem der Kommandant den Frauen Prügel angedroht hat, lassen sie, letzte Flüche ausstoßend, voneinander ab, »ihre üppigen Hüften unter den Falten des Wickeltuchs schwingend, im schleppenden Schritt ihrer silberbeschwerten Füße«. Der Hof der Festung bietet noch andere Unterhaltung: Junge Männer spielen »Kora«, eine Art Hockey. Das Spiel »entfesselt einen grandiosen Lauf halb nackter Männer. Die blauen oder weißen Gewänder haben sie über ihren braunen Oberkörpern verknotet oder in archaischen Falten nach hinten geworfen, griechischen Siegerfalten gleich«. An jenem Abend endet auch der Ramadan, das große Fastenbrechen kann beginnen, die Menschen sind gut gelaunt, singen, tanzen, treffen sich zu üppigen Gelagen, und selbst die Französinnen, die »Nçara« [»Nazarenerinnen«, Christinnen], werden von der allgemeinen Fröhlichkeit und Feierlaune angesteckt, »ganz Afrika singt, tanzt, spielt, isst, [...] denn die Buße ist zu Ende [...]«.

Neue Reisegefährten und Führer stoßen zu der Karawane, die ins Landesinnere, nach Boutilimit, und noch weiter hinein ins südliche Mauretanien ziehen soll. Vierzehn Personen bilden nun eine Reisegruppe, darunter schwarze Leibeigene und hellhäutige Berber, einfache Reiter, ein Führer und ein Dolmetscher, der zugleich der Sohn eines bekannten Stammesvaters ist, des Emirs von Trarza, dessen Clan in der Wüste sein Lager hat und die beiden französischen Frauen, von deren Ankunft sich die Kunde bereits landesweit verbreitet hat, gern kennenlernen möchte. Also vertrauen sich Odette und Marion den fremden Männern an, denn die Ehre, Gast eines Emirs zu sein darf auf keinen Fall zurückgewiesen werden, das käme einem Todesurteil gleich. Trotz allem ist den Französinnen nicht recht wohl, denn sie blicken in »undurchdringliche Gesichter, deren Lächeln kaum ihre Grausamkeit verbarg«. Sie haben keine Wahl, und so bricht die Karawane auf, verlässt die Küste, die einigermaßen unter Kontrolle des französischen Militärs ist, und zieht hinein in die Unendlichkeit der Sahara, ins Land der freien Nomaden. Wieder ist Odette du Puigaudeau wie verzaubert: »Nachts träumten wir von den Weisen aus dem Morgenland, von Prinzen aus Tausendundeiner Nacht und der Königin von Saba, von Reichtümern, die uns mit vollen Händen vor die Füße geschüttet wurden, und wir fieberten Tin Deila [das Lager des Emirs] entgegen, als wäre es das Gelobte Land.« Solche Träume sind Bildungsballast und Projektionen. Die Realität sieht weit karger aus und taugt kaum für Illusionen.

Sie kommen durch alte Gummibaumplantagen, die freilich im Niedergang sind, denn die Araber weigern sich, die Bäume zu pflegen und neue Setzlinge zu ziehen, im Glauben, dass alles von Allah kommt und der Allmächtige entscheidet, was wachsen soll und was nicht – ein Glaube, der gern gepflegt wird, weil er der eigenen Trägheit entgegenkommt. Als sie einmal um solch ein zerfleddertes Gummibaumdickicht biegen, stehen sie vor einer Rotte von rund fünfzig bis an die Zähne bewaffneten Reitern. Den Frauen rutscht das Herz in die Hose. Doch die Reiter brechen in Jubel aus: Sie sind Krieger vom selben Stamm und geleiten die Karawane ins Lager von Tin Deila. Hier nun erfahren die Französinnen, was wahre Berber-Gastfreundschaft bedeutet: »[…] vor dem Zelt, das für uns bestimmt war, wartete eine schwarze, brüllende Menge. Das durchdringende Trillern der schwarzen Frauen mit ihren nackten, mit gelbem Bernstein und Glasperlen geschmückten Brüsten, das Klatschen ihrer Hände, das Röhren der Kamele und die Gewehrschüsse übertönten den dumpfen Klang der Trommel.« Odette und Marion werden zu ihrem Zelt geführt, sie sind vom langen Kamelritt erschöpft und haben wund gescheuerte Stellen am Hintern und an den Beinen. Sie lassen sich auf den bereitgestellten Matten und Fellen nieder, aber an eine wirkliche Ruhe ist nicht zu denken: Die Tuchbahnen werden beiseitegeschlagen, Stammesmitglieder betreten das Zelt, auf einem Tablett wird frisch gebrühter Tee kredenzt, es ist das Begrüßungszeremoniell, wonach jeder Gast vier Glas Tee zu trinken hat. Jeder Blick, jede Geste, jedes Wort wird genau registriert und bewertet: »Um uns herum zwanzig Krieger, ein Kreis von *haratine* [freigelassene Sklaven], eine Hecke von Gefangenen, die uns neugierig beobachteten.«

Schließlich werden sie vom Emir von Trarza empfangen, »ein schöner Greis, höflich, von respektablem Aussehen«, der den Französinnen die Geschichte seines Stammes erzählt und stolz erwähnt, dass durch die Generationen hindurch Fememorde üblich sind und ein Netz von Blut über den Clan ziehen (es sind Gewaltorgien, die jedes Königsdrama von Shakespeare zu einem Kindermärchen werden lassen).

Abends werden Geschichten erzählt, es wird gesungen und getanzt (der Ramadan ist ja vorüber), und Odette und Marion werden Zeugen einer Darbietung dreier »Griottes«, professioneller afrikanischer Sängerinnen und Tänzerinnen, die von den Berbern als Unterhalterinnen geschätzt werden: »Barka sang. Das Gesicht jetzt unverschleiert, gab sie sich ihrem eigenen Gesang, ihrer eigenen Leidenschaft hin, entriss der *ardine* [eine Art Harfe], die sie zwischen ihren Knien hielt, so wie Souidate der *tidinit* [eine Art Laute], deren Saiten er zupfte, eine Insel spröder Töne in komplizierten Rhythmen. Ihre Arme, ihre Armbänder, ihr Rosenkranz, ihre Haarflechten, ihre Schleier tanzten mit. Eine Musik der Rhythmen, nicht der Melodien. Barka war nur noch Rhythmus. Obwohl sie saß, tanzte sie wilder als ein Blatt im Wind.«

Die Französinnen kommen in jener Nacht kaum zum Schlafen. Anderntags brechen sie bereits wieder auf. Die Karawane hat sich nun anders formiert, und es sind Leute des Emirs, die sie begleiten – natürlich gegen Bezahlung. Odette und Marion werden indes der neuen Führer nicht froh, denn sie erweisen sich als störrisch und unfolgsam, immer auf den eigenen kleinen Vorteil aus, ein »durchtriebenes, hartnäckiges Betteln und so fort ... das Ganze dauerte über tausend Kilometer an, bis nach Kiffa«.

Als wäre das Reiten auf einem Kamel in der sengenden Hitze der Wüste nicht schon anstrengend genug, wird auch die »Natur« immer widerborstiger – im wahrsten Sinn des Wortes: »Zwischen den Grasbüscheln war der Boden mit einem Teppich von *initis* bedeckt, die die Franzosen ›crams-crams‹ nennen, haarige Disteln, krummstachlig, die in den Kleidern, im Fell der Kamele, in der Wolle der Zelte hängen blieben und ihr Opfer mit ihren winzigen giftigen Harpunen durchbohren. Die Tyrannei der Wüste setzt sich aus diesen tausend kleinen Qualen zusammen, erschöpfend, aber unerschöpflich, treffsicher und raffiniert, die einen bis in den tiefsten Schlaf verfolgen.«

Die Stimmung verschlechtert sich, Odette du Puigaudeaus Begeisterung für den Orient und seine projizierten Exotismen schmilzt unter der Wüstensonne allmählich dahin. Wenn die Karawane an einem Brunnen oder einem Wasserloch haltmacht, kümmern sich die arabischen Begleiter nur um sich selbst, während die beiden Frauen darauf warten dürfen, »dass sich irgendein Sklave, den der Zufall uns in die Arme trieb, unserer erbarmte«. Für die kleinste »Serviceleistung« wird die Hand aufgehalten, und kaum je wird auf dezidierte Wünsche der zahlenden Gäste eingegangen. Odette du Puigaudeau reagiert verletzt – und weiß doch, dass sie mitten in der lebenswidrigen Wüste den Nomaden auf Gedeih und Verderb ausgeliefert ist: »Die einzige Arbeit, die Ahmeddou [der Dolmetscher] für nützlich hielt, bestand darin, uns und unserer Rasse zu schmeicheln.«

Juden, Bücher und Fadenwürmer

Sie erreichen Boutilimit, die »Hauptstadt« der Provinz Trarza, bestehend aus einer französischen Festung, einem Brunnen, ein paar Zelten und Strohhütten für die hier lebenden schwarzen Leibeigenen und senegalesischen Schützen (die im Dienst der Franzosen stehen) – alles inmitten eines Meeres schier endlos aneinandergereihter Dünen. In der Militärfestung befindet sich – unter französischer Leitung – die einzige Schule des eine Million Quadratkilometer umfassenden Gebietes. Rund hundert Söhne von maurischen Stammesführern lernen hier unter der Obhut eines algerischen Lehrers und eines muslimischen

Marabuts (eines Korangelehrten) Französisch, Arabisch und den Koran und schließen die vier Schuljahre mit einem Zertifikat ab, das es ihnen ermöglicht, auf eine weiterführende Schule in Saint-Louis in Französisch-Senegal zu gehen – sofern die Clans dies für wünschenswert erachten, was kaum je der Fall ist. Die Ankunft von Odette du Puigaudeau und Marion Sénones jedenfalls ist das Gespräch des Tages: Die Schüler müssen darüber sogar einen Aufsatz in Französisch schreiben, und die »Hofdichter«, die im Umkreis der örtlichen Stammesführer ihr Schranzendasein fristen, haben neuen Stoff, die Herrlichkeit Allahs und der arabischen Rasse zu besingen, in deren Land sich sogar die tapferen französischen »Nazarenerinnen« aufmachen, keine Mühe und Gefahr scheuend.

Tags darauf besuchen Odette und Marion die Ortschaft mit einer Ziegelei, ein paar Gärten, wo die schwarzen Sklaven Gemüse anbauen, den Markt »mit Mückenschwärmen und verfaultem Fleisch, das Viertel der Prostituierten, die den ganzen Tag damit beschäftigt waren, ihre Haare zu flechten, Schminke und Parfüms anzurühren«. In den Lagern der Nomaden gibt es nicht nur Standesgrenzen, sondern auch rassische Trennungen. Die Arbeit wird von schwarzafrikanischen Leibeigenen verrichtet, oder von Juden, die sich auf Kunsthandwerke spezialisiert haben, ohne deren Ausübung die Nomaden gar nicht existieren könnten. Ein Beispiel hierfür ist die Schmiedekunst: Odette du Puigaudeau lernt den örtlichen Schmied kennen, der von den Berbern als Stammes- und Vaterlandsloser verachtet wird, der aber nicht nur die Hufeisen für die Kamele und Pferde fertigt, sondern viele kunstvolle Metallgegenstände des täglichen Lebens. Odette fragt nach, was der Grund für diese gesellschaftliche Ächtung sei, und erfährt, der Schmied sei ein »Yhud« (Jude), seine Ahnen seien der grauen Überlieferung nach aus der Stadt Adrar in Algerien eingewandert: »Sie beherrschten die Kunst, Holz und Metall zu bearbeiten, Leder zu gerben und zu färben, Sättel, Truhen und Schlösser herzustellen, sowie Dolche und Schmuckstücke zu ziselieren, und die Reichsten unter diesen Arabern und Berbern, für die jede manuelle Arbeit eine Schande ist, holten sie in ihre Zeltlager. Wie die Griots [afrikanische Sänger] und Ärzte sind sie unentbehrlich, aber verachtet. [...] Die ganze Industrie des Landes liegt in ihren geschickten Händen [...].«

Auch in Boutilimit werden die Französinnen von einem Scheich, Abdallahi-ould-Cheikh-Sidia, eingeladen: Der Stammesfürst zeigt sich in seinem prachtvollen Zelt, auf der Kuppe einer hohen Düne, umgeben von seinen Söhnen und Enkeln, von seinen tapfersten Kriegern und Vertrauten, während schwarze Sklaven die feine Gesellschaft bedienen und auf großen Kupferplatten Datteln, Zigaretten, Kamelmilch in Kristallgläsern und Pfefferminztee in silbernen Kannen kredenzen. Der Scheich ist den Frauen gegenüber höflich und voller Achtung, wiewohl sein Respekt eher der »gloire« der französischen Nation als dem Mut des weiblichen Geschlechts gebührt: »Der *mechbour* [kleiner Raubzug] der französischen Frauen! Frankreich ist sehr stark, wenn es jetzt sogar seine Frauen durch den Busch schicken kann, der einst so unruhige Zeiten gekannt hat ... und man höre und staune, nun schreiben die französischen Frauen wie die Marabuts und reisen wie die Krieger! *La ilaha ill'Allah* [Möge Allahs Willen geschehen]!«

Den Höhepunkt des Empfangs stellt für die geschichtsinteressierte und selbst einem alten Adelsgeschlecht entstammende Odette du Puigaudeau freilich eine Führung durch die Bibliothek des Scheichs dar: Ein Vertrauensmann Abdallahis führt sie zu einem einfachen Gebäude aus Lehmziegeln, das nicht ahnen lässt, welche Schätze es in seinem Innern birgt. Der Berber öffnet mit einem schweren Schlüssel die Tür, sie betreten das finstere Haus, der Führer schlägt die Holzläden zurück, die untergehende Sonne wirft purpurne Strahlen in die beiden kahlen, baufälligen Räume – aber wo sind die Bücher? Der Blick der Französinnen fällt auf ein paar lederbezogene, eisenbeschlagene Holztruhen. Der Berber öffnet sie – und da liegen die bibliophilen Schätze: »Hunderte seltener Bücher, in prächtige Einbände gehüllt, ruhten hier: maurische, marokkanische, tunesische und ägyptische Koranausgaben, philosophische Werke, Gedichtbände und juristische Bücher.« Über Generationen wurde die Sammlung zusammengetragen, aus allen muslimischen Ländern Nordafrikas, ja, bis aus Ägypten, die ältesten Bücher datieren aus dem 13. Jahrhundert. Odette ist wie berauscht, wieder entstehen archaische Bilder vor ihrem Innern: »Ich stellte mir vor, wie diese Bibliothek auf den unsicheren Pisten der Wüste umherirrte. Ich sah die heilige Karawane vor mir, wie sie an den Brunnen anhielt, bei den Hirten, vom Durst der Menschen und der Tiere gelenkt. Die großen Mehara [Kamele], die mit den kostbaren Truhen beladen waren, bewegten sich langsam vorwärts, ihre stolzen Köpfe hoch erhoben, ohne Gefahr, ausgeraubt zu werden, denn Cheikh Sidias Besitz war heilig in aller Augen, von einem Ende der Wüste zum anderen.« Obschon Odette mehr als einmal vor Augen geführt bekam, dass sie als Frau, als Europäerin und als Christin im Land der Berber eine dreifach Geächtete ist, träumt sie sich in ein Leben unter der Saharasonne hinein – es ist die Projektion einer Zivilisationsmüden: »Und auf der Flanke dieser Düne, die vom Duft der Akazien erfüllt war, von Gebetsgemurmel und Taubengurren, […] träumte ich davon, nicht mehr weiterzuziehen – zum ersten Mal, seit uns das Boot an die Küste Afrikas geworfen hatte –, sondern hierzubleiben und in Frieden zu leben, ohne Begierden, ohne Hast.« Es ist ein Traum, der sie zeitlebens verfolgen wird und den zu leben sie schließlich sogar wagen wird – obschon die Farbigkeit der Träume bereits beim Aufwachen zerplatzt und meist nur ein diffuser Schemen übrig bleibt.

Der alte Scheich, Herr über Hunderte frommer Bücher, segnet die beiden »Nazarenerinnen« zum Abschied, und wie verzaubert treten sie die Weiterreise auf den schwankenden Wüstenschiffen an. Die Strapazen nehmen zu, und die Französinnen leiden unter Rückenschmerzen, Kopfweh, Furunkeln am Gesäß und an den Beinen. Odette du Puigaudeau wird jäh bewusst, dass, sollten sie ernsthaft krank werden, dies nicht nur das Ende ihres mauretanischen Abenteuers bedeutete, sondern unter Umständen auch lebensgefährlich werden könnte. Denn sie hat auf ihre Reise leichtfertig nur etwas Verbandszeug, Aspirin und Chinin mitgenommen, und selbst hiervon das meiste mitleidig an Kranke verteilt, denen sie auf ihrem Wüstenzug begegnet ist. Sie sieht in der Tat viel Leid und Elend: Pocken, Malaria, Tuberkulose, Ophthalmie (eine Augenentzündung, die zur Erblindung führt) und Geschlechtskrankheiten sind weit verbreitet, Impfungen werden erst nach und nach von den französischen Kolonialherren eingeführt, Ärzte gibt es nur in wenigen Militärstationen, ein Krankenhaus nur in Saint-Louis im Nachbarland Senegal. Besonders tragisch ist die hohe Verseuchungsrate durch den Fadenwurm, der mit verschmutztem Wasser in den menschlichen Körper gelangt: Er verursacht die Loa-Loa-Krankheit, die zur Erblindung führt. Odette und Marion, bis dahin reichlich naiv gegenüber den Gefahren, die von Räubern, aber auch von Infektionen ausgehen, bekommen es plötzlich mit der Angst zu tun. Als ein französischer Offizier wie nebenbei bemerkt: »Ich nehme doch an, dass Sie Ihr Wasser filtern?«, fällt es Odette wie Schuppen von den Augen: »Aber ach!, wir hatten längst darauf verzichtet, unseren Kamelführern – und uns selbst – eine solche Anstrengung zuzumuten … Wir schluckten das verseuchte Wasser, so wie es aus dem Brunnen kam, dem Flussarm, in dem die Tiere herumtrampelten, und den schmutzigen Wasserschläuchen der Nomadenlager.« Ekel erfüllt sie, als sie erfährt, dass der Fadenwurm nicht nur das Auge befällt, sondern auch die Blutbahnen und darin eine Länge von einem Meter erreichen kann. Die Art und Weise, sich des Wurms zu entledigen, zeugt von Pragmatismus, ist aber nichts für schwache Gemüter, wie Odette du Puigaudeau feststellen muss: »Eines schönen Tages bildet dieser Fadenwurm einen Abszess, durch den er Tausende neuer Embryos ausstößt. Das ist der Augenblick, wo man ihn behutsam packen und um ein Streichholz wickeln muss, ungefähr drei oder vier Umdrehungen in vierundzwanzig Stunden. Wenn er abreißt, bleibt einem nichts anderes übrig, als auf einen anderen Abszess zu warten, um dort die Operation zu wiederholen. Meist beschränkt sich das auf die Arme oder Beine, aber der Guineawurm – auch Medinawurm genannt – kann sich durchaus darauf kaprizieren, durch ein Augenlid oder die Nase seines Wirts herauszukommen.«

Ein Wüstengigolo und eine Mädchenmast

Die Stimmung verschlechtert sich. Marion Sénones leidet an einem Geschwür am Gesäß und kann nur noch unter Schmerzen im Sattel sitzen. Und der neue Führer und Dolmetscher namens M'Hammed, aus adligem Geschlecht, ist ein stolzer Gockel, der sich auf seine jugendliche Schönheit recht viel einbildet und glaubt, er könne die Französinnen, die ihn für seine Dienste bezahlen, herablassend behandeln. Odette – obgleich lesbisch veranlagt – ist tatsächlich von seinem jünglingshaften Charme angetan, wie sie sich und den Lesern eingestehen muss: »Er war ein […] Verwandter des Emirs. Ein Krieger von rein arabischem Typ, der je nach seinen wechselnden Launen, der Beleuchtung und den Umständen wie ein Sandwüstenpirat oder ein Bilderbuchchristus aussieht […]. M'Hammed besaß unbestreitbare fotogene Vorzüge. Seine Anmut, seine Liebenswürdigkeit, seine Durchtriebenheit, um es milde auszudrücken, hatten ihn zum Lieblingskind des [französischen Militär-]Postens gemacht, wo man ihm nicht viel anderes abverlangen musste. All das, zusammen mit einer ziemlich eitlen Koketterie, hatte ihm *haouli* [Turban] aus indigoblauem Guineatuch […] eingebracht und sauberere Tuniken als die der anderen Mauren.« M'Hammeds Biografie, von der Odette nach und nach erfährt, wenn ihr »Don Juan der Wüste«, wie sie schreibt, abends am Lagerfeuer sitzt und sich herablässt, in seinem recht eleganten Französisch von seinen Heldentaten und Liebesabenteuern zu erzählen, lässt Rückschlüsse auf den Machismo der Berber im Allgemeinen und des Dolmetschers im Besonderen zu:

Nachdem er eine französische Schule im Senegal besucht hatte, wurde er von seinem Vater, dem Emir, auf ein weiterführendes Institut im kolonialen Mutterland Frankreich geschickt. Dort verliebte sich eine französische Flugzeugpilotin in den hübschen und charmanten Berber. Als der die Beziehung beendete, versuchte sie sich umzubringen, was ihr allerdings misslang. M'Hammed ließ sich davon nicht beeindrucken und kehrte mit seinen Ersparnissen nach Mauretanien zurück, einzig mit dem Wunsch, gut zu heiraten und fortan nicht mehr arbeiten zu müssen (das Beispiel der arbeitenden Bevölkerung in Frankreich hatte ihn abgeschreckt). Er fand, den Schönheitsvorstellungen der Berber entsprechend, eine »fette, friedfertige Frau«, heiratete sie, sie gebar ihm Nachkommen und zeigte sich im Übrigen recht unterwürfig und bescheiden, würde also eines Tages auch keine Scherereien machen, wenn er sie mit der rituellen dreifachen Formel »ich verstoße dich!« sprichwörtlich in die Wüste schickte, um eine andere, Jüngere zu heiraten.

Anfänglich ist Odette du Puigaudeau angesichts des maurischen Stenzes etwas beunruhigt. Was, wenn er ihr oder Marion mitten in der Wüste, wo sie nicht einfach die Tür hinter sich schließen oder sich in den nächsten Zug nach Hause setzen könnten, amouröse Avancen machte? Doch alsbald werden die Französinnen eines Besseren belehrt: »Nazarenerinnen« gelten in den Augen der Berber als unrein und entsprechend als unberührbar, und zumindest in den recht überschaubaren Gesellschaften der Nomaden hält man sich an dieses Verbot. Im Übrigen, so Odette du Puigaudeau, »nicht einem der Männer, die uns begleiteten, hatten wir auch nur die geringste schamlose Geste, das geringste unanständige Wort vorzuwerfen«.

Sie ziehen weiter. Odette hat den Wunsch geäußert, die berühmten Salinen von Dahar zu besuchen, wo das Salz für die gesamte westliche Sahara gewonnen wird – doch weiß sie nicht, ob das im Sinne ihres bezahlten Führers M'Hammed ist, und ergibt sich, wie eine maurische Frau, in ihr Schicksal, nicht weiter zu fragen und der Dinge duldsam zu harren, die da kommen, so Allah will.

Die beiden Abenteurerinnen ergeben sich auch in die Monotonie der Wüste, des Nomadenlebens, des immer gleichen Tagesablaufs; eine Monotonie, die seit Jahrtausenden währt: »Marschieren und Rasten, die harten Mulden der Täler und die weichen Kämme der Dünen, die fünf täglichen Gebete, das Dröhnen der Tamtams, das Stampfen der Hirsemörser, die Willkommenswünsche und Abschiedssegnungen [...]. Man ergab sich gelassen in die Monotonie, die Kette von Traditionen, Bräuchen, Gewohnheiten, die die Jahrhunderte und Wüsten überdauert hatten, so wie der Ewige sie Abraham diktiert hatte, und die uns den Begriff des Unwandelbaren wieder nahebrachten.« Die Eintönigkeit wird durch Feste unterbrochen, die man den beiden berühmten »Nçara«, deren Kunde sich in der maurischen Wüste verbreitet hat, in den Lagern der Scheichs ausrichtet. Diese »Tamtams« [berauschende Feste unter Einsatz großer Trommeln] gleichen eher orgiastischen Spektakeln und lassen auf Stunden vergessen, dass sie von sittenstrengen Anhängern Mohammeds gefeiert werden: »Das Fest inmitten der jubelnden Menge war eine Mischung aus noblen Kriegerparaden, obszönen Pantomimen der halb nackten, halb in groteske Lumpen gekleideten Sklaven und Reiterspielen der Pferde, die zwischen die Tänzer sprengten und diese mit blutigem Schaum bespritzten. Die Luft war erfüllt von Detonationen, Schreien, Gelächter und Staub.« Odette du Puigaudeau und Marion Sénones sind Ehrengäste des Emirs, dürfen unter seinem offenen Zelt sitzen (das ansonsten für Frauen tabu ist) und den Tänzen der Leibeigenen und den rituellen Kämpfen der jungen Krieger zusehen: »Wenn sie an uns vorüberkamen, deuteten die Gefangenen mit Fausthieben auf ihre schamhaften Körperteile und taten so, als wollten sie die Hand gegen uns erheben. Oder sie brüllten Drohungen heraus und richteten ihre Eselsstöcke, die sie zwischen den Schenkeln hielten, gegen mich. So seltsam das auch erscheinen mag, mit diesen Aufmerksamkeiten sollten der Herr und seine Besucherin geehrt werden.« Odette du Puigaudeau gerät immer tiefer in den Sog der Wüste, den Zauber des Nomadenlebens – oder das, was sie sich im Innersten ersehnt. »[…] ich beneidete diese Menschen«, durchfährt es sie, als sie spät in der Nacht in ihr leeres Zelt tritt, dessen Wände von Löchern durchsät sind, durch die das Mondlicht hereinfällt, »diese Menschen, die daraus die Wohnstätte der Glückseligen machten, den Inbegriff des Luxus und aller Köstlichkeiten, um ihre Einbildungskraft.« Als sie am anderen Morgen erwacht, wird ihr die Schäbigkeit des Zeltes und des Lagers bewusst, und doch ist sie vom Hauch der Freiheit unwiderstehlich angeweht: »Die Herrlichkeiten der ›Hauptstadt‹ [des Emirs von Trarza] bestanden draußen aus einem Kot-Teppich, der die Größe der Herden bezeugte, die hier jede Nacht schliefen, und in meinem Zelt aus einer fürstlichen Unterlage aus einem zusammengefalteten *faro* [Lammfelldecke] und einer marokkanischen Decke.«

Ihr Enthusiasmus erhält einen starken Dämpfer, als sie Toutou, die zehnjährige Tochter des Emirs kennenlernt, eine »unförmige, dicke Made« von achtzig Kilo, wie Odette wenig charmant schreibt, »ein armes Geschöpf […], mit Milch gemästet und vom eigenen Fett erdrückt, sodass sie kaum, wie es bei den Arabern üblich ist, ihre fetten kleinen Beine unter ihrem Speckwanst zu überkreuzen vermochte.« Das Mädchen ist nach muslimischer Vorstellung im heiratsfähigen Alter, die Mast soll sie auf dem Heiratsmarkt zu einem besonders begehrenswerten Objekt machen. Odette du Puigaudeau wird in einer der folgenden Nächte unfreiwillig Zeugin von Toutous Qual: Von Wimmern und Schreien geweckt, schleicht die Französin aus ihrem Zelt und geht den seltsamen Lauten nach. Sie gelangt zu Toutous Lager und sieht, hinter einem Dornengestrüpp verborgen, wie das Mädchen von einem Berber mit fetter, frisch gemolkener Kuhmilch zwangsgefüttert wird. Kalebasse um Kalebasse muss Toutou leertrinken, zwischen zehn und fünfzehn Liter jede Nacht. Wenn sie sich weigert, werden ihr die Zehen zwischen zwei Stöcken gequetscht. Ansonsten wird ihr Körper unberührt gelassen, denn blaue Flecken würden ihren Heiratswert mindern. Freilich gilt dies nicht für zwei ästhetisch-rituelle Eingriffe, die an dem Mädchen vollzogen wurden: Bereits vor Jahren, so erfährt Odette, hat der Schmied ihr die Eckzähne gezogen, damit die Schneidezähne mehr Platz haben und Zwischenräume entstehen, die als anziehend gelten. Zum anderen ist Toutou bereits zwölf Tage nach ihrer Geburt in einer schmerzhaften Prozedur beschnitten worden. Toutous Lebensperspektive würde es sein, in ein oder zwei Jahren an einen wohlhabenden Berber verheiratet zu werden, ihm noch vor dem zwanzigsten Lebensjahr möglichst viele Nachkommen zu gebären, um dann, wenn sie Glück hatte, als Nebenfrau ihres Mannes eine bescheidene Existenz zu führen, im schlimmeren Fall, verstoßen zu werden und ihr Dasein als Geächtete und Unberührbare am Rande eines Nomadenlagers von Almosen zu fristen. Odette du Puigaudeau zeigt sich angesichts dieser frauenfeindlichen Sitten empört. Ihre romantische Hingabe an den Orient und das Nomadenleben lässt sie sich davon aber paradoxerweise nicht zerstören, nicht einmal, als sie direkten Kontakt zu einer Paria findet, einer Frau, die einst einer vornehmen Berber-Kaste angehörte, aber nach einem »Fehltritt« mit einem Europäer aus ihrem Clan ausgestoßen wurde und nun am Rande eines Zeltlagers, in Lumpen gehüllt, mit ihrem hübschen Jungen – Frucht einer Liebesnacht – in Schmutz und Schande leben muss.

Die »Königin dieser kleinen Welt« bei den Salinensklaven

Marion Sénones kann wegen eines Geschwürs am Gesäß nicht weiterreiten und bleibt zur Pflege in einem französischen Militärposten zurück. Odette hingegen zieht mit der Karawane und ihren fadenscheinigen Führern weiter, zunächst nach Mederdra im Süden Mauretaniens, nahe der Grenze zum Senegal. Hier ändert sich die Vegetation, es ist der einzige ganzjährig fruchtbare Streifen des Nomadenlandes, eine Gegend, die ausschließlich von schwarzen Sklaven aus den südlicheren Regionen bewirtschaftet wird. Die Rinde von Gummibäumen wird angeritzt und der herauslaufende Saft, Rohstoff für die Kautschukproduktion, aufgefangen. Aber auch Erbsen, Hirse und Mais werden angebaut und auf den Märkten der Nomaden verkauft.

Odette du Puigaudeau ist inzwischen ganz dem Zauber des Nomadendaseins verfallen. Sie sieht auch das Hässliche, die Rückwärtsgewandtheit, aber sie fühlt sich frei von den Zwängen der modernen Zivilisation und blendet aus, wie sehr vor allem die Frauen und die Schwarzafrikaner in der arabischen Welt ausgebeutet und unterdrückt werden. Für die Französin ist die archaische Sphäre der Berber in erster Linie von Freiheit und Ungebundenheit geprägt: »Ja, dieses Leben war schön unter dem unveränderlich blauen Himmel. [...] ich wünschte mir nichts anderes mehr [...] und gefiel mir darin, dass ich die Königin dieser kleinen Welt war.« Die Reise durch die Wüste währt gerade einmal fünf Wochen, aber sie scheint ihr Jahre zu dauern. Und die Abenteurerin kann sich »nicht vorstellen, dass dieses wunderbare Leben jemals ein Ende nehmen würde [...]«. Sie ahnt nicht, dass diese Reise abrupt enden, ihr Wunsch jedoch auf eigenartige Weise trotzdem in Erfüllung gehen wird ...

Sie erreichen die Salinen von Dahar: »Beim Näherkommen entpuppte sich der erstarrte See als Chaos von grauem, hart gebackenem Schlamm, der von den Gruben durchzogen war, in denen das Salz gewonnen wurde. Am Rand der Sebkha [flaches, wassergefülltes Becken] warteten Salzsäcke und Salzbarren auf das Vorüberkommen einer Karawane.« Vor Odette du Puigaudeau breitet sich ein Bild aus, das Dantes *Inferno* entstammen könnte: »In jedem Loch schöpften Schwarze, einen Lumpen um die Hüften, mit Kalebassen, hohlen Schaufeln und alten Konservendosen die schlammige Salzlake heraus, die ihnen bis zu den Knien ging. Die Spritzer, die nach und nach von Wind und Sonne getrocknet wurden, bedeckten ihren Körper wie eine glänzende Kruste. Eine Eselsherde trottete zwischen den

Salicornen [Queller-Pflanzen] dahin. […] und die Platten, die Gruben, die aufklafften wie leere Gräber, die erbarmungswürdigen Menschen, die wie Totengräber schufteten, verstärkten noch die düstere Größe des trostlosen Ortes.« Die Berber, Besitzer der Leibeigenen, sehen die Salinen nüchterner: Nicht nur ihre Viehherden benötigen das Salz, sie leben auch zu einem Gutteil vom Handel mit dem weißen Gold, das sie über Hunderte und Tausende von Kilometern quer durch die Sahara transportieren und auf fernen Märkten zu gutem Preis verkaufen. Für sie alle sind die Salinen von Dahar ein Segen, und die Leibeigenen, die tagaus, tagein unter sengender Hitze in der Lake stehen und bereits selbst wie erstarrte Salzsäulen aussehen, sind zwar »Salzgefangene« (so der Berberausdruck), aber für Sklaven, wie die Mauren sarkastisch urteilen, »zu reich«.

Auch Odette du Puigaudeau beginnt die beklagenswerte Existenz der Leibeigenen differenziert und pragmatisch zu betrachten, je länger sie sich in den Einzugsgebieten des Senegal-Flusses aufhält und die schwarzen Familien beobachtet: »Es war offensichtlich, dass all diese Sklaven recht glücklich waren, vom sanften Frieden der einfachen Leute erfüllt, die im Einklang mit der Natur leben, ohne Wünsche, ohne Hass und sinnlose Komplikationen, und deren tägliche Arbeit ihre einzige Sorge ist.« Freilich: Aus solchen Zeilen spricht mehr Zivilisationsmüdigkeit einer in den mittleren Lebensjahren stehenden Europäerin als wirkliches Bemühen, die Abhängigkeitsstrukturen zweier Ethnien und Kulturen, die unterschiedliche Teilhabe an ökonomischen Mitteln und politischen Chancen besitzen, verstehen zu wollen.

Sie kehren nach Boutilimit zurück, wo sie sich etwas erholen. Marion Sénones ist wieder reise- und reitfähig, und am 2. Mai 1934 bricht erneut eine Karawane auf, die ostwärts ziehen soll, in die maurischen Bezirke Brakna, Gorgol, Guidimaka und Assaba. M'Hammed, der Berber-Strizzi, dem Odette in seltsamer Weise hörig ist, obgleich er mit ihr umspringt, wie es seinen Allüren gerade zusagt, ist wieder mit von der Partie. Und zwei

Emire höchstpersönlich, Abdallahi-ould-Cheikh-Sidia und Ould Deïd, vermehrt um ein paar edle Krieger ihres Hofstaats, geben sich die Ehre, die beiden »Nazarenerinnen« zu begleiten! Die Namen der Örtlichkeiten – eher topografische Punkte denn feste Siedlungen –, die sie in den nächsten Wochen erreichen wollen, klingen wie Zauberworte aus einem der alten Folianten des Emirs: Aleg und Kaëdi, M'Bout und Kiffa, N'Dio und Sélibaby, Tidjikja und Moudjeria – Orte, die auf kaum einer Karte zu finden sind. Odette du Puigaudeau, die sonst recht couragiert und naiv-forsch ist, wird es angesichts der Unwägbarkeiten mitten in der Wildnis doch etwas blümerant – doch das vertraut sie nur ihrem Tagebuch an: »Wie sollten zwei Ungläubige ohne Waffen und ohne *grigris* [Lederetuis, die Koranverse enthalten; Amulette] den Dschinn [bösen Geistern], den Räubern, den Löwen, den Elefanten und den Hornvipern im Busch entkommen? Ganz zu schweigen von den schwarzen Völkern, die jeden Tag unverschämter werden, je mehr sie das alte Joch der Araber vergessen?« Es nützt nichts: Sie hat sich auf dieses Abenteuer eingelassen, Saint-Louis und die französische Militärverwaltung sind Hunderte von Kilometern hinter hohen Sanddünen entfernt, und sie sind als »Nçara«, als Christinnen, ohnehin auf Gedeih und Verderb vom Wohlwollen der Nomaden abhängig.

Um der Hitze zu entgehen, entschließen sie sich, nachts zu reiten, unter dem hohen Sternenhimmel der Sahara, und tagsüber im Schatten von Felsen oder Zelten zu ruhen. Diese Erfahrung ist für Odette neu und überwältigend: »In der durchsichtigen Landschaft zertraten die Kamele lautlos lange Silbergräser. Schimmernde Dünen tauchten aus finsteren Schluchten auf und lösten sich beim Näherkommen auf, um sich weiter vorn erneut zu erheben. Kein Windhauch ging, kein noch so winziges Geräusch war zu hören, wir empfanden weder Hitze noch Kälte, uns beherrschte nur das beklemmende Gefühl, zwischen phosphoreszierenden Trugbildern in einer verzauberten Welt voranzuschreiten.« Die Stimmung könnte indes besser sein: Marion Sénones' Kamel, eine klapprige Mähre, bricht bereits nach einer Stunde zusammen, wird mit vereinten Manneskräften wieder hochgezogen und mit Stockschlägen zum Weitermarschieren animiert. Odettes abgebrühte Einschätzung: »Dem Tier fehlte es an Mut und Erziehung, nicht an Verstand.« Hin und wieder werden winzige Dorkasgazellen aus dem mageren Gestrüpp aufgescheucht, dann feuern die Krieger mit ihren Flinten hinterher, meist ohne zu treffen. Einmal erlegen sie doch eines der schlanken Tiere, schlitzen ihm mit einem Taschenmesser den Bauch auf, weiden es aus, lösen die Fußknochen aus (um daraus Pfeifenköpfe zu schnitzen), binden die leeren Füße zusammen und hängen den Kadaver quer über einen Sattel. Den Pansen der Gazelle öffnen sie und waschen sich mit der heraus- laufenden grünen Magenbrühe die Hände. »In Dürrezeiten«, berichtet Odette du Puigaudeau fassungslos, »wenn der Durst überhandnimmt, hätten sie diese Brühe durch ein Tuch passiert und so eine Ekel erregende, aber kostbare Flüssigkeit erhalten.«

Sie gelangen zu einem Nomadenlager, in dem M'Hammeds Ehefrau lebt. Odette hat neugierig auf diesen Augenblick gewartet, hat sich insgeheim ausgemalt, wie der hübsche Berber-Gigolo seine junge Frau, von der er etliche Wochen getrennt lebte, freudig empfangen und in die Arme schließen würde. Doch die sittlichen Konventionen und die gesellschaftliche Geringschätzung der Frau verbieten solche spontanen Gefühlsäußerungen. M'Hammed, ganz in die männlichen Strukturen seines Clans eingebunden, weilt nur ein paar Stunden im Zelt bei seiner Frau und ihrem gemeinsamen Sohn. In der Öffentlichkeit jedoch dürfen die Eheleute nie gemeinsam auftreten: »Ihre kurzen Begegnungen hatten etwas von einem heimlichen Rendezvous. Wenn ihre Blicke sich kreuzten, wandten sie den Kopf ab. Als wir abreisten, sagte M'Hammed allen seinen Verwandten Lebewohl, aber er warf keinen einzigen Blick auf seine Frau, die abseits unter ihren Dienerinnen saß. Und es fand sich immer jemand, der M'Hammeds Sohn wegbrachte, wenn er neben seinem Vater spielte [...].« Nicht nur seelischen Verwundungen, auch körperlichen Verletzungen gegenüber ist die nomadische Gesellschaft recht indifferent. Odette du Puigaudeau stößt in einem Lager auf ein etwa vierjähriges Mädchen, das am Gesäß ein mit Sand und Ziegenkot verkrustetes Gummipflaster trägt und fiebert. Als Odette das Pflaster vorsichtig ablöst, kommt ein riesiger eitriger Abszess zum Vorschein. Sie lässt Wasser abkochen und säubert damit die entzündete Stelle, als sich plötzlich der vom Wasser aufgeweichte Abszess öffnet und ein Eiterschwall herausspritzt. Odette du Puigaudeau kann noch andere krude Fälle aufzählen: »Wir hatten schon Tabakblätter als Kompresse auf einer Schnittwunde gesehen und Kauterisationen [medizinisches Ausbrennen] am Schädel und an den Schläfen von Kindern, die mit brennendem Kameldung behandelt wurden, um die Ophthalmie zu heilen; wir hatten von Hörnern gehört, die als Schröpfköpfe verwendet wurden, von massiven Aderlässen bei Migräneanfällen und von allen nur denkbaren Amuletten, die vor Krankheiten und Unfällen schützen.«

Hexer, eine Hochzeit und ein Bad mit Krokodilen

Immer wieder entschädigen grandiose, überraschende Ausblicke und Ansichten für alle Entbehrungen und allen Ekel. Etwa, wenn sie mitten in der Wüste, bei Aleg in der Provinz Brakna, unvermutet auf Tümpel stoßen, »ein lebendes Juwel, ein friedliches und bewegendes Fest, in dem das Auge, das seit Langem von zu viel Sand geblendet war, endlich Ruhe findet«. Hunderte von Ziegen, Schafen, Pferden, Kamelen und Zebus stillen hier einträchtig ihren Durst, daneben lagern Nomadenfamilien, ein Bild wie aus dem verlorenen Garten Eden. In Aleg nächtigen sie in einem französischen Militärposten, der an eine mittelalterliche Festung erinnert, mit Zinnen und Türmchen bewehrt. Nachts wird auf der höchsten Terrasse des Postens ausgelassen gefeiert, und wieder singen Griottes alte Berberweisen, während sich Mauren, Schwarze und die wenigen Europäer darum drängeln.

Die zugewiesenen Kammern in der Militärfestung – Durchgangszimmer, wo jederzeit jemand hereinkommt und auf der anderen Seite hinaushuscht – wirken ebenfalls etwas mittelalterlich, was ihren ruinösen Zustand anbelangt. Die beiden Französinnen empfinden dies aber als gar nicht romantisch, vielmehr ekelt es sie vor den hereinflatternden Fledermäusen, den durch die Mauerspalten krabbelnden Wüstentermiten und den über die Wände huschenden Geckos. Odette sehnt sich zurück ins Nomadenleben, zu den Nächten unterm Wüstenhimmel, allein in einem Zelt, »wo man sich nicht waschen musste und wo es Licht und Luft gab, was unschätzbare Annehmlichkeiten sind«. Anderntags geht es weiter nach Bogué, nahe dem Senegal-Fluss. Odette ist überrascht von der üppigen Pflanzenwelt: Tamarinden, Mangobäume, Flamboyants, Rhododendren und Hibiskussträucher verwandeln alles in ein duftendes, farbiges Blütenmeer.

Sie ziehen südostwärts, in die Provinzen Gorgol und Guidimaka. Die Karawane wird nun von den drei Griottes begleitet. Trotz der Fruchtbarkeit dieser Landstriche herrscht unter den schwarzen Leibeigenen und Tributpflichtigen teils bittere Armut. Sie kommen an Hütten vorbei, in denen die Frauen selbst kleine Gazellenbabys stillen, in der Hoffnung, sie groß zu bekommen. Diese Gegenden sind nur kurz nach den unregelmäßigen Regenfällen fruchtbar, wenn der Senegal und seine Nebenflüsse über die Ufer treten und die weiten Ebenen überschwemmen. Wo sich zuvor dicke Risse durch die ausgetrocknete Erde zogen, verwandelt sich innerhalb weniger Tage alles in Sumpf, der dann von den hier lebenden Menschen mühselig bearbeitet wird, mit Ochsen, Pflug und Pflanzstock, sodass wenige Monate später eine reiche Mais- und Hirseernte eingebracht werden kann, bevor die sengende Hitze erneut alles verbrennt und die ganze Region in eine Wüste mit klaffenden Erdschollen verwandelt.

In Sélibaby, dem südlichsten Ort in Mauretanien, nahe der Grenze zum Senegal und zu Mali, gibt es florierende private

Baumwollmanufakturen: Das ganze Dorf, von Schwarzen besiedelt, »brummt vor Webstühlen, eingewickelt in bunte Baumwollstoffe, die von einem Haus zum anderen aufgerollt werden wie auf einer riesigen Haspel«. Doch bei Nacht zeigt das Dorf ein ganz anderes, unheimliches Gesicht: Es gibt hier etliche schwarz geführte Kaschemmen, in denen sich Wanderarbeiter, ja, sogar Matrosen von der senegalesischen Küste herumtreiben und billigen Fusel saufen, beim Gesang der Griots und Griottes und beim Trommeln der Ureinwohner. Ein weiteres florierendes Geschäft in Sélibaby stellen der Voodoozauber und die Salbaderei dar: »Hexer operieren mit Giften; […] Sie wissen alles über die Tidinouar, eine Art Aloe, deren Absud, mit Ziegenurin vermischt und auf die Wunden eines toten Tieres gebracht, ausreicht, um ein Raubtier fast sofort zu vergiften. Die Wüstenrose […] leistet ihnen ebenfalls gute Dienste. Im Februar/März ist dieser hübsche Strauch mit rosa Blüten bedeckt, deren Blausäuregeruch ein starkes Gift verrät.« Die Französinnen werden auch Zeuginnen einer Hochzeit der Tochter des Kadis mit einem Anführer vom Volk der Fulbe. Als die Feier beendet ist, wird das Brautpaar unter Gesang und Instrumentenklang in seine Hütte begleitet: »Es war ein schöner Radau von Trommeln, Kalebassen, Flöten, leeren Blechkisten und ein unvorstellbares Gewühle schäumender, obszöner Tänzer. Der Zweck dieser Musik war, die Schreie der Neuvermählten zu übertönen.« Am Morgen nach der Hochzeitsnacht tritt eine Matrone aus der Hütte und zeigt den Gaffern das blutverschmierte Bettlaken (das sie zuvor für alle Fälle noch mit Hühnerblut präpariert hat).

Vor den Bergen von Assaba gelangen sie zu den sagenhaften Gueltas, Quelltöpfen und kleinen Seen, deren Existenz lange Zeit als Mär abgetan wurde. Doch Odette du Puigaudeau und Marion Sénones können sich mit eigenen Augen davon überzeugen, dass es sie wirklich gibt: »Wie ein großer, heller Saphir, in einen imposanten, steilen Halbkreis eingelassen, lag die dritte Guelta friedlich da. Dort lagerten die Krokodile, flach auf die

Felsvorsprünge gedrückt, von denen sie eilig herunterglitten, als sie uns an dem kleinen, von ihren Spuren gezeichneten Strand sahen.« Das glasklare Wasser ist zu verlockend, und so wagen die Französinnen ein Bad, auch wenn sie nicht die einzigen Lebewesen sind, die sich in dem Quelltopf tummeln: »Im Handumdrehen streiften wir unsere Gewänder ab. Als wir ins Wasser eingetaucht waren, […] behielten wir die langen grauen Gestalten aber misstrauisch im Auge. Sie duckten sich zwischen die Felsen, so weit wie möglich von den Eindringlingen entfernt, und erweckten den tröstlichen Eindruck, dass sie noch viel mehr Angst hatten als wir.« Erfrischt und noch mit allen Gliedmaßen am Leib steigen die Französinnen aus dem Wasser. Eine Stunde später erfolgt die nächste gefährliche Begegnung: Unvermittelt sehen sie im hohen Gras eine Löwin, kaum zwanzig Meter von ihnen entfernt. »Die Kamele drehten sich in ihrer Panik wie verrückt um sich selbst, mit irren Augen und wilden Seitwärtssprüngen […]. Die Löwin dagegen, ihrer Kraft sicher, zeigte weder Furcht noch Zorn, sondern musterte uns ruhig, sprungbereit bei der leisesten Drohung.« Sie haben mehr Glück als Verstand: Die Raubkatze greift nicht an, und die Reiterinnen können glimpflich den Rückzug antreten.

Dem Tode nahe

Der Aufenthalt an den Gueltas und im Assaba-Gebirge könnte wundervoll sein, wären nicht beide Abenteurerinnen von Schmerzen gepeinigt: Marion Sénones' Kamel tritt in ein Loch und stürzt, mit ihm die Reiterin, die hart aufs Gesicht fällt. Sie bricht sich nichts, zieht sich aber Prellungen, eine geplatzte Lippe und wohl eine Gehirnerschütterung zu. Odette du Puigaudeau hingegen wird von einem Dorn im Daumenballen geplagt, den selbst eine spezielle Pinzette nicht ziehen kann. Zunächst achtet sie nicht weiter darauf, da Dornen in der Haut zum Alltag gehören. Doch beim Klettern im Assaba-Gebirge stützt sie sich einmal mit der Hand auf einen Felsen auf – und zuckt vor Schmerz zusammen: Der Daumenballen hat sich entzündet, die Hand schwillt rot an, Eiter sammelt sich im Fleisch. »Vor einem lodernden Feuer sitzend, badete ich meinen dicken, ganz steif gewordenen Daumen, in dem der Schmerz pochte, in einem Feldbecher heißen Wassers. Es war ein stechender, nagender Schmerz, der von unterhalb des Nagels ausging und sich bis in den Arm bohrte, sodass mir übel davon wurde. In meinen Schläfen pochte das Fieber. Wirre Gedanken stießen sich hinter meiner verschwitzten Stirn.«

Es ist der Anfang vom Ende des maurischen Abenteuers: Zunächst beachtet Odette du Puigaudeau die Eiterung nicht weiter, versucht den Schmerz zu verdrängen. Doch die Entzündung schreitet voran. In delirierenden Träumen erinnert sie sich mit Entsetzen, wie auf der Überfahrt von der Bretagne nach Afrika einer der Langustenfischer sich einen vereiterten Finger selbst mit einem Messer abgetrennt hat, um nicht die Fahrt abbrechen und einen Hafen mit einem Krankenhaus ansteuern zu müssen. Noch in der Rückbesinnung graut es Odette davor: »Ach, dieser blutende Stumpf, den er uns in Villa Cisneros [Hafenort in der West-Sahara] zeigte! Niemals würde ich den Mut dazu aufbringen.« Sie fiebert, deliriert, sieht eine der schwarzafrikanischen Hexen, deren Gesicht »von einem grausigen Lachen verzerrt ist«, mit Augen, »die in den roten Lichtreflexen des Feuers glühen«. Ist es Traum, ist es Wirklichkeit? Sie weiß es nicht. Auch ihre Freundin Marion liegt auf dem Krankenlager. Die Folgen ihres Sturzes vom Kamel sind unübersehbar: Migräne, Schmerzen im Nacken, ein entstelltes Gesicht.

Dennoch ziehen sie weiter. Unterwegs begegnen ihnen kleine Hitzezyklone, Windhosen im Wüstenwind, die plötzlich entstehen, alles, was ihnen begegnet, mitreißen, und sich ebenso schnell wieder verflüchtigen. »Wehe dem Zelt, das sich auf ihrem Weg befand, wie es bei unserem der Fall war! Die Männer hatten gerade noch Zeit, sich an die großen Zeltstangen zu klammern.« Das Fieber steigt. Einer der Berber öffnet Odette mit einem Taschenmesser, mit dem er sonst die Hufe der Kamele reinigt, und das er immerhin zuvor in eine Flamme gehalten hat, den Finger. Eiter und Blut spritzen heraus – und Odette wird ohnmächtig.

Sie ziehen über den Soufa-Pass in den Assaba-Bergen. Die beiden Französinnen hängen mehr tot denn lebendig in ihren Sätteln. Der viertägige Ritt wird »ein einziger bewegter, diffuser Albtraum«. Die Karawane hält im Schatten von ein paar Dumpalmen, an einem der hier liegenden fast versiegten Seen, »deren schlammgesättigtes Wasser wir gierig tranken«. Hirten, selbst arme, elende Kreaturen, bestehlen Odette. Sie ist zu schwach, um sich zu wehren. Nachts liegt sie fiebernd an einem kleinen Lagerfeuer, wäscht ihre blutigen Verbände in kochendem Wasser aus, während sie ringsumher, vom Geruch der Kamele angelockt, Hyänen und Schakale brüllen hört, »harmlos, aber bedrückend«. In der Nähe eines anderen Wasserlochs treffen sie auf einen maurischen Hilfsarzt, der die beiden Französinnen untersucht: Immerhin, so versichert er, sei Marion Sénones auf dem Weg der Besserung. Dann unterzieht er Odette einer zweiten Operation, schneidet ihr den eitrigen Finger bis auf den Knochen auf. Das Skalpell ist schartig und bleibt hängen. »Dann wusch er mich mit sorgfältig sterilisiertem Wasser, aber aufgefrischt mit der Brühe, die direkt aus dem benachbarten Tümpel kam, in dem die Zebus herumwateten.«

Schließlich erreichen sie den Militärposten Kiffa. Odette du Puigaudeau nimmt alles nur noch durch einen Schleier wahr: »Weiß gekleidete Männer umringten uns, schauten schweigend die beiden Frauen an, die noch einmal mit dem Leben davongekommen waren. Jemand ließ mein Kamel niederknien. Ich spürte, wie ich aus meinem Sattel gehoben wurde, wie die weißen Männer mich in ein abgedunkeltes Zimmer mit einem hellen Fleck in der Mitte brachten: Dem Bett, in dem ich alsbald in einen Schlaf fiel, wie ich ihn noch nie erlebt hatte – ein Schlaf, so schwer und lang und tief wie der Tod.«

Der ursprüngliche Plan, mit der Karawane weiter nordwärts

zu ziehen, wird fallengelassen. Aber das maurische Abenteuer ist noch nicht zu Ende. Die Frau des französischen Kommandanten pflegt Odette aufopfernd, aber sie kann nicht verhindern, dass sich weitere Finger entzünden. »Ein schwarzviolettes Ödem ließ meine Hand bis zum Gelenk anschwellen; mitten in meinem Daumen klaffte noch immer ein riesiger Krater, an dessen Grund das Fleisch sich in Eiter aufzulösen schien.« Es ist klar: Wenn Odette du Puigaudeau nicht schleunigst in ein Krankenhaus kommt, wird es sie das Leben kosten. Als sie einmal ihr Krankenzimmer verlässt und sich in den Hof der Militärfestung schleppt, hat sie ein unheimliches Déjà-vu-Erlebnis: »Mitten auf dem Hof, eskortiert von einem Schützen, kam die grässliche Hexe vom Assaba-Plateau hinkend und auf ihren großen Stock gestützt auf mich zu. Sie sah bösartiger, wilder und hässlicher aus denn je.« Hat die Hexe die Französin verflucht, ihr einen bösen Zauber angehängt? Die alte Frau wird eingesperrt. Doch wer garantiert, dass ihr Zauber damit gebrochen ist? »In Frankreich«, gesteht Odette du Puigaudeau, »bin ich nicht besonders abergläubisch. Unter dem schweren Himmel von Afrika [...] konnte ich es nicht hindern, dass eine dumpfe Angst in mir aufstieg.«

Die Entzündung schreitet voran, befällt immer mehr Finger, schließlich sogar an der anderen Hand. Odette muss so rasch wie möglich ins Krankenhaus. Ein Lastwagen soll sie auf holprigen Pisten nach Kayes in Mali bringen, wo es eine Krankenstation gibt. Der Abschied fällt den beiden Frauen schwer. Es ist ein Abschied von der Karawane, von ihren Begleitern, von Mauretanien, von ihrem Lebensabenteuer. Mit letzter Kraft schleppt sich Odette du Puigaudeau zum Lager der Karawane, sie will noch einmal die Kamele und ihren schlitzohrigen Wüstengigolo M'Hammed sehen. Es ist höchste Zeit: Der Lastwagen wartet abfahrbereit im Hof des Militärpostens. »Irgendwo rang ein Grammofon einer alten, zerkratzten Platte einen Pariser Gassenhauer ab.« Odette du Puigaudeau und Marion Sénones besteigen das Fahrzeug. Das Abenteuer ist zu Ende – oder doch nicht. Auf schlechten Pisten fahren sie durch Wüste und Steppe, sie erreichen Kayes. Hier wird Odette notdürftig versorgt, dann bringt man sie in einem anderen Lastwagen nach Saint-Louis im Senegal. Im Krankenhaus wird ihr ein Finger abgenommen. Es ist das Mal, das sie zeitlebens an ihren Wüstenritt durch das Land der Berber erinnern wird.

Die beiden Frauen gelangen mit dem Schiff nach Frankreich. Eine Heimkehr im eigentlichen Sinne gibt es indes nicht. Die europäische Zivilisation erscheint den Freundinnen kalt und sinnentleert. 1936 erscheint Odette du Puigaudeaus Reisebuch *Pieds nus à travers la Mauritanie*. Es wird ein Erfolg und macht die Autorin bekannt, auch in wissenschaftlichen Kreisen. Sie erhält Preise und Ehrungen, etwa durch die Académie Française. Große Zeitschriften bilden die Abenteurerin auf der Titelseite ab. 1937 brechen die beiden Freundinnen erneut nach Westafrika auf. Im Auftrag des französischen Museums für Naturgeschichte und der französischen Regierung bereisen sie Mauretanien und Mali, sie entdecken Höhlenmalereien und kommen bis nach Timbuktu, die sagenhafte Oasenstadt mit ihrer berühmten Bibliothek, einst Hauptstadt eines bedeutenden Reichs. Odette du Puigaudeau und Marion Sénones dokumentieren das Gesehene und Erlebte genau, in schriftlichen Aufzeichnungen und Fotografien, und sammeln Kunsthandwerkliches, Waffen und Alltagsgegenstände der Nomaden für die Museen und Archive in Paris.

Die beiden Frauen kehren nur noch sporadisch nach Frankreich zurück. Ihren Hauptwohnsitz nehmen sie in Rabat in Marokko (das 1956 unabhängig wird). Der Zweite Weltkrieg durchkreuzt zunächst ihre Pläne zu einer dritten Expedition nach Mauretanien. Erst 1949 können sie erneut eine Reise dorthin unternehmen. Ihre Erlebnisse und wissenschaftlichen Erkenntnisse hält Odette du Puigaudeau in etlichen Büchern und zahlreichen Aufsätzen fest. Zudem arbeitet sie lange Jahre als Redakteurin für den marokkanischen Rundfunk, wo sie Radiosendungen über Mauretanien und Schwarzafrika betreut. Auch ist sie lange Jahre für eine Museumsabteilung für Frühgeschichte tätig. Ihre Utopie, Mauretanien, das Land der freien Berber, von der westlichen Zivilisation fernzuhalten und dadurch den Untergang dieser alten Kultur zu verhindern, bleibt freilich Wunschdenken. Die Moderne lässt sich nicht aufhalten.

1977 stirbt ihre Lebensgefährtin Marion Sénones. Odette du Puigaudeau bleibt in Rabat und arbeitet weiter an Radiosendungen, Artikeln und Büchern. Erst 1984, mit neunzig Jahren, geht sie in Pension. In ihren letzten Lebensjahren erblindet sie. Die farbenfrohen Bilder von ihren langen, abenteuerlichen Reisen durch den Orient bleiben in ihrem Inneren lebendig. Sie stirbt am 19. Juli 1991, einen Tag vor ihrem siebenundneunzigsten Geburtstag.

Clärenore Stinnes (1901–1990)
Im Auto um die Welt

An einem Frühjahrsabend des Jahres 1927 geht der dreiunddrei-ßigjährige schwedische Kameramann Carl-Axel Söderström zum Bowling-Klub. Das Spiel ist ihm wichtig, das weiß auch seine Frau Martha, und es gleicht einem Tabubruch, ihn dort in irgendeiner Weise zu stören. Doch just an jenem Abend klingelt im Hause der Söderströms in Stockholm das Telefon. Es meldet sich eine Filmgesellschaft aus Deutschland. Martha Söderström, eine geborene Wahl, ist die Tochter eines Deutschen, und so versteht sie das fremde Idiom. Ob denn ihr Mann zu Hause sei, fragt der Direktor der Filmgesellschaft. Martha Söderström verneint, ihr Mann sei beim Bowling, dort aber nicht zu stören. Der Fremde nötigt Frau Söderström dennoch die Nummer des Klubs ab. Wenige Augenblicke später klingelt das Telefon in dem Sportverein. Jemand nimmt ab, hört eine Männerstimme in einer fremden Sprache den Namen »Söderström« fordern. Man ruft den Kameramann, der mitten in einem Spiel ist. Miss-mutig geht Carl-Axel Söderström an den Apparat, meldet sich kurz angebunden. Der Fremde am anderen Ende der Leitung fragt: »Söderström, wollen Sie eine Reise um die Welt im Auto mitmachen?« »Ja, ja«, sagt Söderström leichtfertig, halb belus-tigt, und legt auf, denn die spannende Partie kann nicht auf ihn warten. Doch er spielt unkonzentriert und wird an jenem Abend nur Dritter. Zu später Stunde kommt er nach Hause. Martha erzählt von dem mysteriösen Anruf, ihr Mann bestätigt, dass der Fremde ihn im Klub gestört habe. Beide halten das für einen dummen Jux und gehen bald zu Bett. Anderntags ist die Angelegenheit bereits vergessen.

Doch wenige Wochen später klingelt der Telegrammbote an der Tür und überbringt eine Nachricht von Herrn Außenberg, dem Boss der Fox-Film-Gesellschaft: Söderström bekomme den Job, er solle sofort nach Berlin reisen. Söderström tut, wie ihm geheißen. In Berlin angekommen, begibt er sich zu den Geschäftsräumen von Fox-Film. Außenberg macht Söderström mit dem Projekt vertraut: Es ist geplant, eine Fahrt im Auto rund um die Welt zu unternehmen. Die Tour solle in Frankfurt am Main starten, mit einem nagelneuen Automobil des Typs »Adler Standard 6«. Von Frankfurt solle es über den Balkan nach Istanbul gehen, dann quer durch die Türkei, Syrien, den Irak, von dort nordwärts nach Moskau, dann ostwärts durch ganz Russland, Sibirien, die Mongolei und China nach Japan, mit dem Schiff über den Pazifik nach Kalifornien, dann nach Südamerika und durch Peru, Bolivien und Argentinien, zurück nach Kalifornien und quer durch die Vereinigten Staaten nach New York, von dort wiederum mit dem Schiff über den Atlantik zurück nach Europa, mit dem Ziel Berlin – insgesamt eine Strecke von rund 40000 Kilometern. Die Fahrt werde von mehreren großen Industriekonzernen gesponsert und solle zudem medial aufbereitet werden, deswegen sei ein »Filmoperateur« (so die damalige offizielle Bezeichnung) vonnöten, der die Expedition fotografisch und filmisch dokumentiere. Nach einer hoffentlich glücklichen Bewältigung der Weltumrundung wolle man das Abenteuer als Buch und Film vermarkten. Zwei Mechaniker würden die Fahrt in einem Lastwagen begleiten, in der nagelneuen Adler-Limousine jedoch würden Söderström und der Expeditionsleiter sitzen. Außenberg zeigt auf eine hübsche junge Frau, die neben ihm im Sessel sitzt, und stellt sie vor: »Fräulein Clärenore Stinnes«. Erst jetzt versteht Söderström, dass die junge Frau die Prinzipalin der waghalsigen Tour ist, und nicht die Assistentin des Filmbosses. Clärenore Stinnes erinnert sich an diese erste Begegnung mit dem Kameramann, der später ihre große Liebe werden sollte: »Wenn nicht seine blauen Augen und blonden Haare – die charakteristischen Merkmale seiner nordischen Herkunft – Frische und Tatkraft versprochen hätten, wäre ich vielleicht im Zweifel gewesen, wie er sich bei den entbehrungsvollen Strapazen bewähren würde. So aber begrüßten wir uns mit kameradschaftlichem Handschlag, denn auf unbestimmte Zeit sollten wir das gleiche Schicksal der Reise teilen. Wenige Minuten genügten für die Regelung seiner noch notwendigen Vorbereitungen. Mit der Absprache, daß wir uns am Starttag in Frankfurt am Main treffen würden, trennten wir uns.«

Das Abenteuer kann beginnen, es ist die erste Umrundung der Erdkugel in einem Automobil, ein Unternehmen, das über Gebirge und durch Wüsten, durch baumlose Steppen und gefährliche Sümpfe gehen wird. Die beiden Mechaniker, vom Adler-Konzern für die Fahrt ausersehen, werden bald aufgeben, aber Carl-Axel Söderström und Clärenore Stinnes werden die Fahrt allein durchführen, sie werden Hindernissen und Gefahren, Räuberbanden und Krankheiten trotzen und dabei die große Liebe finden. Clärenore Stinnes, äußerlich zart und zerbrechlich wirkend, wird dabei stets zur Weiterfahrt drängen, wird unermüdlich und trotzig sich aller Unbill, allen Schwierigkeiten entgegenstemmen. Später wird Söderström voller Bewunderung über sie urteilen: »Sie muß aus Stahl gemacht sein, so wie sie alles aushält, ohne zu klagen.«

Sturz eines Tycoons

Tatsächlich spielt der Stahl in Clärenore Stinnes' Herkunft eine bedeutende Rolle. Sie kommt am 21. Januar 1901 in Mülheim an der Ruhr als Tochter des Stahl- und Bergwerksindustriellen Hugo Stinnes und dessen Frau Cläre zur Welt. Clärenore (eigentlich trägt sie den Taufnamen Clara Eleonore, doch setzt sich der kürzere Rufname Clärenore durch) ist das dritte von sieben Kindern. Obgleich Tochter eines der reichsten Männer im Deutschen Reich, wird sie doch keineswegs verhätschelt und hat eine recht »normale«, glückliche Kindheit. Clärenore spielt viel lieber mit ihren Brüdern und den Jungen ihrer Umgebung Indianer, als dass sie sich mit Puppen und anderen »typischen« Mädchendingen abgäbe. Die Lust auf Abenteuer liegt ihr im Blut. Alles, was mit Haushalt und »Frauenarbeit« zusammenhängt, verabscheut sie geradezu. Sie selbst erinnert sich an ihre Kindheit: »Trotz aller Mühe, die meine Mutter anwandte, um in mir die Liebe zu fraulichen Arbeiten zu wecken, überwog doch immer der Wunsch nach anderen Dingen. Sollte ich ihr bei der Näharbeit oder beim Strümpfestopfen helfen, so suchte ich nach allen möglichen Ausflüchten, um dem zu entgehen. Mich lockte es viel mehr, im Pferdestall die Geschichten unseres Kutschers Friedrich aus seiner Militärzeit zu hören, wobei er mir erlaubte, mich auf eines der Pferde zu setzen; oder ich saß vertieft in die Bücher germanischer Heldensagen, Indianer- und Abenteurergeschichten. In meiner Phantasie lebten Old Shatterhand und der edle Apachenhäuptling Winnetou, die schöne Königstochter Gudrun und der alte Recke Hildebrand. Soldaten, Kanonen, Burgen und Eisenbahnen waren mein Spielzeug bei schlechtem Wetter. Erlaubte es jedoch die Sonne, daß meine Geschwister und ich in den Garten gehen konnten, dann spielten wir [...] Indianer. [...] Die Zumutung, als Squaw aufzutreten, hätte ich mit Entrüstung abgelehnt.«

Clärenore hat vier Brüder und zwei Schwestern. Und obgleich ihre älteren Brüder Edmund (geboren 1896) und Hugo (geboren 1897) nach damaligen patriarchalischen Vorstellungen einmal den Konzern übernehmen sollen, wird Clärenore nach Beendigung der Schule wegen ihrer klugen, entscheidungsfrohen und zupackenden Art vom Vater als Beraterin und Privatsekretärin herangezogen. Ihre Aussicht auf eine verantwortungsvolle Führungsrolle im Konzern zerschlägt sich jedoch: Hugo Stinnes stirbt, erst vierundfünfzigjährig, am 10. April 1924 an den Folgen einer Gallenoperation. Cläre Stinnes und ihr zweitältester Sohn Hugo übernehmen die leitenden Funktionen im Konzern. Doch das einst so glanzvolle, international tätige Unternehmen hat durch Fehlinvestitionen stark gelitten. Infolge der Inflation von 1924/25 gerät der Konzern noch mehr in Schieflage, Kredite können nicht mehr bedient werden. Schließlich wird das Unternehmen zerschlagen und verkauft. Cläre und Hugo Stinnes können nur einen kleinen Teil (den Stinnes-Seehandel) retten (auch dieses Unternehmen wird schließlich im Zweiten Weltkrieg insolvent), zudem geht der größte Teil des Privatvermögens der Familie Stinnes verloren. Der Sturz des einst weltweit agierenden Konzerns ist tief und tragisch und trägt Züge eines antiken Dramas.

Vorbereitungen zu einem Himmelfahrtskommando

Clärenore Stinnes ist zum Zeitpunkt jener Ereignisse erst vierundzwanzig Jahre alt. Sie ist gezwungen, sich ihren Lebensunterhalt selbst zu verdienen, und trotz aller finanziellen Bedrängnisse, die der Verlust des väterlichen Konzerns mit sich bringt, dürfte sie über die Aussicht, nun persönlich frei und nicht mehr als Erbin in die Fußstapfen des Tycoons treten zu müssen, nicht ganz unglücklich gewesen sein. Das Abenteuer in jedweder Form lockt sie. So lernt sie früh Autofahren und beginnt als Renn- und Rallyefahrerin Erfolge zu feiern: In Essen gewinnt sie ein Rennen mit einem Automobil aus dem zu Stinnes gehörenden Werk RABAG–Bugatti. Clärenore Stinnes zieht wenig später nach Berlin und nimmt sich eine eigene Wohnung. Sie fährt weiter Rennen und gewinnt Preise und Pokale, die, so erinnert sie sich, bald ihre Wohnung füllten: »Selten verging ein Sonntag, an dem ich nicht an einem Rennen teilnahm […].« Zudem arbeitet sie als Journalistin. In jener Zeit macht sie sich Gedanken darüber, wie sie ihre Erfahrungen als Rennfahrerin anderweitig zu Geld machen könnte. Da erhält sie ein Angebot aus der Sowjetunion, an einer Rallye über Tausende von Kilometern teilzunehmen: »Die allrussische Prüfungsfahrt, welche die kommunistische Regierung im Jahre 1925 ausschrieb, erweckte in mir den ersten Gedanken an eine Reise um die Welt im Auto. Es galt bei der russischen Prüfungsfahrt, die Strecke Leningrad-Moskau-Tiflis-Moskau zurückzulegen.« Es ist ein internationales Rennen. Clärenore Stinnes nimmt daran als einzige Frau teil. Die Fahrt erscheint ihr gerade deshalb so reizvoll, weil sie sportliches Können mit der Möglichkeit verbindet, Land und Leute kennenzulernen, »eine Kenntnis des Landes, seiner Bevölkerung und der Lebensbedingungen, wie wir sie nie hätten gewinnen können, wenn wir die gleiche Strecke mit der Eisenbahn gefahren wären«.

Ein Gedanke überfällt sie und wird zur Obsession: den Globus im Auto zu umrunden! Monatelang studiert sie Landkarten und Bücher, macht sich Notizen, schmiedet Pläne. Die Idee konkretisiert sich. Clärenore Stinnes nimmt Kontakt zu Firmen auf, die sie als Sponsoren zu gewinnen hofft. Denn es soll nicht nur eine Fahrt um die Welt werden, sondern auch ein medial geschickt vermarktetes Event. Sie hegt die Absicht, über das Abenteuer Artikel und ein Reisebuch zu verfassen. Da sie aber die Verbreitungsmöglichkeiten moderner Medien richtig erkannt hat, will sie die Reise auch fotografisch und filmisch aufbereiten. Und dafür benötigt sie einen professionellen Kameramann …

Es sind zum Teil noch alte Geschäftskontakte des Vaters, die ihr die Türen öffnen. Auf der Automobilmesse im Herbst 1926 in Frankfurt kommt Clärenore Stinnes mit leitenden Managern der damals bekannten Adler-Werke ins Gespräch und kann sie rasch von ihrem Vorhaben überzeugen. Das Unternehmen will im Frühjahr eine neue Limousine auf den Markt bringen, den »Standard 6«, und eine Fahrt um den Globus wäre dafür die beste und medienwirksamste Werbung. Der »Standard 6« sollte sich in den nächsten Jahren tatsächlich als ein Verkaufsschlager erweisen. Er hat einen Sechs-Zylinder-Motor mit einer Leistung von 45 PS, Hinterradantrieb und erreicht eine Höchstgeschwindigkeit von 90 Kilometern in der Stunde. Die Direktoren der

Adler-Werke versprechen der Abenteurerin, ihr ein fabrikneues Exemplar kostenlos zu stellen, eines der ersten Fahrzeuge dieses Typs, die überhaupt vom Band rollen. Zudem wollen sie ihr zwei erfahrene Automechaniker zur Seite stellen, Viktor Heidtlinger und Hans Grunow. Sie sollen die gesamte Tour in einem mit Werkzeug und Ersatzteilen bestückten Lastwagen begleiten und den »Standard 6« pflegen, warten und bei Bedarf reparieren. Doch Clärenore Stinnes ist sich dessen bewusst, dass es nicht ausreichen wird, Reparaturwerkzeuge und die üblichen Ersatzteile mit sich zu führen. Die Fahrt wird durch einsame Gegenden führen, über Gebirge und durch Wüsten, über unasphaltierte Pisten mit Geröll und Schlaglöchern, bisweilen auch durch Landstriche, die noch nie ein Europäer, geschweige denn ein Automobil, durchmessen hat. Also ordert sie auch Pickel, Spaten, Beile, Sägen, Hämmer, Drahtseile, einen drei Meter langen Stemmbalken, Winden und anderes.

Was die Innenausstattung des »Adler Standard 6« anbelangt, so wird bewusst auf eine Sonderanfertigung verzichtet: »Der Standardwagen blieb in allen Teilen unverändert, mit Ausnahme der Sitze, die nach dem System der Eisenbahncoupés zum Ausziehen eingerichtet wurden, so daß wir je nach Belieben die Hälfte des Wagens oder den ganzen Innenraum zur Schlafstatt einrichten konnten. Die Karosserie war die einer Innensteuerlimousine, die uns durch ihre Abgeschlossenheit sowohl gegen Hitze als auch gegen Kälte und Regen schützte.« Auch der kleine Lastwagen, ein »Adler L 9«, den Heidtlinger und Grunow steuern sollen, muss entsprechend ausgestattet werden: »Der große Wagen bekam einen geschlossenen Aufbau, der den Rückraum für Gepäck und Reserven freiließ, während auf der vorderen oberen Hälfte durch Aufklappen der halben Wand nach dem Führersitz zu ebenfalls ein Schlafraum entstand, in dem zwei bis drei Menschen bequem Platz finden konnten.« Keiner kann zum damaligen Zeitpunkt ahnen, dass nicht der Lastwagen, sondern seine Fahrer sehr bald schlapp machen werden …

Die Länder, die sie durchqueren werden, sind größtenteils von Armut geprägt, und entsprechend groß ist die Gefahr, Wegelagerern und Dieben zu begegnen. Also lässt sich Clärenore Stinnes von den Mauser-Werken – einem weiteren Sponsor – drei Revolver samt Munition liefern, außerdem Dynamitstangen (falls sie sich irgendwo den Weg freisprengen müssen). Sie verhandelt mit Öl-Gesellschaften und wird mit der Vacuum Oil Company in Hamburg einig, die ihr Benzol (das eine höhere Energiekraft als Benzin besitzt) zur Verfügung stellt und sich zudem um die Einrichtung von Kraftstoffdepots in allen Ländern, die die Automobilistin anzusteuern gedenkt, kümmern will, denn vielfach liegen dort Tankstellen tausend Kilometer voneinander entfernt, sofern es überhaupt welche gibt.

Nach ein paar Monaten ist alles vorbereitet und organisiert, nur die Frage eines Kameramanns, der die Tour begleiten und medial aufbereiten soll, ist noch offen. Der »Filmoperateur« soll nicht nur in seinem Metier außerordentliche Fähigkeiten besitzen, er muss auch den anstehenden Strapazen gewachsen sein und darf kein Problem darin sehen, dass während der langen Reise um die Welt eine Frau in allen Belangen das Sagen hat. Clärenore Stinnes wendet sich an die Fox-Filmgesellschaft in Berlin, deren Direktor Außenberg verspricht, sein Möglichstes zu tun. Er hat zwei Kameramänner im Blick, einen Franzosen und einen Schweden. Beide fragt er an, und der Schwede, Carl-Axel Söderström, sagt an einem Abend, an dem er beim Bowling ist und gerade anderes im Sinn hat, als sich den Kopf über die Herausforderungen solch eines Himmelfahrtskommandos zu zerbrechen, recht leichtfertig zu. Er wird seine Spontaneität später mehr als einmal verfluchen. Bereits kurz vor Belgrad, sie sind noch keine zweitausend Kilometer gefahren und befinden sich noch mitten in der Zivilisation, notiert er in seinem Reisetagebuch: »Ich gäbe alles darum, wieder zu Hause zu sein. Und doch ist erst eine Woche vergangen von dieser entsetzlich langen Zeit!« Er wird diesen Trip einer offensichtlich verrückten

Frau verfluchen, und die Reise letztlich doch nicht bereuen. Denn er wird die Liebe seines Lebens finden …

128 hart gekochte Eier

Als Start für die Tour ist der 1. März 1927 vereinbart. Doch ein Streik der Arbeiter der Adler-Werke in Frankfurt führt zu einer Verzögerung in der Auslieferung des neuen Wagentyps »Standard 6«. Das ist mehr als ärgerlich, denn Clärenore Stinnes befürchtet, dass sie infolge des verspäteten Starts in den sibirischen Winter hineingeraten wird und damit die ganze Tour zum Scheitern verurteilt ist. Sie hat – recht blauäugig – für die ganze Weltumrundung gerade einmal ein Jahr eingeplant. Keiner ahnt zum damaligen Zeitpunkt, dass es ganz anders kommen wird.

Endlich trifft von den Adler-Werken die Nachricht ein, der »Standard 6« stehe am 24. Mai bereit. Am Abend des 23. Mai besteigt Clärenore Stinnes den Nachtschnellzug von Berlin nach Frankfurt. Sie führt nicht nur ihr persönliches Gepäck mit, sondern auch ihren Hund Lord, einen Gordonsetter. Ursprünglich wollte Clärenore Stinnes ihn bei Bekannten lassen, doch bereits bei früherer Gelegenheit scheiterte dieses Unterfangen daran, dass Lord nicht mehr fraß und einzugehen drohte. Also muss der Hund in Gottes Namen eben mit auf den Trip rund um den Globus! Anderntags trifft sich Clärenore Stinnes mit den Direktoren der Adler-Werke und mit den Mechanikern und Reisegefährten Heidtlinger und Grunow. Die beiden Wagen werden nach Clärenores Vorgaben bepackt und reisefertig gemacht. Den Abend verbringt die angehende Globetrotterin bei ihrer Mutter im nahen Wiesbaden. Es wird ein Abschied auf über zwei Jahre, doch davon ahnen die beiden Frauen nichts. Am Morgen des 25. Mai 1927 fährt Clärenore zurück nach Frankfurt, zum Betriebsgelände der Adler-Werke. Die Mechaniker sind bereits da. Etwa um dieselbe Stunde kommt der »Filmoperateur« Carl-Axel Söderström mit dem Zug aus Berlin an. Er ist übermüdet. Aber darauf nimmt nun keiner Rücksicht. Auch Journalisten haben sich versammelt, denn das waghalsige Unternehmen wurde publicityträchtig angekündigt. Alles ist bereit, die fabrikneuen Wagen stehen blitzblank da. »Der fast noch feuchte Lack lachte uns an … aber wie«, sinniert Clärenore Stinnes, »würden die Wagen bei ihrer Heimkehr aussehen?!« Doch zum Grübeln ist nun keine Zeit. Es werden noch ein paar Fotos für die Presse geschossen, ein paar Interviewfragen beantwortet, dann, fünf Minuten vor zwölf Uhr mittags, »setzten wir die Motoren in Gang, zogen unsere Fahnenwimpel rechts und links vom Kühler auf, unter den Farben Preußens und des Reiches rollten wir, als die Kirchenglocken die Mittagsstunde verkündeten, zum Tore hinaus zur ›Reise um die Welt im Auto‹. Frühlingsblumen, die Freundeshand uns mitgegeben hatte, schmückten die Wagen.«

Auf gut ausgebauten, asphaltierten Straßen geht es zügig voran, durch den Spessart und das Maintal nach Würzburg, und weiter flussaufwärts. Abends um zehn Uhr erreichen sie die alte Bischofsstadt Bamberg. Sie genießen Schweinskoteletts und Rauchbier. Und selbstverständlich gönnt man sich eine Übernachtung im Gasthof – denn Nächte im Zelt oder im Auto wird es noch mehr als genug geben. Bereits jetzt zeigt Clärenore Stinnes, dass sie die Prinzipalin des Unternehmens ist und Widerspruch nicht duldet: Morgens um halb fünf Uhr klingelt der Wecker, sie treibt das Team zur Eile an, gefrühstückt wird nur spärlich, auch die Tagesmahlzeiten werden eher hastig eingenommen, oft genug nur eine Brotzeit am Straßenrand, unter Alleebäumen oder im Automobil sitzend. Clärenore Stinnes hat aus Wiesbaden 128 hart gekochte Eier mitgebracht, die nun nach und nach vertilgt werden, pro Person und Tag zwei Eier, so die von ihr bestimmte Zuteilung. »Söderström«, erinnert sie sich schmunzelnd, »erzählte mir später, er hätte den Augenblick herbeigesehnt, wo endlich das letzte dieser Eier vertilgt worden sei, damit wir dann wieder Mittagessen bekommen würden.« Man kann sich leicht ausrechnen, dass der Eiervorrat für vier

Personen (gesetzt, Lord bekam keine) genau sechzehn Tage reichte. Doch Söderströms Hoffnung auf eine bessere Verköstigung wird enttäuscht: »Am nächsten Tag aber gab es nur ein Butterbrot *ohne* Eier! O trügerische Hoffnung auf ein niemals kommendes Mittagsmahl!« Es gilt, keine Zeit zu verlieren, wie Clärenore Stinnes betont: »In mir herrschte stete Unruhe wegen Sibiriens Winter. Nur ein äußerst forciertes Fahren konnte uns vor dieser Gefahr retten. Bis Moskau wurde ich daher für meine Begleiter eine ständige Mahnerin, die hetzend hinter ihnen stand.« Schon von Anbeginn stößt sie bei den Mechanikern der Adler-Werke auf Missmut und Unverständnis. Sie glaubten, eine fidele Spritztour stünde ihnen bevor – aber für Clärenore Stinnes ist es bitterer Ernst, sie will ein gefährliches Abenteuer bestehen, dem Winter Sibiriens zuvorkommen, und sie hat ihren guten Ruf und viel Geld der Sponsoren (insgesamt hunderttausend Reichsmark) zu verlieren, die auf ein Gelingen des Unternehmens vertrauen. »Leider«, so Clärenore Stinnes im Hinblick auf die beiden Adler-Mechaniker, »kam so schon in der ersten Zeit unserer Reise ein Mißton in die kleine Expedition. Nur Söderström und Lord bewahrten ihren Humor. Der eine saß mit stoischer Ruhe neben mir und holte den entgangenen Nachtschlaf nach, aufschreckend, wenn ihn eine Bodenwelle unsanft weckte; der andere saß oder stand im hinteren Teil des Wagens, seinen Kopf an meine Schulter gelehnt, gebannten Blickes mit mir die Straße verfolgend, während ihm durch die Frühsommerhitze der Schweiß tropfenweise von der schlappernden Zunge troff.«

Bei Eger passieren sie die deutsch-tschechische Grenze, sie kommen nach Karlsbad und Schloss Elbogen, gelangen ins altehrwürdige Prag, fahren südwärts durch Böhmen nach Österreich, tangieren Wien, kommen nach Ungarn und erreichen Budapest. Überall halten sie allenfalls kurz an, machen ein paar Foto- und Filmaufnahmen, tanken Kraftstoff, ergänzen ihre Lebensmittelvorräte. Sie gelangen nach Belgrad. Die Kunde von der gewagten Weltumrundung im Automobil hat sich über Zeitungen bereits verbreitet, und so werden die Globetrotter, die gerade einmal ein paar Tage unterwegs sind und eigentlich noch keine Abenteuer erlebt haben, außer dem, mit Eiern gemästet zu sein, von der Bevölkerung wie Helden empfangen. Girlanden und Blumen säumen die Straßen, die Menschen stehen am Wegrand, jubeln und applaudieren. Die Straßen werden schlechter, je tiefer sie auf den Balkan gelangen. Bald sind die Pisten nur noch mit Schotter bedeckt. Sie kommen an einem Haus vorbei, das die osmanischen Eroberer einst aus Schädeln getöteter serbischer Soldaten errichtet haben, »um die Bevölkerung von Aufruhr und Widerstand abzuschrecken«.

In den abgelegenen Bergdörfern Serbiens und Bulgariens haben die Menschen bisweilen noch nie ein Auto gesehen, und so stehen sie gaffend am Straßenrand, verbarrikadieren sich in ihren Hütten oder schleudern den Automobilisten Steine und Flüche hinterher. In Sofia werden sie vom Königlich-Bulgarischen Automobilklub und von der Deutschen Gesandtschaft feierlich empfangen. Dann geht es südostwärts, entlang der Ausläufer der Rhodopen. In Samokow erleben sie einen bulgarischen Jahrmarkt, ein buntes Bild des lebensfrohen, aber auch rückständigen Balkans: »Schreiend lief alles durcheinander: Menschen, Esel, Kühe und Schafe. Die bunten Kleider der Frauen und Mädchen erinnerten an eine blumenübersäte Wiese, Bänder flatterten im Wind und verfingen sich in den Hörnern gutmütig aussehender Ochsen, die neue Gäste zum Fest brachten […]. Der Barbier schliff die Klingen und lud die Gäste ein, auf dem breitlehnig dastehenden Stuhl Platz zu nehmen. In der Schmiede glühten die Eisen im Feuer […].«

Von Europa nach Asien

Sie gelangen nach Thrakien, in den europäischen Teil der Türkei. Der Weg nach Adrianopel (Edirne) sei, so heißt es, von Räubern bedroht. Also laden Clärenore und ihre Crew die Revolver, die sie von nun an immer griffbereit halten. Die Gegend wird sumpfig, ist von Wasserlöchern durchzogen, in denen sich Büffel suhlen: »Untergetaucht und nur die Nüstern und den glänzenden Rücken zeigend, atmeten sie prustend, die Behaglichkeit von Nilpferden zur Schau tragend.«

Telegrafisch hat Clärenore Stinnes ihre Ankunft in Adrianopel angekündigt, aber das Telegramm ist nicht angekommen, und so müssen sie sich, orts- und sprachunkundig, gestisch nach einer Unterkunft durchfragen. Man verweist sie an »Madame Marie«: Die Hotelinhaberin erweist sich als eine gutmütige, dicke alte Österreicherin, die seit ihrer Jugendzeit in der Türkei lebt und ihre Muttersprache beinahe vergessen hat. Das Hotel ist beliebt und ausgebucht, aber Madame Marie zeigt Mitleid mit der jungen Frau und ihrer erschöpft aussehenden Crew und bietet ihnen das Esszimmer an, wo rasch Feldbetten aufgestellt werden. Clärenore wird ein Platz im Bett von Madame Marie angeboten, doch die junge Frau lehnt dankend ab und macht es sich, in Decken gehüllt, auf dem Esstisch bequem, so gut es eben geht. Doch die Nachtruhe wird sehr bald unterbrochen: Männerschritte nähern sich dem Zimmer, es klopft an der Tür. Draußen stehen der türkische Oberzollinspektor und der Polizeipräsident. Sie erweisen sich jedoch als Helfer in der Not und erteilen den Automobilisten sogar die Erlaubnis, die ansonsten für private Fahrzeuge gesperrte Tschataldschalinie (eine Kette militärischer Befestigungen) zu passieren. Anderntags geht es weiter nach Istanbul, es regnet in Strömen, die Wagen kämpfen sich durch Schlamm und Pfützen. Irgendwann erreichen sie das Marmarameer, das Wetter klart auf, und sie blicken im Mondlicht auf eine weite, silbrige Fläche. Vierzig Kilometer vor Istanbul werden sie bei einer Polizeistation angehalten, müssen eine Nacht auf der Wache zubringen und bei Zigaretten und starkem türkischen Kaffee allerlei bürokratische Schikanen über sich ergehen lassen. Endlich findet sich ein verantwortlicher Kommandant, der die Erlaubnis zur Weiterfahrt gibt. Nach einer schlaflosen Nacht besteigen sie ihre Autos und fahren die letzten Kilometer nach Istanbul. Sie gönnen sich Zimmer im vornehmen Palace-Hotel im Stadtteil Pera, nehmen ein Bad, frühstücken ausgiebig, dann fühlen sie sich wieder frisch genug, um sich erneut mit dem bürokratischen Wettlauf zu messen, denn es gilt, Reisegenehmigungen für die Türkei zu erlangen.

Von Konstantinopel nach İzmir am nordöstlichen Ende des Marmarameers und weiter nach Arifié werden die Wagen aus militärischen Gründen auf Eisenbahnwaggons geladen, während Clärenore Stinnes und ihre Crew es sich im Schlafwagen bequem machen. Von Arifié geht es wieder mit eigener Motorkraft voran, durchs Sakaryatal und über mit Tannen bewaldete Gebirgszüge. Die Pisten sind schmal, abschüssig und erodiert, bisweilen trennen nur zehn Zentimeter vom Abgrund, was von den Fahrern geradezu akrobatischen Einsatz erfordert: »Um zu verhüten, daß der Wagen an den regenausgewaschenen Stellen umkippte, hängten wir uns, während einer ihn steuerte, an seine Innenseite, um ihn mit unserem Körpergewicht zurückzuhalten. An den Stellen, wo der Weg von kleinen Sturzbächen gänzlich fortgewaschen war, mußten wir uns mit Spaten und Picke einen neuen Durchgang schaffen.« Die Nächte verbringen sie in kleinen Bergdörfern, bisweilen in einem Schafstall, »dessen Dach der Himmel war«. Sie kochen sich Suppe aus Schinken und Erbsen, erhalten von den Dörflern Eier und frisches Fladenbrot.

Dann erreichen sie Ankara, die noch junge Hauptstadt der türkischen Republik, mitten in die baum- und wasserlose Steppe hineingebaut, eine Ansammlung von eingeschossigen Häusern an kahlen Straßen. Es klafft ein Gegensatz zwischen dem Anspruch der Regierenden und der Realität dieser Stadt. »Trotzdem«, so Clärenore Stinnes, »fühlten wir die Möglichkeit, daß vielleicht hier schon in wenigen Jahren das Leben einer Großstadt abrollt, wo jetzt nur Regierung und Diplomatie, die eingewurzelten Anhänger der neuen Türkei, das Leben einer alten, sagenhaften Regierungsform wieder neu heraufbeschworen hatten. Hinter diesem ungeheuren Wagnis, eine Wüstenstadt zum

Zentrum eines Millionenvolkes zu machen, spürte man den alles beherrschenden Willen Kemal Paschas.«

Weiter geht es durch gebirgiges Land. Ein Ventilatorenpropeller des Lastwagens bricht ab und schlägt ein Loch in den Kühler. Die Mechaniker löten das Loch notdürftig, doch es bleibt undicht, und immer wieder kocht das Kühlwasser über, muss die Fahrt unterbrochen werden. Schließlich bauen sie den Kühler aus und transportieren ihn im »Standard« nach Ankara zurück, wo er fachmännisch repariert wird. Endlich kann es weitergehen. Sie gelangen durch dünn besiedelte Gegenden, wo sie gastfreundlich empfangen und verköstigt werden. Hier werden sie mit Eiern versorgt, dort mit einem Suppenhuhn (das sich allerdings als so alt und zäh erweist, dass sogar der Hund Lord das Fleisch nicht hinunterzuwürgen vermag). Sie durchqueren eine versteppte, wüstenhafte Gegend und erreichen Konya, in einer Oase gelegen, einst das Zentrum des Derwischordens (bis zu seiner Auflösung durch das laizistische System im Jahre 1925) und der Wirkungsort des Dichters und Mystikers Rumi, der hier auch begraben liegt und als Heiliger verehrt wird.

Weiter geht es auf Serpentinen über das Taurus-Gebirge, die natürliche Barriere zum Mittelmeer. In einem gletschergespeisten, eiskalten Fluss nehmen sie ein Bad: »Obwohl das Wasser wie Eis an den Muskeln lag, genossen wir in vollen Zügen diese Reinigung nach all dem Staub, den wir in den letzten Wochen hatten schlucken müssen.« Lord legt sich unterdessen mit zwei bissigen Wolfshunden an und kann nur durch das beherzte Eingreifen seiner Herrin, die mit einem Knüppel zu Hilfe eilt, gerettet werden: »Zerbissen und zerschunden konnten wir Lord zum Lager zurückbringen, um ihn mit Jod und Alkohol in meine ärztliche Behandlung zu nehmen.« Und dann, sie haben die Passhöhe überwunden, die Fahrt geht nun schier endlos bergab, liegt es prachtvoll zu ihren Füßen: das blaue Mittelmeer! »Die kleinen silbernen Schaumkronen waren eine freudige Bestätigung dafür, daß wir einen Abschnitt unserer Weltfahrt absolviert hatten […]. Vor uns lagen die Ozeandampfer mit den Grüßen aus der Heimat.« Die Straße belebt sich, neben Eselskarren kommen ihnen auch Automobile entgegen, Zeichen der steten Modernisierung der jungen türkischen Republik. Doch dann, in Richtung Syrien, wird es wieder einsamer, die Dörfer, durch die sie kommen, sind verwahrlost, Flusstäler haben keine Brücken, Brücken sind nicht befahrbar, Felsbrocken und Baumstämme liegen quer über den Pisten und müssen mühselig beiseitegezerrt werden.

Durch das Morgenland

Endlich erreichen sie die syrische Grenze. Das Land ist damals französisches Mandatsgebiet, und sie werden von den französischen Beamten, die telegrafisch bereits auf die Globetrotter aus Deutschland vorbereitet worden sind, herzlich begrüßt: »Statt mit Zollformalitäten empfing man uns mit einem Frühstück, und bei Wein und gutem Essen mußten wir von unseren bisherigen Erlebnissen erzählen.« Über Aleppo geht es durch Gegenden voller antiker Ruinen in den Libanon, nach Beirut. Die Stadt ist im Umbruch: Alte Viertel verschwinden, neue, von Europäern bewohnte, entstehen und lassen Beirut nach und nach zu einer großzügig angelegten Metropole in der Levante anwachsen. Clärenore Stinnes und ihre Begleiter bewundern die einzigartige Lage der Stadt am blauen Mittelmeer mit schönen Sandstränden, über der Stadt Weinberge, darin, halb verborgen, Sommervillen, darüber das schneebedeckte Gebirge. Zwei Tage lang erholen sie sich von den Strapazen, gehen am Strand spazieren, essen gut. Dann fahren sie die Serpentinenstraße hinauf ins Gebirge, an liegen gebliebenen Autos vorbei, überwinden den Libanon und den Antilibanon und erreichen Damaskus, die Hauptstadt des Mandatsgebiets Syrien. Sie fahren in die Altstadt hinein, besuchen den Basar mit seinen orientalischen Schätzen und seinen nach Zünften getrennten Verkaufsgassen. Dort angekommen, beziehen sie ein Hotel, das sich nur »durch seinen Reichtum an Flöhen und Wanzen« auszeichnet, und müssen erhebliche Mengen ihres mitgebrachten Insektengifts versprühen, um wenigstens ein wenig zur Ruhe zu kommen. Es ist Mittagszeit, die Hitze liegt schwer über der dicht bevölkerten Stadt, »die Menschen versuchten, schlafend die größte Hitze vorübergehen zu lassen. Aber nicht nur in den Wohnungen lagen die Menschen auf ihren Betten zur Ruhe ausgestreckt, sondern überall, wo eine Mauer oder ein Haus etwas Schatten spendeten […].« Anderntags besuchen sie die antiken Stätten von Baalbek mit seinem Tempel, einem der größten Denkmäler des Altertums, an dem zweihundertfünfzig Jahre lang gebaut worden ist.

Sie wollen weiter nach Bagdad, aber die Fahrt durch die Wüste ist für Alleinreisende wegen marodierender Räuberbanden zu gefährlich. Also schließen sie sich einem militärisch gesicherten Konvoi an. Fünfhundert Kilometer geht es durch die Wüste, die Wagen sind ringsum mit Wassersäcken behangen, zur Stillung des Dursts, aber auch für die Autokühler, denn es gibt unterwegs weder Brunnen noch Oasen. Die Temperatur steigt auf 54 Grad Celsius im Schatten. Am Horizont zeigen sich immer wieder Fata Morganas und gaukeln den Reisenden Oasen mit Palmen und Teichen vor. Sie beachten die Fantasiegebilde nicht weiter, sondern halten ihr Augenmerk auf etwaige Reitertrupps, die auf einem Dünenkamm auftauchen könnten, um den Konvoi zu überfallen. Achtunddreißig Stunden sitzt Clärenore Stinnes am Steuer (sie lässt sich von ihrem Kompagnon Söderström nicht ablösen, das verbietet die Automobilistenehre). Abends machen sie ein paar Stunden halt, und Clärenore kann zum ersten Mal in ihrem Leben den nächtlichen Wüstenhimmel und die Geschöpfe der Dunkelheit bestaunen: »Die Wüste erschien belebt nach dem heißen Tag; das schemenhafte Flimmern der heißen Luft ließ uns glauben, durch Wälder zu fahren. Wir sahen schattenhafte Reitergestalten, die in weißen, wallenden arabischen Gewändern durch die Nacht ritten. Vor den Scheinwerfern unserer Wagen kreuzten Gazellenherden den Weg.«

Endlich erreichen sie Bagdad, die sagenumwobene Stadt aus Tausendundeiner Nacht. Die beiden Mechaniker sind erschöpft und wollen ein paar Tage in einem klimatisierten Hotel ausruhen, aber die Prinzipalin treibt sie voran. Sie gönnt ihrem Team gerade einmal, sich mit Wasser und Essen zu versorgen, dann gibt sie schon das Kommando zur Weiterfahrt nach Persien. Denn immer hat sie den Zeitplan vor Augen. Mag es in Bagdad auch brüllend heiß sein, der Winter in Sibirien wird nicht auf sich warten lassen …

Unterwegs, noch auf irakischem Boden, werden sie von Polizisten angehalten. Clärenore Stinnes wird in ein nahe liegendes Gebäude gebracht, wo sie dem leitenden Offizier Rede und Antwort stehen soll. Als sie mit ihm allein in einem Raum ist, außer Reichweite ihrer Begleiter, wird ihr bewusst, in welcher Gefahr sie als Frau sich befindet. In ihrer Angst überhäuft sie den Offizier mit einer Kanonade von deutschen Schimpfwörtern: »Natürlich wußte ich, daß er kein Wort davon verstehen würde, aber Kraftausdrücke sind im Tonfall international. Mein Erguß wirkte ernüchternd, und nach einer Weile konnten wir uns mit Erfolg über mein Anliegen unterhalten, das darin bestand, uns mit den Automobilen in den Polizeiquartieren Unterkunft zu geben.« Der Offizier gibt dem Anliegen statt, Clärenore Stinnes darf zurück zu ihrer Crew, und die Sache geht glimpflich aus.

Auf Wegen, die sonst nur von Kamelkarawanen und Eselskarren benutzt werden, geht es mühselig voran, über die persische Grenze und durchs Gebirgsland Richtung Teheran. Je näher sie der Hauptstadt des Kaiserreichs kommen, desto besser werden die Straßen, der Verkehr nimmt zu. Unterwegs sehen sie, wie ein Perser sein altes Pferd, das sich nur noch auf drei Beinen vorwärts zu schleppen vermag, sinnlos mit der Peitsche schlägt. Die Europäer kaufen dem Mann aus Mitleid das Pferd für zwanzig Mark in persischer Silbermünze ab, führen die Mähre etwas abseits und geben ihm den Gnadenschuss. Die Perser schauen dem Treiben verständnislos zu, »als ob sie es mit Schwachsinnigen zu tun hätten. Kaum waren wir weitergefahren, gingen sie daran, dem Kadaver das Fell abzustreifen.«

Einige Kilometer vor Teheran kommt ihnen das Auto der Deutschen Gesandtschaft entgegen, denn auch dort ist man – durch das Auswärtige Amt in Berlin – über die Ankunft der Industriellentochter und ihres Teams informiert. Sie werden zum Sommersitz der Gesandtschaft geleitet, dort dürfen sie sich vier Tage lang ausruhen und genießen einen gewissen westlichen Komfort. Doch der Mechaniker Grunow ist seit einiger Zeit leidend, die Strapazen der Reise haben ihn bereits jetzt an die Grenzen seiner Kräfte gebracht. In Teheran hütet er das Bett, erklärt sich aber bereit, die Tour weiter zu begleiten – Clärenore Stinnes ahnt, dass er bald ganz ausfallen wird.

Sie besichtigt Teheran und Umgebung, ist von den persischen Gärten angetan, die nach der Erfahrung von Wüsten und kargen Gebirgen wie ein Garten Eden erscheinen. Nach ein paar Tagen setzen sich die Globetrotter wieder in die Autos und fahren weiter, nach Norden, Russland zu, diesmal Söderström und Heidtlinger im Lastwagen vorneweg, Clärenore Stinnes und der kranke Grunow, der noch einen Tag länger zur Erholung nötig hatte, im »Standard« hinterher. »Die guten Straßen hörten auf, und wir waren gezwungen, uns an die englische Telegraphenleitung zu halten, die nach Tiflis führte, um die Richtung nicht zu verlieren.« Es wird Nacht, dennoch fährt Clärenore Stinnes, wenn auch langsam, weiter, sich immer an der Telegrafenleitung orientierend, die sie im Licht der Scheinwerfer verfolgt. Ein paar Kilometer vor Täbris wollen sie in einer Karawanserei nächtigen, aber die steht nur Mohammedanern offen, und so sind die »Ungläubigen« aus Europa gezwungen, auf dem Dach eines Schafstalls zu kampieren, das über eine wackelige Leiter zu erklimmen ist. »Die Witterung hatte sich sehr stark abgekühlt, und wir empfanden die Kälte doppelt, da wir in keiner Weise darauf eingerichtet waren.« Zitternd liegen sie dort oben und können durch ein Fenster in die Gaststube der Karawanserei blicken, »wo die anderen bequem und warm auf ihren Teppichen hockten«. Anderntags fahren sie nach Täbris, vor der Stadt kommen ihnen Söderström und Heidtlinger im Lastwagen entgegen, und so vereint kann es über die Grenze in die Sowjetunion gehen.

Russische Weiten

Die Grenzer haben aus Moskau bereits Bescheid erhalten. Sie bewirten die Abenteurer mit Wodka und geben ihnen einen Soldaten zur Begleitung mit, denn die Gebirgsgegenden des Kaukasus werden durch allerlei Gesindel unsicher gemacht. So gelangen die Reisenden sicher in die Exklave Nachitschewan und nach Armenien. Es ist Frühherbst, in den fruchtbaren Tälern ist die Traubenernte in vollem Gange, »und gastfreundliche Armenier boten uns davon soviel an, wie wir nur haben wollten. Überall auf den Feldern lagen die gelben Melonen wie große Wasserbälle.« Es ist wie das Paradies auf Erden. Schließlich erreichen sie Eriwan, die Hauptstadt Armeniens, zu Füßen des Ararats gelegen, an dem der Schrift nach Noah mit seiner Arche gestrandet war.

Die Weiterfahrt nach Tiflis in Georgien gestaltet sich schwierig: Ein Benzindepot wurde aus unerklärlichen Gründen nicht angelegt, und so müssen Clärenore Stinnes und Grunow einen großen Umweg zur nächsten Tankstelle fahren (während Söderström und Heidtlinger zurückbleiben). Auf dem Weg zurück geraten sie in einsamer Berggegend in die stockfinstere Nacht hinein – und verirren sich. Irgendwann hören sie Hunde anschlagen, erkennen schwach die Konturen eines Gehöftes. Ein Mann zu Pferd taucht auf, ein Gewehr quer über den Sattel gelegt. Auch die Deutschen haben ihre Revolver griffbereit. Sie versuchen etwas Konversation, als plötzlich auch ein Milizionär auftaucht. Sie haben Glück: Zufällig sind sie auf eine Polizeistation gestoßen, die in dieser von Banditen heimgesuchten Gegend für Recht und Ordnung sorgen soll. Der Reiter anerbietet sich, den

Fremden den Weg zurück zur sicheren Straße zu zeigen. Es geht über eine »große Brücke ohne Geländer, mit Löchern zwischen den Bohlen, durch die wir tief unter uns einen Fluß sahen, dessen Brausen bis zu uns heraufdrang«. Einmal versinkt ein Vorderrad des »Standard« in einem Graben, und sie benötigen anderthalb Stunden, um das Auto mit dem Wagenheber herauszuwinden. Strömender Regen setzt ein, die Straße verwandelt sich in ein Schlammfeld. Gegen drei Uhr morgens kommen sie in einen Hohlweg – und sehen direkt vor sich ihren Lastwagen, der zur Seite gekippt daliegt. Auf dem Verdeck, in ihre Schlafsäcke gehüllt, entdecken sie Söderström und Heidtlinger, die nicht schlecht staunen. Drei Stunden brauchen sie, bis der Lastwagen wieder flott ist, ein Bauer mit seinen Zugochsen hilft dabei.

Sie gelangen nach Tiflis, dann in den hohen Kaukasus hinein, nach der letzten Passhöhe geht es in schier endlosen Serpentinen zweitausend Meter hinab ins Tal. Die Gegend wird eintöniger und eben, nicht enden wollender Regen setzt ein. Tagelang mühen sich die beiden Wagen durch Schlamm und Bäche, die vormals Straßen waren. Die Ansiedlungen sind trostlos und hässlich, die Menschen arm und abgestumpft. In einem der Dörfer nehmen sie ein Zimmer. Clärenore Stinnes erinnert sich: »Mit traurigen Blicken saßen wir uns in dem kleinen Gasthaus gegenüber, schlürften unseren Tee mit trockenem Brot und sahen durch die vom Fliegenschmutz dreckige Fensterscheibe auf die mit schwarzen Pfützen übersäte Dorfstraße. Köter hetzten ein Schwein, das klatschend in einem Schlammloch ausrutschte. Ausgleitend, mit hochgeschlagenem Kragen, frierenden Gliedern gingen die Bewohner an ihre Arbeit.« Sie raffen sich auf und setzen die Fahrt fort, »ständig rutschten die Hinterräder im Lehm weg«. Sie sind bereits kurz vor Charkow in der Ukraine, als große Überschwemmungen jede Weiterfahrt unmöglich machen. Also kehren sie um, fahren anderthalb Tagesreisen zurück zu einer Bahnstation, lassen dort die beiden Automobile auf einen Güterzug laden und erreichen schließlich, erschöpft und frierend, doch den Bahnhof von Charkow. »Wir machten uns über das Letzte, das sich in unserem Reiseproviant vorfand, her: rohe Nudeln und Reis waren das einzige, was wir noch besaßen. Wir vertilgten sie in rohem Zustand, denn zum Abkochen waren wir zu müde.« Anderntags geht es weiter. Da die Straßen so zerfahren und durchlöchert sind, dass sie einen Rahmenbruch befürchten, fahren sie stattdessen auf Feldwegen, teils nur im Schritttempo, und werden von der gaffenden, rückständigen Landbevölkerung zu Fuß in einer Art Prozession begleitet. Wenn die Reisenden irgendwo in einem Gasthaus einkehren, stehen die Menschen »dicht gedrängt an den Fensterscheiben« und starren sie an.

Sie erreichen Tula, und endlich, am 22. August, Moskau. Punkt zwölf Uhr mittags, wie telegrafisch angekündigt, halten sie vor der Erlöserkirche, werden von Delegierten des Automobilklubs und von zahlreichen Schaulustigen jubelnd empfangen. Dann geht es am Kreml vorbei auf den Roten Platz. »Menschen lehnten sich aus den Fenstern der elektrischen Straßenbahn und der vorbeifahrenden Omnibusse und winkten uns zu.« Moskau soll der erste Ort sein, an dem die Globetrotter sich etwas länger aufhalten und erholen wollen. Söderström, so ist vereinbart, will mit dem Zug nach Stockholm fahren, um dort seine Fotografien nachzuprüfen. Dann soll er nach Moskau zurückkehren. Clärenore und die beiden Mechaniker hingegen wollen sich erholen, die Moskauer Sehenswürdigkeiten besuchen, zu Empfängen gehen, und vor allem: die beiden Wagen überholen und Proviant für die Weiterfahrt nach Sibirien bunkern.

Doch der Aufbruch verzögert sich. Drei Wochen bleiben die Weltenbummler in Moskau. Der Grund: Grunow wird erneut krank und muss operiert werden. Allen ist klar: Der Mechaniker fällt aus. Söderström soll in Deutschland einen Ersatz suchen. Der wird vom Deutschen Automobilclub auch beschafft, aber als der neue Mechaniker knapp eine Woche später in Moskau eintrifft, erweist er sich, so Clärenore Stinnes kurz und knapp, »als völlige Niete. Selbst unfähig, bei der Überholung [der Autos] mit Hand anzulegen, obgleich sich keine Reparatur als notwendig erwies und wir uns nur auf die Gesamtreinigung beschränken konnten, erweckte dieser Mann in Moskau schon bedenkliche Zweifel, ob er auf der Weiterfahrt durchhalten würde.« Clärenore Stinnes' Hoffnung liegt nun ganz und gar auf Heidtlinger, aber auch der, so stellt sich jetzt heraus, kennt sich mit Motoren nur unzureichend aus. Grunow war der einzige Fachmann, aber der liegt im Krankenhaus und kann die kräftezehrende Tour keineswegs fortführen. Kurz vor der – ohnehin verschobenen – Abfahrt aus Moskau kommt es zwischen der Prinzipalin und Heidtlinger zu einer heftigen Auseinandersetzung. Der Mechaniker will aus dem Unternehmen aussteigen, dann besinnt er sich doch eines anderen. Doch das Vertrauen ist gebrochen, die gute Stimmung dahin, das Team ist zerstritten. Immerhin sind sie so klug, einen russischen Dolmetscher anzuheuern, denn im Alltag in der russischen und sibirischen Provinz stünden sie ohne Sprachkenntnisse auf verlorenem Posten.

Sie brechen auf. »Grunow, der inzwischen aus dem Krankenhaus entlassen worden war, stand schmal und erholungsbedürftig am Start und winkte uns traurig Lebewohl zu […].« Sie geraten in den Herbst hinein, es beginnt heftig und ausdauernd zu regnen. »Die letzten Worte«, so erinnert sich Clärenore Stinnes reuig, »die uns im Gedächtnis haften blieben, waren die Warnungen der Kenner Sibiriens, die das Durchkommen bei der fortgeschrittenen Jahreszeit nicht mehr für möglich hielten.« Sie bleibt trotzig: »[…] lieber wollte ich gezwungen sein, das Winterquartier in Sibirien aufzuschlagen und erst mit Frühlingsbeginn weiterzufahren, als umzudrehen und die Fahrt aufzugeben. Auch die Gefahr, daß wir in der Wildnis eingeschneit werden könnten, schreckte uns nicht.« Der Regen nimmt zu, es wird kalt, die Straßen weichen auf, doch immerhin handelt es sich im europäischen Teil der Sowjetunion noch um befahrbare Chausseen. Sie gelangen zum Fluss Sura und in die tatarische Stadt Kasan. In Jekaterinburg (Swerdlowsk) am Fuße des Urals verwandelt sich der Regen zu Schnee: »Ich entsinne mich nicht, daß wir es in dieser Zeit einmal 24 Stunden lang trocken hatten.« Es ist inzwischen so kalt, dass sie unmöglich noch in den Automobilen übernachten können. Also suchen sie auf dem Land, wo es nicht einmal Gasthöfe gibt, staatliche Kolchosen auf, wo sie auf den Heuböden der Pferdeställe ihr Lager aufschlagen dürfen: »Die Wärme der schlafenden Pferde stieg durch die Luken zu uns hinauf, vermischt mit dem Geruch ihrer Ausdünstung.« Im Ural müssen sie die Fahrt auf ein paar Tage unterbrechen, denn eine Achswelle ist gebrochen, die in Russland nicht zu bekommen ist, und so müssen sie erst auf Ersatz von den Adler-Werken in Frankfurt warten, die das wertvolle Teil per Flugzeug nach Jekaterinburg schaffen lassen.

In einem unmöblierten Gemeindezimmer findet die Crew derweil Unterkunft. Sie schütten frisches Stroh auf den Boden und bereiten sich ihr Lager, so gut sie können. An der Wand hängen Drucke von siegreichen Sowjethelden und anderes bildliches Propagandamaterial, in einer Ecke stehen ein Grammofon und ein Regal, das die spärliche Gemeindebibliothek beinhaltet. Papierfahnen baumeln an einer quer durch den Raum gespannten Schnur, die die Abenteurer nutzen, um ihre Wäsche zum Trocknen aufzuhängen. Der junge Ersatzmann aus Deutschland ist inzwischen bereits recht angeknackst, kränklich und mit den Nerven am Ende. »An unsere Lebensart nicht gewöhnt, brachte er es fertig, frierend eine Nacht auf dem Heu zu liegen, weil er seinen Schlafsack als Kopfkissen benutzte […].« Das Ersatzteil aus Deutschland trifft endlich ein und wird von Heidtlinger eingebaut. Dann kann es weitergehen, über den Ural in die westsibirischen Sümpfe, und hinein in Eis und Schnee.

Befestigte Chausseen gibt es hier nicht mehr. Die Pisten sind befahrene Trassen von dreißig Metern Breite, in denen sich die Spuren der Pferdewagen tief eingeschnitten haben. »Die Strecke glich einem großen Güterbahnhof mit seinen durch Weichen verstellbaren Gleisen.« Clärenore Stinnes fährt weiterhin den »Standard«, Heidtlinger und Söderström wechseln sich im Lastwagen ab. Sie nächtigen in Holzhütten und Heuschobern. Nachts werden sie von Ratten heimgesucht, »immer wieder krabbelten sie auf uns herum, aber die Müdigkeit ließ uns doch schlafen. Wanzen wurden Haustiere, an die wir uns gewöhnten.« Sie kommen in Gegenden, die von der westlichen Zivilisation noch kaum berührt sind, und in denen – allen aufklärerischen Maßnahmen der Sowjetregierung zum Trotz – noch finstere Unwissenheit und Aberglauben herrschen: »Die Bevölkerung begegnete unseren Autos mißtrauisch. Ein alter Bauer, der sich klüger als die anderen dünkte, trat zu uns heran und meinte, indem er auf das Auto zeigte: ›Man sagt, daß es der Teufel sei, aber *ich* glaube, es ist nur ein bißchen vom Teufel!‹ Auf der Strecke liefen Kinder und Frauen davon. Ein graubärtiger Alter schlug, als er meines Wagens ansichtig wurde, das Kreuz.«

Zwischen Clärenore Stinnes und Heidtlinger kommt es zum Bruch, als dieser sich weigert weiterzufahren. Sie bietet ihm offen an, das Team zu verlassen und zurück nach Europa zu fahren. Schließlich gibt er klein bei – zunächst jedenfalls. Söderström indes zeigt sich stets hilfsbereit und loyal, Clärenore und er schließen sich enger aneinander. Ob sie sich bereits damals ineinander verliebten, bleibt beider Geheimnis. Dankbar erinnert sich Clärenore Stinnes: »So entstand mir ein Freund in der Not, und an diesem Tage legten wir den Grundstein zu einer Freundschaft, die uns die Kraft gab, alle Gefahren gemeinsam überwindend, das Ziel zu erreichen.«

Mehrmals werden sie nachts überfallen, wissen sich aber unter Einsatz der Revolver und des Hundes Lord zu verteidigen. Einmal setzt sich die Prinzipalin gegen einen zudringlichen Bauern mit der Faust zur Wehr, der zunächst zu Boden geht, erneut angreift und schließlich durch einen zweiten Faustschlag von Söderström endgültig außer Gefecht gesetzt ist. So mühen sie sich weiter voran, durch Regen, Morast und Elend. Heidtlinger, der Dolmetscher Balijew und der junge Ersatzmann aus Deutschland sind erschöpft und gereizter Stimmung – Clärenore Stinnes und Carl-Axel Söderström nehmen das nicht wahr oder wollen es nicht erkennen. Im Gegenteil: »Auf uns beide – Söderström und mich – wirkte diese Periode unserer Reise nicht weiter bedrückend [...]: wir schliefen ruhig und fest; alle schweren Gedanken, die uns vom Tage her bedrückten, prügelten wir uns am Abend vor dem Schlafengehen von der Seele. [...] Aus diesen kleinen Kämpfen, die uns die Erinnerung an die kleinen Raufereien in unserer Kindheit brachten, gewannen wir wieder unser Lachen zurück, das wir für den kommenden Tag gebrauchten.«

Sie mühen sich weiter durch den Morast, eine zentimeterdicke Dreckschicht überzieht die Wagen bis zum Dach, alle paar Stunden müssen sie mit einem Messer die verklebten Kühlerschlitze reinigen. Die Bevölkerung warnt die Reisenden vor den Wölfen, die bis in die Dörfer kommen und Menschen, die vereinzelt unterwegs sind, angreifen. Einmal bleibt der »Standard« in einem Sumpfloch stecken, beim Versuch, ihn mit Seilen herauszuziehen, bricht eine Achswelle. Der Dolmetscher holt Hilfe aus einem nahen Dorf, die Bauern können den Wagen endlich mit Hilfe von Baumstämmen aus dem Loch wuchten. Sie schleppen den Wagen zur nächsten Bahnstation. Clärenore Stinnes lässt sich überreden, die Strecke bis Nowosibirsk mit der Eisenbahn zu bewältigen. Der »Standard« wird auf einen Waggon verladen. In Nowosibirsk freilich stehen sie ratlos da: Ein Ersatzteil ist nicht zu bekommen, der Winter steht vor der Tür, der Dolmetscher wird schwer krank, und Heidtlinger hat endgültig die Nase voll und gibt auf (während der junge Ersatzmann bereits früher die Segel gestrichen hat). Also entschließen sich die Prinzipalin und ihr schwedischer Kameramann, die Welttour allein fortzusetzen. Zunächst aber müssen sie – wohl oder übel – in Sibirien überwintern und auf ein Ersatzteil aus Deutschland warten. Der fiebernde Balijew fährt mit dem Zug nach Moskau zurück, auch Heidtlinger verabschiedet sich und tritt die Heimfahrt nach Deutschland an. Der Lastwagen wird nicht aufgegeben. Söderström, so die Planung, soll ihn lenken, Clärenore Stinnes den »Standard«. Sie besteigen wieder den Zug und fahren bis Irkutsk. Hier, nahe dem legendenumwobenen Baikalsee, wollen sie überwintern und auf den Frühling warten.

Zweieinhalb Monate bringen Clärenore Stinnes und Carl-Axel Söderström in Irkutsk zu. Bei Privatleuten mieten sie zwei Zimmer. Gemeinsam gehen sie zur Jagd und besuchen die Dörfer der burjatischen Ureinwohner. Seltsam nehmen sich die Bräuche der Burjaten aus, die an Dämonen glauben und grausige Opfer darbringen: »Wir trafen auf Tieropfer, meist Schafe, welche die Einwohner zur Beschwörung der guten Götter dargebracht hatten. Bei lebendigem Leibe hatten sie dem armen Tier vom Kopf bis zum Schwanz eine Latte durchgejagt, die sie dann wie eine Fahnenstange vor dem Eingangstor des Ortes aufstellten.« Es ist bitterkalt, selbst tagsüber liegt die Temperatur bei minus vierzig Grad Celsius, und so sind sie abends, nach der Jagd, froh, von den Burjaten, die als Treiber dienen, in deren warme Hütten eingeladen zu werden. Hier lernen die beiden Europäer den Tarasun-Schnaps kennen, den die Burjaten aus vergorener Stutenmilch unter Zusatz von Alkohol herstellen. Doch der Trinkritus stellt sich als »überwältigend« für Clärenore Stinnes heraus: »Als Gast eines Burjaten durfte man sich aber nicht weigern, mit ihm zu trinken. Das wäre die größte Beleidigung gewesen, die man ihm antun konnte. Wenn er ein Wasserglas bis an den Rand mit Schnaps gefüllt hatte, schüttete er die ersten Tropfen als Opfer für die Götter weg, nippte am Rande und reichte das Glas seinem Gast, der es bis zur Neige leeren mußte [...]. Dies wiederholte sich im Laufe eines Abends mehrere Male, und ich war immer krank, wenn ich von einem solchen Besuch nach Hause kam.« Hin und wieder unternehmen sie mit den Autos kleinere Ausflüge in die Umgebung – bei der Eiseskälte jedes Mal eine Herausforderung für Motor und Fahrer: »Alles war gefroren. Das Öl war so steif, daß die Kurbelwelle sich auch nicht um einen Millimeter bewegte. Wir entzündeten ein Holzfeuer unter den Maschinen […]. Die Zündkerzen wurden im Backofen erhitzt. Zylinderblock und Ansaugleitungen bearbeiteten wir mit der Lötlampe.«

Weihnachten 1927 kommt, Neujahr 1928. Sie erhalten aus Deutschland und Schweden Telegramme von Freunden und Landeskennern, die sie zur Umkehr bewegen wollen. Vor Mitte Juni, so sagt man ihnen, könnten sie an eine Weiterfahrt durch Sibirien nicht denken. Selbst wenn Schnee und Eis geschmolzen sind, bleiben doch bis in den kurzen Sommer hinein die verschlammten Pisten unpassierbar. Die wohlmeinenden Stimmen mögen recht haben, aber: »Unsere Hoffnung […] lag seit dem ersten Wintertag auf dem Eis, und darauf warteten wir in Irkutsk. Die Fahrt über den Baikalsee mit dem Auto war die entscheidende Lösung für unser Fortkommen.« Ende Januar 1928 nimmt das Eis auf der Angara, dem Abfluss des siebzig Kilometer entfernten Baikalsees, zu, die Schollen stoßen und reiben aneinander, stauen sich, türmen sich auf. Es ist dies eine Seltenheit, denn das rasch strömende Wasser verhindert oft ein Zufrieren. Und: »Selbst ›Vater Baikal‹ kann erst gefrieren, wenn das Eis der Angara sich bis zum See herangeschoben hat.« Schließlich haben sich genügend Eismassen krachend aufeinandergetürmt, sodass Clärenore Stinnes und Carl-Axel Söderström die Fahrt auf mühsam geräumten Pisten zum Baikalsee, dem tiefsten Süßwassersee der Erde, wagen. Sie geraten in eine Gegend, die auf Kilometer von Wasser überschwemmt wurde, das sich mit einer dicken Eisschicht überzogen hat, und trauen sich, mit dem Auto auf der gefrorenen Decke zu fahren. Clärenore sitzt am Steuer, Söderström auf der Kühlerhaube, um aufzupassen, ob nicht die zum Teil berstende Eisschicht den Kühler wie mit Messern zerschneidet. Sie haben bereits fünfhundert Meter zurückgelegt, als ihnen ein Bauer entgegenreitet, der schreit, sie sollen sofort umkehren, große Wassermassen brächen ein. In Panik legen sie den Rückwärtsgang ein (an ein Wenden des Wagens ist nicht zu denken) und ruckeln in der mühsam gebahnten Spur zurück. Gerade noch erreichen sie sicheren Grund, da sehen sie bereits Wasser über die Eisflächen rauschen. In einem nahe gelegenen Dorf quartieren sie sich ein. Erst nach drei Tagen ist die Eisdecke wieder so fest, dass sie nach Irkutsk zurückkehren können.

Anfang Februar starten sie erneut Richtung Baikalsee, diesmal mit beiden Automobilen. Es ist noch immer bitterkalt, nachts sinkt das Thermometer auf minus 55 Grad. Schließlich gelangen sie an den zugefrorenen See. Warnungen der Einheimischen zum Trotz wollen sie über die Eisfläche fahren. Es ist ein Spiel mit dem Tod. »Wir fuhren mit dem Auto von unserem Bauernhof kaum auf das Eis, mit der Überquerung beginnend, als ein lautes Donnern von Süden heranrollte und hell singend an uns vorbeizog. Eine klaffende Spalte öffnete sich hundert Meter vor dem Dorf in einer Länge von mehreren Kilometern.« Sie haben Glück, der Riss im Eis zieht knapp an ihnen vorbei. Doch eine Schlittenkarawane, die unweit unterwegs ist, wird getroffen: Eines der Gefährte wird mitsamt Pferd hinabgerissen, ein Junge, der das Pferd führte, kann gerade noch zur Seite springen. »Dann war wieder alles ruhig, auf drei Meter Breite blinkte das tückische Wasser zwischen den klaffenden Spalten des Eises in der Sonne.« Väterchen Baikal hat sich sein Opfer geholt.

Sie brechen ihre Fahrt nicht ab, sondern suchen sich nur eine andere Route. Immer wieder hören sie das Krachen des Eises unter den Rädern, oder das laute Knallen, wenn sich irgendwo wieder ein Spalt auftut. Mehrmals öffnet sich das Eis unter dem Wagen zentimeterbreit, und Wasser sickert durch. »Wir durften uns keine Zeit nehmen, darauf zu achten, denn wir wollten hinüber. Es waren noch fünfzig Kilometer auf dem See, dem Ufer folgend, zurückzulegen, bis wir im rechten Winkel abbogen, um auf die andere Seite zu gelangen.« Einmal geraten sie in eine fünfzig Zentimeter breite Spalte und können mit Vollgas gerade noch herauskommen: »Rechts und links klatschte das Wasser auf das Eis, doch das Schicksal hatte es wieder gut mit uns gemeint.« Die Eisfläche ist nicht eben, sondern durch Wellengang und Wind buckelig und vernarbt, bisweilen türmen sich Blöcke haushoch auf. Nach etwa vierzig Kilometern erreichen sie das Deltagebiet des Flusses Selenga. Hier wird das Eis glatt, und sie können auf dem zugefrorenen Fluss bis Kabansk weiterfahren. Sie haben es geschafft! Der Baikalsee ist überquert, sie wurden nicht von dem tückischen Wasser des über 1600 Meter tiefen Sees verschlungen. Als hätten sie nicht schon genug an Abenteuern erlebt, begeben sich Clärenore Stinnes und Carl-Axel Söderström anderntags auf Bärenjagd, können das gefährliche Tier, dessen Spur sie verfolgen, aber nicht aus seiner Höhle locken. Also kehren sie wieder um und fahren weiter nach Troizkosawsk (Kajchta), kurz dahinter erreichen sie die russisch-mongolische Grenze. Das sibirische Abenteuer liegt hinter ihnen. Sie verlassen die russische Zivilisation und tauchen in die fremde Welt Asiens ein.

Räuberrotten und Bürgerkrieg

Die Bilder, die sich ihnen zeigen, sind wie ausgewechselt: Anstatt der vertrauten russischen Wälder und Dörfer mit ihren Kirchlein und Zwiebeltürmchen dehnt sich nun eine fast baumlose Steppe, über die vereinzelt Karawanen von Kamelen und Yaks ziehen. Ihnen begegnen Menschen mit breiten, lächelnden Gesichtern in bunten Gewändern, die sich verwundert über die Fremden unterhalten, »doch unfaßbar, in unseren Ohren nicht haftend waren die Laute ihrer Sprache«. In einer Grenzsiedlung finden sie bei Privatleuten Quartier. Am nächsten Tag geht es weiter, durch die verschneite, hügelige Landschaft, die von tückischen Schneewehen durchzogen wird, in denen sie immer wieder stecken bleiben und sich mühselig herausgraben müssen. Der Schneesturm nimmt zu. »Der Wind verwehte jede Spur, die noch soeben zu sehen gewesen war. [...] An windreichen Hängen lagerte der Schnee wie die Wellen eines plötzlich zum Stehen gebrachten Meeres, oder sie glichen in ihrer Zerrissenheit den vielgezackten Dächern siamesischer Pagoden.« Clärenore Stinnes darf, das weiß sie nur zu gut, nicht einschlafen, ansonsten würde sie vom Schnee zugeweht und lebendig begraben. Achtunddreißig Stunden lang hält sie am Steuer des »Standard« durch, ihr folgt Söderström im Lastwagen. Endlich erreichen sie die mongolische Hauptstadt Urga (Ulan Bator). Es ist der 22. Februar 1928, der letzte Tag im mongolischen Kalenderjahr. Sie finden ein aus Stein gebautes Hotel in einer Stadt, die fast nur Lehmhütten und Jurten kennt. Am nächsten Morgen, es ist der mongolische Neujahrstag, sehen sie sich in der fremden Welt um: »Kamele und Automobile kreuzten sich in den engen Straßen. Gläubige pilgerten über die weiten, großen Plätze. Büßende bereuten ihre Sünden, indem sie sich alle drei Schritte auf die Erde warfen und den Staub küßten. Sie zogen um die westliche und östliche Priesterstadt.« Neugierig betreten sie den großen Tempel mit dem vierzehn Meter hohen, goldenen Buddha, in mystisches Dunkel eingetaucht, von Weihrauch umwölkt, von Opfergaben, betenden Priestern und Pilgern umgeben.

Nach viertägiger Ruhepause geht es weiter Richtung China. Unterwegs verlassen sie nur selten und äußerst vorsichtig die Wagen, denn große wilde Hunde machen die Steppe unsicher und ernähren sich nicht nur von Kadavern, sondern überfallen in geschlossenen Rudeln auch Herden und Menschen. Zudem ist es das Gebiet der als sehr brutal geltenden Hunghutzen, Räuber, »die sich aus entlassenen oder desertierten chinesischen Soldaten und aus Bewohnern dortiger Räuberdörfer zusammensetzten; [...] Schwer bewaffnet zogen sie in Rotten von zweitausend bis dreitausend Mann umher und raubten, wo sie etwas fanden, hohe Lösegelder für Transporte und Gefangene fordernd.«Wenn man ihren Forderungen nicht sogleich nachkäme, so hat man den Europäern erzählt, schnitten sie den Gefangenen zunächst ein Ohr ab, dann eine Hand, die sie im Postpaket den Anverwandten zukommen ließen, als Nächstes würden sie ihr Opfer, ohne mit der Wimper zu zucken, ermorden. Stinnes und Söderström versuchen die Gegend so rasch wie möglich zu passieren, fahren fast ohne Pausen durch, machen nur hin und wieder in befestigten Dörfern halt und übernachten in kalten, schmutzigen Jurten, zünden sich an gefrorenem Kuhmist ein Feuer an und bereiten sich darüber ein kärgliches Mahl. Auch nachts fahren sie, sofern das Mondlicht es zulässt, dann sehen sie in den Schluchten am Wegesrand die Augen der Wölfe aufblitzen.

Sie erreichen die Grenze zu China und nehmen Quartier. Die Wüste Gobi tut sich vor ihnen auf und begrüßt sie mit einem Sandsturm: »Zehn Schritte vom Hause war nichts mehr zu erkennen. Gelbe Wolken von Sand, welche Steine bis zur Größe von Taubeneiern mit sich führten, verdunkelten die Sonne.« An ein Verlassen des Gasthauses oder gar eine Weiterfahrt ist nicht zu denken. Als der Sturm endlich nachlässt, gehen sie vor die Tür und sehen die Kamele, die ringsum lagern, bis zum Rücken in Sandwehen vergraben. Endlich können sie weiterfahren, in einer ersten Etappe bewältigen sie fast dreihundert Kilometer und kommen nach Seleban. Anderntags wollen sie nach Kalgan (Zhangkjiakou) weiter. Die Fahrt führt durch von Räubern verseuchtes Gebiet: »Wenn eine Gestalt auf einem Hügel auftauchte, hielten wir an, um sie auszumachen und unsere Taktik danach zu wählen. Wir konnten genau beobachten, wie die Posten der Räuber sich von Hügel zu Hügel mit Zeichen und Flaggen verständigten.« Einmal lässt sich eine Begegnung nicht vermeiden: Sie halten die Wagen an, die Räuber und die Fremden beäugen sich gegenseitig, um die Gefährlichkeit des Gegners abzuschätzen. »Als wir aber feststellten, daß die vierzig Mann, um die es sich handelte, nur schlecht bewaffnet und ungenügend beritten waren, gaben wir Vollgas, um an ihnen vorbeizufahren.« Die Räuber geben auf und versuchen erst gar nicht, die Automobilisten zu verfolgen.

Einige Stunden später verliert Clärenore Stinnes ihren Reisegefährten, der dem »Standard« mit dem Lastwagen folgt, hinter einer Hügelkuppe kurz aus dem Blick. Sie hält an, wartet ein paar Augenblicke, da hört sie bereits das vertraute Motorsurren. Als sie in den Rückspiegel sieht, erstarrt sie vor Schreck: Aus dem Motorraum des Lastwagens schlagen Flammen! Schnell rennt sie nach hinten, Söderström ist bereits herausgesprungen. »Der Wagen stand vorn in hellen Flammen … Ladung 400 Liter Benzol und 3000 Meter Filmband! Es konnte schiefgehen, wenn uns nicht eine schnelle Löschung gelang.« Jeden Augenblick kann der Wagen explodieren, das Filmmaterial ihrer Reise wäre zerstört. Weit und breit gibt es kein Wasser zum Löschen. Da fällt ihnen ein, dass sie einen kleinen Feuerlöscher dabeihaben. Sie reißen ihn aus der Befestigung, schlagen die Sicherung ein, »und zischend schoß der Strahl aus dem Behälter, augenblicklich das Feuer erstickend!«

Sie fahren weiter, endlich lassen sie die Wüste Gobi hinter sich und nähern sich der Stadt Kalgan. »Der erste Baum begrüßte uns in einem Hochtal.« An den Berghängen sehen sie schwarze Gruben, »die Eingänge der Wohnungen dort lebender Chinesen, die primitivste Form der Höhlenbewohner, die oft kilometerweit zur Feldarbeit laufen mußten, um sich bei einem Reicheren die wenigen Cents für den täglichen Reisbedarf zu verdienen«. Kalgan ist eine typisch chinesische Stadt, die noch kaum von der modernen Zivilisation erfasst ist. Durch schmale Gassen laufen Kulis mit ihren Rikschas »wie Ameisen hin und her«. Vor den hell beleuchteten Schaufenstern hängen bunte Lampions und Reklametafeln, die mit Papierquasten verziert sind. Clärenore Stinnes und Carl-Axel Söderström werden im Haus eines hier seit Langem lebenden deutschen Ehepaars gastlich aufgenommen, wenngleich die Hausfrau die Fremde zunächst gar nicht als Deutsche zu erkennen vermag, »denn meine

Kleidung und mein Aussehen waren so heruntergekommen, daß sie mich für einen chinesischen Revolutionär hielt«. Seit Jahren herrscht Bürgerkrieg zwischen Nationalisten und Kommunisten, und nicht weit von Kalgan verläuft die Front. »Auf den Gleisen des Bahnhofs standen zerschossene und ausgebrannte Züge. In der Stadt brodelte die Aufregung vor der möglichen Besetzung durch den Feind. Schwer gefesselt trieb man desertierte Soldaten zum Richtplatz; [...] Auf der Brücke, die über den Fluß führte, waren an Stöcken die Köpfe von Hingerichteten als schreckliche Warnung aufgespießt und spiegelten sich im Strom.« Sie müssen so rasch wie möglich weiter, wollen sie nicht mitten in die Kampfhandlungen geraten, denn die Front rückt immer näher und droht die Verbindung nach Peking abzuschneiden. Es gibt nach der Hauptstadt keine Straßenanschlüsse mehr, nur eine Eisenbahnlinie ist noch intakt. Acht Tage lang versuchen sie vergeblich, eine Genehmigung zu erhalten, die beiden Automobile auf einen Zug zu verladen. Endlich treiben sie einen zerschossenen Eisenbahnwaggon auf, der zur Reparatur nach Peking gebracht werden soll. »Wir richteten ihn notdürftig her und luden die Wagen auf. Die Stellen auf der Plattform, wo die Planken fehlten, füllten wir stückweise während der Auffahrt mit unseren eigenen Planken aus.« Endlich wird ihnen die Erlaubnis erteilt, den Waggon an das Ende des nächsten regulären Zuges zu hängen. So können sie Kalgan verlassen, sie passieren die Große Chinesische Mauer, kommen durch ein zerschossenes, vom Krieg zerstörtes Land, sehen sechsjährige Kindersoldaten in Uniform ...

Sie erreichen die Gegend um Peking. Die Automobile werden abgeladen. Clärenore Stinnes und Carl-Axel Söderström fahren in die Richtung weiter, wo sie die Stadt vermuten. Doch sie verirren sich und fürchten bereits, die eiskalte Nacht auf freiem Feld zubringen zu müssen, als ihnen ein paar Chinesen begegnen, die den Weg zur Hauptstadt weisen. Es ist ein Uhr in der Nacht, und die Stadttore, über die Peking damals noch verfügt, sind geschlossen. »Zwei Doppelmauern umgaben die

Hauptstadt, deren Eingänge von Militär bewacht wurden. [...] Wir rüttelten an den eisernen Trägern, die die schweren Holzbohlen [der Stadttore] zusammenhielten.« Ein Soldat öffnet das Tor einen Spalt breit, heftige Schimpfkanonaden gehen hin und her. Der Soldat holt seinen Vorgesetzten. Clärenore Stinnes zeigt ihm ein Blatt Papier mit dem Wappen des Zhang Zuolin, des obersten Kriegsherrn der Nordarmee, die Peking seit 1926 besetzt hält. Sie hat sich dieses ansonsten wertlose Blatt bereits in Berlin besorgt. Nun schreit sie lauthals den Namen des mächtigen und gefürchteten Generals. Der wachhabende Offizier ist eingeschüchtert und geht telefonieren, Clärenore hört ihn in den Hörer schreien. Zwei Stunden lang zieht sich das Telefonat hin, dann endlich legt der Offizier den Hörer auf und gibt Befehl, das Tor zu öffnen. Wie im Triumph fahren Clärenore Stinnes und ihr Kameramann mitten in der Nacht in die Stadt ein und nehmen Zimmer in einem Hotel im Legationsviertel.

In den nächsten Tagen erkunden sie die Stadt, nach chinesischer Anschauung der Mittelpunkt der Welt. Von vielem sind sie befremdet, manches verstört sie und erschließt sich ihnen nicht: »Die Luft und das Land gehörten dem Gong, der Holzklapper, der Pergamenttrommel. Die Menschen lebten der Vergangenheit und den Geistern. Wir achteten auf diese Stimmen des Landes und eilten ins Freie, sobald sie unser Ohr trafen. Wir unterschieden nicht den Sinn der Töne. Wir glaubten zum Beispiel eine Hochzeit zu finden und sahen uns vor einem Zug Gefangener, die zur Richtstätte geführt wurden. Man fuhr diese Menschen auf kleinen Karren. Scherzend unterhielten sie sich mit dem Publikum, alles war vergnügt, Freunde und Fremde warfen ihnen Leckereien zu, lachend wurden sie zum Tode gefahren, lachend begruben die Angehörigen ihre Toten, doch nur, nachdem sie für einige Dollar vom Henkersknecht den Kopf zum Rumpf zurückgekauft und ihn wieder angenäht hatten. Für kopflose Körper war die Seligkeit nicht geschaffen.« Sie beobachten eine Hochzeitsfeier samt Fackelprozession, schlendern durch das Gewirr der Gassen mit ihren Buden, Ladengeschäften, Werkstätten, Garküchen. Sie werden von Europäern nach Hause eingeladen, bisweilen aber auch von Chinesen, und sehen, in welcher Ärmlichkeit, aber auch in welcher Würde der Bescheidenheit die meisten leben. Sie besuchen Tempel und Theater, Tiermanegen und Parkanlagen, besichtigen im Westen Pekings die alten Klosteranlagen. Es ist das China wenige Jahre vor der Machtübernahme der Kommunisten und der Zerstörung der alten Traditionen und Kultur. Clärenore Stinnes und Carl-Axel Söderström hätten sich vielleicht mehr Zeit genommen, hätten sie gewusst, dass diese jahrtausendealte Welt sich unwiederbringlich vor dem Untergang befand.

Doch sie wollen fort, denn an Kilometern gemessen haben sie erst die Hälfte ihrer Weltreise hinter sich, und dabei sind sie bereits seit knapp einem Jahr unterwegs, eine Zeitspanne, in der sie ursprünglich die gesamte Tour absolvieren wollten. Also eilen sie weiter – zumal die Bürgerkriegsfront immer näher rollt. Die Chaussee ins nur hundert Kilometer entfernte Tientsin ist gut zu befahren, von dort aus sind es nur noch wenige Kilometer ans Meer. Doch unterwegs werden sie mehrmals von selbsternannten Zollposten aufgehalten, die eine Wegemaut erheben. Die beiden Globetrotter sind inzwischen freilich recht abgebrüht und geben nicht gleich jeder Forderung und jeder Drohung nach: »Wenn wir also durch eine Schranke angehalten und nicht sofort durchgelassen wurden, so übten wir Faustrecht. Obwohl die Gegenseite bewaffnet war, genügte es, zwei oder drei Mann mit der Faust aus dem Felde zu schlagen, um die übrigen zu veranlassen, uns den Weg freizugeben, aus Angst, das gleiche Schicksal zu erleiden.« Manchmal überwinden sie eine Mautbarriere einfach, indem sie, den stärkeren Lastwagen voraus fahrend, die Schranke mit Vollgas durchbrechen.

An der Küste angelangt, können sie Tickets auf einem japanischen Dampfer ergattern. Die Überfahrt nach Japan verläuft ruhig – bis auf die letzte Nacht, als sie von einem Taifun überrascht werden, der das Schiff hin und her wirft, was Clärenore zunächst nicht weiter stört, die, erstaunlich seefest, es sich mit einem spannenden Krimi in ihrer Kabine bequem gemacht hat. Dann aber lehrt der Orkan sie das Fürchten: »Ich war gerade beim Lesen, als eine neue Welle gegen das Schiff schlug. Der Stuhl, auf dem ich saß, flog unter mir weg, und ich hatte kaum noch Zeit, mich am Fenstergriff festzuklammern, ehe Tische, Stühle und alles, was nicht angeschraubt war, in wilder Jagd an mir vorbeirollte, gemischt mit entzweigeschlagenen Fensterscheiben, Marmorplatten fielen in Scherben zu Boden.« Das Schiff droht einen Augenblick lang zu kentern, dann richtet es sich doch auf und kann seine Fahrt wieder aufnehmen – den Orkan langsam hinter sich lassend.

Sie erreichen die japanische Hafenstadt Moji-ku (heute ein Stadtteil von Kitakyūshū). Die Automobile werden entladen, und auf recht guten Chausseen geht es nach Kobe. Unterwegs genießen sie in einem kleinen Hotel eine Übernachtung mit traditionellem japanischen Teezeremoniell und einem heißen Bad. Beim Abendessen werden sie von zwei Geishas bedient: »Es erweckte ihre Heiterkeit, wie wir uns bewegten, wie wir aßen, aber wenn sie über uns scherzten und kicherten, blieben sie doch so kindlich dabei, daß wir ihnen nicht böse sein konnten.« Die Wände sind lediglich papierbespannte Rahmen, die morgens auseinandergeschoben werden. Staunend berichtet Clärenore Stinnes: »In das dunkle schlafende Haus brach das Sonnenlicht. Das Zimmer, in dem ich mich zum Schlaf niedergelegt hatte, war am Morgen verschwunden, und vor meinen Augen wurde die ganze Breite der Wand ausgefüllt von einem Fluß, der am Haus vorüberzog. [...] Drei Schritte vor mir lag Söderström auf seiner Matte.«

Fünf Tage lang fahren sie über die Insel Hondo und erreichen schließlich Tokyo. »Auf den chaussierten Wegen schwand alle Sorge vor tückischen Zufällen straßenloser Gegenden. Die Selbstverständlichkeit der Einwohner, Ruhe und Ordnung zu halten, wirkte beruhigend auf unsere seit Monaten auf aktive Verteidigung eingestellten Sinne. Keine Revolution, keine Banditen oder Rachelustigen [...].« Im Hause des deutschen Botschafters Wilhelm Solf, der vom Auswärtigen Amt in Berlin über die Globetrotter informiert worden ist, finden sie gastfreundliche Unterkunft. In der Ferne, hinter der Stadt, thront der schneebedeckte Fujiyama. Stinnes und Söderström beschließen, dorthin zu fahren. Sie sind beim Näherkommen von der Majestät des heiligen Berges überwältigt: »Wie aus einem Stück gegossen, stieg er aus der grünen Tiefebene hervor, auf halber Höhe einen Wolkengürtel tragend, der das Tal in Schatten legte. Er thronte mit seinen schneegekrönten Gipfeln hoch über den Wolken im strahlenden Sonnenschein; weiße, wallende Nebelschleier zogen an ihm vorüber.« Dieses eindrückliche Bild nehmen sie aus Japan mit. Wenig später bereits besteigen sie einen Dampfer, der nach Hawaii fährt.

Durch die Hölle der Kordilleren

Nach einer ruhigen Fahrt erreichen sie wohlbehalten Honolulu. Dort fahren sie eine Passstraße hinauf und blicken hinab auf Täler mit Palmen, auf Wellen, die weiß schäumend an den Sandstränden ausrollen. »Junge braunhäutige Hawaiiburschen jauchzten vor Lust, wenn sie auf ihren Surfbrettern mit der Gischt des rollenden Meeres dahinschossen.« Nur kurz bleiben sie in dem Inselparadies, denn so schön es hier auch ist, so wenig abenteuerlich ist es zugleich. Sie gehen an Bord des nächsten Dampfers, der nach San Francisco fährt. In Kalifornien angekommen, steigen sie nur um (eine Besichtigung des Westküstenstaates behalten sie sich für später vor) und fahren mit einem anderen Schiff nach Los Angeles. Hier fassen sie einen schwerwiegenden Entschluss: Es ist auf die Dauer zu umständlich und zu anstrengend, mit zwei Autos zu fahren. Also geben sie den Lastwagen beim Zollamt in Verwahrung und beladen den kleineren »Standard« mit allem Notwendigen. Zudem trennen sie sich vom Hund Lord, dem die klimatischen Strapazen des vergangenen Jahres sehr zugesetzt haben, und bringen ihn in einer

Hundepension unter. »Wir mußten«, gesteht Clärenore Stinnes, »unsere Ohren zuhalten, als sein klagendes Geheul aus dem Käfig, in den er eingesperrt worden war, uns nachklang.«

So auf das Wesentliche reduziert und konzentriert, fahren sie mit dem Dampfer weiter südwärts, an der mittelamerikanischen Küste entlang bis nach Panama. Clärenore Stinnes plagt eine Zahnentzündung, sodass sie für die Großartigkeit der Kanalanlagen kaum einen Blick übrig hat. Immerhin bemerkt sie doch »die riesenhaften Schleusen, die Maschinerien, mit denen sie betrieben werden«, und bestaunt bei einer Fahrt durch den Kanal, wie »die Dampfer eng begrenzt durch Urwaldstreifen und Bananensiedlungen der Eingeborenen« dahingleiten. Von einem Dentisten lässt sie sich den wehen Zahn ziehen, dann ist sie wieder fit, bereit für das Abenteuer Südamerika.

Südwärts geht es an der Küste Kolumbiens vorbei. Am Äquator werden die Passagiere, die den Null-Breitengrad zum ersten Mal passieren, der rituellen Taufe unterzogen: »46 Täuflinge unterlagen dem Richterspruch Neptuns. Sie wurden mit Mehlbrei, Eiswasser und Elektrisierapparaten gründlich vorbearbeitet, bevor die ›Meerpolizisten‹ sie hinterrücks in den Badetank kippten.« Weiter geht es an der Küste Ecuadors und Perus. Es wird, obwohl sie noch in den tropischen Breiten sind, empfindlich kühl, denn der Humboldtstrom aus der Antarktis bringt kaltes Wasser hierher. In der Ferne erblicken sie die gewaltigen Anden, »die steilen Konturen und das durstige Grau der Hänge«. Clärenore Stinnes und Carl-Axel Söderström wollen diese Berge mit dem »Standard« überqueren und bis zur argentinischen Küste gelangen – so ist ihr waghalsiger Plan. Am nächsten Tag erreicht das Schiff Callao, die Hafenstadt Limas. Das Auto wird rasch entladen, und noch am selben Tag fahren die beiden Globetrotter nach Lima. Dort bringen sie eine ganze Woche zu, denn sie müssen die Fahrt über die Anden genau planen, die Ausrüstung vervollständigen, Pässe und Wagenpapiere für Bolivien, Argentinien und Chile besorgen. In der Freizeit besuchen sie die Strände Perus und die nahen Guano-Inseln. Mit einem

Boot legen sie auf den Inseln an, die unter strengem Naturschutz stehen: »Beim Näherkommen nahmen wir den intensiven Geruch dieses natürlichen Düngers wahr, und es verstrich eine geraume Zeit, bis wir uns so weit daran gewöhnt hatten, daß wir das Taschentuch von der Nase entfernen konnten. […] Es war gerade die Brutzeit der Tiere. Millionen Vögel hatten auf dem Felsboden ihre Nester gebaut, und die Weibchen saßen brütend auf den Eiern, während das Männchen kollernd zwischen seinen drei bis fünf Frauen stolzierte und streng darauf aufpaßte, daß sie ihren Pflichten nachkamen. […] Wir konnten mitten unter die Tiere gehen […]. Sie ließen sich auch nicht stören, als wir unsere Photographien und Filmaufnahmen machten.« Sie beobachten auch Seelöwen, die freilich scheuer sind: »Bei unserem Nahen rutschten sie wie große Fettklumpen ins Meer […].«

Am 11. Juli 1928 brechen Clärenore Stinnes und Carl-Axel Söderström zur Weiterfahrt auf, in Begleitung eines peruanischen Hauptmanns, der ihnen vom Militär zur Verfügung gestellt worden ist: »Erstens, um uns zu helfen und Hilfe requirieren zu können. Zweitens sollte er topographische Aufnahmen machen, denn Karten – geschweige denn Wege über die Kordilleren – existierten nicht.« Zunächst fahren sie südwärts, sehen von den Bergen aus die Sandwüste, die sich zwischen Ozean und der ersten Kette der Kordilleren erstreckt. Sie gelangen zur Hafenstadt Pisco. Von dort aus geht es durch die Sandwüste, in der nur alle siebzig bis hundert Kilometer mit einem Brunnen zu rechnen ist. Also müssen sie Wasser bunkern. Clärenore Stinnes und Carl-Axel Söderström wechseln sich nun beim Fahren ab, während der peruanische Hauptmann im Fond zwischen dem Gepäck eingeklemmt sitzt und »wie in einem steuerlosen Schiff auf hoher See hin und her geschleudert« wird. Ein Sandsturm zieht auf, der Himmel verdunkelt sich, die Sonne verschwindet. Kaum zehn Meter weit können sie sehen, sie orientieren sich an den Gleisen einer Lokalbahnstrecke. Als sie in der Ortschaft Ica ankommen, begegnen sie zufällig einem deutschen Ehepaar, das seit Langem hier lebt, die Globetrotter gastfreundlich aufnimmt und mit deutschem Essen und rheinischem Wein bewirtet. Anderntags fahren sie weiter südwärts, durch Wüste und Bergland, sie kommen durch kleine Dörfer und Haziendas, und überall werden sie freundlich empfangen und verköstigt.

Nun wenden sie sich ins Landesinnere. Hier, so wird ihnen mitgeteilt, gebe es keine Pisten mehr, allenfalls noch Maultierpfade. Zunächst müssen sie einen Sandberg überwinden. Sie kaufen sich Kuhhäute, »die uns über böse Sandlöcher helfen sollten«. Der »Standard«, sonst selbst die schlechtesten Wegstrecken meisternd, versagt. Die Abenteurer lassen fast die gesamte Luft aus den Reifen, zudem spannen sie ein Seil, an dem dreißig angeheuerte Indio-Helfer ziehen: Der Motor heult auf, die Treidler ziehen, endlich greifen die Räder, und der Wagen fährt langsam den Sandberg hinauf. Auf der anderen Seite des Sandbergs geht es ebenso steil wieder hinunter. Die Abenteurer lassen das Los entscheiden: Söderström soll diesmal ans Steuer, während die Prinzipalin die Abfahrt mit der Filmkamera festhalten soll. »Als wir uns trennten«, erinnert sich Clärenore Stinnes, »nahmen wir Abschied voneinander; nur das Schicksal kannte den Ausgang. Söderström setzte sich an das Steuer des Standard, ich drehte die Kurbel. Langsam kippte der Wagen mit seiner Nase über den Abhang und sauste dann mit blockierten Rädern wie ein Schlitten im Sand hinunter. Mit angehaltenem Atem verfolgte ich den […] ›Flug des Adlers‹. Am Fuße des Abhangs war niedriges Dünengelände. Da hinein sauste Söderström mit dem Wagen in voller Fahrt. Der erste Hügel wirkte wie ein Sprungbrett, der Wagen flog mindestens sechs Meter durch die Luft, bevor er wieder Boden fassen konnte und zum Stehen kam.« Clärenore Stinnes und der peruanische Hauptmann rennen den Berg hinunter. Sie fürchten das Schlimmste. Doch wie durch ein Wunder ist Söderström mit dem Schrecken davongekommen, auch das Automobil hat keinerlei Schaden genommen.

Wenig später erleiden sie doch eine Havarie: Auf der Fahrt entlang der Küste wird der Strand immer schmaler, sie müssen teils durch seichtes Uferwasser fahren. Mit einem Mal werden sie von einer Sturzwelle überrascht, die den Wagen voll trifft. Der Motor zieht zwar durch, aber ein Knacken aus dem Motorraum lässt Schlimmes ahnen: Ein Ventilatorenflügel wurde verbogen und ist in den Kühler eingeschlagen. Aus einem Loch läuft Wasser heraus. Mit Hilfe von Indios können sie indes den Wagen wieder auf ein Hochplateau ziehen. Sie gelangen zu einer Hazienda, wo sie den Kühler abmontieren und löten.

Auch die folgenden Tage fahren sie im Zickzack hinauf in die Berge und hinunter an die Küste, eine Straße gibt es nicht, ebenso wenig einen Strand, den sie als Piste nutzen könnten. Aus der Sandwüste wird eine Steinwüste mit gefährlichen Felsbrocken. Zum Teil müssen sie sich mit Pickel und Dynamit einen Weg bahnen. »Die Steine, scharf wie Messer, schnitten in unsere guten Reifen und ganze Stücke Gummi wurden wie mit dem Rasiermesser herausgeschält.« Hin und wieder stoßen sie auf Bauarbeitercamps, denn gerade damals wird – stückweise und mit großen zeitlichen Unterbrechungen – eine Straße von Lima ins südlich gelegene Arequipa in Angriff genommen. Die Arbeiter helfen den Abenteurern weiter, mit Benzol, mit kleineren und größeren Reparaturen, mit Tipps und schlicht mit Muskelkraft, denn immer wieder bleibt der »Standard« im Geröll oder an den Berghängen liegen und muss mit Seilen und Winden flott gemacht werden. Es geht in die Kordilleren hinein. Mühselig, meterweise kommen sie voran, teils aus eigener Motorkraft, teils mit Hilfe von Straßenbauarbeitern, einheimischen Indios, vorgespannten Ochsen und immer wieder mit der brachialen Gewalt von Dynamit, mit dem sie Hindernisse aus dem Weg sprengen. An manchen Tagen schaffen sie gerade einmal sechs Kilometer – und müssen selbst darüber heilfroh sein. Unter ihnen gähnen die Abgründe – und längst schon ist das Automobil eine Last geworden. Auf Mauleseln ginge es wesentlich schneller und sogar bequemer voran. Aber sie brauchen das Auto ja, wenn sie die Anden durchquert haben und durch die großen Ebenen des Gran Chaco in Argentinien fahren wollen.

Und sie haben einen Rekord aufzustellen: die erste Weltumrundung mit dem Automobil (und nicht den ersten Weltumritt auf einem Esel). Also quälen sie sich voran, zerren und bugsieren den Adler, der nicht fliegen kann, durch Geröllfelder und über Steilhänge. Längst ist aus dem Globetrotter-Duo ein Tross geworden, der sich karawanengleich durchs Hochgebirge müht. Abends essen sie Erbsensuppe, in der Würmer schwimmen, aber sie sind zu hungrig und ausgelaugt, als dass sie darauf achteten. Das größte Problem jedoch: der Wassermangel in dem wüstengleichen Gebirge. Sie haben schon kaum genug Trinkwasser für sich und die Helfer, doch zu allem Unglück läuft immer wieder Wasser aus dem Kühlertank aus. Irgendwann geben die Helfer auf und kehren zurück in ihre Dörfer, der peruanische Hauptmann seilt sich ab, der Motor läuft fast ohne Wasser, der Proviant ist zur Neige gegangen, sie stehen kurz davor, zu verdursten. Söderström notiert in seinem Tagebuch vom 13. August 1928: »[…] unsere Kräfte waren am Ende. Die Hilfe von Ocoña war nicht gekommen, ohne Wasser und Essen war unsere Lage hoffnungslos. Wir schwankten wie Betrunkene nach der kleinsten Anstrengung.« Clärenore Stinnes und Carl-Axel Söderström beschließen, den Wagen stehen zu lassen und sich zu Fuß zur nächsten menschlichen Siedlung durchzuschlagen – sofern sie nicht unterwegs verdursten oder entkräftet zusammenbrechen würden. »Wir begannen unseren Fußmarsch«, erinnert sich Söderström. »Clärenore fing an schwach zu werden. […] Dann schwanden auch mir die Kräfte. Wir weinten wie die Kinder. Unsere Schuhe waren von Steinen zerschnitten, jeder Schritt brannte wie Feuer. Streckenweise krochen wir auf allen vieren. Schaum trat uns vor den Mund […].« Dies scheint das Ende zu sein. Beide haben sie innerlich mit dem irdischen Dasein abgeschlossen. Es wird Abend, die Hitze lässt nach. In der nächtlichen, frischen Luft versuchen sie es ein letztes Mal und kriechen ein Stück weiter. Und da: ein kleines Wunder! Sie stoßen auf eine Quelle. »Wir stürzten uns mit Händen und Gesicht hinein.« Sie löschen den Durst, tanken Kraft, können ein Stück weitergehen. Endlich erreichen sie am nächsten Morgen eine Hazienda, wo man ihnen zu essen und zu trinken gibt. Söderström ist so ausgehungert, dass er von der Nahrung Magenschmerzen bekommt und alles wieder von sich gibt. »Die Füße waren rohes Fleisch, an ihnen hingen die Strümpfe als blutdurchtränkte Lappen. Wir waren ungefähr 50 Kilometer weit gelaufen.«

Nach mehreren Tagen des Wartens und des vergeblichen Versuchs, Pferde und Helfer zu finden, erhalten sie ein Telegramm des Gouverneurs von Ocoña: Der peruanische Hauptmann hat sie nicht verlassen, sondern konnte sich zur Bezirksstadt durchschlagen und Bericht erstatten. Der Gouverneur schickt Männer, Esel, Pferde und Ausrüstung. Sie bergen den »Standard« und bekommen ihn wieder flott. Mit vereinten Motor-, Pferde- und Manneskräften geht es nun wieder weiter, das Wunder ist Wirklichkeit geworden. Söderström, immer noch geschwächt, bekommt hohes Fieber mit Schüttelfrost. »Der kleinste Schluck Tee verursachte Erbrechen.« Clärenore pflegt ihn, so gut sie kann. Sie kommen im Haus eines Priesters unter. Nachts knistert es seltsam in den Wänden und Böden, sie vermuten Ratten, aber es sind die feinen Stöße eines Erdbebens.

Von Ozean zu Ozean

Sobald Söderström wieder etwas bei Kräften ist, ziehen sie weiter. Doch bald erleiden sie erneut eine Havarie: Aus dem Antriebskegelrad brechen zwei Zähne. Sie können zwei Lastwagen besorgen, mit deren Hilfe sie den »Standard« und die gesamte Ausrüstung nach Puno am peruanischen Westufer des Titicacasees schaffen. Hier telegrafieren sie nach Deutschland, an die Adler-Werke, mit der Bitte um Zusendung eines Ersatzteils. Das wird, so wissen sie, Wochen dauern, aber es bleibt ihnen keine Wahl. In einem Hotel nehmen sie Zimmer, der Hauptmann kehrt nach Lima zurück, während Clärenore Stinnes und Carl-

Axel Söderström sich in einer Höhe von 3800 Metern in Geduld üben. Der grandiose Ausblick auf den See, über dem sich fast jeden Abend gewaltige Gewitter zusammenballen, entschädigt nur unzureichend für das schlechte Essen, den Schmutz in der Unterkunft, die Unmengen an Flöhen, Läusen und Wanzen, und vor allem: für »das Sehnen, die Sendung aus Deutschland möge endlich eintreffen. Stundenlang hockten wir im Zimmer, spielten Schach oder Whist und legten Patiencen.« Um sich etwas abzulenken, erkunden sie auf Mauleseln die Umgebung. Sie folgen alten Indianerpfaden und entdecken aufgegebene Gold- und Silberminen aus der Zeit der Konquistadoren, die hier nach den Schätzen des sagenhaften Landes El Dorado suchten. Da Clärenore Stinnes und Carl-Axel Söderström von ihrer Gewalttour über die Kordilleren her im Umgang mit Dynamit bereits erfahren sind, sprengen sie auch hier Grasnarben und Geröll weg und legen darunter alte Schächte frei, in denen Metalladern glitzern.

Endlich, am 22. November 1928, nach drei Wochen des Wartens, trifft das Ersatzteil aus Frankfurt ein. Es war nach Buenos Aires gebracht worden, und von dort per Bahn nach Bolivien und mit dem Dampfer von der bolivianischen Seite des Titicacasees hinüber ins peruanische Puno. Das Kugelrad wird eingebaut, und der »Adler Standard« kann wieder zuverlässig seine Fahrt aufnehmen: Sie passieren die bolivianische Grenze, über eine Hochsteppe geht es nach La Paz und von dort immer entlang der Eisenbahnlinie, die die Verbindung von Peru über Bolivien nach Argentinien darstellt. Sie fahren langsam, aber stetig südwärts durch die Anden, passieren bei La Quiaca die argentinische Grenze und gelangen hinunter in die Trockenwald- und Buschsavanne des Gran Chaco. Die Pisten werden besser, aber zugleich wird das Klima unwirtlicher. Anstatt der trockenen, kalten Höhenluft der Anden empfängt sie nun subtropische Hitze. In den Wäldern lauern Schlangen, Skorpione und Vogelspinnen, und sie müssen bei jedem Schritt außerhalb des Autos achtgeben, nicht gebissen zu werden. Endlich gelangen sie in das tiefer gelegene Weideland der Pampa und schließlich in die Region Buenos Aires. Hier erscheint die Natur vertraut, die Farmen und Dörfer bieten ein Bild des Wohlstands und der Zivilisation. Doch wieder zeigt sich die Natur von ihrer zerstörerischen Seite: Ein Tornado fegt über die Ebene, Bäume brechen, die Globetrotter können sich gerade noch rechtzeitig in ein festes Steinhaus retten. Anderntags sind weite Teile der Ebene überflutet, und sie müssen sich mäandernd einen Weg durch Schlamm und Morast suchen, fern der eigentlichen Straße, auf Feldwegen und kleinen Anhöhen. Wenige Kilometer vor Buenos Aires bricht die Bremstrommel. Sie können das Teil nur provisorisch reparieren. Zuckelnd schaffen sie die letzten Kilometer in die argentinische Hauptstadt. Es ist Nacht, sie sind übermüdet und halten sich nur durch das Kauen von Kokablättern mit ihrer aufputschenden Wirkung wach.

In Buenos Aires werden sie bereits von der Presse erwartet, die durch ein Telegramm von der Ankunft der berühmten Weltumrunder erfahren hat. Unter den Jubelnden sind auch Verwandte von Clärenore Stinnes, die das Paar in ihrem Zuhause herzlich aufnehmen. Der »Standard« wird in den nächsten Tagen repariert und vollständig überholt. Clärenore Stinnes und Carl-Axel Söderström lassen sich mit deutscher Hausmannskost verwöhnen, verbringen einige erholsame Tage unter dem Christbaum, mitten im argentinischen Sommer, und feiern am letzten Tag des Jahres 1928 ein Abschiedsfest für die alten und neuen Freunde in Buenos Aires.

Am 1. Januar des neuen Jahres 1929 verlassen Clärenore Stinnes und Carl-Axel Söderström Buenos Aires »mit feuchten Augen«. Sie wollen so rasch wie möglich zurück an die Westküste des Kontinents, deshalb wählen sie die beste Route: auf befestigten Straßen durch die Pampa nach Mendoza am Fuße der Anden, und von dort über den »nur« 3832 Meter hohen La Cumbre-Pass hinüber nach Chile. Auf engen Serpentinen geht es hinunter, hinter ihnen die schneebedeckten Berge, vor ihnen der blaue Pazifik. In Santiago werden sie wieder von der Presse erwartet. Von dort geht es zur Hafenstadt Valparaíso, wo sie den nächsten Dampfer nach Panama und weiter nach Kalifornien nehmen.

Empfang bei Ford und Hoover

In Los Angeles gehen sie von Bord, fahren mit dem »Standard« sogleich zur Hundepension, wo sie von dem treuen Lord schwanzwedelnd und heulend begrüßt werden. Zudem holen sie den zwischengeparkten Lastwagen aus der Garage. Von nun an fahren sie wieder mit zwei Autos. Sie haben ihre Ankunft in Kalifornien telegrafisch nicht angekündigt, um wenigstens diesmal inkognito bleiben zu dürfen. »Wieder mit Lord vereint, fuhren wir auf dem Pacific-Highway nach Kanada. Wir genossen die herrlichen Straßen und ließen die Natur im Fluge an uns vorüberziehen.« Zielpunkt dieses Abstechers ist Vancouver in Kanada. In der Küstenstadt herrscht bereits der Frühling, sie machen eine kleine Spritztour hinein in die Berge und befinden sich nach einer Viertelstunde mitten im Winter. »Hier oben machten wir in einem Hotel für einige Tage Rast. Uns zu Füßen, tief unten in der Ebene lag Vancouver, in der Ferne am Horizont wölbte sich der Pazifische Ozean.«

Nach diesem Kurzurlaub wollen beide nur noch eines: so rasch wie möglich zurück nach Europa. Freilich müssen sie noch den großen nordamerikanischen Kontinent durchqueren, und sie tun das mit Interesse und offenen Augen für Land und Leute. Dennoch: Das eigentliche Abenteuer der Strapazen von Taiga, Wüste, Gebirge und Tropen haben sie hinter sich, und die Route von Vancouver zurück nach Los Angeles, von dort ostwärts durch die Rocky Mountains nach El Paso und weiter durch die Great Plains nach Oklahoma City und Chicago, an den Großen Seen vorbei nach Detroit und hinüber nach Boston, New York und Washington D.C. auf gut ausgebauten Highways, an denen jede Menge Tankstellen, Drugstores, Hotels und

Motels aufwarten, gleicht eher einer erholsamen Spazierfahrt denn einem Abenteuer. »Schwierigkeiten gab es für uns nicht mehr. Nach Asien und Südamerika rollten wir jetzt sorglos auf den guten Straßen, die Wagen spielend auf mehrere Hundert Kilometer Tagesleistung bringend.«

Von besonderem Renommee der Fahrt durch die USA sind die Begegnungen mit zwei Männern: In Detroit werden sie von Henry Ford empfangen und stolz durch seine vollautomatisierte Automobilfabrik und sein Museum der Alltagskultur geführt. Clärenore Stinnes ist sich der ökonomischen und soziokulturellen Bedeutung des Unternehmers bewusst: »Der Gründer des Werkes, Henry Ford, ist ein Sinnbild seines Volkes, ein Selfmademan. Es ist sein eigenes Verdienst, sagen anerkennend seine Mitmenschen, für ihn aber ist es sein Lebenswerk, das er als genialer Künstler geschaffen hat und das ihn noch heute wie in den ersten Tagen der Not gefangen hält. Er fühlt und lebt mit seinen Maschinen. [...] Der *Mensch* Henry Ford offenbarte sich, als er mit uns durch die Sammlung für sein zukünftiges Museum ging. Hier hatten alle Gegenstände des täglichen Lebens eine Heimstatt gefunden [...]. Die Gegenstände waren nicht nach ihrem Geldwert ausgewählt worden, sondern nach den Diensten, die sie geleistet hatten.«

Die zweite herausragende Begegnung in den USA haben Clärenore Stinnes und Carl-Axel Söderström in Washington D.C. Im Weißen Haus werden sie von Präsident Herbert Hoover empfangen. Die Globetrotterin gibt die folgende Einschätzung von dessen Person: »Auffallend ist die puritanische Einfachheit, in der die Beamten dieses reichen Staates gehalten werden. Das Prinzip verlangt Sparsamkeit, und danach wird gehandelt. Als Vorbild sieht heute die amerikanische Nation den Präsidenten Hoover, der bei seinem Regierungsantritt sofort auf allen Luxus verzichtet hatte, auf den er als Staatsoberhaupt Anspruch erheben konnte. [...] So versucht Hoover durch sich selbst und seine Taten seinem Volk ein Beispiel zu geben.«

Es ist bereits Juni 1929, sie sind schon über zwei Jahre unterwegs, als sie in New York den Dampfer »Paris« besteigen. Mit leiser Wehmut blicken sie zurück: »Die dunklen, von Lichtern durchglühten Umrisse der ›Skyline‹ wurden kleiner, als einsamer Stern verschwand am Horizont die Fackel der Freiheitsstatue im Hafen von New York.«

Vergänglicher Ruhm und das große Glück

Eine Woche später legt das Schiff bei strömendem Regen in Le Havre in der Normandie an. Am Hafen werden sie von Martha Söderström und von einem Reporter des *Svenska Dagblad* erwartet, während die Vertreter der deutschen Presse alle darauf harren, dass Clärenore Stinnes im Triumph in Berlin einzieht. Mit den beiden Automobilen bewältigen sie die letzte Strecke von Le Havre über Paris, Mülheim an der Ruhr (wo sie Clärenores Mutter besuchen) nach Berlin. Über die AVUS gelangen sie in die Reichshauptstadt, mit einem Tachostand von genau 46063 Kilometern passieren sie am 24. Juni 1929 das eigens gebaute Zieltor, das mit Girlanden, Blumen und Fahnen geschmückt ist, und werden von der Presse und der Bevölkerung jubelnd empfangen. Einige Tage später brechen sie nochmals auf und fahren nach Schweden. In Stockholm werden sie ebenfalls frenetisch empfangen und mit Ehrungen bedacht. Das Tachometer des »Standard« zeigt nun 49244 Kilometer. Über das glücklich beendete Abenteuer der ersten Umrundung des Globus in einem Automobil resümiert Clärenore Stinnes später: »Sie [die Fahrt] war uns gelungen, weil wir bis zu unserer letzten Kraft in Einigkeit zusammengehalten hatten, das Ziel, nach dem wir strebten, vor Augen. Sie war uns gelungen, weil das Glück uns zur Seite gestanden hat, und nicht zuletzt, weil uns in allen Ländern und in allen Bevölkerungsschichten Freunde erstanden. Denen sind wir dankbar.«

Alle können zufrieden sein: Die Adlerwerke haben den besten Reklamecoup für die Qualität ihres neuen Autotyps »Standard 6« gelandet, die Presseleute haben eine fulminante Story, und auch die beiden Abenteurer selbst gehen an die mediale Vermarktung ihrer Welttour. 1929 erscheint Clärenore Stinnes' mit Fotografien illustriertes Buch *Im Auto durch zwei Welten*. Zudem machen sich Stinnes und Söderström bald nach ihrer Rückkunft an die Erarbeitung eines Dokumentarfilms auf der Grundlage des auf der Reise gedrehten Materials. Doch mit *einem* haben sie nicht gerechnet: Als sie 1927 in Frankfurt starteten, war die Filmwelt noch »sprachlos« im eigentlichen Sinn des Wortes. Der Stummfilm kannte nur Zwischentitel und die Live-Begleitung durch einen Pianisten oder ein Orchester. Als sie im Juni 1929 zurückkehrten, hat der Tonfilm seinen siegreichen Einzug in die Cinemas gehalten. Clärenore Stinnes und Carl-Axel Söderström wissen, dass sie mit einem Stummfilm keinen Erfolg mehr erzielen können. Also versehen sie die Aufnahmen nachträglich mit gesprochenen, dazwischengeblendeten Kommentaren und Erläuterungen, die die Zwischentitel ersetzen. Der Film *Im Auto durch zwei Welten* erscheint 1931, der große Erfolg bleibt jedoch aus.

In jenem Jahr 1931 kommt auch ein anderes Kind, eines aus Fleisch und Blut, zur Welt: Bereits 1930 hat sich Carl-Axel Söderström von seiner Frau Martha scheiden lassen, am 20. Dezember des gleichen Jahres haben er und Clärenore in England geheiratet, im Jahr darauf wird beider erster Sohn geboren. Die Söderströms ziehen nach Südschweden auf einen Gutshof, der noch zum Familienerbe der Stinnes gehört. Eine Tochter und ein weiterer Sohn kommen in den folgenden Jahren zur Welt. Zudem werden mehrere Pflegekinder angenommen und großgezogen. Das Ehepaar bewirtschaftet den Hof und führt nach Clärenores eigener Aussage eine glückliche Ehe: »Uns hätte man in der Südsee aussetzen können oder in Grönland. Wir haben uns überall verstanden. In den 46 Jahren unserer Ehe gab es keine Meinungsverschiedenheit.«

Einige Monate im Jahr verbringen die Söderströms immer in Clärenores deutscher Heimat, in einem gemütlichen Holzhaus in Irmenach nahe Traben-Trarbach/Mosel. Cläre Stinnes, geborene Wagenknecht, die Witwe des Konzernchefs Hugo Stinnes, stirbt 1973 im Alter von einhundert Jahren in Mülheim an der Ruhr. Carl-Axel Söderström stirbt am 27. November 1976 mit zweiundachtzig Jahren im schwedischen Nyköping. Seine Frau Clärenore beendet ihre lange Lebensreise am 7. September 1990 mit neunundachtzig Jahren.

Zum damaligen Zeitpunkt ist sie außerhalb Schwedens weitgehend vergessen und allenfalls als Tochter von Hugo Stinnes noch ein Begriff. Doch im Jahre 2008/09 wird der Dokumentarspielfilm *Fräulein Stinnes fährt um die Welt* gedreht (Regie: Erica von Moeller; in der Hauptrolle: Sandra Hüller), der das Ehepaar Stinnes-Söderström schlagartig wieder ins Bewusstsein der Öffentlichkeit rückt. Sechs Jahre später, 2015, folgt eine Gemeinschaftsproduktion von Spiegel-TV und Westdeutschem Rundfunk: die 53-minütige Filmdokumentation *Mit dem Auto um die Welt*. Darin werden neben dem originalen Filmmaterial Interviews mit Kindern, Nichten und Neffen der Söderströms eingebaut.

So fährt Clärenore Stinnes-Söderström wieder um die Welt – in Filmen und Büchern. Übrigens verlor sie bis ins hohe Alter hinein nicht die Lust am Autofahren und tourte regelmäßig mehrmals jährlich zwischen Schweden und Deutschland, ihren beiden Heimatländern, hin und her.

Ella Maillart (1903–1997)

Vagabundin des Meeres

Anfang Mai 1924 besteigt die einundzwanzigjährige Schweizerin Ella Maillart eine Fähre, die vom französischen Le Havre ins englische Southampton übersetzt. Die Fahrt dauert die ganze Nacht. Die See im Ärmelkanal ist unruhig, doch während etliche andere Passagiere mit Übelkeit kämpfen, hält es die Schweizerin nicht in ihrer engen Kabine. Sie steigt an Deck, ungeachtet des Verbots, sich bei hohem Wellengang dort aufzuhalten, und betrachtet den Nachthimmel und die heranrollenden Wogen. Sie ist überglücklich. Noch ein Jahr zuvor war sie als Französischlehrerin in Wales und England tätig, »schüchtern, müde und ohne ein Wort Englisch zu verstehen«, oftmals im Streit mit den Vorgesetzten, die es der jungen Frau aus angesehener Genfer Familie unnötig sauer machten.

Ella Maillart hat nach wenigen Monaten im Unfrieden gekündigt. Nun ist sie frei. Und sie hegt einen großen Plan: Gemeinsam mit ihrer Freundin Miette de Saussure, Tochter aus begütertem Haus, will sie Europa, das sich nach ihrem Empfinden seit dem Ende des Weltkriegs in geistiger Agonie befindet, verlassen und in die Südsee übersiedeln, auf eine einsame Insel, fern der Zivilisation, der Übermüdung und des Überdrusses. Es ist der alte Traum des Europäers von der schönen neuen Welt, von einem Leben unter – wie es die Aufklärer des 18. Jahrhunderts formulierten – »edlen Wilden«. Das Besondere an Ellas und Miettes Fluchtplan: Sie wollen nicht per Flugzeug oder Linienschiff in den Pazifik gelangen, sondern an Bord eines eigenen Segelbootes, von ihnen selbst gesteuert! Erfahrungen haben die beiden jungen Frauen bereits gesammelt: auf dem heimischen Genfer See, aber auch in den Gestaden vor der südfranzösischen Küste. Doch nun will Miette in Marseille nach einem größeren, hochseetauglichen Boot Ausschau halten, ein Unterfangen, das sich in die Länge zieht. Derweil will Ella Maillart weitere Schiffserfahrungen sammeln: Sie hat als »Deckshand«, als einfacher Matrose, auf einem englischen Kutter angeheuert. Es ist das Schiff eines reichen, etwas snobistischen und schrulligen englischen Privatiers, der aus purer Leidenschaft durch die Küstengewässer Englands und Frankreichs schippert und für diese unkonventionellen Touren zahlende Passagiere aufnimmt. Doch so verschroben der Schiffseigner auch sein mag: Er hat keine Probleme damit, eine Matrosin mit an Bord zu haben. Das ist ungewöhnlich in einer Zeit, in der Frauen aus bürgerlichen Kreisen meist auf Ehe und Familie reduziert werden.

Nun steht Ella Maillart also an Deck der Fähre, voller Erwartung und junger Lebensfreude, und blickt, an die Reling geklammert, hinaus auf die nächtliche, wogende See: »Jetzt ritt ich durch den Kampf der Elemente. Der Wind hatte sich seewärts gedreht, eine salzige Flüssigkeit rann über mein Gesicht, meine Haare wurden zerzaust, während ich den Horizont nach den Lichtern anderer Schiffe absuchte. Meine Gedanken waren beim Rudergänger, der nach den größten Wellen Ausschau hielt … Es war fantastisch. ›Den Passagieren ist es nicht erlaubt, sich an Deck aufzuhalten …‹, hörte ich eine väterliche Stimme neben mir. Verdammt, dachte ich, kann er mich nicht in Ruhe lassen, wenn ich so glücklich bin? ›Ist gut‹, sagte ich, ›ich bin kein Passagier, sondern Seemann.‹ Schweigen breitete sich aus, nur der Wind heulte. ›Wenn Sie Seemann sind, dann wissen Sie ja, dass Sie dem Kapitän gehorchen müssen‹, sagte der unsichtbare Mann. Solch eine plausible Antwort ließ mir keine andere Wahl – ich musste mich fügen.«

Tatsächlich kann Ella Maillart zu jenem Zeitpunkt bereits auf eine lange Erfahrung im Segeln zurückblicken. Aber die Ausübung dieser Leidenschaft hat sie sich gegen Widerstände aus der Familie und der bürgerlichen Gesellschaft erkämpfen müssen. Und noch lange, selbst als sie in England als »Deckshand« arbeitet, spielt sie in Briefen nach Hause ihren Job herunter, um die Eltern nicht zu beunruhigen oder deren durch Konventionen geprägte Erwartungen nicht zu enttäuschen.

Zwei elementare Landschaften werden für das lange, vierundneunzig Jahre während Leben Ella Maillarts prägend: Gewässer und Gebirgsregionen. Als Seglerin und als Bergsteigerin wird sie Europa und Asien bereisen und darüber eine Reihe packender Bücher verfassen. Gleichsam an der Schnittstelle von Wasser und Bergen wird Ella Maillart am 20. Februar 1903 geboren: in Genf, am Genfer See, in Sichtnähe zu den Savoyer Alpen mit dem alles überragenden Montblanc. Ellas Eltern sind wohlhabend, der Vater Paul Maillart ist ein angesehener Pelzhändler. Die dänischstämmige Mutter Dagmar, geborene Klim, ist eine Sport treibende Frau, die ihren Kindern, Ella und dem sechs Jahre älteren Albert, früh die Begeisterung für das Bergsteigen, Skifahren und Schwimmen vermittelt. Der Segelsport hingegen gilt damals, vor dem Ersten Weltkrieg, noch als reine Männerdomäne, und so wird auch Ella von den (oftmals gefährlichen) Wasserweiten des Genfer Sees zunächst ferngehalten. Das ändert sich, als die Maillarts im Jahre 1913 – Ella ist zehn – ein Sommerhaus in dem Dorf Le Creux-de-Genthod beziehen, sieben Kilometer von Genf entfernt, unmittelbar am Ufer des Sees gelegen. »Die Tür«, so erinnert sich Ella Maillart als erwachsene Frau, »ging auf einen kleinen, von Pappeln und Weiden beschatteten Strand hinaus, auf dem klares Wasser blitzsaubere Kiesel überspülte. […] Hier dominierte das Wasser. Genf war zu einer grauen Linie am Seeende zusammengeschrumpft, und die Savoyer Alpen mit dem Montblanc gaben nur den Rahmen für die weite Wasserfläche ab.« Jedes Jahr verbringt die Familie fünf lange Sommermonate in Le Creux, Ella erinnert sich an ein »herrlich freies Leben in unserem Paradies«. Es bleibt nicht aus, dass sich die Heranwachsende – gemeinsam mit ihrem Bruder Albert – für die Welt der Segelboote interessiert zeigt. Zudem lernt sie im Sommerdomizil die Freundin Hermine de Saussure, »Miette« genannt, kennen, die ebenfalls für das Segeln entflammt – als Chance, in die »weite Welt« hinauszufahren.

Die weite Welt, das ist für die pubertierenden Mädchen zunächst einmal der Genfer See – oder zumindest der westliche Teil. Denn die Eltern Maillart und Saussure ermahnen die Töchter stets zu Vorsicht und untersagen größere Touren. So sind die ersten zaghaften Versuche in einem Ruderkahn oder auf einem winzigen »Optimisten« in Sichtweite von Le Creux eingeschränkt. Die Vorsicht ist nicht übertrieben, denn zu jener Zeit ertrinken zwei Freunde Alberts bei einer Havarie in dem tückischen Gewässer, das vor allem wegen seiner vom Gebirge her kommenden Fallwinde und der rasch aufziehenden Gewitterstürme berüchtigt ist.

In der Imagination der jungen Mädchen wird die Gegend um Le Creux zur weiten Welt: Ein kleines Vorgebirge wird zum Italienischen Stiefel, der See selbst zum Mittelmeer. Als ein Freund Alberts zum Militär eingezogen wird, vertraut er den beiden Mädchen Ella und Miette seine weiße Eintonnen-Schaluppe an. Die Eltern stehen vor vollendeten Tatsachen und geben nach: »Jetzt durften wir endlich quer über den See segeln, statt in Sicht unserer Pappeln herumzubummeln. […] Welch Machtgefühl, mit zwei Fingern an der Pinne eine Tonne Holz und Blei im Anpreschen gegen Wellen und Wind zu lenken!« Bald schon genügt den Mädchen das kleine Segelboot nicht mehr. Miette schwatzt ihrem reichen Pariser Onkel eine sechseinhalb Meter lange Rennyacht, die »Gipsy«, ab. Mit ihr nehmen Ella und Miette im nächsten Sommer an einer Regatta auf dem Genfer See teil und gewinnen das Rennen – noch vor der »As de Pique« von Ellas Bruder Albert.

Die beiden jungen Frauen werden immer wagemutiger und verbessern ihr segeltechnisches Können und ihre Erfahrungen mit Wind und Wetter: »Wir lernten, in einer Bö zu reffen, nachts in unbekannten Häfen zu ankern, dem Rat von Fischern zu folgen und die Verantwortung eigener Entscheidungen auf uns zu nehmen.« Doch auch jetzt wird ihnen die Gefährlichkeit der Elemente Wasser und Wind immer wieder vor Augen geführt. Einmal geraten sie in einen Sturm, das Bilgewasser droht das Boot hinabzuziehen, »trotz unablässigen Pumpens, und aus Angst vor der Angst wagt man nicht, Angst zu haben«. Ein anderes Mal ertrinkt vor ihren Augen ein junger Mann, der infolge einer Bö von einem krängenden Schiff stürzt: »Albert tauchte tief, um ihn zu retten, konnte aber nur noch eine sinkende Hand ergreifen, die ihm für immer auf den Grund des Sees hinunter entglitt.«

Doch selbst solche Katastrophen können Miette und Ella nicht vom Segeln abhalten. Sie haben den Wind im Haar und spüren darin den Hauch der großen weiten Welt, der Freiheit und der Ungebundenheit.

Eine weitere Ermutigung kommt von außen: Ella Maillart wird eingeladen, für die Schweiz am Wettkampf der Einmann-Jollen bei den Olympischen Sommerspielen 1924 in Paris teilzunehmen. Siebzehn Nationen treten in dieser Disziplin an, und Ella Maillart ist die jüngste Vertreterin. Die Regatta soll mitten in der Stadt auf der Seine stattfinden, und mit einer gewissen Überheblichkeit macht sich Ella Maillart auf die Reise. Sie, die den weiten, gefährlichen Genfer See gewohnt ist, glaubt sich von einer Regatta auf einem Fluss unterfordert. Die Erfahrung belehrt sie eines anderen: Der Fluss und die auftretenden Winde sind unberechenbar und eigenwillig, und bereits nach zwei Tagen scheidet Ella Maillart in der Vorrunde aus. Immerhin gelangt sie damit nominell auf den neunten Platz, aber bei nur siebzehn teilnehmenden Nationen bedeutet dies allenfalls einen Achtungserfolg.

Die Wintermonate, in denen die Maillarts sich nicht in Le Creux aufhalten, sondern in ihrer Stadtwohnung in Genf, sind für die junge, sportbegeisterte Frau eine Phase der Langeweile und der körperlichen Unterforderung. Um dem entgegenzusteuern, beginnt sie Hockey zu spielen – damals in der Schweiz für Frauen ein absolutes Novum. Nach und nach gelingt es ihr, andere Mädchen und Frauen dafür zu begeistern, eine Mannschaft zusammenzustellen und in Privatgärten – die offiziellen Sportgelände sind ihnen noch verwehrt – Turniere gegen Männermannschaften zu spielen. Aus dem Hobby, anfangs von etlichen belächelt und verspottet, wird eine professionelle Leidenschaft, die mehr und mehr Anhänger findet, in der Schweiz und in anderen europäischen Ländern. Ella Maillart wird sogar Leiterin des Schweizer Damen-Hockey-Klubs. Auch dieser Sport stählt sie, körperlich und geistig, denn er führt ihr vor Augen, »dass man alles durchsetzen kann, was man stark und hartnäckig genug verfolgt«.

Über all den sportlichen Aktivitäten kommt die Schule zu kurz: Trotz intensiver Anstrengungen in den letzten Monaten fällt Ella Maillart bei den Abiturprüfungen in Mathematik und Latein durch. Die Eltern sind verständlicherweise entsetzt und enttäuscht. Doch Ella zieht kaltschnäuzig das Fazit: »Ich hätte es ein Jahr darauf noch einmal versuchen können, aber inzwischen verlor das Hochschulstudium seine Anziehungskraft für mich. Ich vermochte nicht mehr einzusehen, was ›wirklich‹ Gutes dabei herauskommen sollte.«

Begegnung mit Alain Gerbault

Ella Maillart hat anderes, Höheres im Sinn: Mit ihrer Freundin Miette, die damals nach einer schweren Krankheit noch rekonvaleszent ist, will sie in die große, weite Welt hinaus. Miettes Erholungsbedürfnis wird vorgeschoben, um den Eltern die Erlaubnis abzuringen, an die französische Riviera zu reisen – ohne Abitur und Berufsaussichten. Nie wieder, so hat sich Ella Maillart geschworen, will sie zurück in die Städte, in ein bürgerliches

Leben und Streben, in ein falsches, verlogenes Dasein in der Zivilisation. In Marseille kaufen sie ein Boot, wieder ohne Wissen der Eltern: »So kam es, dass wir beide im Alter von etwa zwanzig Jahren sechs Monate lang ganz allein einen Kutter an der südfranzösischen Küste segelten.«

Die sieben Meter lange Dreitonnen-Yacht nennt sich »Perlette«. Der Namen suggeriert exquisite Eleganz, doch nicht von ungefähr haben Ella und Miette das Boot zu einem Spottpreis erhalten: Die »Perlette« ist »abgetakelt, schwarz von Ruß und noch ohne Mast«, aber, so Ella Maillart noch in der Rückschau, »wir fanden sie wunderschön – sie gehörte ja uns«. Die Frauen mieten sich billig in einem Kloster in Saint Tropez ein. In dem Hafenort haben sie bald Kontakt zum Kapitän eines Fischkutters, der eben aus dem Gefängnis entlassen worden ist, mit dem sie probeweise vor der Küste kreuzen. Davon freilich erzählen sie den frommen Klosterfrauen nichts. Unterdessen sind Gerüchte nach Genf und Paris durchgesickert, Ella und Miette würden sich »mit mittelmeerischen Piraten« herumtreiben. »Miette und ich bekamen wütende Briefe von unseren Vätern: wir seien verrückt und sollten sofort nach Hause kommen.« Diesen Befehl befolgen die beiden jungen Frauen freilich nicht. Sie ziehen bald von Saint Tropez nach Marseille, wo die »Perlette« im Alten Hafen liegt, und machen sich daran, das Boot auszubessern, zu schrubben, zu streichen, aufzutakeln und auszurüsten: »Wir kauften zwei schmale Matratzen und zogen so bald wie möglich ganz und gar auf die Yacht um. Wir arbeiteten hart, weil wir aus Marseille fortkommen wollten, wo wir uns in einer Reihe von Booten zwischen den Pontons des Klubs eingesperrt fühlten.« Endlich ist alles fertig, die »Perlette« hat sich zu einem Schmuckstück gewandelt. Stolz liegen die beiden jungen Frauen nachts unter Deck und hören der schwachen Dünung zu, »der saubere Geruch frischer Farbe durchzog die Kajüte; die Persenning über der Plicht [offener Sitzraum in einem Boot] flatterte im Wind – und wir schwelgten in dem süßen Gefühl unseres Traumes, der erfüllt worden war.«

Wenig später nehmen sie an einer Wettfahrt teil – ohne Aussicht auf den Sieg, nur um des Spaßes willen: Ein Verband von Rennyachten bricht in Marseille auf, um nach Cannes zu segeln, und die »Perlette« ist mit von der Partie! An einem grauen Tag im Jahr 1923 verlassen sie den Alten Hafen von Marseille, und die Rennyachten sind bereits nach kurzer Zeit hinterm Horizont verschwunden. Aber das ist den beiden Matrosinnen egal: »Das Mittelmeer gehörte uns.« Der Weg ist bekanntlich das Ziel. Und so ist es mit einem Mal gar nicht mehr wichtig, möglichst schnell in Cannes anzukommen. Vielmehr gelangen die beiden Seglerinnen zur vorgelagerten Insel Porquerolles, wo damals nur wenige Fischer, Gastwirte und ein Priester leben, und werden herzlich willkommen geheißen, mit einer Bouillabaisse verköstigt, und in ihrer Ansicht bestätigt, dass sich das wahre, unverfälschte Leben nicht in den Städten vollzieht, sondern fernab der Zivilisation. Wieder einmal erfahren sie die Freiheit, entscheiden zu können, wohin sie fahren, und wie lange sie irgendwo bleiben, »und wie sich unsere Unabhängigkeit von Tag zu Tag festigte«.

In einer nächtlichen Fahrt geht es weiter, der Zeit völlig enthoben. Ella Maillart ist wie verzaubert: »Der zunehmende Landwind brachte einen wohligen Mimosenduft mit. Mühelos glitten wir weiter und immer weiter. Zwischen der ungeheuren Größe von See und Himmel fühlte ich mich körperlos wie im Traum.« Schließlich langen sie in Cannes an, schon damals einer der mondänsten Yachthäfen an der Riviera. Hier nimmt sich die »Perlette«, so erinnert sich Ella Maillart schmunzelnd, neben den vielen eleganten Booten reicher Snobs wie ein Aschenbrödel aus. Doch das stört die jungen Frauen nicht. Die Welt steht ihnen ja offen. Und nachdem diese Jungfernfahrt so gut geglückt ist, beschließen sie, weiter nach Korsika zu segeln. Ohne Schwierigkeiten durchpflügen sie die ruhige See und gelangen im kleinen Hafenort Calvi an, wo sie von den Einheimischen staunend empfangen werden: »[…] die vielen Korsen am Kai versicherten uns, die ›Perlette‹ sei das kleinste Schiff, das je vom Festland herübergesegelt sei […].« Indessen kommt ein Sturm auf, und sie werden länger in Calvi festgehalten, als sie vorhatten. Der Hafenmeister kommt mit Miette ins Gespräch und erkundigt sich nach dem Kapitän. Die klärt ihn auf und erntet zunächst nur Ungläubigkeit: »Aber ich bin der Kapitän, Sie brauchen ihn nicht in der Kajüte zu suchen!« Als der Sturm abgeflaut ist, segeln sie zurück zum Festland, in nur vierundzwanzig Stunden erreichen sie wohlbehalten Nizza.

Sie verbringen mehrere Monate an der französischen Riviera, kreuzen vor der Küste oder ankern einfach in einem der zahlreichen pittoresken kleinen Häfen, lassen sich die Sonne auf den Bauch scheinen, lesen Abenteuerromane, die in der Südsee spielen, flirten mit Matrosen, genießen den Augenblick. Die Begegnung mit dem berühmten Tennischampion und Segelpionier Alain Gerbault, der allein auf seiner Yacht »Firecrest« bald die Atlantiküberquerung nach New York wagen will, und von dort weiter durch die Karibik und den Panamakanal in den Stillen Ozean, wird zu einem Initialmoment. Ella Maillart bekennt: »Von nun an war Gerbault das Hauptthema unserer Unterhaltung. Führte er sein Unternehmen glücklich zu Ende, so bedeutete sein Erfolg, dass wir selbst etwas Ähnliches versuchen konnten.« Die Idee einer Segelexpedition in die Südsee ist geboren. Sie wird die beiden jungen Frauen von da an nicht mehr loslassen.

Gerbault startet wenig später tatsächlich zu seiner Tour. Unter vielen Strapazen und Abenteuern erreicht er nicht nur den amerikanischen Kontinent und den Pazifik, er segelt sogar weiter und umrundet den gesamten Globus. Nach sechs Jahren – mit längeren Aufenthalten an den entlegensten und schönsten Orten der Welt – kehrt er schließlich nach Frankreich zurück und wird Ella Maillart und Miette de Saussure überraschend wiedersehen …

In jenem Sommer 1923 fassen Ella und Miette einen unumstößlichen Plan: »Wir beschlossen, Schritt für Schritt eine Reise auf eigenem Kiel nach Tahiti vorzubereiten. Ich sollte mich mit dem Studium der Gezeitenströme beschäftigen, und Miette einen neuen ›Matrosen‹ für die Besatzung ausbilden, und zwar möglichst ein Mädchen, weil die Abwesenheit männlicher Wesen das Leben an Bord erheblich vereinfacht.«

Doch wieder hat Ella Maillart nicht mit den Erwartungen der Eltern gerechnet: Das Pelzgeschäft des Vaters läuft in jenen Jahren nach dem Ersten Weltkrieg immer schlechter, und Paul Maillart drängt die Tochter, endlich einen Beruf zu ergreifen und ihren Lebensunterhalt selbst zu verdienen. Aus seiner Sicht nur zu verständlich. Die hedonistische Lebenseinstellung Ella Maillarts ist eben nicht nur eine Frage persönlicher Selbstverwirklichung, sondern basiert auf der Gutmütigkeit anderer, diesen Way of Life zu finanzieren. Doch in Ella Maillart verfestigt sich der Widerstand – gegen alle bürgerliche Vernunft: »Das spannungsreiche Leben, das mir so früh zuteil geworden war, ließ mir jede Berufstätigkeit in der Stadt höchst unerwünscht erscheinen. Je mehr ich darüber nachdachte, desto abwegiger kam es mir vor, meine besten Jahre im Büro zu hocken und Geld zu sparen, das ich erst als Fünfzigjährige oder noch später ausgeben könnte [...].« Sie macht einen radikalen Schnitt und entscheidet sich gegen ein bürgerliches Leben, gegen Ehe und Familie. Zeitlebens wird Ella Maillart diesem Entschluss treu bleiben. Doch womit Geld verdienen? Eines Tages entdeckt sie im *Journal de Genève* eine Annonce: Eine Knabenschule in Wales sucht eine Französischlehrerin »au pair«. Ella Maillart bewirbt sich, obwohl sie sich für den Lehrerberuf nicht sonderlich befähigt hält. Zudem spricht sie zum damaligen Zeitpunkt kaum Englisch. Ihre Hintergedanken gehen vielmehr in eine andere Richtung: »Ich meldete mich, weil das Institut in Wales an der See lag, und ich deshalb hoffte, an den Wochenenden mit

Fischern segeln zu können.« Und: Sie kann endlich der Einflusssphäre ihrer Eltern entkommen. Also frisiert sie ihren Lebenslauf und ihre angeblichen Berufserfahrungen ein wenig und bewirbt sich. Zu ihrem eigenen Erstaunen wird sie angenommen. Voller Erwartungen verlässt sie die Schweiz und reist nach Großbritannien.

Ihre Illusionen werden rasch zerstört. Der Unterricht an der Schule ist anstrengend, zumal die Schweizerin anfänglich die englische Sprache nur rudimentär beherrscht. Ella Maillarts bürgerlich-liberale Ansichten stehen zudem dem autoritären Führungsstil des Instituts entgegen, was beinahe täglich Auseinandersetzungen mit dem Direktor und anderen Vorgesetzten zur Folge hat. Nach einigen Wochen wirft Ella Maillart das Handtuch und wechselt an eine Mädchenschule bei London. Die Verhältnisse sind hier jedoch nur wenig liberaler. Immerhin verdient Ella Maillart ihr eigenes Geld, damit ist sie finanziell von den Eltern unabhängig. Doch das ist nur ein kleiner Trost. Allein die Aussicht in die Zukunft hält sie aufrecht: »Inzwischen segelte Miette mit der ›Perlette‹ im Ägäischen Meer und bildete dabei ein Mädchen mit dem Spitznamen Pa-tchoum für die beabsichtigte Fahrt nach der Südsee aus. Pa-tchoum war Archäologie-Studentin, hatte eine Abhandlung über minoische Kunst geschrieben und wollte Ausgrabungen auf Kreta machen.«

Wieder führt eine Zeitungsannonce zu einer Wende in ihrem Leben: Ella Maillart liest in der *Times* die Anzeige eines privaten Yacht-Eigentümers, der für seine Fahrten durch den Ärmelkanal, zu denen auch betuchte zahlende Passagiere an Bord erwartet werden, einen Matrosen sucht. Ohne lange zu überlegen, antwortet die Schweizerin recht selbstbewusst auf die Annonce. Später hat der Adressat, Colonel John Benett, der Eigentümer der Yacht »Volunteer«, sich folgendermaßen an das Bewerbungsschreiben des eigentümlichen Matrosen erinnert:

»Eines Tages erhielt ich einen Brief aus Hertfordshire auf französischem Briefpapier, das nach Patschuli duftete […]. Dieser Brief war auf dem üblichen, vierseitigen Bogen geschrieben, und soweit ich mich erinnern kann, lautete er etwa so:

Sehr geehrter Herr, zu meinem Bedauern muss ich Ihnen geste-hen, dass meine Finanzen es mir nicht erlauben, zahlender Gast an Bord Ihres Schiffes zu werden oder die Ausbildung in Navigation zu bezahlen. Aber ich wäre sehr froh, wenn ich dennoch kommen und meine Reise abarbeiten könnte. Ich bin im Besitz einer italieni-schen Lizenz, und im vergangenen Jahr gewann ich auf der Ostsee drei von sechs ersten Plätzen für die Schweiz. Ich komme aus der Schweiz und bin 20 Jahre alt. Ich bin kräftig und arbeitswillig und kann mich auf einem Boot nützlich machen. [...]

Die Unterschrift befand sich fast am Ende der dritten Seite. Darunter stand der Vermerk ›bitte wenden‹; als ich die Seite umblätterte, fand ich diese ungewöhnlichen Worte: ›Ich vergaß zu erwähnen, dass ich eine Frau bin.‹«

John Benett lacht zunächst aus vollem Halse, doch dann be-sinnt er sich eines Besseren, nämlich, die Bewerberin ernst und beim Wort zu nehmen. Also schreibt er ihr einen Antwortbrief, worin er sie zu einem Treffen in einem Hotelrestaurant in Lon-don bittet. Er fügt seinem Schreiben hinzu: »Sie werden mich leicht als den dicksten Mann erkennen, den Sie je gesehen haben.« Gesagt, getan. Der anberaumte Tag bricht an, Ella Maillart fährt nach London und betritt zu festgesetzter Stunde das Hotel. Sie hat sich ein sportliches Outfit verpasst, trägt einen Cowboyhut »schräg auf dem rechten Ohr«, einen »See-hundmantel«, den sie mit einem Ledergürtel zusammengebun-den hat, und zudem gelbe Golfschuhe. Ein Affront in der damals noch überaus biederen Stadt. Doch sie will ja auffallen, und sie weiß, dass ihr Outfit ihren jugendlichen, androgynen Charme unterstreicht. Ihr Kalkül wird aufgehen. Doch was sie beim Betreten des Hotels nicht ahnt: Auch sie wird vom »Outfit« ihres Gegenübers frappiert sein: »Kein Geringerer als Colonel John Fane Benett-Stanford kam auf mich zu, schlurfend und mit weit ausholenden Schritten, damit er den umfangreichsten Wanst, den ich je gesehen hatte, besser vor sich her tragen konnte. Er hatte eine lange Zigarre im Mund, und sein rotes Gesicht ließ deutlich werden, dass viele gute Mahlzeiten und Getränke darauf verwendet worden waren [...]. Er trug einen marineblauen Anzug, der einmal zweireihig gewesen sein musste. Jetzt wurde er von einem durch zwei Knopflöcher gezogenen Schnürsenkel an der Stelle zusammengehalten, wo sein Oberkörper am dicksten war; [...] Wieder blickte ich in das volle Gesicht mit dem hängenden gelben Schnauzbart, dem kahlen Schädel und den hervortretenden Augen, aus denen Freundlichkeit und Schalk blickten.«

Ella Maillart ist mehr über den feisten Gentleman verwundert, als dieser über seinen künftigen weiblichen Matrosen in gelben Golfschuhen. Es ist bei beiden Sympathie auf den ersten Blick: Bereits nach wenigen Minuten sitzen sie gemeinsam über den Plänen der »Volunteer«, einer großen, flachbödigen Themse-Barge, in die Benett sieben Schlafkabinen und sogar ein Badezimmer hat einbauen lassen. Doch von einer »Matrosin« will der kauzige Benett zunächst gar nicht sprechen. Ob sie denn bereit sei, »als eine Art Reisebegleiterin zu fungieren und seine zahlenden Gäste zu betreuen«? Ella bejaht, denn insgeheim hat sie sich bereits in die schwerfällige Yacht verliebt. Und sie will um jeden Preis aus der verhassten Paukerschule entfliehen. Zudem kann sie weitere nautische Erfahrungen sammeln, bevor sie mit Miette hoffentlich auf große Fahrt über den Atlantik gehen wird. Doch an der Stellenbeschreibung einer »Reisebegleiterin«, die für die zahlenden Gäste den Lakaien spielen soll, stößt sie sich: »Mein Herr, Sie haben mich falsch verstanden. Ich kann an Bord wie ein Mann arbeiten, Ihnen bei der Ausstattung behilflich sein, und ich will für meine Arbeit zwei Pfund die Woche [...].« Nach einigem Hin und Her, das eher Benetts Laune, die junge Frau etwas zu triezen, geschuldet ist, werden sie sich einig: Ella soll zunächst in der Kombüse arbeiten. Ein Handschlag besiegelt den Kontrakt. »Der Grund dafür war wohl darin zu suchen«, meint Ella Maillart noch in der Rückschau, »dass sich einer über den anderen amüsierte; damit waren alle

Bedenken über Bord geworfen.« Bereits wenige Tage später treffen sie sich wieder, am Bahnhof Liverpool Street, und fahren gemeinsam nach Brightlingsea, einen kleinen Hafenort an der Themsemündung, wo die »Volunteer« vor Anker liegt. Das Abenteuer kann beginnen.

Deckshand auf einem Seeelefanten

Doch zunächst heißt es, sich aneinander zu gewöhnen: Die »Volunteer« ist eine eigentümliche, etwas korpulente alte Lady, »sie sah aus wie ein schlafender Seeelefant. Ihr Heck endete abrupt mit einem Spiegel, an dem das größte rechteckige Ruder eingehakt war, das ich je gesehen hatte. Sie war schwarz, und als ich sie zum ersten Mal sah, war ich den Tränen nahe, so sehr unterschied sie sich von der weißen Yacht meiner Träume.« Auch der Kapitän des Schiffes, ein Mr. Dooley, ist ein recht verschrobenes Original, trägt aber das Herz auf dem rechten Fleck. Schließlich, am 8. Mai 1924, ist die »Volunteer« flott, Besatzung und Passagiere sind an Bord, der »Seeelefant« kann ächzend die Fahrt aufnehmen, und innerhalb weniger Stunden ist die kleine Mannschaft ganz in ihrem Element. Vor allem Ella Maillart – mehr, als John Benett zunächst lieb ist. Schmunzelnd erinnert er sich: »Als ich eines Tages hinunterkam, um meinen Maat zu treffen, sagte dieser mir: ›Entschuldigen Sie, das Mädel da taugt nicht viel als Koch, aber es ist wohl die beste Deckshand, die mir je über den Weg gelaufen ist.‹ Am darauffolgenden Wochenende legten wir ab, und ich war noch keine zehn Minuten auf See, als ich die Bemerkungen meines Maats voll bestätigt fand. Also ließ ich gleich hinter der Bucht von Brightlingsea den Anker setzen, fuhr im Beiboot zurück, besorgte mir einen professionellen Yachtkoch und beförderte Ella zur Deckshand. Es versteht sich wohl von selbst, dass sie das Schiff und die Mannschaft noch vor Ablauf der ersten sechs Stunden an Bord beherrschte; die Passagiere und ich waren ihre ergebenen Diener.«

Ella Maillart ist überglücklich: »Das Leben war lebenswert […]. Wieder einmal spürte ich, dass es meine Bestimmung war, mit Schiffen umzugehen.« Nachts liegt sie in ihrer engen Koje, hört das Plätschern der Wellen, das Pfeifen des Windes, das Klappern der in der Kombüse an Nägeln aufgehängten Löffel und fühlt sich »wieder auf einem Schiff zu Hause«. In jenen Tagen und Wochen sinniert sie viel über eine Bemerkung Kapitän Dooleys: Der hat an Land, als der Liegeplatzbesitzer sich verwundert über den weiblichen Matrosen geäußert hat, diesem gesteckt, die junge Frau sei in Wahrheit eine Schriftstellerin, die an einem Buch über die Seefahrt arbeite. Mit dieser Antwort gab sich der Mann zufrieden; eine zur See fahrende Literatin erschien ihm weniger seltsam als eine Matrosin. Vor Dooley und auch vor sich selbst weist Ella Maillart jedoch diesen Gedanken zurück: Ein Buch zu schreiben, sich in eine Kammer zurückzuziehen und beinahe mönchisch monatelang daran zu arbeiten und zu feilen, erscheint ihr widersinnig: »Ausgerechnet ich sollte ein Buch schreiben, die ich kaum einen Brief an meine Eltern fertigbrachte? So dumm würde ich nie sein! […] Nein, das Schreiben lag mir nicht. […] Für mich zählte nur die Gegenwart. Es war wichtig, das Leben voll auszukosten, mit eigenen Händen zu arbeiten, den eigenen Gedanken nachzuhängen und für Dinge zu leben, die es meiner Ansicht nach verdienten.« Sie kann nicht ahnen, dass sie bereits wenige Jahre später in den Reisejournalismus wechselt, zunächst im Auftrag einer Pariser Tageszeitung, später als freie Autorin, und zu einer der produktivsten und bekanntesten Reisebuchautorinnen des 20. Jahrhunderts werden wird (die aus dem Erlös ihrer Bücher auch ihre oft mehrjährigen Abenteuertrips in die entlegensten und kaum erforschten Weltgegenden finanzieren wird). In jenem Sommer auf der »Volunteer« freilich ist sie noch so naiv zu glauben, sie könnte ihr Leben frei und ohne Rücksicht auf ökonomische Abhängigkeiten und Verpflichtungen führen. Sie will mit der in ihren Augen schmutzigen und schuldbefleckten Welt der Bürger nichts zu schaffen haben, und ist das, was man später eine »Aussteigerin« nennt: »Mein einziger Gedanke galt der Vorbereitung eines langen Lebens auf See. Dort wäre ich ständig in Berührung mit der Realität der Sonne, des Windes, der Wellen und der Menschen, die sich ihren Lebensunterhalt auf dem Meer verdienen – weit weg von der Heuchelei und Gekünsteltheit einer Stadt.« Unterdessen fließt noch immer Geld vom Konto des biederen Genfer Bürgers Paul Maillart auf das seiner Tochter Ella – aber das denkt sich die junge Abenteurerin in ihrem Sinne zurecht.

Bereits wenige Meilen unterhalb von Brightlingsea, auf der Höhe von Southend, darf Ella Maillart an jenem 8. Mai 1924 die Kombüse verlassen und an Deck gehen: Sie wechselt von der Küchenarbeit zum Matrosen – ohne dass Widerspruch aufkommen würde, denn alle an Bord erkennen sofort die seemännischen Fähigkeiten der jungen Frau. Die »Volunteer« kommt zügig voran, sie passiert die weißen Klippen von Kent und legt für ein paar Tage im Hafen von Dover an. Hier kommen weitere Passagiere an Bord. Ella Maillart schwant bei deren Anblick Schreckliches: »Es waren unsere ersten zahlenden Gäste; der eine war dreiundachtzig, seine Frau, die ihn begleitete, war siebzig. Auch das noch! Die zweite Farbschicht, die das Deck brauchte, konnte unmöglich am nächsten Tag aufgetragen werden, wenn so viele Landratten im Wege standen! [...] Für den nächsten Tag erwarteten wir eine weitere Dame, die so alt war wie die erste, sodass Dooley unsere Barge schon ›Das Antiquarium‹ nannte.« Doch die Fahrt gestaltet sich angenehmer als befürchtet: Die Wünsche der zahlenden Pensionisten und Pensionäre bleiben im Rahmen des Erträglichen, und so hat Ella Maillart – neben ihrer verantwortungsvollen Arbeit als Deckshand – noch genügend Zeit und Muße, um die Schönheiten der südenglischen Küste und das Wechselspiel von Meer, Himmel und Land zu betrachten. Amüsant werden die Landgänge, denn sie steuern einige der kleineren und größeren Hafenorte Südenglands an und erkunden deren Gässchen und Winkel. John Benett liebt diese Ausflüge, umso mehr, als er nun in Begleitung eines weiblichen Matrosen alle Blicke auf sich zieht. Das ungleiche Paar macht sich einen Spaß daraus, die Biederbürger zu verunsichern. Ella Maillart berichtet voll diebischer Freude: »Aufgrund seiner [Benetts] Körperfülle konnte er die Schuhe nie richtig zubinden, sodass die Schnürsenkel den ganzen Tag lose herumhingen; schon von Weitem war sein lautes Schlurfen zu hören; die Socken waren an den Fersen immer durchgescheuert, und bei jedem Schritt sah man so etwas wie einen Tennisball aus seinem Schuh aufblitzen. In den Mantel waren vorn an zwei Stellen Löcher eingebrannt – wahrscheinlich durch heruntergefallenen Tabak. Und in seinen alten grünen Filzhut hatte er mit einer Zigarre zwei Luftlöcher gebrannt. Da es den Anschein hatte, als würde unser Bummel länger dauern, kniete ich mich mitten auf der Straße nieder, um seine Schnürsenkel zu binden. Beim Weitergehen traf er einen Schornsteinfeger, schwarz wie ein Rabe; er zog den Hut und fragte ihn: ›Nun, mein Lieber, wie geht es Ihrem alten Vater heute?‹« Ella Maillart spielt das Spiel mit, und sie spannt den Bogen sogar noch stärker als Benett: »In diesem Augenblick begann mein Zeh zu schmerzen; ich beschloss, etwas dagegen zu unternehmen. […] Ich setzte mich mitten auf den Bürgersteig und schnitt mit dem riesigen Segelmesser, das ich immer bei mir trug, ein viereckiges Loch in meinen Leinenschuh. Der Colonel verzog keine Miene, aber ein Herr, der sich neben ihn stellte, bemerkte amüsiert: ›Nicht gerade ein Damenmesser, was?‹ – ›Gott sei Dank ist sie keine Dame, sie kann verdammt hart arbeiten‹, erwiderte der Colonel.«

Keine Frage: John Benett und Ella Maillart sind sich sehr sympathisch, und sie bekunden das, indem sie sich gegenseitig (und die Passanten) hochnehmen. Auf ihrer Shoppingtour kauft der Schiffseigentümer seiner Matrosin ein paar Gummistiefel, »denn der Colonel befürchtete, ich würde mich noch erkälten, wenn ich weiterhin barfuß das Deck schrubbte. […] Anschließend gingen wir über die Dover High Street zurück, beseelt von dem Gefühl, unabhängig, unbekannt und mit allen Wassern gewaschen zu sein und die Freiheit zu besitzen, im nächsten

Augenblick davonsegeln und fern auf dem Ozean verschwinden zu können.«

Gemächlich geht es an der südenglischen Küste entlang: Newhaven, Brighton, Portsmouth, Southampton und die Isle of Wight werden angesteuert. Alle an Bord sind gut gelaunt. Abends trinken Crew und Passagiere Branntwein und rauchen Aden-Zigaretten. Ella Maillart führt ein zwar arbeitsames, nichtsdestoweniger aber geruhsames Leben, da Benett und Dooley ihr Achtung zollen und sie morgens sogar ausschlafen lassen, weil sie, wie sie bekennt, neun Stunden Schlaf benötige. Einmal begegnen sie der königlichen Yacht »Britannia«, und die kleine »Volunteer« grüßt respektvoll mit der blauen Fahne. Weiter geht es westwärts nach Bournemouth, Poole, Portland Harbour und Weymouth. In Portland betrachtet Ella Maillart ein Haus direkt am Hafen, in dem eine Schule für Stenografie und Maschinenschreiben untergebracht ist. Sie sieht durch die Fenster die jungen Frauen an ihren Schreibtischen sitzen, und bemerkt, dass diese bisweilen verstohlen hinausblicken, auf die »Volunteer« und diesen seltsamen weiblichen Matrosen. Wieder ist Ella Maillart glücklich und erleichtert, den Erwartungen ihres Vaters widersprochen zu haben und der bürgerlichen Welt entflohen zu sein.

Schließlich kreuzen sie den Ärmelkanal südostwärts und segeln zur Küste der Normandie. Die See ist ruhig, und tiefer Friede macht sich auch in Ella Maillarts Herzen breit: »Nichts außer einem freundlichen, regelmäßigen Aufklatschen der Wellen gegen den Bug … nichts außer einem alles durchdringenden Frieden, jenem Frieden, in dem man vergisst, wer man ist; man kann nicht mehr denken, man geht im Ganzen auf mit dem erhebenden Gefühl, dass ein Teil des eigenen Ichs aus der Stille lebt. Man spürt unbekannte, gigantische Kräfte um sich, in die man mit dem eigenen Sein glücklich eintaucht.« Sie erreichen Dieppe und Le Havre, segeln weiter nach Trouville. Mitunter flirtet Ella Maillart in den Hafenkneipen mit jungen Männern – aber nie verliert sie sich an die Liebe; vielleicht eine emotionale

Blockade, vielleicht auch im Wissen, dass die gesellschaftliche Konvention als Ziel einer Liebesbeziehung eine Ehe erwartet, und diese wiederum das Ende ihrer Freiheit und ihrer Reisewünsche bedeutete. Selbstkritisch resümiert sie: »Hätte ich nicht besser geheiratet, wie andere auch, und mich mit meinem Haushalt beschäftigt? […] Aber immer, wenn ich glaubte, mich verliebt zu haben, machte ich schon bald die schmerzhafte Entdeckung, dass ich mich nur in meine Vorstellung von Liebe verliebt hatte. […] In mir sprach eine Furcht: ›Bring dein Leben nicht durcheinander, vergeude die Qualitäten nicht, die dir in die Wiege gelegt wurden … sieh zu, dass du dich am Ende deines Lebens nicht schämen musst.‹« Tatsächlich gibt es ihrer Ansicht nach aus dem Dilemma »Ehe oder Freiheit« keinen Ausweg. Die Emanzipation ist im Jahre 1924 noch nicht weit vorangeschritten, jedenfalls nicht für Frauen, die nicht über reichlich Geldmittel verfügen. So muss sich Ella Maillart für eines von beiden entscheiden, und ihr Entschluss steht seit Längerem fest: Die bürgerliche Ehe ist für sie Zwang und Beschneidung, »eine Welt, für die es sich nicht zu leben lohnt, weil sie die Persönlichkeit eines jeden Menschen zerstört, statt ihr zur Entfaltung zu verhelfen«. Auf der »Volunteer« hingegen ist die Utopie vollkommener Emanzipation bereits Wirklichkeit geworden: Hier wird die Deckshand Ella Maillart wie jeder andere Matrose behandelt. Hier ist sie frei und gleichberechtigt: »Diesen Augenblick genieße ich besonders, denn vor drei Jahren verboten mir die Erwachsenen, auf dem Genfer See genau das zu tun, was ich jetzt tue: mit Männern auf einer Barge zu segeln.«

In Trouville erhält Ella Maillart ein Telegramm: Ihrer Freundin Miette ist es in Südfrankreich gelungen, günstig ein Schiff zu erwerben, die Zehn-Tonnen-Yawl »Bonita«, mit einer beachtlichen Länge von sechzehn Metern und einem Tiefgang von zweieinhalb Metern. Ella solle so rasch wie möglich nach Marseille kommen. Doch sie kann nicht einfach ihren Kontrakt verletzen. Erst müssen noch die Passagiere nach England zurückgebracht werden. Die »Volunteer« verlässt nach ein paar Tagen die französischen Gewässer und segelt zurück nach Newhaven. Die Passagiere gehen von Bord, und auch Ella Maillart packt ihre Siebensachen, verabschiedet sich »in Hochstimmung von allen Menschen und allen Gegenständen an Bord«, besteigt den nächsten Dampfer Richtung Frankreich und quert erneut den Ärmelkanal. Schon in wenigen Tagen wird sie nicht nur Deckshand sein, sondern Maat an Bord eines eigenen Segelschiffs: »Das Leben war grandios.«

Fahrt unter einem Unstern

Ella Maillart steigt in den Zug nach Paris, trifft dort ein paar Freunde, eilt dann weiter nach Genf zu ihrer Familie, um Sommersachen einzupacken. Die Einwände des Vaters ignoriert sie. Sie will sich ihren Enthusiasmus nicht trüben lassen. Nach nur einem Tag nimmt sie den nächsten Zug nach Marseille: Dort wartet die Freundin Miette de Saussure an Bord der neu erworbenen »Bonita«. Das Schiff ist reparatur- und renovierungsbedürftig, und die beiden Frauen bessern aus, schrubben und streichen geradezu mit Verbissenheit, »wie Sklaven täglich sechzehn Stunden, denn wir wollten unbedingt so schnell wie möglich ablegen und keinen Tag der günstigen Jahreszeit im Hafen vergeuden«. Das Schiff hat keinen Motor, was den Freundinnen gerade recht ist. Sie sehen es als Ehrensache der Segler an, auf technische Hilfsmittel zu verzichten. Andererseits heißt das: den Elementen Wind und Wasser ausgeliefert zu sein. Gerade deswegen ist es wichtig, in der Kunst des Segelns, in der Navigation und in der Wetterkunde versiert zu sein. Es gilt nun, so schnell wie möglich aufbruchbereit zu sein, denn sie haben eine große Tour vor: Sie wollen um den Italienischen Stiefel herum bis nach Griechenland segeln. Dort, auf Kreta, will die dritte Mitreisende, Pa-tchoum, eine Magisterstudentin der Kunstwissenschaft, im Auftrag der »École Française d'Athènes« archäologische Ausgrabungen vornehmen. Die vierte Frau an Bord ist

Miettes Schwester Yvonne. Sie muss Ende September wieder zurück in Genf sein – die Zeit drängt also.

Sogar die lokale Presse hat inzwischen Wind vom Vorhaben des wagemutigen weiblichen Quartetts bekommen, doch werden die Reporter des *Petit Marseillais* von der toughen Miette, »Kapitän und Eigner«, wütend verscheucht. Dann ist die »Bonita« fertig zum Auslaufen: Das Wetter ist klar, der Wind günstig, und so segeln die Matrosinnen ohne größere Komplikationen über Korsika und Sardinien nach Palermo auf Sizilien, von dort durch die Straße von Messina und um die Südspitzen Kalabriens und Apuliens nach Griechenland. Noch Jahrzehnte später erinnert sich Ella Maillart: »Anders als eine Urlaubsreise, die sich selbst ein Ziel ist, war dies der Beginn eines prallen, unverfälschten Lebens. Mit welcher Intensität lebten wir doch – kaum zwanzig Jahre alt und begierig, die Welt mit eigenen Augen kennenzulernen. […] wie frei man sich fühlt, wenn man segelt, wohin man will […].« Spätere Reisen Ella Maillarts nach Afghanistan, Kirgisistan, Indien oder Tibet mögen spektakulärer und gefährlicher gewesen sein, die Segeltour durchs Mittelmeer im Jahre 1924 jedoch erlebt sie als ganz junge Frau, mit ungetrübter Empfindungsfähigkeit, voller Idealismus und Illusionen und noch nicht von Enttäuschungen geprägt. Doch auch über diesem Segeltrip liegt bereits der Schatten eines Unsterns: Als sie in Sizilien anlangen, erfahren sie, dass Vater Saussure gestorben ist. Daraufhin bricht Yvonne den Trip ab und reist per Bahn nach Genf zurück, während Miette, die in ihrem Segeleifer noch kompromissloser als Ella Maillart ist, die Fahrt fortsetzt. Als vierte Kraft kommt nun doch ein Mann an Bord: Ben, der jüngere Bruder Miettes. Der Todesfall in der Familie, so haben sie alle beschlossen, soll sie nicht davon abhalten, ihre Segeltour zum Ziel zu führen. Denn es geht um mehr als nur um die Ausführung eines einmal gefassten Plans, es geht um mehr als um die Seglerehre. Vielmehr beabsichtigen sie, in Griechenland die »Bonita« zu verkaufen und – die Bootspreise dort sind niedrig, der Bootsmarkt ist groß – ihr »Traumschiff« zu erwerben, »mit dem wir nach New York segeln würden, dann über Panama in die Südsee, wo wir leben wollten«.

Nicht nur der Todesfall in der Familie de Saussure hängt als böses Omen über der Fahrt, auch weltpolitisch brauen sich Wolken am Horizont zusammen – denen freilich die vier jungen Leute kaum Beachtung schenken oder schenken wollen. Erst im Nachhinein gibt Ella Maillart kritisch diesen Zeichen Raum und Bedeutung: »Das Elend im rastlosen Deutschland, die Hoffnungslosigkeit in Österreich, die despotischen Maßnahmen, die in Italien aufkamen, die Millionen armer griechischer Flüchtlinge, die aus der Türkei ausgewiesen wurden [...]. Ich hörte nicht hin; ich war zu sehr von der Südsee abgelenkt. Obwohl wir nie darüber sprachen, fühlte sich keiner von uns mit dieser müden Welt verbunden. Wir hatten nichts gesehen, wofür es sich zu leben lohnte, wir lösten uns allmählich von unserer Umgebung und sammelten Mut für ein Leben ohne Kompromisse, weit weg.«

Mit der »Atalante« in der stürmischen Biskaya

Doch die erhoffte Fahrt über den Atlantik nach New York verzögert sich, und nicht in Griechenland findet Miette ein passendes Segelschiff, sondern erst nach ihrer Rückkehr nach Frankreich, in der Bretagne: »Atalante« heißt die Traumyacht, benannt nach der heroischen Jägerin aus der griechischen Mythologie. Immerhin begreifen die Freundinnen, dass mit einem Schiff allein noch keine Tour um den Erdball zu verwirklichen ist. Deshalb nimmt Pa-tchoum Kontakt zur Filmindustrie auf: Die Produktionsfirma Gevaert in Antwerpen spendet Lebensmittelpakete, zudem stellt sie eine Filmkamera zur Verfügung und schenkt tausend Meter Negativfilm. Damit soll Ella Maillart zunächst in Eigenregie auf kleineren Segeltouren vor der französischen Atlantikküste drehen, bevor ein professionelles Filmteam mit an Bord kommt. Zudem kann Ella Maillart günstig eine gebrauchte Schreibmaschine erwerben: Auf ihr will sie Artikel über die Touren verfassen. Es ist – das ahnt sie zum damaligen Zeitpunkt noch nicht – der zaghafte Beginn ihrer späteren großen Karriere als Reiseautorin.

Der Versuch, über Film und Presse die Reiseabenteuer zu Geld zu machen, entspringt schlicht der Verzweiflung: Miette hat für die »Atalante« ihr gesamtes Vermögen aufgebraucht. Ihr spendabler Vater lebt nicht mehr, und die Geschwister Yvonne und Ben ziehen sich aus dem Segelunternehmen zurück, um in Genf eigene berufliche Ziele – ein Schauspielstudio und eine eigene Werft – zu verfolgen. Wieder müssen sie also nach einem vierten Crewmitglied Ausschau halten, und schließlich werden sie fündig: Marie, eine angehende Ärztin, begeistert sich für das Unternehmen. Zwar kann sie »eine Fock nicht vom Toppsegel unterscheiden«, aber eine Medizinerin an Bord, so denken alle, wäre eventuell auf hoher See gut zu gebrauchen. Sie ahnen nicht, wie bald schon der Ernstfall eintreten wird …

So beginnt ihr Abenteuer vor der wilden französischen Atlantikküste mit ihren hohen Wellen, unberechenbaren Strömungen, dem mächtigen Tidenhub, den heftigen Stürmen und heimtückischen Riffen. Es ist für die weibliche Crew eine neue Herausforderung, nicht zu vergleichen mit den Gegebenheiten des Mittelmeers. Bereits die Matrosen, die ihnen auf der Insel Groix, wo sie vor Anker liegen, begegnen, sind ein anderes Kaliber als die charmanten, smarten südfranzösischen und italienischen Seeleute. Ihre Statur kündet von der schonungslosen Rauheit der Westküste: »Sie waren schon ein besonderer Anblick, diese kleinen, meist krummbeinigen Männer in den geflickten, vom Salzwasser steifen Wollsachen, den schleifenden Holzpantinen, in denen man das Leder sehen konnte, mit dem ihre Socken verstärkt waren; diese Männer, die sich gegenseitig mit blitzenden Augen hänselten, ihre Schnurrbärte zwirbelten und sich wie Halbgötter benahmen mit dem natürlichen Stolz von Menschen, die an Deck ›gleich hinter Gott kommen‹ …
Aber sobald ihre Stimmen heiser wurden und sie schmutzige

Lieder sangen, um mich in Verlegenheit zu bringen, war es Zeit für mich, aufzubrechen.«

Doch wieder müssen die jungen Frauen den Beginn ihrer großen Tour verschieben: Miette geht an Bord eines Thunfischtrawlers, der Richtung Madeira ausläuft. Sie will auf dem Schiff ihre Navigationskenntnisse vervollkommnen, gerade auch in der rauen atlantischen See. Ella hat sich unterdessen mit den Arbeitern herumzuärgern, die eher lustlos an die Reparatur der »Atalante« herangehen. Doch sie ist tough genug, auch selbst Hand anzulegen und sich von den Männern nichts vormachen zu lassen. Als Miette nach sechs Wochen im Atlantik nach Groix zurückkehrt, ist die »Atalante« technisch und optisch in tadelloser Form. An einem Abend sitzt Ella Maillart an Deck und blickt hinaus auf den ungewöhnlich ruhigen Atlantik: »Tiefer Friede legte sich über das ablaufende Wasser und die regungslosen Thunfischkutter. […] Die Steinmauern von Port Louis am gegenüberliegenden Ufer der Bucht reflektierten in der Ferne die Milde des letzten Abendlichts.«

Endlich kann es losgehen – aber nicht auf direktem Weg nach New York. Erst müssen sich die Frauen einüben, und sie verbinden das Nötige mit dem Nützlichen: Sie gehen für zwei Wochen auf Thunfischfang in der Biskaya, denn die Insel Groix ist damals das Zentrum der Thunfischverarbeitung Frankreichs. Ella Maillart erinnert sich: »Der Rest unserer Mannschaft traf ein. Pa-tchoum würde wie immer die Steuerbordwache mit dem Kapitän zusammen übernehmen; Marie kam unter meine Fittiche, und ich sollte eine Seglerin aus ihr machen, falls möglich. Sie war auch guter Dinge, bis sie entdeckte, dass der Betrieb eines Bootes mit viel Dreckarbeit verbunden ist […]. Ich arbeitete unterdessen zum ersten Mal mit meiner Filmkamera und dem schweren Stativ und filmte das Entladen der steifen, aneinandergepressten Thunfische, auf deren Köpfen ich in den Ruderbooten stand.« Schließlich trifft auch das Filmteam von Gevaert ein: Kameramann und Produzent. Sie wollen einen Streifen über den Thunfischfang drehen. Anfänglich herrscht auf der

»Atalante« Missstimmung, die Frauencrew betrachtet das Auftauchen der Männer als Gefährdung des Reviers. Doch sie haben das Honorar, das sie von der Produktionsfirma erhalten, bitter nötig, und so arrangieren sie sich wohl oder übel mit den Eindringlingen. Als sich der Produzent schließlich in der Küche nützlich macht und sogar das schmutzige Geschirr wäscht, zeigen sich die Frauen versöhnlicher. Nach einigen Tagen wechseln Kameramann und Produzent auf einen anderen Thunfischkutter und verschwinden in den Weiten der Biskaya. Die Aufregung ist vorüber, das Revier wieder gesichert, und Miette und ihre Frauen können endlich auch den Anker lichten und den kleinen Hafen von Port-Tudy auf Groix verlassen. Miette de Saussure beherrscht nun – nach einigen peinlichen Fauxpas – endlich das Bestimmen der Position mit dem Sextanten, und Ella Maillart ist voller Enthusiasmus und sieht sich bereits als Bezwingerin der Weltmeere: »Ist es nicht großartig: wir können jetzt die sieben Meere befahren, nachdem wir ›die Sonne schießen‹ können. Das letzte Mal, als wir nördlich von Sizilien mit einem Sextanten arbeiteten, fanden wir heraus, dass unsere Position auf der südlichen Halbkugel hätte sein müssen, weil uns ein Fehler bei den wissenschaftlichen Additionen unterlaufen war!«

Doch ganz so romantisch ist das Matrosenleben auf hoher See, in der für ihre heftigen Stürme berüchtigten Biskaya, nicht. Miette ist von der Madeirafahrt kränklich zurückgekommen und bereitet ihren Freundinnen Sorgen. Und auch Ella Maillarts Magen gerät im hohen Wellengang durcheinander: »Während der ersten Wache ist mir so schlecht, dass ich ›die Fische füttern‹ muss […].« Doch das sind Anfangsschwierigkeiten. Bald ist das Wetter besser, die See ruhiger, die Laune gehobener. Auch der Thunfischfang lässt sich gut an – es ist das sprichwörtliche Anfängerglück. Nach wenigen Tagen braut sich ein schwerer Sturm zusammen, die »Atalante« fährt direkt in dessen finsteren Orkus hinein. Nur mit Mühe können sie rechtzeitig die Segel reffen, dann brechen bereits die Wogen über das Schiff herein. Die

Frauen betätigen abwechselnd die Pumpe, um das Bilgewasser aus dem Schiffsbauch zu bringen. »Am Morgen stimmt der Sturm ein höheres Heulen an. Und die hoch aufragenden Wogen, die von heftigen Böen weiß aufgepeitscht werden, sehen so bösartig aus, dass wir alles reffen, was wir nur können.« Der Sturm lässt nach, aber der Wellengang bleibt hoch, die vier Frauen sind seekrank, das Boot ist außer Sicht der Küste. Das Topplicht, das immer am Mast hängen muss, ist vom Sturm heruntergefegt worden, und so segeln sie nachts bei wolkigem Himmel in absoluter Finsternis, ohne etwas zu sehen, und ohne gesehen zu werden. Nur um Haaresbreite entgehen sie der Kollision mit einem großen Schiff, das sich an ihnen als ein schwarzer Schemen lautlos vorüberschiebt: »Es ist unheimlich, Angst einflößend.« Nach einer Woche kehren die vier Frauen glücklich und wohlbehalten nach Groix zurück, mit reichlichem Thunfischfang, den sie in der örtlichen Fischfabrik abliefern. »Die ›Atalante‹, die Segel geborgen, liegt bald still.«

Nun könnte die große Fahrt über den Atlantik, nach New York, und weiter in die Südsee beginnen – doch dann kommt alles ganz anders. Am 1. September lichten sie erneut den Anker, verlassen Groix und segeln ohne größere Vorkommnisse durch die Biskaya Richtung Spanien, als Miette, die sich nicht richtig auskuriert hat, erneut krank wird und sich in einem besorgniserregenden Zustand befindet, der um ihr Leben fürchten lässt. Also drehen sie mitten in der Biskaya bei und segeln, so schnell es geht, nach Frankreich zurück, zum nächstgelegenen Hafen Le Palais auf der Belle-Île. Nüchtern urteilt Ella Maillart im Nachhinein: »Kein Wort wurde darüber verloren. Wir wussten, dass wir klug gehandelt hatten. Vielleicht würden wir es später noch einmal versuchen … Still verfolgten wir unseren Kurs zurück, der keine Spuren auf dem Meer hinterlassen hatte – nur in uns. Ich vermied es damals, nachzudenken. Heute weiß ich, wie schrecklich dieser Augenblick war.«

Ella Maillart ist niedergeschmettert. Während die Freundin im Krankenhaus liegt und man um ihr Leben bangen muss, sind ihre Träume und Illusionen wie Schaum zerronnen: »Verloren – nicht nur das zauberhafte, zeitlose Leben weit weg von unserem Kontinent, verloren auch das intensive, wahrhafte Leben auf ›meinem‹ Deck, in ›meiner‹ Kabine, wo nur das Gesetz der dauernden Verständigung mit Miette galt.« Dieses eine Mal gibt Ella Maillart ihrer Schwäche nach: »Schwer lastete ein Schweigen der Trauer über dem Boot. Diese Stunden waren so schmerzhaft, dass ich fortlaufen wollte. Und das tat ich auch.« Auf einer anderen Yacht, der »Amenartas«, dessen Eigner Ella Maillart in jenen Tagen kennengelernt hat, tritt sie die Fahrt nach England an: Nordwärts geht es durch schweren Seegang, um die gefährliche Pointe du Raz und die der Bretagne vorgelagerten Inseln und Riffe herum in den Ärmelkanal, ein Gewässer, das sie bereits kennt. Nach einer vierzigstündigen Fahrt ohne Zwischenhalt langen sie erschöpft in Southampton an. Von dort nimmt Ella Maillart das Linienschiff in die Normandie und fährt, in Frankreich angekommen, mit dem Zug nach Paris: »Am nächsten Morgen landete ich in Leinenschuhen am Bahnhof St. Lazare. Ich traf Miette, für die immer noch keine Diagnose vorlag.«

Ella Maillart fasst noch einmal den Mut der Verzweiflung und fährt mit dem Zug erneut zur französischen Westküste und setzt zur Belle-Île über, denn dort harren ihre Freundinnen Marie und Pa-tchoum an Deck der »Atalante« noch immer aus. Ella entschließt sich, wider alle Vernunft, es nochmals zu wagen. Nun ist sie – anstelle der erkrankten Miette – die Kapitänin, und sie heuert als vierte Matrosin ihre Kusine Picci an. Doch nun kapituliert die Ärztin Marie: Sie verlässt die »Atalante« und deren Mannschaft und fährt nach Paris, um dort ihre Doktorarbeit zu beenden und in ein bürgerliches Leben zurückzukehren. Der Glauben an ein Leben in Freiheit, ein Leben voller

Idealismus und Illusionen, fällt immer schwerer. Es fehlt das vierte Crewmitglied, die »Atalante« ist mit nur drei Kräften nicht ausreichend zu steuern. Also geben sie schweren Herzens das Schiff, das Miette gehört, auf und lassen es im Hafen von La Trinité in der südlichen Bretagne zurück. Die drei Frauen heuern stattdessen auf dem Schoner »La Françoise« an und segeln auf ihm zur englischen Kanalinsel Jersey. Die Sitten an Bord, unter lauter Männern, sind etwas rau. Das Trinkwasser wird vom Schiffsjungen aus dem Tank mittels eines Gummischlauchs angesaugt, was die drei Frauen mit Ekel erfüllt. Zudem werden sie angehalten, ihr morgendliches Waschwasser nicht wegzuschütten, sondern dem Koch zu überlassen, der darin noch das Geschirr spülen will. Das freilich wissen Ella Maillart und ihre Freundinnen zu verhindern: »Daher spähte eine von uns an jedem Morgen unauffällig das Deck aus, beobachtete jede Bewegung Le Bideaus [des Kochs] und sagte Bescheid, wenn die Luft rein war. Dann wurde das Waschbecken aus dem Deckslicht gereicht, um über Bord geleert zu werden.«

Am Sonntag, dem 3. Oktober, langen sie in St. Helier auf Jersey an. Dort nehmen sie den Dampfer nach Saint-Malo in der Bretagne und kehren mit der Eisenbahn nach La Trinité zurück, wo die »Atalante« noch immer vor Anker liegt, als wartete sie treu darauf, wieder in See stechen zu dürfen. Ein zweites Mal wird Ella Maillart von ihren Gefühlen überwältigt, ein zweites Mal »desertiert« sie: »Ganz plötzlich war es mir zu viel: ich konnte es nicht länger ertragen. Ich verhielt mich nicht so, wie es von einem guten Maat verlangt wird. Noch bevor alle Teile meines Schiffes zur Ruhe gebracht waren, sodass es die kalten Stürme und den Sprühregen des einsamen Winters nicht fürchten musste, lief ich davon. […] Ich wagte nicht, noch einmal zurückzublicken, als ich fortging. Aber die ›Atalante‹ verabschiedete sich auf ihre Weise: die gespannten Falle [Taue] trommelten heftig gegen den Mast.«

Wieder steht Ella Maillart vor der existenziellen Frage, was aus ihr werden soll, wie sie ihr Leben sinnvoll gestalten kann.

Nicht alles in jenen Jahren auf hoher See ist pure Lust und Laune. Oft genug – das bekennt sie in späteren autobiografischen Büchern – wird sie von Gefühlen der Niedergeschlagenheit, des Sinnverlusts, des Zweifels und des mangelnden Selbstbewusstseins heimgesucht. Sie versucht die Flucht nach vorne, bewirbt sich bei verschiedenen Institutionen und Unternehmen, deren Namen allein schon Abenteuer evozieren: bei der Hudson Bay Company, der Grenfell Labrador Mission, zudem bei einem Schweizer Privatmann, der als Großwildjäger unterwegs ist und einen Präparator seiner Trophäen sucht – vergebens. Das Glück ist Ella Maillart in jenen Monaten nicht hold, und so zieht sie sich über ein halbes Jahr zurück, in den Schoß der Familie und in ihre geliebte Bergwelt. Mehrere Monate verbringt sie abwechselnd in Genf und auf diversen Skihütten der Savoyer Alpen.

Ein Südsee-Admiral und ein holländisches Fiasko

Just dort oben, in den eisigen, schneebedeckten Höhen, begegnet sie jemandem, der sie hinablocken wird, an die Küste Englands, mit dem Versprechen auf die große, weite Welt: Ein pensionierter australischer Admiral, der im Ersten Weltkrieg ein Kriegsschiff in den feindlichen Gewässern der deutschen Kolonie Kaiser-Wilhelm-Land (Neuguinea) befehligt hat, ist nun mit Tochter und Sohn auf einer eleganten Segelyacht in den Gestaden Westeuropas unterwegs, will aber bald zu einer großen Tour in den Pazifik aufbrechen. Der Admiral, ein »Mann von beeindruckendem Aussehen, der an unserem Nachbartisch saß [...], groß [...], graue Haare, stahlblaue Augen in einem sonnenverbrannten, tief zerfurchten Gesicht«, sucht eine fähige Crew, und die junge, burschikose Schweizerin mit ihren reichen Segelerfahrungen im Mittelmeer und vor den Küsten Frankreichs und Englands scheint ihm genau die Richtige zu sein. Das Segelschiff des Admirals, die »Insoumise«, ist »eine gedrungene

Ketsch, die lange Zeit Lotsenboot in Ostende gewesen war«. Ella Maillart muss nicht lange überlegen. Im Frühling reist sie nach Southwick im südenglischen West Sussex. Sobald das Wetter es zulässt, wollen sie in den Pazifik segeln, in Gewässer, die der Admiral bereits aus dem Krieg wie seine Westentasche kennt. Der Traum von der Südsee, dem Paradies auf Erden, scheint für Ella Maillart in greifbare Nähe gerückt!

Doch eine »typisch englische« Regenwetterperiode macht die Crew zunächst einmal zu Gefangenen auf dem in Southwick am Pier liegenden Schiff. Freilich ist die »Insoumise« mit keinem der Schiffe zu vergleichen, auf denen Ella Maillart zuvor Dienst getan hat. Es ist nicht nur elegant und bequem, sondern birgt auch eine Wunderkammer der Sensationen und des Sammelsuriums: »Der geräumige Salon war eine Augenweide, vor allem dann, wenn ein Sonnenstrahl durch das Decklicht fiel und die goldenen Rahmen der alten Seestücke erhellte. Große, aus Holz geschnitzte polynesische Götzenstatuen machten ganz den Eindruck, als wollten sie nicht länger immer denselben dekorativen Fisch essen. Verleimte, tätowierte Schädel verstorbener Südsee-Insulaner waren in kofferähnlichen Truhen untergebracht, ihre ausgeblichenen Haarbüschel hatten sich in Pfeilen verfangen, mit denen einst Fische getötet wurden; ihre toten Augen waren entweder mit Kaurimuscheln oder mit Perlmutt ausgelegt [...]. Allein beim Anblick der vielsagenden, messingbeschlagenen Seekisten begab sich die Fantasie ins Kielwasser des Kapitäns Kid und seiner gesetzlosen Piraten. [...] Viele Stunden verbrachte ich in dem Lehnsessel neben dem Ofen und lauschte Geschichten, sah mir Fotos an oder las Bücher über die sieben Meere.«

Das Wetter bleibt über Wochen unfreundlich. An ein Auslaufen ist nicht zu denken. Deprimiert beschließt Ella Maillart das Segelschiff des Admirals zu verlassen. Der Anstoß kommt freilich von außen: Colonel John Benett hat ihr ein Telegramm geschickt. Er bittet sie zurück auf sein Schiff »Volunteer«, das in Calais bereitliege, um eine Fahrt nach Holland zu unternehmen. Sie, Ella Maillart, sei die richtige Frau, um die Tour als Maat erneut zu begleiten. Ella Maillart verlässt die »Insoumise« und begibt sich nach Harwich in Essex. Besser den Spatz in der Hand als die Taube auf dem Dach, so denkt sie. In Harwich besteigt sie einen Dampfer und überquert den Kanal. In Calais angekommen, wird sie von Benett, seiner Frau (die diesmal die Reise mitmachen will) und einer eilends angeheuerten französischen Crew erwartet. Erwartungsvoll verlassen sie anderntags den Hafen von Calais und fahren nordostwärts, entlang der belgischen Küste, mit dem Ziel Holland. »Zum Glück«, erinnert sich Ella Maillart später, »konnte ich nicht ahnen, wie viele graue Haare mir wegen dieser Mannschaft noch wachsen würden.«

Auch diese Fahrt wird unter einem Unstern stehen: Mehrmals hat der Motor einen Schaden – Ella Maillart wittert entweder mangelnden technischen Sachverstand oder gar Sabotage; die »Volunteer« wird im Rheindelta bei Ebbe mehrmals auf Grund laufen und rettungslos im Schlick versinken, bis sie von Schleppern endlich wieder in tieferes Wasser gezogen wird; einmal kollidieren sie in einem holländischen Kanal mit einer Hebebrücke, die vom Wärter nicht vollständig nach oben gezogen worden ist, und verursachen große Schäden an der Brücke und am Schiff; dann wieder verheddert sich die Schiffsschraube im Seetang und frisst sich fest; ein anderes Mal werden die Zuflusslöcher für das Kühlwasser der Maschine durch Schilf verstopft, der Motor überhitzt und fängt Feuer; wieder ein anderes Mal begibt sich der weibliche Maat Ella Maillart ins aufregende Nachtleben von Rotterdam, und als sie zum Hafen zurückkehrt, bemerkt sie, dass die »Volunteer« ohne sie weitergefahren ist. Eine Katastrophe reiht sich an die andere. Hinzu kommt der schlechte Führungsstil des menschlich überforderten John Benett, der bei den französischen Matrosen als englische Landratte verschrien ist und zudem von seiner anspruchsvollen Frau unter Druck gesetzt wird, die für die Nöte der Crew kein Verständnis aufbringt und die ganze Tour gern als spaßige Kreuzfahrt sehen will, mit der Möglichkeit, in den holländischen

Städten gut essen und einkaufen zu gehen ... Kurz: Die Fahrt durch Holland und seine Kanäle und durch das Rheindelta, mit Landgängen in Rotterdam, Gouda, Amsterdam, Haarlem und anderen Ortschaften, ist ein Fiasko, ein einziger, ununterbrochener Albtraum – und auch die Besichtigung der kunterbunten, riesigen Tulpenfelder, der pittoresken Altstädte, der traditionsreichen Diamantschleifereien und der berühmten Sammlungen mit Gemälden Alter Meister kann davon nicht ablenken. Als die »Volunteer« endlich im belgischen Hafen Ostende vor Anker geht, ist die Crew mit dem Schiffseigner völlig über Kreuz. Es geht um verletzte Ehre, um Sachschaden, um angeblich vorenthaltene Heuer.

Zwei schöne Nixen im Casino

Da trifft erneut ein Telegramm an Ella Maillart ein, das wie die wundersame Rettung aus einer verfahrenen Situation erscheint: Der australische Admiral a. D. fragt an, ob sie an einem Törn auf der »Insoumise« nach Spanien teilnehmen wolle? Ella Maillart überlegt keinen Augenblick, packt ihre Sachen, verlässt die »Volunteer« und die zerstrittene Crew und fährt nach Deauville in der Normandie, wo die »Insoumise« liegt. »Der Admiral schoss an Deck und raunte mir schnell zu, während er meinen Koffer nahm: ›Was auch kommt, sagen Sie nur, Sie können kochen.‹« Damit hat Ella Maillart, die typische »Frauenarbeit« verachtet, nicht gerechnet. Sie ist stolz auf ihre seemännische Erfahrung, auf ihre Leistungen als Deckshand und Maat, ja sogar als Kapitänin – aber Küchendienst? Es sind zahlende Passagiere an Bord, und der Admiral hat die Crew vollständig beisammen – bis auf einen Koch. Also sagt die Schweizerin wohl oder übel zu. Vielleicht ergibt sich ja unterwegs eine andere, bessere Lösung. Hauptsache, sie kann wieder segeln und fremde Länder erkunden! »Der Admiral versprach mir, er wolle, sobald wir Gibraltar erreicht hätten, einen Malteser als Koch suchen.«

Dann legen sie ab, und Ella Maillart genießt, auch wenn sie die meiste Zeit in der engen, verrauchten Kombüse verbringen muss, wieder das Gefühl, auf hoher See zu sein, nicht in den engen Kanälen Hollands: »Das war ein anderes Segeln, verglichen mit den Possen der Barge [der »Volunteer«]! Mann [ein Matrose] wusste, was der Admiral mit seinen lässigen Zeichen meinte, und so wurden die Segel auf der richtigen Bordseite gesetzt, das Schleppseil an Bord geholt, das Stagsegel lang genug backgehalten, um uns auf den richtigen Bug zu bringen. Wir segelten hart am Wind, der direkt aus Richtung Plymouth kam, unserem Ziel.« Die Yacht ist in bester Form, zudem hochseetauglich, die »Insoumise« fährt »mit dem tiefen Kiel und dem abgerundeten Rumpf glatt durch das Meer, und das Wasser umgab ihre Formen in einer schmeichelnden, gleitenden Bewegung«. Ella Maillart versucht, so gut es geht, zu kochen, doch anfänglich essen die meisten Besatzungsmitglieder und Passagiere eh nichts – der Wellengang ist zu hoch, und kaum einer kann etwas im Magen behalten. Der Sturm nimmt zu: »Diese Orgie der Elemente war ein Hochgenuss. Dennoch war ich fix und fertig und wollte nur noch in meine Koje.« Schließlich erreichen sie den sicheren Hafen von Plymouth und warten ruhigeres Wetter ab. Im Hafen liegt ein kleines Segelboot, die »Pilgrim«. Ella Maillart macht die Bekanntschaft des Eigners, eines alten Mannes aus Seattle, der vor Kurzem in fünfundfünfzig Tagen ganz allein den Atlantik überquert hat, von South Carolina über die Bermudas und die Azoren nach England! »Vor den Azoren hatte er vier Tage beigedreht gelegen und furchtbare Stürme erlebt; aber er hatte nie seine Nachtruhe opfern müssen; er hatte in der Hauptsache von Kartoffeln und Schinken gelebt und sich immer froh wie eine Lerche gefühlt.« Wieder steigt in der Schweizerin die Sehnsucht hoch: Wird es auch ihr einmal gelingen, den Atlantik auf einem Segler zu überqueren, und vielleicht noch weiter in die Südsee zu gelangen?

Zunächst einmal ist das Ziel näher gesteckt, es heißt Spanien und Gibraltar. Sie legen in Plymouth ab, gelangen ins westlich gelegene Falmouth, dann überqueren sie den Ärmelkanal, umrunden die Bretagne und gelangen in die Biskaya, was bei Ella Maillart etwas wehmütige Gefühle in der Erinnerung an ihre Zeit mit Miette und den anderen beiden Frauen auslöst. In Le Palais auf der Belle-Île ankern sie kurz, und Ella Maillart kommt mit ein paar einheimischen Fischern ins Gespräch, die ihr – ohne sie wiederzuerkennen – eine launige Geschichte – halb wirklichkeitsgespeist, halb Seemannsgarn – erzählen, von einem Thunfischboot, »das vor langer Zeit in den Hafen gesegelt war und nur Frauen an Bord gehabt hatte. Sie waren nach einer jahrelangen Kreuzfahrt aus der Südsee zurückgekommen …! Die Fantasie der Menschen war bereits am Werk gewesen.«

Sie durchqueren die Biskaya und langen in Saint-Jean-de-Luz an, einem kleinen französischen Hafenort hinter Biarritz, doch weit weniger mondän als jenes. Hier erholen sich Crew und Passagiere der »Insoumise« von der Seekrankheit, genießen das rege Straßen- und Kneipenleben in dem alten baskischen Städtchen nahe der spanischen Grenze. Diana, die schöne Tochter des Admirals, und Ella haben unterdessen Freundschaft geschlossen, und gemeinsam erkunden sie die Tanzlokale des Ortes, wo sich auch adrette Matrosen und Urlauber herumtreiben. Das freilich missfällt dem Admiral, und er verbietet seiner Tochter und seinem Koch kurzerhand solch nächtliche Vergnügungen und lässt das kleine Beiboot an Land bringen – während die »Insoumise« ein Stück draußen ankert. Die jungen Frauen jedoch sind gewieft genug, sich unbemerkt von Deck zu stehlen. Verschmitzt erinnert sich Ella Maillart: »Am nächsten Tag gingen wir an Land und hatten unsere Schuhe und Abendkleider unten in unserem Korb versteckt. Wir ließen sie beim Casino. An diesem Abend glitten wir über Bord, sobald der Admiral eingeschlafen war – wir hörten es an seinem Schnarchen –, und schwammen ans Ufer. Die Nacht war schwarz, und wir zogen unsere Bahn vorsichtig durch bewegtes Wasser in Richtung auf das hell erleuchtete Casino und seine klagenden Saxofone, wobei wir darauf achteten, dass unsere Haare nicht nass wurden! Wir tauchten in unseren herausgeschmuggelten Kleidern in der Öffentlichkeit auf, als alle uns schon aufgegeben hatten.«

Doch der Reiz der nächtlichen Abenteuer lässt bald nach. Die Stimmung an Bord wird schlechter. Der Küchendienst missfällt Ella Maillart immer mehr, und vonseiten des Admirals kommen keine Erklärungen hinsichtlich einer Fortsetzung des Segeltrips nach Gibraltar, wie es eigentlich versprochen war. Ein paar der Crewmitglieder kündigen daraufhin und verschwinden. Und als der Admiral – es ist Spätherbst – schließlich seinen Plan einer Umrundung der Iberischen Halbinsel aufgibt und das Schiff den Adour flussaufwärts manövrieren lässt, um es dort sicher und geschützt einzuwintern, reißt auch Ella Maillarts Geduldsfaden: Sie fährt mit dem Zug nach Genf zurück.

Mit Alain Gerbault auf einem Galadinner

Miette, die wieder bei Kräften ist, meldet sich bei der Freundin: Sie will die »Atalante«, die noch immer in La Trinité in der Bretagne liegt, verkaufen. Da aber in Großbritannien die erzielten Preise höher lägen, wolle sie die Yacht nach England bringen. Die Freundinnen verabreden sich in der Bretagne. Rasch sind zwei Fischer engagiert, die sie nach England begleiten sollen. Doch die »Atalante« ist in schlechterem Zustand, als sie erwartet haben. Manches ist reparatur- und renovierungsbedürftig, und allein durch das Liegen hat sich einiges verzogen und gelockert. Es wird ihnen nichts anderes übrig bleiben, als die »Atalante« in einer Werft in England überholen zu lassen.

Die alte Segellust regt sich in den Freundinnen wieder: »Obwohl wir wussten, dass wir nur ein paar Tage segeln würden, erfüllte uns wieder einmal die Freude an der Ausrüstung. Miette kaufte Seekarten und die Navigationsanweisungen für den Kanal.« Man trifft sich mit alten Bekannten, hauptsächlich Fischern: »Bevor wir ablegen konnten, mussten wir in unserem alten Lokal am Ende der Landspitze mehr trinken als gut für uns war, wie es in diesem Lande so Sitte ist. Und noch einmal erzählte uns Georges Terriou haarsträubende Geschichten, ›nur um zu sehen, ob unser Stadtleben uns nicht verdorben hatte und ob wir es immer noch verdienten, Segler genannt zu werden!‹«

Am 10. Mai 1928 stechen sie in See, segeln im Windschatten der Insel Groix, von wo sie einst auf Thunfischfang gegangen sind, nordwestwärts, umrunden die Landspitzen Pointe de Penmarch und Pointe du Raz, übernachten in der geschützt in einem Golf liegenden Hafenstadt Douarnenez, segeln am nächsten Tag weiter, vorbei an der zerklüfteten, der Westspitze der Bretagne vorgelagerten Insel Ouessant. Miette und Ella sind wie in alten Zeiten fröhlich und von den Elementen Wasser und Wind verzaubert: »Um Mitternacht verschwand der Leuchtturm von Ouessant hinter dem Horizont, aber über den nachtschwarzen Himmel hinter uns huschten immer noch seine Strahlen.« Nach einer stürmischen nächtlichen Überfahrt mit eisigen Böen und schwerem Hagel erreichen sie anderntags das südenglische Portland, dann Yarmouth, schließlich das Dorf Woolston bei Southampton am Ufer des Flusses Itchen. Hier gibt es eine kleine Werft, wo die »Atalante« aufgelegt und aufgearbeitet werden soll. Doch die Preise erweisen sich als zu hoch. Und so entscheidet sich Ella Maillart, die Arbeiten alleine auszuführen – während die Schiffseignerin Miette nach Frankreich zurückkehrt. Ella verbringt den Sommer 1928 jedoch nicht nur mit Hammer, Säge und Farbeimer, sie macht auch bald neue Bekanntschaften, etwa die des Colonels Duncan Neill, der die Segelyacht »Shamrock« für Sir Thomas Lipton in Regatten fährt. Er lädt die Schweizerin zu einem Segelrennen ein, und mit Erregung beobachtet sie, wie die große, dreiundzwanzig Meter lange Yacht, von zwanzig Matrosen gelenkt, sich im vollen Wind kaum halten lässt und wie von allein über die Wellen schießt.

Der Sommer neigt sich dem Ende zu, die »Atalante« strahlt in neuem Glanz – da erreicht Ella Maillart der Hilferuf von

Yvonne de Saussure, der Schwester Miettes: Sie, die in Genf ein Schauspielstudio führt, kann an einem Theater an der Pariser Champs Élysées mit einem selbstinszenierten Stück auftreten, doch fehlt ihr für eine der Rollen eine Darstellerin. Da Ella Maillart vor längerer Zeit etwas Schauspielunterricht genommen hat, könne doch sie einspringen? Ella sagt kurz entschlossen zu, verlässt England, fährt nach Paris, studiert unterwegs die Rolle ein und gastiert in dem Stück mit Erfolg: »Nach drei Wochen öffentlicher Auftritte musste ich mich entscheiden, ob ich den Brettern treu bleiben wollte. Meine Entscheidung fiel mir leicht, als ich erkannte, dass ich die Sonne nicht gegen Rampenlicht und die Stille der Natur nicht gegen das Gedränge in der Stadt austauschen konnte. […] Nein, ich ging wieder zur See.«

Im Frühjahr 1929 kehrt sie nach Woolston in England zurück, wo die aufgehübschte »Atalante« noch immer liegt. Doch die Preise für Segelboote sind unterdessen in England gefallen, und Miette, die Schiffseignerin, beschließt, die Yacht doch nach Frankreich zu überführen, nach Trouville in der Normandie. Miette reist nach Woolston, aber nicht allein: Sie wird begleitet von ihrem jüngeren Bruder Ben und ihrem schlaksigen Cousin Zazigue, der Aufsehen erregt, als er in Begleitung eines jungen Mannes erscheint, der Zazigues kleinen Koffer trägt. Bevor sie auslaufen, werden sie vom deutschen Koch der nebenan liegenden norwegischen Yacht »Kinkajou« zum Abendessen eingeladen. Der Deutsche trägt den eigenartigen Spitznamen »Das Wunder von Lille«, und wunderbar sind nicht nur seine gastronomischen Künste, wunderlich sind auch seine cholerischen Anfälle. Da Ella und Miette am Nachmittag noch mit Farbe hantiert haben und schmutzige Hände haben, müssen sie sich erst gründlich waschen und die Flecken mit Terpentin abschrubben: »So kamen wir eine Stunde zu spät an Bord der ›Kinkajou‹. In einem Wutanfall hatte der nervöse Küchenchef unsere vier Steaks bereits über Bord geworfen!«

Am 4. August 1929 lichten sie endlich Anker, segeln den Fluss

Itchen hinab und hinaus aufs offene Meer, in den Ärmelkanal. Es ist beinahe wie in alten Zeiten – wäre es nicht die letzte Fahrt der »Atalante«, und die letzte Fahrt, die die beiden Freundinnen Ella und Miette gemeinsam unternehmen. In finsterer Nacht, die nicht einmal von Sternen erleuchtet ist, kollidieren sie ums Haar mit einem riesigen Frachter, dessen Kielwasser allein die »Atalante« heftig ins Schwanken bringt. Anderntags erreichen sie sicher das Hafendorf Barfleur an der Nordostspitze der Halbinsel Cotentin, vorn dort segeln sie ostwärts und erreichen den Hafen von Trouville.

Zu jener Zeit hat sich wie ein Lauffeuer die Nachricht verbreitet, der Segelpionier Alain Gerbault, den die jungen Frauen bereits sechs Jahre zuvor in Südfrankreich kennengelernt haben, sei von seiner Ein-Mann-Segeltour rund um den Globus zurückgekehrt, gastiere derzeit im teuren New Golf Hotel im nahen, mondänen Badeort Deauville, und werde in Trouville erwartet. Als wenige Tage später sein Boot, die »Firecrest«, tatsächlich in den Hafen einfährt, erwarten ihn am Kai und auf den Yachten Tausende begeisterter, jubelnder Fans. Auch die kleine Crew der »Atalante« ist an Deck, und der Zufall will es, dass die »Firecrest« nur eine Handspanne entfernt langsam an ihnen vorbeifährt und Gerbault den jungen Frauen direkt ins Gesicht blickt und sie überrascht und freudig begrüßt. Über einen Freund lässt er ihnen wenig später ausrichten, sie seien zu einem Galadinner in dem Luxushotel in Deauville eingeladen. Zunächst lehnen Ella und Miette ab, da sie keine passende Kleidung für solch einen Empfang dabei haben. Doch Gerbaults Freund lässt nicht locker und kann sie überreden. Ella Maillart bleibt skeptisch: »Dreihundert Gäste waren zu diesem Essen geladen. Und sie standen alle in der Halle des Luxushotels, als wir ankamen … die Eleganten, die Reichen, die Blasierten, die Opportunisten, die Degenerierten, die Weltlichen …«

Dennoch fahren sie nach Deauville: »Wir traten ein – ohne Strümpfe, ohne Hut, in Plisseeröcken und weißen Drillich-Seglerjacken. Und man kannte uns nicht, was diese Leute kränkte.

Umringt von Offiziellen, unter anderem dem Bürgermeister der Stadt, kam Alain an und zwinkerte uns zu. […] Der Held des Tages saß in der Mitte eines großen, hufeisenförmigen Tisches; ihm gegenüber waren nur drei Plätze: für Miette und für mich, und zwischen uns saß ein kleiner Mann, dessen Name sich wie ›Citrenne‹ anhörte.« Die Hautevolee blickt neidisch auf die beiden jungen Frauen in ihrer eigenartigen Aufmachung. Ihnen gegenüber sitzen Herzoginnen und Industriellengattinnen, und doch stehlen Miette und Ella den Adligen und Reichen die Schau. Im Laufe des Abends wird Ella klar, wer der kleine Mann mit dem eigenartigen Namen ist: Es ist der Automobilindustrielle und Abenteurer André Citroën höchstpersönlich, der davon erzählt, dass er eine Expedition durch Zentralasien organisieren wolle. In Ella Maillart blitzt ein Gedanke auf: »Ich fühlte mich von den Menschen in den Steppen magisch angezogen. Und seitdem ich vor ein paar Monaten von diesem Citroën-Kreuzzug gehört hatte, war es mein Traum, als Assistentin des Kameramannes daran teilnehmen zu können.« Sie packt die Gelegenheit beim Schopfe und bietet sich dem Automobilkonstrukteur als Kameraassistentin für dessen Expedition an. Der jedoch winkt ab: Frauen seien bei diesem Unternehmen nicht zugelassen. Ella Maillart muss die Absage des Patriarchen wohl oder übel hinnehmen, aber dennoch regt sich in ihr Widerstand: »In diesem Augenblick schoss mir der kühne Gedanke durch den Kopf: Wenn du unbedingt nach Zentralasien willst, warum gehst du nicht allein?« Wenige Jahre später wird sie diesen Gedanken in die Tat umsetzen und die Regionen Turkestans bereisen …

Gegen Ende des Abends fahren Miette und Ella gemeinsam mit Alain und dessen Freund in dessen Villa. Dort will der Weltumsegler ihnen seine Seekarten zeigen und die Route verdeutlichen. Ella Maillart erinnert sich: »Wir breiteten sie auf dem Fußboden aus und folgten dann stundenlang, das Kinn auf den Händen abgestützt, seinem Finger über die Ozeane. Wir lernten die Namen von Inseln mit einer unaussprechlichen Menge von Vokalen, wir hörten das Donnern der Brandung auf den Paumontou-Atollen, wir betraten den Pass von Papeete, wir machten Fahrt vor Raiatea in einem Auslegerkanu, wir sahen den stolzen Pora-Pora mit seinen beiden Zacken, wir bewunderten die klugen Maoris von Raratonga und die mit einem Lendenschurz bekleideten, tätowierten Fidschis.« Die Namen der Inseln und Vulkane rauschen in den Seelen der beiden Frauen auf, und der alte Traum von einem Leben in der Südsee wird für Stunden wieder lebendig … Doch es wird ein Traum bleiben, zumindest für Ella und Miette. Alain Gerbault hingegen bricht im Jahre 1932 erneut in den Pazifik auf, mit einem neuen Segelschiff (die »Firecrest« ist nach der mehrjährigen Tour ziemlich ramponiert). Er wird einige Jahre auf verschiedenen Inseln Französisch-Polynesiens leben und seine Tage in der Südsee beschließen, während des Zweiten Weltkriegs, zurückgezogen in der neutralen portugiesischen Kolonie Osttimor, einsam und verlassen, von Tropenkrankheiten und Alkohol ausgezehrt, gerade einmal achtundvierzig Jahre alt.

Am anderen Morgen heißt es Abschied nehmen: von Alain Gerbault und von der »Atalante«. Der Weltumsegler besucht tatsächlich seine Freundinnen auf deren Segelboot im Hafen von Trouville zu einem Frühstück: »Haferbrei, Toast, Eier und Speck – all das, was Gerbault mochte – standen auf dem Tisch der ›Atalante‹, wie damals auf unserer ›Perlette‹ an dem Tag, als er Cannes mit Kurs auf New York verließ.« Dann verabschiedet er sich und segelt mit seiner »Firecrest« nach Le Havre. »Wir befanden uns an Bord und hielten uns unter Deck versteckt, damit der einsame Segler seinem Ruf gerecht wurde.« Nachdem Alain Gerbault sich verabschiedet hat, ist auch das Ende der Crew der »Atalante« gekommen: Das Boot wird in Trouville aufgelegt. Miette reist nach Paris zurück. Und Ella Maillart wird im Hafen von der guten, alten »Volunteer« abgeholt, denn sie hat mit John Benett erneut einen Kontrakt geschlossen.

Noch einmal kreuzt die »Volunteer«, die »von Tag zu Tag wack-
liger« wird, in den Gewässern des Ärmelkanals, steuert Häfen in
der Normandie und in England an. Doch die alte Fröhlichkeit
will in Ella Maillart nicht mehr aufkommen: »Viele Jahre lang
hatte ich versucht, mir den Lebensunterhalt auf See zu verdienen. Offensichtlich funktionierte das nicht, und ich wusste, dass
ich einen neuen Weg einschlagen musste. Obwohl ich nirgendwo zu Hause war, hatte ich mich von Europa nicht so
gelöst wie Alain.« In Southampton geht sie mit John Benett von
Bord. Sie nimmt dessen Einladung an, auf seinem Landsitz ein
paar Tage zu Gast zu sein: »Mit Stone auf dem Notsitz und dem
Colonel [John Benett] am Steuer des alten, kastenförmigen
Rolls [Royce], fuhren wir zu dem wunderschönen georgiani-
schen Pythouse. Ich verbrachte einige Tage in schönen, hohen
Räumen mit vielen Fenstern und riesigen Kaminen, wanderte
durch Alleen hoher Linden und über ausgedehnte, wogende
Weiden, auf denen am Morgen Tautropfen glitzerten. Ich nahm
nun Kurs auf eine völlig andere Umgebung …«

Nach ein paar Tagen zieht Ella Maillart ein Resümee: »Eines
war klar: ich musste aufhören, ziellos umherzuziehen. Mir
schwebte vor, etwas Praktisches zu tun, denn ich war es leid, nur
dem Zufall zu leben.« Miette hat geheiratet, und ohne sie, das
erkennt Ella Maillart, ergibt es keinen Sinn, durch die Welt zu
segeln. »Ich wollte nicht mehr auf den Yachten anderer arbeiten. Und ich hatte kein Geld, selbst Eigner eines Yachtkreuzers
zu werden […]. Gleichzeitig waren meine tiefsten Wurzeln
durchtrennt worden, da wir uns genötigt sahen, unser kleines
altes Haus am [Genfer] See aufzugeben, das für mich das Paradies gewesen war.« Endlich findet sie die Kraft, sich von der
»fixen Idee eines Lebens auf See«, wie sie sich selbst eingesteht,
zu lösen.

Ein neues Zauberwort macht sich in ihr mit Gewalt breit:
Asien! Sie will die Länder und Völker des riesenhaften, so frem-

den Kontinents bereisen. »Sie alle riefen nach mir. Es gab Menschen und Dinge, die darauf warteten, gesehen und verstanden zu werden … überall. Und vielleicht gab es irgendwo Menschen, die glücklicher lebten als jene in unseren monströsen, von Maschinen beherrschten Städten.« Die fixe Idee, in die Südsee zu segeln, in ein vermeintliches Paradies jenseits der Zivilisation, hat Ella Maillart zwar aufgegeben. Aber die Suche nach einem Dasein außerhalb der Zerstörungen der westlichen Zivilisation geht weiter, ein Leben lang. Bereits im Frühjahr 1930 reist sie als Reporterin einer französischen Tageszeitung nach Moskau, und von dort nach Südrussland. Wenige Jahre später wird sie zu einer Reise in die entfernten Republiken der Sowjetunion aufbrechen, in die Regionen Kirgisistans, Usbekistans und Kasachstans. Und wiederum später wird sie – teils gemeinsam mit der Schweizer Schriftstellerin Annemarie Schwarzenbach – Persien und Afghanistan erkunden; dann China und Tibet, den Himalaja und Indien … Sie wird ein Leben lang unterwegs sein, immer auf der Suche nach fremden Ländern und Menschen, nach dem Paradies auf Erden und nach sich selbst. 1997, im Alter von vierundneunzig Jahren, wird diese große Reisende zwischen den Kulturen und Welten im Bergdorf Chandolin in der heimischen Schweiz sterben, zurückgekehrt zu ihren Ursprüngen. Sie hatte letztlich das Wichtigste im Leben gefunden: nicht ferne Länder, sondern die innere Freiheit, und das Wissen, sich als freier Mensch frei für das Schöne und Gute entscheiden zu können: »Wir sind frei, das zu wählen, was es wert ist, getan zu werden.«

Martha Gellhorn (1908–1998)
Höllentrip durch Afrika

Die amerikanische Journalistin Martha Gellhorn war bereits siebzig, als sie vor sich selbst und ihrer Leserschaft bekannte: »Ich war mein ganzes Leben lang eine Reisende, angefangen in der Kindheit mit den Straßenbahnen meiner Geburtsstadt [St. Louis, Missouri], die mich nach Samarkand, Peking, Tahiti, Konstantinopel transportierten. Ortsnamen waren der stärkste Zauber, den ich kannte. Und sie sind's noch.« Das Reisen war für Martha Gellhorn die einzig gültige Existenzform. Und obgleich sie in ihrem Leben zwei Mal ein eigenes Haus baute und bezog, hielt es sie doch selten länger an ein und demselben Ort. Ihrer Meinung nach war »Häuserbauen weit schlimmer als jede Schreckensreise«, das Häuserbauen selbst ein Zeichen, »geistesgestört« zu sein. Sie war eine große Reisende. Aber anders als die Globetrotter des 19. Jahrhunderts, die noch neue Länder und unbekannte Kulturen entdecken durften und sich – allen Gefahren zum Trotz – dem Abenteuer ohne Rückhalt hingeben konnten, empfand sich Martha Gellhorn als eine Amateurin, als eine reisende Dilettantin – durchaus im hergebrachten Sinne: Sie war eine Dilettantin, weil sie das Reisen als Existenzform liebte, und sie blieb eine Dilettantin, weil die Zeit der großen Entdeckungsreisen unwiederbringlich vorüber war und die moderne Zivilisation mit Massentourismus und der Aufweichung ursprünglicher Kulturen durch Angleichung, Massenkonsum und Umweltzerstörung unwiderruflich um sich griff.

Als Martha Gellhorn Mitte der 1970er-Jahre ein vermeintlich

abgeschiedenes Dorf auf Kreta besuchte, bemerkte sie mit Abscheu, dass die einst so archaische, unverwechselbare Landschaft mit Betonbauten verschandelt und der feine Sandstrand und das klare Wasser von Zivilisationsmüll verdreckt waren. Spätestens in jenem Augenblick war ihr klar, dass die Zeit der großen Reisenden vorüber war. Es war ein Abschied, der sich über Jahrzehnte hinzog: Denn keineswegs empfand Martha Gellhorn ihre Expeditionen immer als beglückende, erfüllende Abenteuer. Vielmehr war sie oft genug als Reporterin in den Krisengebieten dieser Welt unterwegs. Ob sie 1941 gemeinsam mit ihrem damaligen Ehemann Ernest Hemingway das von Chiang Kai-shek kontrollierte China hinter der Front des japanisch-chinesischen Kriegs besuchte, im Jahre 1942 in der Karibik deutsche U-Boote aufspürte, oder im Jahre 1972 die unter Hausarrest stehende Schriftstellerin und Dissidentin Nadeschda Mandelstam, Ehefrau des russischen Dichters Ossip Mandelstam, in der Sowjetunion besuchte – immer waren es gefährliche, haarsträubende Unternehmungen, die eher Höllentrips glichen als einer vielleicht abenteuerlichen, letztlich aber doch beglückenden und verdienstvollen Expedition, wie sie vor ihr die großen Reiseschriftstellerinnen des 19. und frühen 20. Jahrhunderts unternommen hatten.

Das Unglück, so Martha Gellhorns bittere Einsicht, findet in unseren Zeiten mehr interessierte Zuhörer als das erfüllte Glück, der Gescheiterte trifft auf größere Neugier als der Held (sofern es diese Spezies überhaupt noch gibt). Zudem leben wir nach Martha Gellhorns Überzeugung in einer Zeit der Nivellierung, der Mutlosigkeit, der Austauschbarkeit und des Massengeschmacks. Martha Gellhorns Reisen wirken vor diesem Hintergrund wie ein gelebter Widerstand, ein Protest wider die Vernunft und die Erfahrung: »Aber wir bleiben standhaft und tun unser Bestes, die Welt kennenzulernen, und wir kommen herum. Wir fahren überallhin.« Die Enttäuschung folgt der Begeisterung freilich stets auf dem Fuß: »Bei unserer Rückkehr hört sich niemand bereitwillig unsere Reisegeschichten an. [...]

Die Leute reden lieber vom Wetter, als sich unsere glühenden Berichte über Kopenhagen, den Grand Canyon, Katmandu anzuhören.« Ihre lakonische Einsicht: »Der einzige Aspekt unserer Reisen, der garantiert Zuhörer findet, ist das Unglück.« Von diesem Unglück, von Missgeschicken, vom Scheitern und von Enttäuschungen zu berichten, nahm die Reisejournalistin als Herausforderung an. In ihrem Buch *Travels with Myself and Another* aus dem Jahr 1978 (deutsch unter dem Titel *Reisen mit mir und einem Anderen*, 2011) hat sie Paradebeispiele ihres schriftstellerischen Könnens und zugleich Tiefpunkte ihrer Reiseerlebnisse versammelt. Es sind Höllentrips, zum Ergötzen eines sensationslüsternen Publikums und zur Selbstvergewisserung der Autorin geschrieben. Einer dieser Reiseberichte über einen Höllentrip, »une saison en enfer«, führt in das Jahr 1962. Sein Schauplatz: Äquatorialafrika …

Keine bloße Fußnote

Martha Gellhorn wird am 8. November 1908 in St. Louis im US-Bundesstaat Missouri geboren. Die Mutter Edna Gellhorn, eine geborene Fischel, ist eine Frauenaktivistin, der Vater George Gynäkologe. Die deutschstämmige Familie ist väterlicherseits jüdischen, mütterlicherseits teils jüdischen, teils protestantischen Glaubens. Neben Martha hat das Ehepaar noch zwei Kinder, die Söhne Walter (er wird später Juraprofessor an der Columbia University) und Alfred (der ein bekannter Onkologe wird).

Martha Gellhorn ist ein aufgewecktes und intelligentes Mädchen. Früh zieht es sie – und sei es nur in der Fantasie – hinaus in die Welt. Das Straßenbahnnetz von St. Louis, dessen Stationsnamen sie an ferne Länder und Städte gemahnen, ist ihr bald nicht mehr genug. Mit sechzehn darf sie zusammen mit einer Freundin in den Ferien zum ersten Mal nach Europa, nach Grenoble. Die geistige Freiheit und die gesellschaftliche Liberalität in Frankreich imponieren ihr – vor dem Hintergrund der puritanischen Verhältnisse in den Vereinigten Staaten. Später wird sie etliche Länder Europas bereisen und zeitweise in England, Frankreich und Italien leben.

Zurück in den USA, verlässt sie mit achtzehn die John Burroughs-Schule in St. Louis und wechselt an das Bryn Mawr College in Philadelphia. Die Metropole im Bundesstaat Pennsylvania hat damals bereits knapp zwei Millionen Einwohner. Martha Gellhorn taucht in eine neue, offenere, ungebundene Welt ein. Bereits nach einem Jahr bricht sie das College ab. Sie will nicht weiter die Schulbank drücken, sondern ins Berufsleben starten. Ihr Traumjob: Journalistin. Damals macht die amerikanische Journalistin und Schriftstellerin Dorothy Thompson viel von sich reden, die in Wien und Berlin als Korrespondentin für amerikanische Zeitungen arbeitet – und zum emanzipatorischen Vorbild für manche junge Frau wird. Martha Gellhorn beginnt für diverse Blätter zu schreiben. Ihre präzise und bildreiche, dabei zugleich lockere und humorvolle Schreibweise kommt gut an. Bereits 1930 wird sie für zwei Jahre als Auslandskorrespondentin nach Paris gesandt, wo sie im Büro der »United Press« arbeitet. In Frankreich kommt Martha Gellhorn in Kontakt mit sozialistischen und pazifistischen Ideen. Sie lernt auch den verheirateten Journalisten und Wirtschaftsexperten Bertrand de Jouvenel kennen. Aus der Liebesaffäre entwickelt sich nach 1934 eine warmherzige Freundschaft, die ein Leben lang währt.

Nach ihrer Rückkehr in die Vereinigten Staaten – es sind die Jahre der großen Depression und der Präsidentschaft von Franklin D. Roosevelt – arbeitet Martha Gellhorn, auf Veranlassung der First Lady Eleanor Roosevelt, für die »Federal Emergency Relief Administration« (FERA) als Beobachterin und »field investigator«. Ihre Aufgabe ist es, die US-Bundesstaaten zu bereisen und die sozialen Auswirkungen der Wirtschaftsdepression in Wort und Bild zu dokumentieren, um hieraus Strategien für deren Bekämpfung erarbeiten zu können. Martha Gellhorns Berichte, ergänzt durch Fotografien ihrer Kollegin Dorothea

Lange, werden sogar in die offiziellen Regierungsakten über die Depression aufgenommen. Als Journalistin schärft sie in jenen Jahren ihren Blick für die sozialen Probleme und die am Rande Stehenden – Beobachtungen, die sie auch in ihren Short Stories *The Trouble I've Seen* (1936) verwertet.

Ihre Wandlung von der bloßen Journalistin hin zur Schriftstellerin vollzieht sich nicht nur mit diesem Erzählband. Im selben Jahr gerät sie auch ganz privat in den Bann der Literatur und eines ihrer herausragenden Protagonisten: Ernest Hemingway. Sie lernen sich Weihnachten 1936 während eines Ferienaufenthalts in Key West, Florida, kennen und lieben. In Spanien tobt damals der Bürgerkrieg zwischen der demokratisch gewählten Regierung der Republik und den rechtsgerichteten Putschisten unter General Franco (die wiederum von NS-Deutschland mit Waffen und Spezialeinheiten unterstützt werden). Wie viele andere europäische und amerikanische Intellektuelle ergreifen auch Hemingway und Gellhorn Partei in diesem Kampf zweier weltanschaulicher Systeme. Sie entscheiden sich, nach Spanien zu gehen und aufseiten der Republik zu kämpfen. Hemingway wird seine Erfahrungen im Spanischen Bürgerkrieg in seinem Roman *Wem die Stunde schlägt* (1940) verarbeiten. Martha Gellhorn hingegen schreibt für die Zeitschrift *Collier's Weekly* (für die sie auch später noch zu Reisen aufbrechen wird) Reportagen über die Geschehnisse an der spanischen Front.

Martha Gellhorn wird in jenen Jahren – neben Dorothy Thompson und Erika Mann – zu einer der führenden Kriegsreporterinnen. Am Vorabend des Zweiten Weltkriegs bereist sie Deutschland und die Tschechoslowakei, im Krieg Finnland, England und den Fernen Osten (Hong Kong, China, Burma und Singapur). Im Jahre 1940 heiraten Martha Gellhorn und Ernest Hemingway. Im Jahr darauf bereist Martha Gellhorn gemeinsam mit Hemingway – und wieder im Auftrag von *Collier's Weekly* – das unbesetzte China, dessen Heerführer Chiang Kai-shek damals noch mit den Kommunisten unter Mao Tse-tung gegen die japanischen Invasionstruppen verbündet ist. Diese

Reise in ein durch Krieg und Bürgerkrieg verwüstetes China beschreibt sie in einer ihrer »Höllenfahrten«-Reportagen unter dem Titel *Mr. Mas Tiger*: Hemingway wird darin als »UB«, als »unwilliger Begleiter« porträtiert, in zugleich humoristischer und respektvoller Weise, ohne ihn zu dekuvrieren. Die letzten Kriegsjahre verbringt Martha Gellhorn an diversen Abschnitten der Front in Europa: Sie ist als Berichterstatterin dabei, als die Alliierten am D-Day (6.Juni 1944) an der Küste der Normandie landen, sie verfolgt den Vormarsch der Amerikaner in Italien, und sie ist eine der Ersten, die in das von den Amerikanern befreite Konzentrationslager Dachau kommen und den Lesern in ihrer Heimat, die bis dahin von den Vorgängen in den Vernichtungslagern nichts wussten, darüber berichten.

Martha Gellhorn entrinnt zwar unbeschadet allen Kriegsschauplätzen, doch ihre Ehe ist gescheitert. Sie kann und will sich nicht den Allüren ihres berühmten Mannes unterordnen. Der wiederum kann nicht treu sein und hegt bisweilen recht konservative Anschauungen über die Position einer Frau in der Ehe. So schreibt er ihr einmal von seiner kubanischen Finca an die italienische Front: »Bist du eine Kriegsberichterstatterin, oder bist du die Frau in meinem Bett?« Martha Gellhorn ist seine Vorhaltungen und seinen Machismo leid: Sie äußert sich, sie habe nicht die Absicht »eine Fußnote in eines anderen Leben zu sein«. 1945 lassen sich Martha Gellhorn und Ernest Hemingway scheiden. Martha Gellhorn bleibt in ihren Erinnerungen an Hemingway gerecht, ja versöhnlich, obgleich sie manchen Grund zur Klage hätte. In Interviews verbittet sie es sich, auf den Ex-Mann und berühmten Schriftsteller angesprochen zu werden. Einmal stellt sie harsch fest: »Ich bin seit über vierzig Jahren Schriftstellerin. Ich war Schriftstellerin, bevor ich ihn traf, und ich war Schriftstellerin, nachdem ich ihn verlassen hatte. Warum sollte ich bloß eine Fußnote in seinem Leben sein?« Darüber, wer letztlich den Anstoß zur Trennung und zur Scheidung gab, widersprechen sich beider Aussagen. Wie auch immer: Der Stolz, eine eigenständige Persönlichkeit mit freiem, unangepasstem Willen zu sein, und diesen Nimbus auch vor der Öffentlichkeit und der Nachwelt darzustellen, spielte bei beiden eine große Rolle. Im Übrigen war auch Martha Gellhorn kein Kind von Traurigkeit: Sie hatte während ihrer Ehe eine Affäre mit dem US-Major James M. Gavin. Und bereits kurz nach ihrer Scheidung, in den Jahren nach dem Zweiten Weltkrieg, wird sie Beziehungen zu dem amerikanischen Geschäftsmann Laurance Rockefeller, dem Journalisten William Walton und dem Arzt David Gurewitsch eingehen. 1949 adoptiert Martha Gellhorn einen italienischen Waisenjungen namens Alessandro, den sie »Sandy« ruft. Das Verhältnis zwischen beiden ist angespannt und von Enttäuschungen durchzogen, nicht zuletzt dadurch, dass Martha Gellhorn sich infolge ihrer langen, berufsbedingten Reisen nur wenig um das Kind kümmern kann. 1954 heiratet sie den Journalisten und Schriftsteller Thomas Stanley Matthews. Ihm zuliebe, der in Großbritannien versucht, eine englische Ausgabe des *Time Magazine* zu lancieren, zieht sie nach London (das ihr bis zu ihrem Tod eine Art Heimat wird, sofern man diesen Begriff bei einer lebenslang unruhig um die Welt Reisenden überhaupt anführen darf). Auch diese Ehe scheitert und wird 1963 geschieden.

Martha Gellhorn bleibt auch nach dem Krieg, und auch während der Ehe mit Matthews, eine umtriebige Reisereporterin, die sich selbst in die gefährlichsten Krisen- und Kriegsgebiete dieser Welt wagt. So bereist sie im Auftrag von *Atlantic Monthly* in den 1960er- und 1970er-Jahren Vietnam und Palästina. 1972 besucht sie die Dissidentin und Schriftstellerin Nadeschda Mandelstam, die Witwe des ermordeten Dichters Ossip Mandelstam, in Moskau. Auch darüber schreibt sie eine einfühlsame, sehr persönlich gehaltene Reportage in ihrem Erinnerungsbuch *Travels with Myself and Another* (1978).

Im Frühjahr 1962 wagt Martha Gellhorn einen besonderen Trip – allein und ohne Auftrag. Sie geht einer sie seit Jahren verfolgenden fixen Idee nach: möglichst entlang dem Äquator Afrika von West nach Ost zu durchqueren. Als sie aus dem Verkauf einer Short Story an das Fernsehen überraschend das hohe Honorar von dreitausend Dollar empfängt, steht ihrem Vorhaben – zumindest finanziell – nichts mehr im Wege: »Langsam dämmerte mir, daß ich dieses Geld verprassen und mir Afrika leisten könnte.« Die Umsetzung allerdings stellt sie vor Probleme, tatsächliche und eingebildete. Ein Flugticket von Paris nach Duala in Kamerun ist rasch erworben, auch das Visum für das ehemals französische Mandatsgebiet, seit 1960 unabhängige Republik, wird ohne Umstände erteilt. Aber die Frage der Ausrüstung macht die Journalistin, die von ihren Aufenthalten in Südostasien her eigentlich Erfahrung haben müsste, etwas ratlos: Was mitnehmen? Ist es dort, nahe dem Äquator, nicht feuchtheiß? Aber sind die Nächte nicht kühl? Und wie ist es mit Medikamenten und vorbeugenden Impfungen? Und kann es abends im Busch nicht quälend langweilig sein?

Martha Gellhorns Kofferinhalt gleicht schließlich eher dem Sortiment eines Krämerladens denn einer professionellen Expeditionsausrüstung: eine Wärmflasche, Wollhosen, ein dicker Sweater, Baumwollkleider, ein spanischer Fischerstrohhut, Tuben mit Acrylfarben (da sie gerade »in einer heißen Phase von Sonntagsmalerei« steckt), Patiencekarten, eine Schreibmaschine, und jede Menge Bücher (anspruchsvolle Literatur wie etwa Tolstois *Krieg und Frieden* oder die Romane Jane Austens, aber auch unterhaltsame Taschenbuch-Thriller). Impfungen gegen Typhus, Cholera, die Pest, gegen Polio und Tetanus, gegen Gelbfieber und Pocken werden gesetzt, Tabletten gegen Ruhr, Durchfall und Malaria verabreicht, allerlei Salben, Öle und Puder gekauft, sodass ihr Koffer ein besseres Sortiment besitzt als manche Apotheke in dem afrikanischen Land.

So gerüstet bricht Martha Gellhorn auf: Am 23. Januar 1962 fliegt sie von London nach Paris, steigt dort um und landet nach dreizehn Stunden in Duala, dem wirtschaftlichen Zentrum Kameruns, nahe der atlantischen Küste gelegen. Kurz vor der Ankunft erscheint ihr Kamerun als ein »graugrüner Dschungelsumpf«, eine Enttäuschung, hat sie doch in ihren Tagträumen Afrika als ein Land »goldener Ebenen« und spektakulärer Gebirge vor Augen gehabt. Als sie aus dem Flugzeug steigt, schlägt ihr feuchte Tropenhitze entgegen, und sie muss beim Gedanken an ihre mitgeführte Wärmflasche laut lachen. Heiter gelaunt tritt sie den Höllentrip an.

Sie hat ein Zimmer in einem Hotel der Air France gebucht. Alles lässt sich gut an, wenngleich der Raum etwas schmuddelig wirkt. Immerhin geht der Blick hinaus auf einen Garten mit Rasen, Rabatten und Kieswegen – schale Erinnerung der Franzosen (die bis vor Kurzem noch die Kolonialherren waren) an die kultivierte Heimat, eine »deplatzierte europäische Oase an der verfilzten Westküste Afrikas«, wie Martha Gellhorn misslaunig feststellt. Schlechte Stimmung bereitet ihr auch das Gebaren der wenigen weißen Touristen im Hotel, die recht offen ihre nackten Leiber zeigen, was in ihr ein »Fremdschämen« auslöst: »Weiße Haut ist etwas Schreckliches. Um den Pool herum liegen die fischbauchbleichen Körper, die Damen in den kleinsten aller Bikinis, die Herren in ihren Slips.« Martha Gellhorn will fort von diesem fadenscheinigen Vorposten westlicher Zivilisation, hinein in die unverfälschte Wildnis Afrikas – schließlich hat sie deswegen die weite Reise gemacht. Also nimmt sie die nächste Maschine, die nach Jaunde, in die Hauptstadt Kameruns fliegt. Die liegt zwar nur zweihundert Kilometer von Duala entfernt, doch gilt der Landweg wegen marodierender Banden als zu gefährlich. In Jaunde wird Martha Gellhorn vom Manager einer amerikanischen Handelsfirma, die hier eine Niederlassung unterhält, empfangen und untergebracht. Die Reisende klagt bereits über körperliche Beschwerden: Sie schwillt im Gesicht und in der Körpermitte seltsam an, »als hätte man eine

Luftpumpe angesetzt«. Keines der mitgebrachten Medikamente hilft, zumal sie nicht einmal die Ursache kennt. Eine Vergiftung? Eine allergische Reaktion? »Es kam mir ungerecht vor, daß Afrika mich so früh schon dahinmähen wollte.« Im hübschen und sogar komfortablen Bungalow des Firmenmanagers darf Martha Gellhorn zu Gast sein. Erschöpft fällt sie in einen tiefen Schlaf, »dieses Klima wirkt wie Chloroform«.

Anderntags ist sie bereits wieder voller Tatendrang. Sie will in die Wildnis, und nicht in Bungalows und Touristenhotels ihre Zeit vergeuden. Der Firmenmanager will sie nach M'Balmayo begleiten, ein Stück weit im Busch gelegen. Die literarisch vorgeprägte Amerikanerin vergleicht ihre ersten Eindrücke mit Angelesenem, ihr erscheint Afrika so, wie Joseph Conrad es in *Herz der Finsternis* mystisch beschworen hat – und seltsamerweise ist sie gerade darüber etwas enttäuscht. Sie kommen an Flüssen und Wasserlöchern vorbei. Der Manager warnt sie davor, darin zu baden, auch wenn die Schwarzen dies recht sorglos tun. »Das Wasser hier«, so belehrt sie später ihre Leser, »ist immer dreckig (Krankheiten) oder voll von irgend etwas, das einen beißt oder frißt.« Afrika ist nicht nur ein Kontinent voller fremder Geräusche, sondern auch starker Gerüche. Martha Gellhorn ist überwältigt, aber eher negativ. Sie empfindet vieles – auch den Geruch der hier lebenden Menschen – als Herausforderung und Belastung, ihren hygienischen Ansprüchen nicht genügend, zumal sie selbst, wie sie gesteht, unter einem Hygienezwang leidet. In M'Balmayo besuchen sie Freunde des Managers, ein tschechisches Ehepaar, das seit vielen Jahren mitten im Busch lebt, in einer Art innerem Exil, weit entfernt von der tristen sozialistischen Wirklichkeit ihres Heimatlandes (aus dem sie einst unter waghalsigen Umständen, indem sie ein Flugzeug kidnappten, geflohen sind).

Tags darauf lernt Martha Gellhorn eine weitere verstörende Seite Afrikas kennen: Sie besucht in Begleitung ihrer Gastgeber eine Leprastation und ist vor Ekel und dem Bemühen, gegenüber den Gastgebern und den Patienten eine aufgeklärte, freundliche Fassade zu wahren, wie gelähmt: »Ich lächelte und lächelte, ich muß ausgesehen haben wie eine Halloween-Kürbismaske, machte Verbeugungen und fing an, mich nicht wirklich anwesend zu fühlen.« Immerhin sind die Kranken meist gut gelaunt und tanzen und musizieren für den Gast aus Amerika: »Einer schlug, meine ich, mit den Stümpfen seiner Handgelenke [auf eine Trommel], denn er hatte keine Hände mehr. […] Sie tanzen den Twist, natürlich viel besser als die dümmlichen Weißen […].« Kaum ist sie dieser Hölle der Leiden entronnen, »der Ohnmacht nahe«, besuchen sie eine katholische Missionsstation mit Kirche, Krankenhaus, Kloster, Mädcheninternat und Tagesschule. Mit dem französischen Pater, einem Elsässer, unterhält sich Martha Gellhorn ganz prächtig, bei gutem Essen und viel Whisky-Soda. Der Geistliche bereitet die Reisende darauf vor, dass sie hier quasi noch mitten in der Zivilisation sei, erst weiter im Norden würde es spannend. Aber gerade deswegen rät man der Abenteurerin, dorthin zu gehen, »wo es wilde Tiere gibt und echte Eingeborene, die nackten Heiden, die Kirdi«.

Dorthin also will Martha Gellhorn, aber ein heftiger Krankheitsschub, wie von einer Vergiftung, lähmt sie in der folgenden schlaflosen Nacht, sie hat »Schmerzen am ganzen Körper, innerlich wie verflüssigt«. Dennoch besteigt sie anderntags ein Flugzeug, das sie nach Garua im Norden Kameruns bringt, nahe der Grenze zu Nigeria gelegen. Dort angekommen, muss sie feststellen, dass im einzigen Hotel des Ortes kein Zimmer mehr frei ist. Erschöpft schleppt sie sich in die Hotelbar, wo sie einen halben Tag lang in einem Winkel kauert und sich mit Alkohol betäubt. Endlich erhält sie ein Zimmer in einem »Bucaroo«, einer Rundhütte, die zum Hotelgelände gehört. Im Klo findet sie eine riesige Spinne vor. Als die schließlich vertrieben ist, kann die Amerikanerin endlich ins Bett fallen und sinkt in einen tiefen Schlaf der Erschöpfung.

Sie will von Garua weiter nach Norden, in den Wildpark von Waza und zu den Hügeldörfern des Kirdi-Stammes. Dazu benötigt sie ein Auto und einen Führer. Sie treibt einen großen Citroën auf, ein für den weglosen Busch denkbar ungeeignetes Vehikel – aber immerhin ein Auto. Schwieriger wird es, einen kundigen Führer zu finden. Schließlich vermittelt ihr ein Wildhüter einen Chauffeur (der sich später jedoch als völlig unfähig erweisen wird). Martha Gellhorn hat in Garua noch ein paar Dinge zu erledigen. Sie besichtigt die Erdnuss-Lagerhallen einer hier ansässigen ausländischen Firma, »Dünen, ganze Berge von frisch geschälten Erdnüssen. Kaum zu glauben, daß Erdnuß-butter daraus entsteht, der Lieblingsdickmacher amerikanischer Kinder«. Dann geht sie noch zum örtlichen Postamt, um ein Telegramm nach London aufzugeben. Der Vorgang nimmt eine dreiviertel Stunde in Anspruch, da der Postbeamte die Stadt London in seinem Destinationsbuch nicht finden kann und der Fremden auch nicht abnehmen will, dass dies ein Ort in Groß-britannien sei. Endlich ist Londons Lage doch ausfindig gemacht und das Telegramm aufgegeben, als sich die enervierte Martha Gellhorn umwendet und beinahe über einen Leprakranken fällt, der es sich hinter ihr auf dem Boden bequem gemacht hat, »einen Beinstumpf in einem blutigen Wickel«, und ihr seinen eingekerbten Armknochen entgegenstreckt: »Man steckt eine Münze in den Schlitz, versucht, weder hinzusehen noch ihn zu berühren. Es ist tragisch und abstoßend.« Sie flieht aus dem Postamt und trifft sich mit dem für sie angeheuerten Chauffeur, dem vom Besitzer des Citroëns erst erklärt werden muss, wie die Schaltung zu bedienen ist.

Im schwarzen Citroën durch den Busch

Dann geht es los, hinein ins nur dünn besiedelte Buschland, an kleinen, ursprünglich gebliebenen Dörfern der Eingeborenen vorbei. Der schwarze Citroën ist hier ein über Pisten und Schlaglöcher schaukelnder Überrest der Zivilisation. Wenn der Motor aussetzt, eine Achse bricht oder auch nur ein Reifen platzt, wird der unter der Tropensonne glühend heiße Blechkasten zu einer Gefängniszelle. Anders als in Duala oder Garua leben die schwarzen Ureinwohner hier wie seit Jahrhunderten: in ihren althergebrachten Überlieferungen und Anschauungen. Die innere Entfernung zwischen Martha Gellhorn und den Schwarzen ist groß, größer als die in Kilometern gemessene Distanz zwischen Europa und Afrika. Sie gelangt auf dieser und anderen Fahrten durch die afrikanische Wildnis wiederholt zur Erkenntnis, dass es für die Schwarzen besser gewesen wäre, der Westen hätte sie unbelangt gelassen, und dass sie, die Afrikaner, »wenn sie genug zu essen haben, nach meinem Gefühl jetzt weit besser dran sind, als wenn unsere Zivilisation sie erst einmal erfasst hat. […] Ich spüre, dass der Mensch auf diesem Erdteil nur ein Zwischenspiel von kurzer Dauer ist. Kein Land erschien mir je älter, weniger berührt oder geprägt von der menschlichen Rasse. […] Dies ist die wahre Einsamkeit: Der Unterschied, die Entfernung zwischen mir und diesen Schwarzen ist zu groß, als dass ich sie überbrücken könnte. Man fühlt sich beinahe blind und taub, so vollkommen ist die Isolation.«

Sie gelangen zum Waza-Wildreservat. Martha Gellhorn hegt die Illusion, Elefanten, Löwen und Antilopen in freier Wildbahn bewundern zu können, wie sie in Herden und Rudeln durch die Steppe ziehen. Weit gefehlt: Das Reservat ist klein, Tiere sind keine auszumachen, »der Busch kriecht bis zum Pfad, die Tiere verschwinden darin«. Hin und wieder nur hören sie seltsame Geräusche, die ihnen Angst bereiten. Und sie leiden unter der staubtrockenen Hitze. Schließlich überredet der angeblich kundige Führer seine Klientin, das Auto zu verlassen und mit ihm durchs mannshohe Gras zu pflügen, er kenne das Terrain genau und wisse, wo man auf wilde Tiere stoßen könne. Sie kämpfen sich durch das schier undurchdringliche Gebüsch, hören einmal in nächster Nähe einen Baum umstürzen. Mit einem Mal lichtet sich das hohe Gras etwas, und sie blicken auf einen gewaltigen Elefantenbullen, nur wenige Dutzend Meter entfernt. Das Herz rutscht beiden in die Hose: Wenn der Bulle sie wittert und angreift, sind sie verloren. Martha Gellhorn zerrt ihren »kundigen Führer« zurück, sie schleichen sich auf leisen Sohlen durch das Gras. Doch anstatt zum Auto zu gelangen, verirren sie sich. Plötzlich hören sie zu ihrer Linken einen Löwen. Wieder erstarren sie vor Schreck, treten leise den Rückzug an. Es gibt in dem Gelände jedoch keine Orientierungsmöglichkeit. Das hohe Gras, das sie mühselig durchwaten, richtet sich hinter ihnen sofort wieder auf und tilgt alle Spuren. Anstatt den geordneten Rückzug anzutreten, haben sie – ohne es zu wissen – nur einen Halbkreis beschrieben: Wieder stehen sie vor Elefanten, diesmal eine ganze Herde aus Bullen, Kühen und Kälbern, in gerade einmal zwanzig Metern Entfernung. Martha Gellhorn ist vom Anblick überwältigt, gleichzeitig aber gerinnt ihr das Blut in den Adern. Ein Geräusch, eine Bewegung, und die Elefantenbullen und -kühe werden aus Angst um ihre Kleinen die Menschen angreifen und zu Tode trampeln! Die Tiere scheinen bereits etwas gewittert zu haben: »Die Elefanten richteten wieder ohne jedes Geräusch die Ohren auf, die wie riesige Blätter in der Luft wogten, und wandten sich uns zu.« Martha Gellhorn reagiert rasch, zischt ihrem Führer zu, er solle rennen, und gemeinsam stolpern sie durch das hohe Gras, in die Richtung, wo sie ihr Auto vermuten. Sie haben Glück: Die Elefanten folgen ihnen nicht, und tatsächlich finden sie irgendwann den Citroën und lassen sich erschöpft in die gepolsterten Sitze fallen. Martha Gellhorns Entscheidung ist unumstößlich: »[…] ich beschloss, dass ich von Waza genug hatte; französische Wildparks waren nichts für mich. Ich wollte Tiere mit Liebe und nicht in Angst und Schrecken beobachten […].«

Am nächsten Tag geht es weiter nach Mora (Maroua), die Hauptstadt des Stammesgebietes der Kirdi. Martha Gellhorn sieht »eine Eingeborenenstadt mit einem Markt, dem Palast des Sultans und den kleinen, eng beieinanderliegenden Behausungen der Schwarzen«. Die Ortschaft ist ärmlich, Hauptprodukt der Werkstätten sind billige, leuchtende Glasperlen, die auf dem Markt verkauft werden und als Körperschmuck dienen. Martha

Gellhorn sucht den örtlichen Sultan auf, dessen Lebensweise alles andere als fürstlich ist: Er empfängt die Amerikanerin (Fremde sind hier äußerst selten) vor dem Gebäude, auf der Straße unter einem Baum sitzend, umgeben von seinen Söhnen und Enkeln. Stolz reicht der Sultan der Reisenden ein Foto, das ihn vor langer Zeit in Paris zeigt. Hier, in seiner Heimat, gefalle es ihm freilich besser, betont er. Höflich fragt er die Fremde, ob sie nicht auch den Ort am meisten liebe, an dem sie geboren sei? Ohne es zu wissen, rührt er dabei an ein modernes existenzielles Problem, eine Frage, auf die Martha Gellhorn keine rechte Antwort weiß, und – hätte sie eine – mit der sie den Alten auch gar nicht belangen wollte. Wieder einmal hat sie das Gefühl, hier, im tiefsten Afrika, nicht nur eine Fremde zu sein, sondern auch fremd vor sich selbst und vor ihrem Leben zu stehen. Dagegen gibt es nur einen (vermeintlichen) Ausweg: die Weiterreise, auch wenn sie eher einer Flucht gleicht.

Sie fahren in ihrem gut gefederten, heftig schaukelnden Citroën über holprige Pisten weiter nach Ondjila, einem Dorf der Kirdi, in den Bergen gelegen. Der Dorfhäuptling empfängt sie freundlich, zeigt der Amerikanerin seinen Harem von fünfzehn Frauen, die jüngste gerade einmal vierzehn Jahre alt, alle nur mit Glasperlenschnüren bekleidet, umringt von einer Vielzahl von Kindern. Die Leute hier leben wie vor Hunderten von Jahren, in absoluter Einfachheit und Bescheidenheit in runden Lehmhütten mit Strohdächern. Sie scheinen nicht glücklich zu sein, aber auch nicht unglücklich. Glück und Unglück sind keine Wertmaßstäbe dieser Menschen, sie leben einfach nur für das Leben und zerbrechen sich darüber nicht den Kopf. Martha Gellhorn kommt mit einem katholischen Priester ins Gespräch, der aus der Provence stammt und in der Nähe des Kirdi-Dorfes eine Kapelle und eine Missionsstation erbaut hat. Er bestätigt Martha Gellhorns Ansichten, obgleich er damit sein eigenes Wirken konterkariert. »Aus rein menschlicher Sicht«, so gesteht er ihr, »haben wir kein Recht, diese Leute anzurühren. Aus übernatürlicher Sicht ist es unsere Pflicht, sie über Jesus Christus zu belehren. […] Sie sind mit ihren Toten verbunden. Sie haben noch viel von dem, was wir verloren haben.« Martha Gellhorn kommt nach diesem Gespräch für sich zu der Überzeugung: »Ich würde den Schwarzen gar nichts predigen, überhaupt nichts. Wenn sie unsere medizinische Versorgung haben wollen, sollte man sie ihnen geben.« Sie erkennt das Problem des Zusammenhangs von verbesserter medizinischer Versorgung, Bevölkerungsexplosion und damit einhergehender massenhafter Verarmung: »Es wäre besser, man brächte den Frauen die Geburtenkontrolle bei. […] Wie können wir uns auch anmaßen, jemanden zu belehren? Mein Schrei lautet: Laßt sie in Ruhe, laßt sie ihre Antworten selbst finden. Wir verstehen sie nicht, und die Antworten, die wir gefunden haben, sind alles andere als ermutigend, man sehe sich uns bloß an …«

Ernüchtert und desillusioniert fahren Martha Gellhorn und ihr Führer weiter, durchs nordkamerunische Mandara-Gebirge. An einer Missionsstation begegnen sie einem protestantischen Prediger und seiner Frau, beide aus der Schweiz stammend. Im Gegensatz zu dem weltzugewandten katholischen Missionar sind die Eheleute verhärmt, dünn, krank, ausgezehrt, missmutig, humorlos. Martha Gellhorn ist halb amüsiert, halb abgestoßen von der Verbitterung, mit der die beiden hier das Evangelium zu verbreiten trachten: »Die Missionare fingen an, etwas zu murmeln, was wie der Singsang von Geisteskranken klang, wie in Trance immer das Gleiche, immer von vorn: ›Jesus Christus, der für unsere Sünden gestorben ist, wenn wir ihnen das beibringen, dann sind diese Leute gerettet.‹ Sie leierten diese Worte wie in Selbsthypnose herunter, und ich war so peinlich berührt und erschreckt, als sei ich bei Verrückten.«

Sie gelangen nach Mokolo im Mandara-Gebirge, im Norden Kameruns. Die Landschaft hier ist karg und felsig. Dürre, verkümmerte Bäume sind hin und wieder auszumachen. Beeindruckend sind die Nadelspitzen des stark verwitterten und verkarsteten Kapsiki-Rückens. Sie erscheinen Martha Gellhorn wie nicht von dieser Welt: »Ich glaube nicht, dass es auf dem Mond schlimmer aussehen kann als hier.« Auf dem örtlichen Markt strömen die Frauen zusammen, mit ihren kärglichen Waren, ein wenig Obst, ein paar Bündel verwelktes Gemüse. Der Tratsch und Klatsch, so der Eindruck, wiegt weit mehr als der Gewinn aus dem Verkauf der Habseligkeiten. Alles ist verhandelbar, auch der Preis für eine Ehefrau. Zwanzigtausend Francs, weniger als hundert Dollar, so erfährt Martha Gellhorn, kostet eine. »Eine Ehefrau ist wirklich eine feine Sache; sie nimmt den Platz eines Arbeitstiers ein, sie ist Köchin, sie bringt Kinder hervor, die großen Wert haben, […] und schließlich ist die Ehefrau auch noch zur Hand für […] Sex.«

Sie besteigen wieder ihren Citroën und fahren weiter Richtung Tschadsee. Nur im zweiten Gang geht es voran, über Steine und Schlaglöcher. Das edle Schwarz des Lacks ist unter einer dicken Staubkruste längst verloren gegangen. Aber es reicht noch aus, um das eigene Spiegelbild darin zu erahnen. Einmal sitzt eine Gruppe Frauen neben dem Wagen, kichernd und mit dem Finger auf die Karosserie zeigend – bis Martha Gellhorn bewusst wird, dass sie in ihrem ganzen Leben noch keinen Spiegel gesehen und bis dahin ihr eigenes Gesicht nie erblickt haben. Sie scheinen aus einer anderen Zeit zu stammen, oder vielmehr: aus einem Raum jenseits der Zeit. »Wie friedvoll es sein muss«, räsoniert sie, »keine Vorstellung von Zeit zu haben und auch den eigenen Standort darin nicht zu kennen.« Hier, im äußersten Norden des Landes, leben die Menschen noch ganz in ihren Traditionen und Wertevorstellungen. Staatliche und kirchliche Institutionen stehen noch ziemlich am Beginn ihrer Zivilisationsversuche. Dies hängt auch mit der Verweigerungshaltung der Einwohner zusammen, wie Martha Gellhorn rasch erkennt: Die Kinder lernen wenig, selbst wenn sie eine der Schulen besuchen. Der Grund liegt bei den Eltern, die nicht wollen, dass ihre Kinder vorankommen, und sie behindern, wo es nur geht. Die Kinder besuchen den Unterricht unregelmäßig, müssen auf dem Feld arbeiten, brechen die Schule vorzeitig ab, erlernen keinen Beruf. Das Vorurteil der Eltern: Die Schule verändere die Menschen, entwurzele sie, treibe sie aus den Familienverbänden, aus den Traditionen, aus der angestammten Heimat. Freilich sind diese Vorbehalte nicht unberechtigt, aber sie vereiteln jeglichen zivilisatorischen Fortschritt und jede persönliche Verwirklichung. Eine stehende Redewendung, die Martha Gellhorn von den Einheimischen immer wieder hört, lautet: »Wenn man unter den Weißen lebt, hat man immer Ärger.«

In der Ortschaft Bourha, ebenfalls im Mandara-Gebirge gelegen, scheint die Zivilisation schon weiter vorangeschritten und zeigt sich nicht eben von der besten Seite: Plastikkram überschwemmt den Markt. Dazwischen Stände mit geräuchertem Fisch, dessen Geruch alles überlagert, und mit Fleisch, von Fliegenschwärmen umwölkt. Die Frauen, so beobachtet Martha Gellhorn, haben eine besondere Art der Kosmetik entwickelt: Sie schmieren sich Haut und Haar mit öliger roter Erde ein. Nahebei gibt es einen eigenen Biermarkt. Da aber Vergiftungen, so erzählt man der Reisenden, häufig vorkommen (angeblich mehr absichtlich denn unabsichtlich), ist es Usus geworden, die Bierhändlerin als Erste aus der Kalebasse kosten zu lassen, bevor der Kunde selbst davon trinkt.

Schlechte Operetten

Dann geht es zurück in die Provinzhauptstadt Garua, denn hier erwartet Martha Gellhorn ein besonderes Spektakel, zu dem Tausende von Kamerunern zusammengetrommelt werden: der Empfang des Präsidenten von Liberia William Tubman durch den kamerunischen Präsidenten Ahmadou Ahidjo: »Niemand wusste oder fand es wichtig zu wissen, wer Präsident Tubman ist: Er ist schwarz und ein Präsident, und er kommt zusammen mit ihrem schwarzen Präsidenten, und dies ist ein besonderer Anlass.« Bereits in der Nacht vor dem großen Ereignis ist in Garua alles auf den Beinen, singend, trommelnd und tanzend. Martha Gellhorn, deren Fenster auf eine Hauptstraße hinausgeht, findet vor lauter Lärm keinen Schlaf. Wieder kreisen ihre Gedanken um die gebrochene Beziehung zwischen Weißen und Schwarzen, und um das schwierige Vermächtnis der Kolonialzeit: »Ich lag unter meinem Moskitonetz und dachte, die Weißen sind Dummköpfe. Afrika hat mit uns nichts zu tun und wird es nie haben. Ich dachte auch an die Politik: Kamerun hat einen schwarzen Herrn in europäischer Kleidung, der seine Nation in der UNO in New York vertritt. Er spricht in französischer Sprache für die nackten Heiden und die barbarischen Häuptlinge – ein Afrikaner, der die Tricks der Europäer gelernt hat und nur eine schwarze Ausgabe der anderen Herren sein wird, die sich in jenem Glaspalast am East River versammeln.« Ihr desillusioniertes Resümee: »Das alles ist verrückt und ein Witz. Wir sind Narren.« Anderntags – sie ist übernächtigt und nur durch Valium gegen hysterische Anfälle gewappnet – kann das Spektakel beginnen: Offiziere, Soldaten, Würdenträger, Häuptlinge und das gemeine Volk marschieren zum Flughafen von Garua, wo die Maschine der beiden Präsidenten erwartet wird. Martha Gellhorn lässt sich von ihrem Fahrer im Auto dorthin bringen. Sie betrachtet das Schauspiel wie durch eine Glaswand: »Dieses Ereignis war wie aus einem Roman von Evelyn Waugh und höchst komisch.« Das Flugzeug landet, die hohen Herren steigen aus, in Straßenanzügen, mit Aktentaschen – Kopien westlicher Politiker. Dann werden von einer Blaskapelle die Nationalhymnen von Liberia und Kamerun angestimmt, »beides sehr lange Stücke, aus schlechten Operetten zusammengeklaut und von nicht unterscheidbarer Mittelmäßigkeit.« Die Präsidenten schreiten auf die Wartenden zu, schütteln Hände, besteigen ihre Limousinen und fahren im Konvoi durch die eine Gasse bildende jubelnde Menge zum Rathaus von Garua. Damit ist der öffentliche Teil der Veranstaltung beendet, das Volk, zum festlichen Empfang zusammengetrommelt, darf sich wieder in seine verdreckten Behausungen zurückziehen. Martha Gellhorn ist gleichermaßen belustigt und wütend über die Verlogenheit dieser scheindemokratischen Volkstümlichkeit.

Sie hat genug von Kameruns Norden gesehen und will so rasch wie möglich weiter, in den Tschad, in trockeneres und gesünderes Wüstenklima. Garua bezeichnet sie als »ein Zentrum für Lebensmittelvergiftungen«. Sie fühlt sich am Ende, körperlich und geistig, hat »gerade ausreichend Energie für fünf Stunden Leben täglich«. Sie ist angeödet von den Einheimischen und schämt sich gleichzeitig der wenigen Europäer, die sich im Hotel aufhalten und ihre Verachtung wie die einstigen Kolonialherren versprühen: An der Bar lernt sie zwei französische Frauen kennen, die sie mit Abscheu erfüllen: »Sie sahen schlampiger und älter aus, als sie waren; ich hielt sie für Anfang vierzig. Sie saßen betrunken auf Barhockern, die eine mit rutschender Frisur, die andere mit verklebten Augen, ein scheußlicher Anblick.« Eine der Frauen stellt sich ihr als Kamerun-Kennerin vor, sie sei Ethnologin, Soziologin und Anwältin, die schon lange in dem Land lebe. Martha Gellhorn ist von ihr angewidert: »Sie redet und prahlt zwanghaft, ohne einen Funken Humor oder Befangenheit, und sie versteht offenbar viel von den Schwarzen und diesem Land. […] Ihre Freundin ist wasserstoffblond, blass, mit bläulichgrünen Augen und geziertem Getue, aber beruhigenderweise in ein Kleid gehüllt.« Martha Gellhorn lässt sich überreden, den großen, sonntäglichen Markt der Bororo zu besuchen, Hirten aus der Umgebung, die hier zusammenkommen, die »bestaussehenden Leute, denen ich bislang begegnet bin«, wie sie anerkennend bemerkt. Doch das Beisein der französischen Ethnologin und deren herablassendes Dozieren vergällen ihr die Freude an dem bunten Treiben. Spätestens jetzt steht für sie unumstößlich fest: Sie will weg.

Durch die große Wüste

Anderntags besteigt Martha Gellhorn ein Flugzeug, das sie nach Fort Lamy bringt (das heutige N'Djamena), die Hauptstadt des Tschads, südöstlich des gleichnamigen Sees gelegen. Doch statt der erhofften Wüste sieht sie vom Flugzeug aus unter sich die sumpfigen Läufe und Delten der Flüsse Schari und Logone, die nordwärts fließen und in den Tschadsee münden (der damals noch nicht verlandet ist). Martha Gellhorn ist enttäuscht über die »grauenhafte Landschaft. In diesem Sumpf gab es kleine Inseln mit Baumgruppen; dann wieder endloser Schlamm und Krater im Schlamm. Meine Träume über den Tschad schwanden dahin.« In Fort Lamy ist das beste Hotel ausgebucht. In einem anderen, das sich großspurig Grand Hotel nennt, findet sie ein Zimmer. Sie ist verzweifelt: »Der Dreck ist noch schlimmer als in Garua, und hier gibt es Moskitos im Überfluss. Das schmutzige, kleine, dunkle Zimmer stinkt nach DDT und ist mit Moskitoleichen übersät. […] Es gibt für das ganze Hotel eine Toilette. Die Besitzer scheinen aus einem schlechten Theaterstück über Afrika zu stammen: ein erbärmlicher, fetter junger Mann mit offenen Wunden auf den Armen und im Gesicht, in schmutziger Kleidung, und eine schlampige schwarze Frau. Es ist entsetzlich.« Es ist kein Theaterstück, sondern die grausige Realität.

Tagsüber streift Martha Gellhorn durch Fort Lamy, eine Ansammlung von Hütten, Baracken, Basaren, Militärkasernen, »vollkommen flach und vorstädtisch«. Abends kehrt sie ins Grand Hotel, »das üble Loch« zurück, fällt ins Bett, zu müde, »um mich darüber zu erregen«. Am nächsten Morgen rafft sie sich doch dazu auf, die Unterkunft zu wechseln. Doch das Parc Hotel erweist sich als ähnliche Dreckhalde: »Zigarettenkippen in den Zimmerecken, die Bettücher vom letzten Bewohner, ein schmutziges Bad mit geplatztem Betonboden […]. Sartre sollte solche Räume gesehen haben, um das Bühnenbild für sein Hotelzimmer in der Hölle richtig hinzukriegen. […] Es ist nicht verwunderlich, dass Leute es seltsam, wenn nicht gar verdächtig finden, dass ich Afrika zum Vergnügen bereise.« Sie besucht den Markt und sieht hier zum ersten Mal etwas, das man als afrikanisches Kunsthandwerk und keinen billigen Plastikimport betrachten mag: »Dolche und Körbe und hässliche Messingarbeiten.« Die Preispolitik der einheimischen Händler gibt Martha Gellhorn freilich Rätsel auf: Sind Touristen in der Stadt und wird dadurch die Nachfrage größer, fallen die Preise, bleiben die Fremden aus, steigen sie. »Dahinter«, meint sie lakonisch, »steckt wohl die Idee, dass man mehr Geld verdienen muss, wenn man weniger verkauft.«

Sie hat genug von Fort Lamy gesehen, dieser Baracken-Hauptstadt, und will weiter, quer durch den Tschad, den riesigen Wüstenstaat, denn sie hat ihren Plan, Afrika von West nach Ost zu durchqueren, nicht vergessen. Da sie sich nicht anders zu helfen weiß und am Ende ihrer Kräfte ist, geht sie zur amerikanischen Botschaft. Eigentlich eine unsinnige Einrichtung, so meint sie: »Wir haben einen Botschafter im Tschad, weil wir eine reiche und törichte Nation sind. Die Arbeit könnte von einem Konsul und einer Sekretärin erledigt werden, und es bliebe ihnen noch eine Menge Zeit.« Der Botschafter ist denn auch gar nicht anwesend, er vergnügt sich auf einem Jagdausflug. Das Personal hingegen blättert gelangweilt in Akten und täuscht in der Wüstenhitze Geschäftigkeit vor. Martha Gellhorn kommentiert dies sarkastisch: »Nach Parkinsons Gesetz müssen Leute einander Arbeit beschaffen. Sie haben in der Botschaft ein Gästebuch mit vier Namen, denen ich meinen hinzufügte.«

Martha Gellhorns Idee, auch zum Tschadsee zu fahren, der sich etwa neunzig Kilometer von Fort Lamy entfernt auf einer Fläche von damals noch 25000 Quadratkilometern ausbreitet, verdampft wie das Wasser selbst unter der sengenden Wüstensonne: Es gibt dorthin keine Straßen, und auch keine Schiffe, die den Schari-Fluss abwärts fahren, alles ist ein riesiger, unpassierbarer Sumpf. Doch Martha Gellhorn will weiter, egal wie, egal wohin: »[…] lieber lasse ich mich erschießen, als hier ein paar Wochen zu bleiben.« Nachdem die Mitarbeiter der amerikanischen Botschaft ihr nicht weiterhelfen wollen oder können, marschiert sie kurzerhand zum französischen Heeres- und Luftwaffenstützpunkt, der auch nach dem Ende der Kolonialherrschaft noch besteht. Sie trägt ihren Wunsch vor, ostwärts ins Wadai-Gebirge fahren zu wollen, das an der Grenze zum Sudan liegt. Von dort, so ihr Plan, will sie sich weiter durchschlagen, durch den Sudan und Kenia zur Küste des Indischen Ozeans. Die Franzosen sind zuvorkommend und vermitteln der Amerikanerin einen Termin beim Informationsminister des Tschads, ebenso beim Bürgermeister von Fort Lamy, die für solch einen Trip eine Erlaubnis ausstellen müssen. Nach einigem Hin und Her, denn der Bürgermeister ist übel gelaunt (Martha Gellhorn vermutet, dass er nicht lesen und schreiben kann und nun angesichts der von ihr gewünschten Formalität überfordert ist), erklären sich Franzosen, die in der Verwaltung arbeiten, bereit, eigenmächtig eine Reiseerlaubnis auszustellen. Da der Landweg nach Wadai wegen Banditen zu gefährlich ist, rät man ihr, ein Transportflugzeug der französischen Luftwaffe in die Provinzhauptstadt Abéché zu nehmen, das jedoch erst in einigen Tagen starten soll. Also heißt es wieder warten: »Die leeren, trostlosen Tage hielten an.« Immerhin erteilt die französische Luftwaffe ihr ohne Weiteres die Genehmigung zur Passage, und so hat das Warten doch ein Ziel und einen Sinn. Unterdessen beginnt der islamische Fastenmonat Ramadan, und Martha Gellhorn erlebt die Moslems »tagsüber trübsinnig vor Hunger, und munter wie die Spatzen, wenn sie nach Sonnenuntergang schlemmen können«. Sie hat nicht nur die Gelegenheit, ein wenig die muslimischen Gebräuche und Riten zu studieren, sondern erhält auch Einblick in die politischen Sitten des Landes: Sobald Wahlen stattfinden und ein neuer Präsident legal an die Macht kommt, übernimmt er die Amtsgeschäfte und entfernt »nach und nach die Leute, die nicht von seinem Stamm (wichtigster Punkt) und seiner Partei sind«. Martha Gellhorns Fazit über die erst vor Kurzem in die Unabhängigkeit entlassenen Länder Afrikas fällt recht zynisch aus: »Ich denke, alle diese Länder werden eine einzige Wahl veranstalten, unter Aufsicht der sich zurückziehenden Kolonialmacht, und danach wird der Präsident, der gewählt wird, auf Lebenszeit im Amt bleiben, wenn es nicht (oder bis es?) einen Putsch gibt oder er ermordet wird. [...] Die Schwarzen kennen aus ihrer Tradition keine andere Regierungsform als die absolute Herrschaft der Häuptlinge; der Präsident ist der Oberhäuptling, mehr nicht. [...] Korruption und Bestechung gehören beinahe zum geschätzten persönlichen Unternehmungsgeist.«

Das Warten scheint kein Ende zu nehmen, die Tage ziehen sich hin, die Langeweile nimmt Formen psychischen Schmerzes an. Sie fühle sich, so Martha Gellhorn, von der Langeweile »gefoltert« und wie hinter Gefängnismauern eingesperrt. Um sich ein wenig abzulenken, mietet sie ein Boot, das sie ein Stück weit den Logone-Fluss hinaufbringt, der bei Fort Lamy in den Schari mündet. Was sie sieht, hebt ihre Stimmung nicht und lässt sie an ein absurdes Stück oder an eine apokalyptische Endzeit denken: Die Menschen erscheinen ihr hässlich, »fast zu hässlich zum Hinsehen«, mit »Lippen- und Nasenpflöcken und erschreckenden Körpern«. Die Dörfer: »zerbröckelnd, weiß, isoliert unter dem trüben weißen Himmel, in Staub gehüllt – das Ende der Welt«. Zur Verzweiflung bringen sie die Eingeborenen, die reglos am Fluss sitzen, »imstande, stundenlang ohne eine Muskelbewegung so zu verharren«.

Anderntags ist es endlich so weit: Das Flugzeug der französischen Luftwaffe startet nach Abéché im Wadai-Gebirge, mit einer Zwischenlandung in der Oase Faya-Largeau. Doch so sehr sich die Reisende freut, endlich Fort Lamy verlassen zu können: In der Erinnerung bleibt ihr dieser Tag, der 10. Februar 1962, als ein Erlebnis in Erinnerung, das es wert ist, »in der besonderen Gruselkammer« aufbewahrt zu werden, »die für solche Erinnerungen da ist. Aber ich bin stolz darauf, überlebt zu haben.« Morgens um vier starten sie. Bei Sonnenaufgang erreichen sie bereits Faya-Largeau, das ein gutes Stück nördlich liegt, kurz vor dem Tibesti-Gebirge, das an Libyen grenzt. Der Flug geht über die Sahara, »echte Wüste, und die erste, die ich sehe«, so Martha Gellhorn voller Enthusiasmus. »Der Sand ist rötlichgolden in diesem Licht, so unbeschreiblich schön, dass ich alle

Engländer verstehe, die sich in diese Landschaft verliebt haben, und vom Wind in symmetrische Formen geweht.« Faya-Largeau ist eine Oase »mit vielen Hunderten von Königspalmen […].« Die quälende Langeweile von Fort Lamy ist überwunden, die Schönheit der Oase macht alles mehr denn wett: »Von Wüste umgeben, ist dies eine einzige Pracht, schöner als alles, was ich bislang in Afrika gesehen habe. […] Um diese Stunde ist die Luft wild, aufregend, klar und kalt, wie im Hochgebirge.« Doch kurz nachdem die Sonne überm Wüstenhorizont aufgegangen ist, wird es auch schon unerträglich heiß, und der Zauber der Unberührtheit und Reinheit der Oase ist rasch dahin, zumal Martha Gellhorn die verwahrloste Hangar-Baracke der französischen Luftwaffe nicht verlassen darf: »Die Offiziere und sonstigen Herren nahmen sich wie ein verdreckter Haufen aus […], schmutzig und wenig gastfreundlich.« So ist sie froh, als sie das Flugzeug wieder besteigen kann, das erneut startet und nach Abéché im Osten des Wüstenstaates fliegt.

Inzwischen brütet die Sonne mit gnadenloser Gewalt über dem Land. »Abéché ist flach und kochend heiß. Es liegt an der Pilgerstraße nach Mekka und ist ein Karawanenzentrum. […] Der Markt ist groß und übel riechend; die Einheimischen sind wieder tätowiert und halb nackt.« Martha Gellhorn will hier nicht bleiben, sondern nur ein Fahrzeug organisieren, das sie ins etwa hundertsechzig Kilometer entfernte El Geneina in der sudanesischen Provinz Darfur bringen soll, wo wiederum, so versichert man ihr, ein Flugzeug nach Khartum am Nil abgehen soll. Man verweist sie an einen der örtlichen Clans von Abéché, der in allen wichtigen Dingen die Fäden in der Hand hält. Tatsächlich ist dessen Patriarch gewillt, gemeinsam mit der Amerikanerin, seiner Tochter, deren Freundin und einem Bediensteten in seinem Landrover nach El Geneina zu fahren – freilich zu einem stolzen Preis. Martha Gellhorn willigt ein, sie hat ohnehin keine Wahl.

Die Fahrt über die Grenze nach El Geneina wird zur Herausforderung für Körper und Geist: Der Patriarch, der selbst am

Steuer des Jeeps sitzt, ist ein gnadenlos schlechter Fahrer, der kein Schlagloch auslässt und über alle Steine und Bodenwellen nur so hinwegprescht, ohne Rücksicht auf die Reifen und Stoßdämpfer und ohne Schonung der Bandscheiben seiner Passagiere. »Wir stemmten uns mit den Füßen gegen das ständige Rucken und klammerten uns an die Türen des Landrovers, um uns nicht die Hälse zu brechen«, erinnert sich Martha Gellhorn. Als mindestens ebenso schlimm empfindet sie das pausenlose Geschwätz der mitreisenden Frauen, sie »machten schwachsinnige Weiberkonversation und lachten wie Idiotenbabys bei jedem rückgratbrechenden Stoß«. Zwischendurch machen sie, mitten in der Wüste, Pause, um dem zusammengestauchten Rückgrat etwas Erholung zu gönnen und sich mit Essen und Trinken zu stärken. Doch der Abéché-Clan erweist sich der teures Geld zahlenden Premium-Touristin gegenüber als grotesk geizig. Jeder Bissen, den sie aus ihren großen Picknickkörben der Reisenden anbieten, wird genau registriert und rationiert, »mit der Bereitschaft, ihn schnell wieder zurückzuziehen«. Martha Gellhorn kaut an einem Kanten trockenen Brotes herum, den sie kaum hinunterschlucken kann, so wenig Wasser wird ihr unter der sengenden Wüstensonne verabreicht. Dann geht es weiter, und sie weiß kaum, ob ihr Hals mehr von den Brotkrümeln oder vom Sand kratzt, der ihr ständig ins Gesicht fliegt. Die Straße erweist sich als ein »mörderischer Kamelpfad«. Endlich erreichen sie den Grenzposten des Tschads und werden von einem Beamten, der damit sein klein wenig Autorität eitel darstellt, grundlos zusammengestaucht. Martha Gellhorns Kommentar zeugt von Stoizismus: »In solch einer Situation streitet man nicht, man erklärt nichts, und vor allem lächelt man nicht. Man nimmt es hin.«

Sie erreichen El Geneina, die erste Oasenstadt auf sudanesischem Boden. Die Zollstation ist bereits geschlossen, aber der Patriarch aus Abéché kennt die halbe Stadt und weiß, wo man den zuständigen Beamten aus den Federn klingeln kann. Nachdem die umfangreichen Einreiseformulare ausgefüllt sind (»die Schwarzen haben begeistert unseren bürokratischen Unsinn imitiert«), sind sie alle bettschwer. Leider gibt es im ganzen Ort nur ein Motel, und das ist bis auf das letzte Zimmer belegt. Man erbarmt sich der Amerikanerin und weist ihr in der Zollstation eine Liege an, im Raum für die Gepäckkontrollen. Martha Gellhorn liegt schlaflos da, kommt sich selbst wie ein zurückgelassener Koffer vor, und ihr graust davor, ihren menschlichen Bedürfnissen nachzugehen: »Die Latrine war mehr, als ich ertragen konnte.« Sie verlässt das Gebäude und geht, nur mit einem Nachthemd bekleidet, ein kleines Stück hinaus in die Nacht und setzt sich, am ganzen Körper frierend, denn die Wüstennächte sind kalt, in den weichen Sand. Hier wird sie reichlich für all die Strapazen belohnt: Sie sieht, »schlaftrunken und schlotternd, den großartigen afrikanischen Himmel, den ich gesucht hatte – eine Sternenpracht, der Himmel ein samtschwarzes Gewölbe, und die Luft schien vom Licht der Sterne zu glitzern«.

Nach dieser schlaflosen, aber doch überraschend herrlichen Nacht bleibt es Martha Gellhorn erspart, einen weiteren Tag im Zollamt samt unsäglicher Latrine zuzubringen: Ein Flugzeug startet am nächsten Morgen nach Khartum. Nach mehreren Zwischenlandungen in kleinen Oasenstädten kommt sie nachmittags um Viertel vor fünf Uhr in der Hauptstadt des Sudans an. Auch dieses Land, vor der Teilung in Nord und Süd der flächenmäßig größte Staat Afrikas, ist eine noch junge Republik und wurde erst sechs Jahre zuvor, 1956, von Großbritannien in die Unabhängigkeit entlassen. Der Flughafen von Khartum ist ein modernes Gebäude mit nobler Ausstrahlung, aber »tunlichst zu meiden«, wie Martha Gellhorn mürrisch notiert, da die Abfertigung der Passagiere chaotisch abläuft. Ihr Gepäck ist nicht auffindbar, das Flughafenpersonal wegen des Fastenmonats Ramadan bärbeißig und unduldsam. Schließlich findet sie ihren Koffer doch noch, vor dem Gebäude, mitten auf dem Trottoir, und kann von Glück sprechen, dass er überhaupt dort steht. Mit dem Taxi geht es in die Stadt, zum Grand Hotel, wo sie ein Zimmer reserviert hat, das sie sich auf dem langen Flug als eine hübsche und vor allem saubere Suite imaginiert hat. Das Hotel zeigt sich von außen auch recht einladend und apart, mit Blick auf den Blauen Nil, der aus dem Hochland Äthiopiens kommt und sich in Khartum mit dem Weißen Nil, der im Herzen Schwarzafrikas entspringt, vereinigt. Doch als sie ihr Zimmer betritt, blickt sie auf verschossene Ripsvorhänge, einen dunkel gebeizten Schrank, eine Waschschüssel, ein hartes Bett. Pro Etage steht nur eine Gemeinschaftstoilette samt Bad zur Verfügung – und als sie sich ins Restaurant begibt, von der Wüstentour ausgehungert, wird sie auch hier bitter enttäuscht: Der Ramadan gibt kulinarisch den Ton an.

Martha Gellhorn hat die Nase voll vom Sudan und vom muslimischen Fastenmonat. Ihr Entschluss steht fest: »Ich flüchte nach Ostafrika.« In Schwarzafrika, so hofft sie, wird sie mehr Ursprünglichkeit und vor allem mehr Gastfreundschaft erleben. Doch wie dorthin gelangen? Eigentlich wäre der Nil der natürliche Verkehrsweg: »Ich hoffte, ich könnte den Nil hinauffahren und in Entebbe [in Uganda] landen, aber die sudanesische Regierung hat den oberen Nil zur militärischen Sperrzone erklärt […].« Also heißt es wieder warten und sich die Zeit irgendwie vertreiben. Martha Gellhorn besucht den Souk und ist von dessen Ärmlichkeit und Schmutz angewidert. Haufenweise wird Nippes angeboten, aus Elfenbein geschnitzt, was in ihr Empörung entfacht: »Es ist verbrecherisch, diese großartigen Tiere zu töten, um häßlichen Schnickschnack daraus herzustellen.« Ein einheimischer Araber erzählt ihr beim Essen recht offen vom Widerspruch zwischen der religiös motivierten

Moral und den sexuellen Bedürfnissen der Männer. Er selbst habe nur geheiratet, weil es für ihn die einzige Möglichkeit gewesen sei, Sex zu haben. Deshalb würden alle heiraten: »Nach der Hochzeit sind die Mädchen nicht mehr wild aufs Bett (sie wollen heiraten), lassen sich gehen, werden dick, essen den ganzen Tag Süßigkeiten und interessieren sich nur für ihre Kinder. Also gehen die Männer mit Professionellen ins Bett, und das ist auch langweilig.« Martha Gellhorn verurteilt dieses Macho-gebaren, sieht sie doch darin einen perfekt funktionierenden Mechanismus zur Unterdrückung und Verdummung der Frau: »Die Männer haben ihre Frauen wie Sklaven gehalten [...], sie dumm und beschränkt und isoliert gehalten aus männlicher Eitelkeit und Machtgier. Das Ergebnis: Die dummen Frauen langweilen die Männer zu Tode.«

Endlich geht ein Flugzeug von Khartum nach Nairobi in Kenia. Martha Gellhorn empfindet nur noch Langeweile und Erschöpfung. Und sie ist vom islamisch geprägten Afrika enttäuscht: »Suche und du wirst finden, hat man uns gesagt. Ich habe neunzehn Tage lang gesucht und nichts von dem gefunden, was zu finden ich gekommen war.«

Kenia erscheint ihr als ein vager Hoffnungsschimmer, denn dort – so bildet sie sich ein – hat britische Lebensart Fuß gefasst und zugleich schwarzafrikanische Tradition überlebt. Doch sie mahnt sich selbst zur Vorsicht gegenüber ihren Illusionen: »Die vernünftige Einstellung wäre, das Schlimmste zu erwarten, das Allerschlimmste; so vermeidet man herbe Enttäuschungen [...].« Am frühen Morgen, noch in tiefer Dunkelheit, besteigt sie die Maschine nach Nairobi. Sie wartet und wartet. Das Flugzeug hebt nicht ab. Es ist fünf Uhr dreißig. Da wird die Nachricht durchgegeben, die Maschine habe einen Motorschaden. Martha Gellhorn möchte lachen und weinen zugleich. Sie ist unendlich müde und fühlt sich wie eine »einsame Ameise auf diesem übergroßen Erdteil«. Endlich hebt das Flugzeug ab, fliegt über das gewaltige Gebirgsland Äthiopien, »die bislang unheimlichste und wildeste Landschaft; braunrote Gebirge, Schluchten, Krater, kein Lebenszeichen, brodelnde Einöde. Sollte Ostafrika noch schlimmer werden als Westafrika?« Sie betrachtet es als ein böses Omen.

Ein smarter afrikanischer Dandy

Die Ankunft in Nairobi gestaltet sich zunächst freundlich. Der kleine Flughafen ist sauber, von Blumenbeeten umgeben. Martha Gellhorn wird vom Vertreter einer britischen Firma abgeholt und ins Hotel gebracht, sie erhält ein Zimmer, dessen Fenster allerdings auf einen Luftschacht führt, »mit dem Lärm der Küchentöpfe und Pfannen unter mir«. Doch ist sie zu »gebrochen von Afrika«, um dagegen zu protestieren. Nachdem sie etwas geruht hat, flaniert sie durch die Stadt und ist angenehm überrascht: »Es gab modische Geschäfte und funkelnde Autos, Jacarandas [Palisanderbäume] und Flamboyants [Flammenbäume] und Königspalmen und üppige dunkelgrüne Bäume […].« Nairobi ist eine europäisch geprägte Stadt, wie die Amerikanerin auch beim Besuch des Marktes befriedigt feststellt – die Lust der Reisenden auf das Exotische und Fremdartige ist inzwischen stark zusammengeschmolzen.

Sie will nach Kampala in Uganda, an den Weißen Nil und zum sagenhaften Victoriasee: »Ich, die ich Westafrika überlebt hatte, sah keinen Grund, mich vor dem schönen, gezähmten Ostafrika zu fürchten.« Der Vertreter der britischen Firma vermittelt ihr einen Mietwagen, einen geländegängigen Jeep, und dazu einen Fahrer, einen jungen, smarten Afrikaner: »Joshua war klein, von tiefbrauner Farbe, zart bis zerbrechlich, ordentlich und sauber.« Während Martha Gellhorn sich eine neue Expeditionsausrüstung zugelegt hat – Khakikleidung, bequeme Safaristiefel, einen Strohhut –, trägt der eitle Chauffeur schwarze, italienische Röhrenhosen aus Kunstseide, schwarze, spitze Schuhe, ein weißes Hemd und eine Sonnenbrille mit roter Fassung. »Er war so geziert und gespreizt«, urteilt sie, »was

sich nach meinem Gefühl als unpraktisch erweisen würde
[…].« Ihre dunklen Ahnungen werden sich bald bestätigen.

Der safaritaugliche Landrover, den man Martha Gellhorn
vollmundig versprochen hat, offenbart sich als zerbeultes, ram-
poniertes Vehikel mit störrischer Gangschaltung, die nur unter
Einsatz beider Arme zu bedienen ist. Und als sich Martha Gellhorn auf den Beifahrersitz begibt, da sie den smarten Joshua als
Chauffeur angeheuert hat, weigert der sich: Es sei ihm zu viel
der Ehre, dieses Auto zu lenken, außerdem sei er besser in der
Orientierung, wenn er nicht am Steuer sitze. Verdutzt, aber
ohne Böses zu ahnen, setzt sich Martha Gellhorn hinter das
Lenkrad. Die Fahrt durch Ostafrika kann beginnen.

Zunächst lässt sich alles gut an. Die Straßen durch das kenia-
nische Hochland sind einigermaßen passabel. Sie gelangen zum
Rand des Rift Valleys und blicken hinab. Martha Gellhorn ist
von dem grandiosen Ausblick berauscht. Freilich lässt die Orientierung auf dem Weg Richtung Uganda bald zu wünschen
übrig. Und allmählich dämmert es Martha Gellhorn, dass ihr
hübscher Chauffeur nicht nur in seinem ganzen Leben nicht
aus Nairobi herausgekommen ist und also noch nie Kontakt zur
Wildnis hatte, sondern dass er – ein überzeugter Presbyterianer – auch in moralischen Fragen höchst altjüngferliche Vorstellungen hegt und leicht zu erschüttern ist. Als sie ihn einmal
dabei beobachtet, wie er, im Landrover sitzend, geziert an einer
winzigen Kaffeetasse nippt, wird ihr klar, dass dieser Busch-
dandy vom weiblichen Geschlecht nichts wissen will und nur in
seine eigene Schönheit verliebt ist: »Es traf mich wie ein Blitz
der Erkenntnis: ein schwuler Presbyterianer vom Stamme der
Kikuyu.« Sie nimmt es von der heiteren Seite: »Wenn man an all
das Geschrei um schwarze Männer dachte, die es nach weißen
Frauen gelüstete, und an die weißen Frauen, die es nach der
Potenz schwarzer Männer gelüstete, war die Sache noch komi-
scher.« Aber wie soll sie mit diesem Jüngelchen die Expedition
bestehen? Sie malt es sich recht bunt aus: »Und ich dachte mir,
dass ich ihm, bevor wir dieses Unternehmen hinter uns hatten,

ohne Zweifel den Morgentee ans Bett bringen und ihn abends gut zudecken würde.«

Allmählich dämmert es Martha Gellhorn: Joshua kann weder Auto fahren noch Landkarten lesen. Das mitgebrachte Kartenmaterial taugt ohnehin wenig, es ist »mehr eine hoffnungsvolle Schätzung als eine Darstellung der Wirklichkeit«. Sie sehen in der Ferne den 5199 Meter hohen, schneebedeckten Mount Kenia. Nachts ist der Sternenhimmel grandios und erschreckend zugleich: »Die weit entfernten Sterne erschienen wie eine eisige Kruste, und die Dunkelheit über den Sternen war mehr, als ich verkraften konnte.« Martha Gellhorns Nervenkleid ist inzwischen recht dünn, umso mehr genießt sie es, hin und wieder ein Resort zu finden, das sich noch aus britischer Kolonialzeit erhalten hat und unter englischer Direktion steht. Hier im Hochland, auf zwei- bis dreitausend Metern Höhe, gibt es sogar die Illusion europäischer Flora und Zivilisation. Über eines dieser ländlichen Hotelresorts schreibt die Amerikanerin begeistert: »Der Morgen duftete nach Rosen und Lilien und Levkojen. Im Garten wuchs alles Englische, nur üppiger; [...] Der Rasen war ein Triumph. In einem Land, in dem jeder Narr Orchideen züchten kann, ist ein glatter Rasen eine preiswürdige Leistung.« Freilich hat sie nicht London und die ausgedehnten Parkanlagen von Hampstead verlassen und ist um den halben Globus und durch das Buschland Kameruns und die Wüste des Tschads gereist, um sich im kenianischen Hochland an englischem Rasen zu ergötzen. Aber sie ist einfach mit ihren Kräften am Ende und gibt es kleinlaut zu: »Das Reisen zum Vergnügen hatte mich erschöpft. Dieses heilsame anglisierte Afrika war genau das Richtige für strapazierte Nerven.«

Doch sie rafft sich nochmals auf. Sie will ja nicht in einer englischen Resort-Imitation verdämmern, sondern ihr Reisevor-
haben zu Ende bringen – und das heißt: Afrika von West nach
Ost durchqueren. Sie will zum Victoriasee, von dem noch im
19. Jahrhundert die britischen Entdecker glaubten, dass er der
große Quelltopf des Nils sei (während die Quellen des Kagera-
Nils tatsächlich viel weiter südlich, im Hochland von Ruanda
und Burundi entspringen). Also setzt sie sich wieder in ihren
störrischen Landrover, den »Chauffeur« Joshua, der angesichts
dieser Fortführung der Reise missgelaunt ist, auf dem Beifahrersitz, und rumpelt los, über Stock und Stein, durch Savannen
und dichte Wälder. Sie gelangen über die Grenze nach Uganda
und kommen nach Jinja, wo der Nil aus dem Victoriasee, der
von der Fläche Bayerns ist, austritt und vormals über die Owen-
und Riponfälle in die Tiefe stürzte. Diese rauschenden Katarakte freilich kann Martha Gellhorn im Jahre 1962 nicht mehr
sehen. Acht Jahre zuvor nämlich ist der Owen-Fall-Damm, eine
Staumauer mit Wasserkraftwerk, vollendet worden, der Victoriasee wurde so zum Stausee, und die Wasserfälle verschwanden
in den Fluten. Gleichwohl hat das dem suggestiven Nimbus des
weltweit drittgrößten Sees nicht geschadet – und seine Gefahren nicht kleiner werden lassen. Ein Brite warnt die Amerikanerin davor, auch nur einen Finger in das verlockend azurblaue
Wasser zu tauchen. Denn im Uferbereich leben Schnecken, die
Zwischenwirte des Bilharziose-Wurms sind, der sich in den
inneren Organen des Menschen einnistet. »Bilharziose«, so lässt
sich Martha Gellhorn aufklären, »sei wirklich übel. Das und
Leberegel und Loa Loa [ein Fadenwurm, der u. a. das menschliche Auge befällt]. Die Afrikaner seien ganze Vorratslager voll
Parasiten, voll schleichender und kriechender Viecher, die jeden
Europäer umbrächten.« Zudem dümpeln im flachen Uferwas-
ser, unter Wasserpflanzen gut verborgen, gern die gefürchteten
Nilkrokodile, die bis zu sechs Meter lang und eine Tonne schwer

werden können und sich (bis heute) mehr und mehr auf die Menschenfresserei spezialisiert haben, da immer mehr Fischer den Bestand stark reduziert haben und die großen Echsen sich notgedrungen nach anderem wohlschmeckenden Futter umsehen müssen. Und obwohl Martha Gellhorn die Warnung befolgt und sich vom Wasser fernhält, kann sie doch aus einigem Abstand mit wohligem Schauder die riesenhaften Tiere bestaunen, die auf Sandbänken liegen und sich sonnen.

Sie erreichen Kampala, die Hauptstadt Ugandas. Das Land steht damals, im Februar 1962, kurz vor der Entlassung in die Unabhängigkeit (9. Oktober 1962). Die Ausländer, hauptsächlich Briten, aber auch Franzosen, die in Uganda teils seit Jahrzehnten leben, sind verunsichert und wissen nicht, ob sie besser ausreisen oder bleiben sollen, um der politischen Dinge zu harren, die da kommen werden. Es ist ein Land im Umbruch, mit unsicherem Ausgang, und tatsächlich wird im Jahre 1971 der als Menschenschlächter ins Schwarzbuch der Geschichte eingehende Diktator Idi Amin die Herrschaft an sich reißen (bis er 1979 wiederum entmachtet und ins Exil getrieben wird).

Uganda wartet nicht nur mit Wurmparasiten und tonnenschweren Krokodilen auf, sondern auch mit einer Unmenge riesiger Fledermäuse, die »wie eklige Weintrauben« an den Bäumen hängen und in den Abendstunden den Himmel verdunkeln. Auf ihrer Fahrt geraten Martha Gellhorn und Joshua in solch ein Geschwirr, und als die geflügelten Wesen sich ihnen quiekend gar auf die Haare setzen, geraten beide in Panik und schreien um die Wette. Schließlich gelingt es der Amerikanerin, den Gang des Landrovers krachend einzulegen, und rumpelnd und ratternd zockeln sie aus dem Gruselwald hinaus. Sie brettern durch ödes Buschland, der rote Staub dringt durch alle Ritzen und legt sich sogar in den Lungen ab. Martha Gellhorn ist inzwischen in allen Belangen und Entscheidungen ganz auf sich gestellt, denn ihr hysterischer Begleiter gebärdet sich als »stöhnender und keuchender Beifahrer auf dem Vordersitz. Er keuchte vor Angst, wenn ich eine Kurve schneller nahm, als ich wollte, oder im Staub rutschte oder bei voller Fahrt in ein Schlagloch donnerte.« Irgendwann reißt der Amerikanerin der Faden der Geduld, und sie faucht ihn an, er könne aussteigen und zu Fuß gehen – eine Einladung, die mitten in der Wildnis freilich unerwidert bleibt.

Sie besuchen einen alten Engländer, der seit Jahrzehnten im Busch haust und mit mehreren schwarzen Frauen eine Unzahl Kinder gezeugt hat. Martha Gellhorn vertreibt sich mangels besserer Konversation mit dem Alten, einem Säufer vor dem Herrn, ein paar Stunden in dessen Hütte, einen Whisky nach dem anderen kippend, bevor sie wieder den Landrover besteigt und mit ihrem smarten Begleiter weiterfährt. Am Eingang des nächsten Hotels, ebenfalls von Europäern geführt, entdeckt sie ein großes Schild mit der Aufschrift »Keine Hunde oder Eingeborenen« – und obschon sie den Schwarzen skeptisch gegenübersteht, empört sie sich über dieses Unmaß an Rassismus: »Es machte mich so wütend, als wäre ich ein Hund oder Eingeborener.« Sie fühlt sich in Uganda unwohl – im Gegensatz zu Kenia –, ein subjektives Gefühl, das dennoch nicht zu leugnen ist.

Sie nähern sich den Mondbergen im Westen Ugandas mit ihrem höchsten Gipfel, dem 5109 Meter hohen Ruwenzori. Beinahe glaubt Martha Gellhorn an eine Fata Morgana, als sie eine schwarze Wand erblickt, die steil in den Himmel ragt, bekrönt von etwas Weißem, »entweder eine Lichttäuschung oder die Wirklichkeit« – bis sie begreift, dass es sich um ein Gebirge mit schneebedeckten Kämmen handelt. Wieder einmal ist sie eingeschüchtert und geradezu verängstigt und gesteht ihrem schwulen Begleiter: »Afrika ist zu groß, Joshua. Alles in Afrika ist zu groß. Es war nie für Menschen gedacht. Man hätte es den Tieren überlassen sollen. Sie kamen zuerst, sie gehören hierhin.«

Die wilden Tiere stellen nicht nur eine Bedrohung dar – etwa die Löwen in der Savanne oder die Krokodile in den Flüssen und Seen –, mitunter werden sie auch auf amüsante Weise in die menschliche Lebenswirklichkeit eingebunden: So passieren sie einmal ein Verkehrsschild, das den Elefanten Vorfahrt gewährt: »Wie war das gedacht? Als ein Witz oder als Hinweis darauf, dass Touristen es fertigbringen, sich mit Elefanten um die Vorfahrt zu streiten?« Wenig später erspähen sie tatsächlich Elefanten: »Die gewaltigen Leiber bewegten sich ohne jedes Geräusch über den Erdboden.« An einem Kanal sind auch Nilpferde zu bewundern, die ihre riesigen Mäuler mit den kräftigen Zähnen, die ohne Weiteres einen Menschen in der Mitte durchtrennen können, aufsperren, außerdem Affen und »unzählige Vögel, deren Namen ich nicht kannte«. In der Mweya Lodge, einem Hotel-Resort oberhalb des Edwardsees, lernt Martha Gellhorn einen gut aussehenden Mann kennen, der als Double für Hollywood-Stars arbeitet. Vor Kurzem sei hier ein Film gedreht worden, erzählt er, und die Berühmtheiten »hätten während der gesamten Dreharbeiten gezittert, sie hätten höllische Angst vor den [wilden] Tieren gehabt«. Er und seine Freundin laden die Amerikanerin und ihren schwarzen Dandy ein, sie anderntags in den Busch zu begleiten, um dort Elefanten aus der Nähe zu beobachten; er sei in solchen Safaris erfahren. Erregt und freudig sagt Martha Gellhorn zu, sie will sich diese einmalige Gelegenheit nicht entgehen lassen. Doch der Trip erweist sich als ärgerliche Enttäuschung: Der Stuntman hat es nur darauf angelegt, mit seinem Landrover die Elefantenherden aufzuschrecken, ihnen laut hupend Angst einzujagen und sie – das ist der Kitzel an der Sache – zum Angriff zu reizen, um im letzten Moment mit dem Landrover davonzubrausen. Seiner naiven Freundin gefällt das, in ihrem Frauchenhirn wächst der Geliebte zum Helden. Martha Gellhorn ist aufgebracht und wütend (und zugleich in Angst vor den wild gewordenen Elefantenbullen). Vergebens protestiert sie, erntet aber bei dem Savannenraser, der die ganze Welt als Stuntfilm betrachtet, nur despektierliches Unverständnis. »Ich war dazu verurteilt«, entrüstet sich Martha Gellhorn, »Elefanten in Gesellschaft von Geisteskranken zu erleben, wo ich sie doch nur in Liebe und Respekt aus angemessener Entfernung beobachten wollte.« Endlich zurück im Hotel, erfolgt die Verabschiedung reichlich kühl.

Martha Gellhorn und ihr nutzloser Chauffeur fahren bald weiter, sie wollen in den Süden, ins Grenzgebiet zu Ruanda. Die Piste ähnelt einem Waschbrett: geriffelt und kurvenreich. »Jeder Meter stieß einem das Rückgrat in den Hinterkopf und brachte die Zähne zum Klappern.« Sie verirren sich im Busch, es dämmert bereits, und sie wollen zur nächsten Siedlung, in der Hoffnung, dort ein Motel zu finden. Da, mitten im Wald, begegnet ihnen eine Horde Menschen, die mit selbst gemalten Plakaten schreiend am Wegrand stehen. »Jedes Gesicht war wutverzerrt, jeder Mund brüllte etwas. Sie trugen Plakate und sprangen in die Luft, wie von bösartigen Insekten gestochen.« Martha Gellhorn fragt Joshua, ob er etwas auf den Plakaten entziffern könne: »Er lehnte sich aus dem Wagen und berichtete: ›Nieder mit Papsi. Nieder Gotz Filder.‹ ›Was zum Teufel soll das heißen?‹ Der Mensch konnte nichts, nichts, er konnte nicht mal lesen.« Sie hält in einiger Entfernung an, wendet, fährt zurück, diesmal etwas langsamer, an den Grölenden vorbei, und versucht selbst, etwas zu lesen: »Handgemalt hieß es da: ›Nieder mit dem Papst‹ und ›Nieder mit Götzenbildern‹.« Fassungslos über diesen Irrwitz notiert sie: »Irgendwo am Ende der Welt auf einer Waschbrettstraße zwischen unbewohnten Bergen und Urwald tobte eine Horde Afrikaner gegen den Papst.« Sie muss nicht weit fahren, um auf die Gegenveranstaltung zu stoßen: Nach nur einem Kilometer, ebenfalls mitten im Busch, zeigen sich andere Afrikaner, die schreiend Plakate in die Höhe halten: »Vor mir hatte ich dieses Bild: Ein tropfendes Flammendes Herz [das Herz Jesu], ein kitschiges Porträt der Jungfrau in Rosa und Weiß sowie ein einziges Plakat, auf dem in großen, roten Buchstaben ›Ketzer‹ stand. […] Sie sahen uns kaum. Sie waren zu sehr mit Schreien, Kreischen, Fäuste schütteln und Fixieren des Feinds beschäftigt.« Auch dieses absurde Verhalten gehört zur afrikanischen Wirklichkeit, einer Wirklichkeit, die, so ahnt Martha Gellhorn, nach der Unabhängigkeit Ugandas direkt ins Chaos führen wird: »Wahrscheinlich würde der heilige Krieg ausbrechen, wenn sie, Protestanten und Katholiken, sich auf dieser schmalen Straße begegneten. [...] Sie hatten schon genügend Stammesfehden, sie brauchten nicht auch noch theologische Auseinandersetzungen.« Die Kolonialherren hatten Afrika zunächst geplündert, dann ihnen ihre religiösen und moralischen Vorstellungen und ihre Zivilisation aufzuzwingen versucht, und nun würden sie sich aus dem Kontinent zurückziehen und zusehen, wie sich die Konflikte blutig entluden ...

Endlich erreichen sie Kabale, nahe der ruandischen Grenze. Hier machen sie einen Tag Pause. Martha Gellhorn ist das ewige Sitzen in dem bockigen Landrover leid, sie hat das Gefühl, keine Beine mehr zu haben: »Seit Ende Januar hatte ich mich nur während der schrecklichen Augenblicke im Waza-Wildpark zu Fuß bewegt, in London war ich im Hydepark täglich länger spazieren gegangen als bisher in Afrika.« Hier im Hochland ist es morgens kühl, sie macht, ungeachtet aller Gefahren, allein einen Spaziergang durch den Wald (während Joshua, der Heimweh nach Nairobi hat, schmollend auf seinem Zimmer sitzt). Mit einem Mal fühlt sie sich leicht, ungebunden, von einer Last befreit: »Ich konnte für eine Stunde die Bergluft atmen und das Rauschen der Bäume hören. Ich hüpfte lustig den Weg entlang, freudestrahlend. Es war mein erster Anfall von Glück in Uganda.« Es ist einer der wenigen Momente auf diesem Höllentrip durch Afrika, den sie als schön empfinden kann. Aber die schönen Augenblicke verweilen nicht. Und auch Martha Gellhorn muss von ihrem Spaziergang durch die Bergeinsamkeit Ugandas zurück: in das Hotel, in die Zivilisation, in die Realität Afrikas des Jahres 1962, und schließlich zurück in ihr eigenes, von Kompromissen geprägtes Leben.

Einen kleinen, recht grotesken Vorgeschmack auf die Rückkehr in die Zivilisation erhält sie, als sie bei einer älteren Französin, einer Madame Dupré, für ein paar Tage unterkommt, die auf einer Insel im Katonga-Fluss eine kleine, feine Pension führt, umgeben von einem Blumengarten europäischen Anscheins.

Auch die Zimmerwirtin, die seit Jahrzehnten in Uganda lebt und das Land als ihre Heimat betrachtet, äußert sich skeptisch, ja, ängstlich über die bevorstehende Unabhängigkeit: Sie erwarte, dass dann die Schwarzen ihr Haus stürmen und plündern und ihr selbst die Kehle durchschneiden würden. Das Verhältnis zwischen Afrikanern und Europäern sei nachhaltig von Hass durchdrungen. Weshalb sie dann nicht das Land schleunigst verlasse und zurück nach Frankreich gehe, fragt die Amerikanerin. Madame Dupré antwortet stoisch: »Dies ist mein Zuhause. Ich werde es freiwillig nicht verlassen.«

Afrika wird Martha Gellhorn immer unheimlicher, immer unverständlicher. Angst erfasst sie in der folgenden Nacht, als sie in ihrem Bett in Madame Duprés Pension liegt und von draußen seltsame Geräusche vernimmt. Sind das Einbrecher? Räuber, die der französischen Wirtin an die Gurgel gehen wollen? Martha Gellhorn nimmt all ihren Mut zusammen und leuchtet mit einer Taschenlampe durchs Fliegengitter vorm Fenster hinaus in die Nacht: Sie erblickt »den gewaltigen Rücken eines Flusspferds, zum Anfassen nahe; besagtes Flusspferd fraß die Blumen von den Beeten entlang der Hauswand. Da ihre ungeheuren Mäuler, Kiefer, Zähne einen Menschen halbieren können, wirkte das Mampfen von Blumen geradezu niedlich.« Am nächsten Morgen erzählt sie der Wirtin von ihrem nächtlichen Erlebnis. Die antwortet leidgeprüft: »Ils sont détestables, ces bêtes. [Diese Viecher sind abscheulich.]« Und dies, so Martha Gellhorn, »als spräche sie über Kaninchen im Salat. […] Sie habe es mit Pfeffer auf den Blumen versucht, aber ces bêtes schienen sie so noch mehr zu mögen. Sie wisse einfach nicht mehr, was man gegen Flusspferde im Garten noch unternehmen könne.«

Fünfzehn Jahre später, als Martha Gellhorn in London anhand von Tagebuchaufzeichnungen ihre Erinnerungen an ihren Trip durch Afrika schreibt, resümiert sie, auch unter dem Eindruck der Blutherrschaft Idi Amins: »Ich dachte damals, die Briten in [der ugandischen Garnisonsstadt] Fort Portal und Madame Dupré seien halb verrückt. […] Ich hatte völlig unrecht

[...]: Die Leute in Fort Portal und Madame Dupré behielten recht. Sie sahen den Ruin voraus, aber nicht etwas so barbarisch Böses wie Idi Amin. Die Unabhängigkeit wurde für Uganda zum Schicksalsschlag.« Die afrikanische Malaise indes ist nicht allein hausgemacht, auch das räumt Martha Gellhorn ein: »Sie [die Afrikaner] würden es schneller hinter sich bringen, wenn wir Übrigen die Finger aus dem Spiel ließen. Der nach Afrika getragene kalte Krieg, der auf einen Wettbewerb im Bestechen der afrikanischen Regierenden hinausläuft, hat den Massen einfacher Afrikaner nicht geholfen. Im Gegenteil.«

Sie fahren zurück nach Kampala. Es beginnt zu regnen, die Pisten werden zu Sümpfen, kleine Bäche zu reißenden Flüssen. Als Martha Gellhorn ihrem nichtsnutzigen Beifahrer einmal aufträgt, barfuß durch solch einen angeschwollenen Bach zu stapfen und mit einem Stecken die Wassertiefe zu messen, um zu wissen, ob sie mit dem Landrover hindurchkommen können, steht der schwarze Dandy kurz vor einem Nervenzusammenbruch: »Er ging an den Fluss und zog seinen rechten Schuh aus. Dann stand er wie ein Flamingo auf einem Bein da und wandte mir sein angsterfülltes Gesicht zu. ›Ich werde ertrinken.‹« Martha Gellhorn reißt der Geduldsfaden: »Ich stieg fluchend aus, griff mir den Stock und watete mit Schuhen und allem hinein, da ich keine Füße wie die Afrikaner habe, die auf allem gehen können. Das Flussbett war mit Kieseln und kleinen Steinen bestreut, und ich benutzte den Stock in der Strömung als Wanderstab sowie als Messlatte. Ich war bereits über die Mitte hinaus, und das Wasser hatte meine Knie noch nicht erreicht; also konnten wir es wagen.«

»Das Glück mit der Gewalt eines Sturms«

Sie fahren weiter, am Ufer des Victoriasees entlang. Die Stimmung ist am Boden. Joshua schmollt und schweigt, Martha Gellhorn würdigt ihn keines Blickes mehr. Sie will zum Serengeti-Wildreservat im nördlichen Tansania, weil sie hofft, dort endlich Löwen und Elefanten in absoluter Freiheit beobachten zu können. Sie erreichen Musoma am Ostufer des Sees, bereits auf tansanischem Gebiet. Die Unterbringung erfolgt in Rundhütten mit dürftiger Ausstattung. »Es war heiß. Die Einheimischen planschten am Rande des Viktoriasees im Bilharzia-Wasser und nahmen fröhlich die üblen Würmer in sich auf. Da Joshua ein Reinlichkeitsfanatiker war wie ich, schüchterte ich ihn mit medizinischen Warnungen ein und zog mich in mein Zimmer zurück.« Immer öfter weicht sie vor der afrikanischen Tristesse aus und flieht in die Lektüre der aus England mitgebrachten Unterhaltungsromane: »Und da fiel mir auf, dass mich die Thriller vor dem Wahnsinn gerettet hatten.« Sie trotzt der Schimäre, die sie mehr als einmal zu packen droht. Der Name Serengeti, »dieses lyrische Wort«, ist ihre »größte Hoffnung der ganzen Reise«.

Auf versumpften Pisten fahren sie ostwärts. Der Staub auf den Straßen hat sich in seltsamen Schlamm verwandelt: »Dieses unheilvolle Zeug heißt schwarze Baumwolle und besitzt die vereinten Eigenschaften von Treibsand und Kaugummi.« Mitten in der Wildnis bleiben die Räder des Landrovers in dem schwarzen Morast stecken und drehen durch. Mit einem Mal fallen ganze Wolken von Tsetsefliegen über sie her: »Der erste Stich ging in den Hals, ein Stich wie der einer Biene, und ich schlug nach ihr, konzentrierte mich aber noch immer auf diesen besorgniserregenden Schlamm. Dann kamen sie wie Sturzbomber, stachen mich in den Hals, in die Hände, ins Gesicht und sausten sogar die Hosenbeine hoch, um mich in die Beine zu stechen. Joshua schrie gellend vor Schmerz und nicht ohne Grund.« Es gelingt ihr, das störrische Allradgetriebe einzulegen: Die Räder fassen Grund, der Landrover zockelt aus dem Sumpf heraus und lässt die Tsetsefliegenarmee endlich hinter sich. Sie nähern sich dem Serengeti-Park. Martha Gellhorn hat nur noch dieses Ziel vor Augen. Auf das Jammern ihres zerstochenen Beifahrers achtet sie nicht mehr: »Joshua hatte einen Mann aus mir gemacht, und diese Rolle passte mir nicht.«

Endlich langen sie in dem weltberühmten Wildreservat an, einem »verzauberten Ort«: »Auf goldener Ebene, mit blauen Bergen dahinter, stand ein Fries aus Giraffen vor dem Himmel. Um sie herum grasten Zebras […].« Bald sehen sie auch Antilopen, Büffel, Gnus und – Löwen! Joshua bettelt seine Chefin an: »Nicht anhalten, Memsaab.« Doch Martha Gellhorn hält an. Schließlich ist sie ja auch wegen der Löwen so weit gefahren: »Wir waren nah genug, um in ihre wütenden, starren gelben Augen zu sehen. Joshua bebte wie im Fieber.« Endlich legt Martha Gellhorn den Gang ein und fährt weiter, da ihr die Nähe zu den Raubkatzen doch unheimlich ist. Abends übernachten sie in einer Art Motel, einer Rundhütte, und Martha Gellhorn erholt sich unter der Dusche (die gibt es immerhin) und bei Corned Beef und Whisky, während draußen die Hyänen um die Hütte schleichen und ihre schaurigen Schreie ausstoßen.

Im Lake-Manyara-Park, den sie anderntags aufsuchen, und wo sie erneut ganzen Rudeln von Löwen gefährlich nahe kommen, verirren sie sich. Als einmal ein dicker Ast quer über der Piste liegt, steigt Martha Gellhorn aus (Joshua weigert sich wie gewöhnlich) und zerrt das Hindernis zur Seite. In diesem Augenblick greift von hinten ein Nashorn an. Die Amerikanerin kann mit knapper Not in den Landrover springen, legt den Gang ein und fährt mit Vollgas davon, das galoppierende Nashorn hinterher. Nach einiger Zeit gibt das Auto schlimme ratternde Geräusche von sich. Es stellt sich heraus, dass sich ein Ast im Gestänge unter der Karosserie verkeilt hat. Joshua erleidet eine Panikattacke. »Sie fahren mich nach Hause!«, droht er seiner Chefin. Die kontert: »Sie halten die Klappe!« Sie steigt aus, kriecht unter den Landrover, immer in Angst, wieder könne ein wildes Tier aus dem Gebüsch hervorbrechen, und entfernt den Ast. Wenig später werden sie durch den Anblick des majestätischen Kilimandscharo entschädigt, »mit seinen gewaltigen Pyramidenhängen, der lang gestreckten Schneefläche unter dem Himmel. Dieser Berg ist eines der Naturwunder der Welt. Vor Freude vergaß ich die Gefahren des Morgens und Joshuas Verbitterung.«

Schließlich finden sie doch den Ausgang aus dem Wildpark. Joshua spielt den nachhaltig Beleidigten. In einem Hotel, das einen erstaunlich guten Standard bietet, gehen sie schweigend in ihre getrennten Zimmer. Martha Gellhorn will ihren smarten Beifahrer loswerden, koste es, was es wolle: »[…] ich hatte ihn satt.« Da hat sie in einem »schweren Anfall von afrikanischer Geistesgestörtheit« einen diabolischen Einfall: An der Hotelbar lernt sie ein Paar kennen, das nach Nairobi weiterwill, aber den Weg nicht kennt. Martha Gellhorn schwatzt ihnen ihren »Boy« auf, er sei ein ausgezeichneter Führer und kenne den Weg in- und auswendig. Dann teilt sie Joshua mit, dass er anderntags um acht Uhr mit den Fremden aufbrechen solle: »Ich habe ihnen gesagt, Sie fühlten sich nicht gut, und sie nehmen Sie nach Hause mit.« Joshua willigt ein, froh, diese verrückte Amerikanerin endlich los zu sein. Und auch Martha Gellhorn zeigt sich »entzückt«, wenngleich ihr beim Abschied bewusst wird, dass sie mit Joshua länger gereist ist als mit irgendjemand anderem in ihrem ganzen Leben (Hemingway ausgenommen).

Endlich kann sie Afrika genießen, ohne ständig eine Heulboje im Nacken zu haben. Ohne diese »geistige Bilharziose«, wie sie es nennt, kann sie endlich ihre Unruhe abstreifen und findet Frieden im Anblick der großartigen Landschaft zu Füßen des Kilimandscharo. Sie besucht nochmals einen Wildpark, beobachtet entzückt die Elefanten und Giraffen und räsoniert über deren gefährdete Zukunft: »Wenn Sie so reich sind wie ein Araber, können auch Sie Elefantenstoßzähne, in Silber gefasst, bei Harrod's kaufen […]. Wir werden traurige, eingekerkerte Tiere in Zoos für unsere Kinder aufbewahren. Ich weiß, das wird geschehen, und an den Verlust zu denken ist unerträglich. Wir sind eine furchtbare Spezies; wir sind die gefräßigsten aller Raubtiere.«

Allein fährt sie nach Nairobi zurück. Dort besteigt sie ein Flugzeug, das sie nach Mombasa am Indischen Ozean bringt. Sie hat es geschafft! Sie hat den afrikanischen Kontinent von West nach Ost durchquert. In der Küstenstadt bezieht sie das luxuriöse Nyali Beach Hotel, ein »geräumiges Gebäude im edwardischen Stil«, und verbringt hier ein paar Wellness-Tage, badet im Meer, schnorchelt zwischen Wäldern »von schwankenden Farnkorallen, rosa und violett«, spaziert am Strand, »der sich bis zum Horizont erstreckt«, und hat »einen Ozean ganz für mich allein«. Sie söhnt sich mit Afrika aus, die Gefahren und Strapazen ihres Höllentrips verpuffen zu einem Nichts: »Das Glück packte mich mit der Gewalt eines Sturms. Dieser Ort unterschied sich von allen andern in Afrika. Es war eine einzige Erleichterung.«

Sie ist unvorsichtig und holt sich einen fürchterlichen Sonnenbrand mit faustgroßen Blasen und Fieber. »Ich war ein unheilbarer Narr. Ich hatte nicht eine Prise gesunden Menschenverstand. Ich wurde älter, aber nicht weiser.« Als die Verbrennungen abgeheilt sind, verabschiedet sie sich von Afrika, besteigt ein Flugzeug und kehrt nach London zurück.

Eingeständnisse

Martha Gellhorn kommt von dem geheimnisvollen Kontinent nicht los. Sie hat sich, so gesteht sie, in das Land und den Himmel Ostafrikas verliebt. Bereits zehn Monate später, im Jahre 1963, kehrt sie nach Kenia zurück. Dreizehn Jahre lang bleibt sie in dem ostafrikanischen Land, wohnt an der Küste, später baut sie sich im Hochland, am Rand des Rift Valleys, sogar ein eigenes Häuschen, aus dessen Fenstern sie auf alle vier Horizonte blicken kann, »trunken von Weite und Stille«. Doch dann, im Jahre 1976, muss sie erkennen, dass solch trunkene Augenblicke nicht genug sind: »Wir leben den ganzen Tag, wir können zwischen solchen Augenblicken nicht ins Koma fallen.« Und sie gesteht sich ein, dass ihre Nähe zu Afrika und den Afrikanern eine Illusion war, und dass sie die Einheimischen nie wird verstehen können: »Die Schranke zwischen uns war jene, die ich schon vor so langer Zeit in China empfunden hatte.« Es ist auch nicht mehr das Afrika, das sie 1962 kennenlernen durfte, »die Politik und der Touristenboom haben viel von dem ruiniert, was ich geliebt habe, und vielleicht bin ich nur gerade so weise geworden, dass ich weiß, wann man aufgibt«.

Sie gibt sich geschlagen und kehrt im Jahre 1976 endgültig nach England zurück. Einen Monat danach trifft ein Brief aus Kenia ein, geschrieben mit violetter Tinte auf grünem Papier. Es ist, nach vierzehn Jahren, ein Lebenszeichen von Joshua, ihrem smarten Begleiter, der sie stets zur Weißglut trieb und den sie im Innersten doch mochte: »Er schrieb, daß er unsere Safari nie vergessen werde, dass er noch nie im Leben so glücklich gewesen sei und ich ihm Mutter und Vater ersetzen würde.«

Martha Gellhorn lebt bis zu ihrem Tod in London. Sie ist eine Berühmtheit, gilt als eine der letzten großen Weltensammlerinnen. In ihren letzten Lebensjahren ist sie beinahe blind. Zudem leidet sie an Eierstockkrebs, der auf andere Organe ausstreut. Am 15. Februar 1998 bereitet sie mit Hilfe einer Zyanidkapsel ihrem Leben ein Ende. Seit 1999 wird ihr zu Ehren der »Martha Gellhorn Preis« an herausragende Journalisten vergeben. Im Jahre 2008 ehrte die US-Post sie mit einer eigenen Briefmarke in einer Serie bekannter amerikanischer Journalisten. Und im Jahre 2012 wurde der Film *Hemingway & Gellhorn* (Regie: Philip Kaufman) auf den Festspielen in Cannes vorgestellt, der die schwierige Liebesgeschichte der beiden großen Autoren erzählt. Martha Gellhorn wurde darin von Nicole Kidman verkörpert, Ernest Hemingway von Clive Owen.

Dervla Murphy (geb. 1931)
Auf »Rozinante« nach Indien

Es ist der 28. November 1941, in der Kleinstadt Lismore, im südirischen County Waterford: Zu ihrem Geburtstag bekommt Dervla Murphy ein gebrauchtes Fahrrad geschenkt. Bereits in den ersten Tagen erlernt das Mädchen das Radeln. Unweit ihres Elternhauses, auf einem namenlosen Hügel in der beschaulichen Wiesenlandschaft, hat sie nach eigener Angabe eine zündende Eingebung: »An meinem zehnten Geburtstag bekam ich ein Fahrrad und einen Atlas geschenkt, und ein paar Tage später beschloss ich, mit dem Rad nach Indien zu fahren. [...] Damals schien mir die Entscheidung logisch und vernünftig, und das hat sich bis heute nicht geändert. Mit dem Fahrrad war ich einerseits unabhängig wie mit keinem zweiten Reisegefährt, und ich musste [...] auf dem Weg nach Indien mit verhältnismäßig wenig feuchten Überraschungen rechnen. Trotzdem behielt ich meinen Plan für mich. Schließlich wollte ich nicht von den Erwachsenen belächelt werden oder gesagt bekommen, dass es sich um eine vorübergehende Laune handle, denn ich war mir vollkommen sicher, dass ich eines Tages tatsächlich mit dem Rad nach Indien fahren würde.« Dieser Gedanke wird Dervla Murphy einundzwanzig Jahre lang verfolgen – bis aus der fixen Idee Wirklichkeit wird.

Dervla Murphy wird am 28. November 1931 in Lismore geboren. Die Eltern stammen aus Dublin und sind einige Jahre zuvor
in die südirische Kleinstadt gezogen, wo der Vater eine Anstellung als Bibliothekar von Waterford County erhalten hat. 1932
erkrankt die Mutter an rheumatischer Arthritis. Sie bleibt für
den Rest ihres Lebens leidend und ist wenig belastbar. Auch aus
diesem Grund verzichten die Eltern auf ein weiteres Kind.

Irland ist damals eine noch junge und überaus arme Republik, stark von historischen und katholischen Traditionen und
Werten geprägt. Im Hause der Murphys geht es bescheiden zu.
Dervla hat das später nicht als Behinderung einer freien Entfaltung, sondern geradezu als deren Voraussetzung erkannt: »Die
Härten und die Armut meiner Jugend waren eine gute Lehrzeit
für diese Form des Reisens. Ich wurde dazu erzogen, zu verstehen, dass materielle Besitztümer und äußere Annehmlichkeiten
niemals mit Erfolg, Leistung und Sicherheit verwechselt werden sollten.«

Dervla besucht die Klosterschule der Ursulinen in Waterford,
der Hauptstadt des gleichnamigen Countys. Kurz nach ihrem
zehnten Geburtstag hat sie die alles verändernde Idee, mit dem
Fahrrad nach Indien zu reisen – es ist eine Entscheidung für ein
ganzes, langes Globetrotterdasein. Aber die Umsetzung muss
warten, bis Dervla volljährig und unabhängig ist, unabhängig
von äußeren Gegebenheiten (Irland ist vom Zweiten Weltkrieg
zwar nicht direkt betroffen, aber rundum isoliert), von gesellschaftlichen Konventionen, moralischen Vorstellungen und familiären Bindungen. Als sie vierzehn ist, bricht sie die Schule ab,
um ihre schwer kranke Mutter zu pflegen. Dennoch kann sie als
junge Frau immer wieder zu kürzeren Reisen aufbrechen: 1951
ins benachbarte Wales und nach England; im Jahr darauf nach
Belgien, Frankreich und Deutschland (sie erlernt auch die deutsche Sprache); 1954 und nochmals 1956 nach Spanien. Über
diese Reise in das vom Franco-faschistischen Regime regierte

Land schreibt sie ein Buch, das jedoch keinen Verlag findet. Immerhin gelingt es ihr, in diversen irischen Zeitungen und Zeitschriften Reportagen über ihre Touren zu veröffentlichen.

In den kommenden Jahren tritt der Tod in Dervla Murphys Leben, schmerzlich und zugleich befreiend: 1958 stirbt ihr Geliebter Godfrey (sie bleibt zeitlebens ledig; 1968 kommt die Tochter Rachel aus einer Verbindung mit dem Journalisten Terence de Vere White zur Welt; Dervla entscheidet sich, Rachel allein großzuziehen – ein Tabubruch im erzkonservativen Irland). Im Februar 1961 stirbt Dervlas Vater an den Folgen einer Nierenentzündung. Ihre Mutter stirbt im August 1962. Nun ist Dervla allein – und frei. Endlich kann sie die Idee, die sie als Zehnjährige wie eine Eingebung erhielt, in die Tat umsetzen: mit dem Fahrrad nach Indien zu reisen.

Sie kann es kaum erwarten, kauft sich ein Herrenrad, das sie nach Don Quijotes treuem Pferd auf den Namen Rozinante (kurz »Roz« genannt) tauft. »Für die bevorstehende Reise musste bei Roz lediglich die 3-Gang-Kettenschaltung ausgebaut werden, da diese mir für Asiens Straßen nicht robust genug schien.« Auf beiden Seiten des Hinterrads lässt sie sich Gepäckständer anbringen. Rozinante hat rund sechzehn Kilo Gewicht. Hinzu kommen insgesamt fünfzehn Kilo Ausrüstung, verteilt auf die Seitentaschen und einen kleinen Rucksack. Das Gepäck freilich nimmt sich spartanisch aus und umfasst nur das absolut Nötige, so eine wasserdichte Hose, lange Unterhosen, zwei dicke Pullover, Anorak, Mütze, Handschuhe, an Toilettenartikeln nur Seife, Handtuch, Waschlappen, Zahnbürste und Zahnpasta, einige Arzneimittel und Verbandmaterial, Sonnenschutzcreme, Landkarten, Notizbücher und Kugelschreiber, Taschenmesser, Thermoskanne, Becher, einen Revolver samt Munition, Fahrrad-Ersatzteile und Reparaturzeug, Pass und Visa, zudem dreihundert Pfund in Reiseschecks.

In der Hoffnung auf den Frühling im Süden setzt Dervla Murphy den Abreisetag auf den 7.Januar 1963 fest. Doch just in jenen Wochen und Monaten erlebt ganz Europa den kältesten und schneereichsten Winter seit Jahrzehnten. Also wartet sie ungeduldig eine Woche lang. Am 14.Januar jedoch hält es sie nicht länger. Sie setzt sich auf Roz und radelt los. Von Dublin aus geht es mit der Fähre nach Wales, dann per Rad nach London und Dover, dort setzt sie nach Dünkirchen über. Von dort radelt sie quer durch Frankreich nach Savoyen, über die tief verschneiten Alpen nimmt sie den Zug nach Turin, dort setzt sie sich erneut aufs Rad und fährt quer durch Oberitalien nach Gorizia bei Udine. Die Grenzstadt ist zweigeteilt, in einen italienischen und einen jugoslawischen Part. Lange ziehen sich die Verhandlungen an der jugoslawischen Grenzstation hin, denn den Zöllnern will es nicht in den Kopf, was eine Irin mit dem Fahrrad, mitten in Eis und Schnee, und auf der Höhe des Kalten Kriegs, im sozialistischen Ausland will. Obwohl Dervla Murphy ein gültiges Visum vorzuweisen hat, muss sie sich in der Kälte einem Verhör durch ein uniformiertes Mannweib unterziehen. Siedend heiß fällt ihr ein, dass sie in der Seitentasche ihrer Hose die geladene Pistole stecken hat und diese anzugeben vergaß: »In Gedanken sah ich mich schon in einem finsteren Verlies, aus dem ich erst Jahre später nach zahlreichen Verhandlungen zwischen den Regierungen, die keine diplomatischen Beziehungen miteinander haben, körperlich und geistig gebrochen wieder auftauchen würde.« Doch sie hat Glück. Die gefühllos scheinende Amtsträgerin winkt die offensichtlich verrückte Wintertouristin durch, ohne eine Leibesvisitation vorzunehmen.

Dervla Murphy kommt durch Slowenien. Fürchterliche Schneestürme blasen übers Gebirge, teilweise muss sie ihr Fahrrad schieben, immer wieder wird sie von heftigen Böen in den Straßengraben geworfen. Endlich erreicht sie Ljubljana, kommt bei Studenten unter, die ihr – illegal – ein Bett im Wohnheim verschaffen. Dann geht es weiter, über Zagreb nach Belgrad, teils auf dem Fahrrad, teils als Anhalterin in Lastwagen, deren Fahrer das frierende, durchnässte Geschöpf mitleidig ein Stück mitnehmen. Noch immer sind die meisten Straßen kaum passierbar, türmen sich an deren Rändern die Schneemassen meterhoch auf. Einmal, im Gebirge hinter Belgrad, gerät ein Lkw ins Schlittern, kippt, rutscht ein Stück weit die Böschung hinunter und bleibt knapp vor dem Abgrund an einem einzeln stehenden Baum hängen. Dervla Murphy und der Fahrer krabbeln heraus. Der Fahrer steht unter Schock und kann keinen Schritt weiter. Die Nacht fällt bereits herein. Die Irin erklärt sich bereit, ins nächste Dorf zu stapfen und Hilfe zu holen. Doch die vermeintlich kurze Wanderung durch den knietiefen Schnee wird zum entsetzlichen Kampf auf Leben und Tod:

»Ich folgte einer breiten Schlittenspur. Etwa fünfzehn Minuten später stürzte sich aus der Dunkelheit plötzlich eine massige Gestalt auf mich. Ich taumelte, ließ die Taschenlampe fallen, fand schließlich mein Gleichgewicht wieder und sah zu meinem Entsetzen ein Tier an der Schulter meiner Windjacke hängen, ein zweites hatte sich an meinem rechten Hosenbein festgebissen, und ein paar Meter weiter lauerten zwei gelbe Schlitzaugen in der schwarzen Nacht. Kurioserweise hatte die Vorstellung, von Wölfen gefressen zu werden, für mich immer etwas Lächerliches gehabt. So etwas kam im *wirklichen* Leben nicht vor … Und jetzt stemmte ich mich gegen das Gewicht an meiner Schulter, riß einen Handschuh herunter, zog meinen 25er [Revolver] aus der Tasche, entsicherte und jagte dem Tier eine Kugel durch den Schädel. Das alles schien mir vollkommen irreal, und doch reagierte ich in panischer Angst. Nach dem peitschenden Knall des Schusses fiel ein Körper leblos zu Boden. Das Vieh, das sich an meinem Hosenbein festgebissen hatte, ließ los und wollte sich davonmachen. Ich drückte kurz entschlossen noch einmal ab. Der dritte dieses Rudels […] hatte sich bereits aus dem Staub gemacht.«

Ein paar Tage später, sie ist unterwegs nach Niš in Serbien, setzt plötzlich Tauwetter ein. Die Schneemassen schmelzen. Wo vorher noch mühsam freigeräumte Wege waren, schießen Sturzbäche dahin. Einer dieser Schmelzwasserflüsse erfasst die Irin, reißt sie vom Fahrrad herunter, schwemmt Rozinante in einen Graben. »Zum Glück hatte ich mein Gepäck wasserfest verpackt, sodass das meiste den Sturz unbeschadet überstanden hatte.« So geht es weiter, Richtung Bulgarien, mal sich durch Schneewehen kämpfend, mal durch Sturzbäche watend: »Seit Tagen lief ich von der Taille abwärts mehr oder weniger ständig durchnässt herum. Die einzig richtige Konsequenz daraus war, nicht viel Aufhebens zu machen und eine Menge Rum zu trinken.«

Sie gelangt an die jugoslawisch-bulgarische Grenze. Die beiden sozialistischen »Brudervölker« sind sich in Wahrheit spinnefeind, das lässt sich bereits an der schlechten Straße ersehen: In Dervla Murphys Landkarte ist eine gut ausgebaute Schnellroute eingezeichnet, die sich in der Realität als schlecht asphaltierter, von zahllosen Schlaglöchern übersäter Feldweg ohne jeglichen Autoverkehr erweist. Sie gelangt an das serbische Grenzerhäuschen, klopft an, tritt ein: Im »Büro« liegt alles offen herum, einschließlich der wichtigen Stempel für Einreisevisa, doch kein Mensch ist da. Die Irin verkneift es sich, selbst einen Stempel in ihren Pass zu drücken, geht wieder hinaus, schlüpft durch ein offensichtlich von Schmugglern gerissenes Loch im Stacheldrahtzaun und setzt ihren Weg fort, durch den Streifen des Niemandslandes hinüber zur nächsten Grenzstation, der bulgarischen. Auch hier herrscht tiefe Stille. Wieder klopft sie an, tritt ein, trifft auf einen gutmütigen Grenzpolizisten, der einen kurzen Blick auf ihr Visum wirft, das von der bulgarischen Botschaft in London ausgestellt worden ist, »meinte, das wäre ja lächerlich und stellte mir ein neues Visum aus, das mich berechtigte, so lange in Bulgarien zu bleiben, wie ich wollte! Danach setzten wir uns gemeinsam zum Ofen und tauschten uns bei mehreren Gläsern Brandy freundschaftlich über Ost und West aus.« Es geht durch die Rhodopen, immerhin sind die

Straßen inzwischen frei. Der Frühling kehrt zögerlich ein, und so ist Dervla Murphy nicht mehr gezwungen, per Anhalter zu fahren. Sie passiert die bulgarisch-türkische Grenze, kommt nach Istanbul, setzt über den Bosporus, radelt entlang der Schwarzmeerküste Kleinasiens und durch das Pontische Gebirge. Einmal muss sie sich nachts in einer Unterkunft gegen einen Kurden wehren, der ihr bereits das Bettzeug weggerissen hat und sie zu vergewaltigen trachtet: Sie greift nach ihrem Revolver, der unter dem Kopfkissen liegt, und schießt in die Decke, knapp am Kopf des Angreifers vorbei.

Sie gelangt zum Berg Ararat, der in alter wie in neuer Zeit von den verschiedensten Völkern und Religionsgemeinschaften als heilig und mysteriös verehrt wird, umrundet ihn ein Stück weit, ist von der Kulisse und vom frühlingshaften Wetter wie berauscht: »Dieser ungewöhnliche Berg, der in jedem Reisenden die unterschiedlichsten Gefühle weckt, berührte mich so tief, daß ich ihn wie ein lebendiges Wesen und nicht wie eine Landschaft in Erinnerung behalten habe.«

Als Mann verkleidet durch Persien

Dervla Murphy gelangt zur persischen Grenze, die hermetisch abgeriegelt und scharf bewacht ist, und passiert sie mit ihrem gültigen Visum. Dann radelt sie »unter strahlend blauem Himmel, durch wilde Gebirgszüge, deren Einsamkeit und erhabene Schönheit meine kühnsten Träume überstiegen. In Erinnerung geblieben ist mir vor allem das klare Licht, das jede Farbe lebendig leuchten und jede Kontur klar hervortreten ließ. Hier wurde mir zum ersten Mal klar, was Licht überhaupt sein kann.« Sie erreicht Täbris, wird einmal von drei Wegelagerern, die Spaten als Waffe tragen, überfallen, doch kann sie sich erfolgreich mit ein paar gezielten Schüssen zur Wehr setzen und empfindet dabei sogar so etwas wie heimlichen Spaß: »Wie aufgescheuchte Hühner rannten sie bergab.« Weniger glimpflich kommt sie in der Stadt Ardebil davon, in dem zu Persien gehörenden Teil Aserbaidschans gelegen. Hier wird sie von einem jungen Polizisten angehalten, der ihr vorspiegelt, die Stadt sei für Touristen Sperrgebiet, und ihr befiehlt, mit auf die Wache zu kommen. Gehorsam trottet Dervla Murphy hinter ihm her, wird von dem Mann jedoch in ein privates Gehöft gelockt. Plötzlich steht sie hinter verriegelter Tür. Was dann geschieht, darüber schweigt sie sich in ihrem Reisebericht diskret aus. Immerhin kann sie nach einiger Zeit doch die Hose des Polizisten greifen, den Schlüssel herausholen, zur Tür rennen, sie aufschließen und ins Freie gelangen. Ihr nüchternes Fazit (das ihren Schock hinter einem typisch britisch-irischen Understatement verbirgt): Aserbaidschan sei von allen Orten »der einzige […], wohin ich nicht mehr allein reisen möchte«.

Am 20. März 1963 erreicht Dervla Murphy auf ihrer Rozinante die persische Hauptstadt Teheran. Es ist der muslimische Neujahrstag, und in der Stadt ist alles feiernd auf den Beinen. Die Irin legt eine fünftägige Pause ein, um sich zu erholen, aber auch, um sich ein Visum für Afghanistan zu beschaffen. Doch in der afghanischen Botschaft weist man Dervla Murphys Ansinnen zurück: Vor sechs Jahren habe man einer Schwedin ein Visum erteilt, wenig später habe man ihre zerstückelte Leiche aufgefunden. Seither würde man allein reisenden Frauen kein Visum mehr ausstellen. Die Irin ist verzweifelt: Soll ihre Tour, nachdem sie sich durch Schnee und Eis, durch Sümpfe und über Gebirge gekämpft hat und sie mit Wölfen, Räubern und Vergewaltigern gerungen hat, so banal enden und an behördlicher Willkür scheitern? Nach einigem Hin und Her bieten die afghanischen Behörden ihr an, sie solle zwei deutsche Touristen eskortieren, aber nicht als menschliche Begleiterin, sondern offiziell als Gegenstand: »Roz und ich sollten wie eine Kamera oder ein Radio in ihren Paß gestempelt werden, sodass sie mich in Kabul der Polizei übergeben mussten und ich mich nicht davonmachen konnte, ohne die *beiden* in Schwierigkeiten zu bringen.« Doch die irische Globetrotterin ist nicht darauf erpicht, als ein Objekt die Reise nach Afghanistan anzutreten. Da Irland damals keine diplomatische Vertretung in Teheran unterhält, geht sie zur Botschaft eines »befreundeten« Staates und trägt dort ihr Problem vor. Man zeigt sich hilfsbereit, setzt ein Schreiben auf, worin man die afghanischen Kollegen dringend bittet, der Irin ein Visum auf einen Monat auszustellen, sie reise alleinverantwortlich und auf eigenes Risiko. Damit geht Dervla Murphy erneut zur afghanischen Vertretung und kann die dortigen Beamten erweichen (vielleicht geben sie auch gern nach, um nur ihre Ruhe zu haben).

Am 31. März 1963 endlich setzt sich Dervla Murphy aufs Fahrrad und verlässt Teheran. Ziel ist Meshed, die letzte persische Stadt vor der afghanischen Grenze. Bekannte in Teheran haben ihr gute Ratschläge mit auf den Weg gegeben: Sie solle in der Öffentlichkeit als Mann verkleidet gehen, keine Fotos machen, vor allem nicht von Moscheen, denn die gläubige Menge könnte das als religiöse Beleidigung verstehen und sie mit Steinen bewerfen. »Man riet mir auch, in Hotels auf Zimmertüren ohne Schloss leere Flaschen obenauf zu stellen, um keine bösen Überraschungen zu erleben, falls irgendein Wüstling es auf die Tugend einer Frau abgesehen hatte. (Flaschen leer zu bekommen ist eine meiner leichtesten Übungen).« Sie kommt gut voran, über Shahrud, Sabzevar und Nishapur nähert sie sich Meshed. Entgegen den Warnungen wohlmeinender Freunde macht sie auf dieser Fahrt nur gute Erfahrungen mit der einheimischen Bevölkerung: »Zweimal besuchte ich Dörfer abseits der Straße, die einstmals zum Besitz des Schahs zählten, nun aber von den Kleinbauern selbst verwaltet werden. Diese Menschen waren vollkommen anders als die aserbaidschanischen Rabauken. Ich fand sie freundlich und höflich, und niemand lechzte nach Bakschisch, obwohl sie keine Mühe scheuten, mir ihre Höfe zu zeigen und alles zu erklären.« Sie schläft in Soldatencamps und wird nicht weiter belangt. Es sind Gemeinschaftsunterkünfte: »›Umkleideprobleme‹ gibt es nicht, da man lediglich die Stiefel auszieht, Pistole und Gürtel ablegt und in den Schlafsack kriecht.« Allerdings hat sie sich in Teheran einen Kurzhaarschnitt zugelegt und trägt ein Hemd der U.S. Army, Männerhosen und Soldatenstiefel. Zudem hat die Irin recht markante Gesichtszüge, sodass man sie oft für einen Mann hält.

Die Gegend wird karger, geht in Steppe und Wüste über, die Straßen werden schlechter, teils radelt Dervla Murphy über Schotterpisten, teils durch ausgetrocknete Flussläufe, teils schiebt sie ihr Rad. In Shahrud wird sie vom örtlichen Manager einer Zuckerfabrik gastfreundlich aufgenommen, sie kann sich duschen, wird mit den besten Speisen bewirtet und kann ihren argen Sonnenbrand verarzten, den sie sich auf der Fahrt geholt hat. »Es gehört schon einiges dazu«, meint sie tadelnd, »sechs Tuben Sonnenschutzmittel über zwei Kontinente zu schleppen und sich im richtigen Moment nicht einzucremen!« Bereits am nächsten Morgen geht es trotz der schmerzhaften Verbrennungen weiter. Im Schnitt schafft sie zwischen siebzig und achtzig britische Meilen (113 bis 129 Kilometer) pro Tag. Die Hitze nimmt immer mehr zu. Einmal bietet ein Amerikaner, der im Jeep nach Afghanistan fährt, ihr an, sie mitzunehmen, er wolle sie »aus dieser Bratpfanne« herausholen, doch Dervla lehnt dankend ab: »Auf einem Fahrrad kommt man sich keineswegs wie in einer Bratpfanne vor. Und wenn Sie sich umsehen, merken Sie vielleicht, dass einen die herrliche Landschaft für den zugegeben kläglichen Zustand der Straße entschädigt. Ich *genieße* es, durch so ein Land zu radeln […].« Sie sitzt wieder auf und radelt weiter, der Amerikaner startet seinen Jeep und überholt sie, wobei er durch das offene Fenster ruft: »Sie haben tatsächlich nicht mehr alle Tassen im Schrank!«

In der Kleinstadt Nishapur kommt Dervla Murphy bei einer persischen Familie unter, die sehr wohl begreift, dass es sich bei der Fremden um eine Frau handelt. Die sieben Kinder des Ehepaars, drei Söhne und vier Töchter, starren die Irin unablässig an, denn normalerweise ist es nach dem Koran verboten, Frauen, die nicht zur Familie gehören, und die ohnehin verschleiert sind, ins Gesicht zu blicken. Dervla isst mit den Frauen, es gibt

Omelettes und Salat. »Es gab keine Stühle, keine Tische, keine Betten und auch kein Besteck im Haus – man benutzt flache Brotstücke und tunkt sich damit etwas aus der gemeinsamen Schüssel. [...] nach dem Essen rauchten Mutter und Großmutter Wasserpfeife [...].«

Sie gelangt nach Meshed. Die Stadt ist bei den Persern wegen ihrer heiligen Stätten berühmt. »Ungläubigen« hingegen ist es streng verboten, sich den Moscheen auch nur zu nähern, und die Irin vernimmt grausige Geschichten, etwa die von einer Amerikanerin, die, als sie Fotos von den Kuppeln und Minaretten machen wollte, von der aufgebrachten Menge gesteinigt wurde. Dervla Murphy fährt weiter, Richtung afghanische Grenze. Die Schotterpiste wird belebter, Öltanklaster transportieren Treibstoff aus der Raffinerie in Meshed nach Herat in Afghanistan. Als Dervla Murphy das Hinterrad verliert (Rozinante wurde tags zuvor in einem Fahrradgeschäft in Meshed »überholt« und ist dabei wohl mehr demoliert worden), erbarmt sich ein afghanischer Lkw-Fahrer ihrer und nimmt sie mit – Rozinante wird auf der Motorhaube festgeschnürt. Im Führerhaus, das weder Türen noch eine Windschutzscheibe noch Sitze hat (sie hocken auf Kisten), stinkt es nach Benzin, Dervla ist es schlecht, aber da der Laster alle halbe Stunde eine Panne hat, kommt sie immer wieder an die frische Luft. Schließlich erreichen sie die Grenzstadt Tieabad. Dervla Murphy bringt ihr Fahrrad zur Reparatur und nimmt sich ein Zimmer in einem Hotel.

Am nächsten Morgen sitzt sie bereits wieder auf Rozinante und strampelt zur Grenze. Sie lässt Persien ungern zurück: »Trotz all dem Schmutz und der allgegenwärtigen Korruption gibt es hier eine Würde und Eleganz, die man auf den ersten Blick nicht sieht, weil man noch zu sehr unter dem Einfluss der unangenehmen nationalen Besonderheiten zu leiden hat.«

Afghanistan wurde Dervla Murphy als ein von Krieg, Rebellion und Gewalt zerrissenes Land geschildert, und man hat ihr schlimme Geschichten über die Ermordung von Touristen erzählt. Doch die Irin hat ihren Revolver schussbereit in der Seitentasche, zudem ist sie vom Radfahren und den optischen Reizen zu sehr berauscht, als dass sie sich in irgendeiner Weise der Angst überließe. Die Grenze wird einzig durch eine Steinsäule markiert. Drei Meilen weiter findet sich eine Grenzstation mit einer Schranke. Daneben liegt ein junger, abgerissener Soldat und schläft. Die Globetrotterin hebt kurzerhand die Schranke hoch, schlüpft hindurch, kommt zum Gebäude für die Zoll- und Passkontrolle, betritt es, geht von Raum zu Raum, doch nirgends interessiert man sich für sie oder für ihr Visum. Endlich gelangt sie in ein abgedunkeltes Zimmer, das mit Teppichen ausgelegt ist. Hier trinken die Grenzer Tee, und Dervla wird mit einer Handbewegung eingeladen, sich dazuzusetzen: »Ihre aufgetürmten Turbane betonten den buschigen Wuchs ihrer schwarzen Brauen. Wie wir so ruhig und gelassen im Schneidersitz beim Tee saßen, fühlte ich mich auf einmal glücklich dem zwanzigsten Jahrhundert entronnen.« Zwei Stunden hocken sie beisammen, da erscheint ein Lkw-Fahrer, der nach Herat fährt und der Irin anbietet, sie mitzunehmen. Sie lehnt dankend ab, besteigt wieder ihren Drahtesel Rozinante und fährt weiter, übernachtet unterwegs in einem Dorf, wird freundlich aufgenommen und wundert sich über das Gerede von der Gefährlichkeit des Landes.

Am nächsten Tag erreicht sie nach einer Fahrt durch »die weite Stille der Wüste in der kühlen Morgenluft« Herat: »Diese Stadt ist im sprichwörtlichen Sinn bezaubernd. Als Reisender fühlt man sich plötzlich in eine vergangene Zeit zurückversetzt, die zwar einfach und rau ist, aber keineswegs schrecklich. […] Im Unterschied zu den eher farblosen Persern scheinen mir die Afghanen ein Volk von ausgeprägter Individualität. Jeder, den ich bislang getroffen habe, ist ein einzigartiges Individuum.«

Dervla Murphy sieht Frauen, ihre Geschlechtsgenossinnen, in der Burka, »einem zeltförmigen Kleidungsstück mit einem eingearbeiteten Stück Spitze in Augenhöhe«, und bezeichnet diese als »verkleidete Gespenster«. Aber sie betrachtet dies und vieles andere, was ihr fremdartig, vielleicht sogar widersinnig erscheint, ohne es moralisch zu bewerten. Sie ist Beobachterin, füllt in ihrem Notizbuch geduldig Seite um Seite, und wenn sie hin und wieder an einem Postamt vorbeikommt, das ihr vertrauenswürdig erscheint, reißt sie die Blätter ihres Notizbuchs heraus, steckt sie in Kuverts und schickt diese Berichte an Freunde in Irland. Die sammeln die Briefe und werden sie später, nach Dervlas Rückkunft, ihr zurückgeben, damit sie daraus ein Reisebuch kompilieren kann.

In Herat wohnt sie in einem Hotel der »Kategorie A«, mit Toilette, deren Spülung nicht funktioniert, und einem Etagenbadezimmer, in dem kaltes Wasser aus einem Bottich rinnt und durch ein Loch in der Wand nach draußen abgeleitet wird. Elektrizität gibt es nur stundenweise, aber auch beim Schein einer Öllampe lässt es sich gut schreiben. Die Unterkunft ist günstig, und auch das Leben außerhalb des Hotels ist billig, ja, teils für umsonst: »Touristen zu schröpfen haben die Afghanen noch nicht gelernt. Zweimal wies man heute mein Geld zurück, als ich für meinen Tee bezahlen wollte. Ich bin Gast in diesem Land, also gefällt es Allah, wenn jemand mich bewirtet.« Sie bummelt durch den Basar und freut sich über den Gedanken, »dass sich Alexanders Soldaten, als sie hier durchkamen, ein ähnliches Bild geboten haben mochte wie mir«. Sie sieht auf engstem Raum Handwerker, die ihrer Arbeit nachgehen oder ihre Waren feilbieten: Bäcker und Metzger, Gerber und Weber, Töpfer und Flickschuster. Die Szenerie ist wie aus Tausendundeiner Nacht. Dervla Murphy weiß aber auch um die Bedrohung und Vergänglichkeit dieser märchenhaften Welt: »Herat liegt weitab vom Schuss, und niemand kümmert sich besonders um diese Stadt, während der Rest des Landes von den USA und der UdSSR zunehmend modernisiert wird.«

Die Weltpolitik holt die unbedarfte Fahrrad-Touristin doch ein: Eigentlich will Dervla Murphy mit Rozinante weiter ostwärts, auf der Hauptstraße nach Kabul. Aber von einem Polizisten erfährt sie, dass die Route wegen der angespannten Situation mit den Sowjets für den öffentlichen Verkehr gesperrt ist. Also entscheidet sie sich, südostwärts nach Kandahār zu radeln, es ist die kürzeste Route Richtung Pakistan. Die Mahnung des Polizisten, die Strecke nur im Bus zurückzulegen, schlägt sie abenteuerlustig in den Wind. Anderntags steigt sie aufs Rad und fährt los, kommt auf der relativ guten, von den Russen gebauten Straße bestens voran. Verkehr gibt es so gut wie keinen: »Dieses unerwartete Glück hielt den ganzen Tag an – Gott segne die Sowjetunion!« Die Fahrt geht durch Wüste und Halbwüste. Sie sieht Nomadenlager und Kamel- und Schafsherden. In der Kleinstadt Robat übernachtet sie. Doch am nächsten Morgen – sie will eben Rozinante besteigen – wird sie von finster dreinblickenden Soldaten am Losfahren gehindert: Es sei wegen der politisch angespannten Lage verboten, allein zu reisen, sie müsse einen bereitgestellten Bus besteigen. Dervla Murphy fügt sich wohl oder übel der militärischen Weisung und besteigt ein Vehikel, das sich Reisebus nennt, aber aussieht, »als wäre er etwa ein Jahr lang auf einem städtischen Schrottplatz gestanden. [...] Es gab weder Motorhaube noch Türen oder Fenster.« Stundenlang rumpeln sie über Felsbrocken und festgebackenen Wüstensand, gelangen irgendwann wieder auf eine Piste. Für vierundzwanzig Meilen (neununddreißig Kilometer) benötigen sie sage und schreibe zweiundzwanzig Stunden. Es geht durchs Gebirge. Endlich erreichen sie Kandahār. Dervla Murphy besucht den Basar, sieht Metzgerstände, an denen Massen von Fliegen über das offen hängende Fleisch herfallen. Sie beschließt, von nun an Fleisch zu meiden, »obwohl es ausgezeichnet schmeckt«. Sie nimmt ein Zimmer in einem Hotel und wundert sich nicht, dass darin drei Betten stehen. Von der Fahrt in dem Bus, in dem die Scheiben fehlten, hat sie Halsweh und bekommt Fieber. Erschöpft sinkt sie in eines der Betten und fällt in tiefen Schlaf.

Um vier Uhr morgens wacht Dervla Murphy auf und springt voller Entsetzen nackt aus dem Bett: In jedem der anderen beiden Lagerstätten schnarcht ein bärtiger Soldat. Rasch zieht sie sich an, schleicht sich aus dem Zimmer, besteigt Rozinante. Sie ist wild entschlossen, nun doch wieder nordwärts zu fahren, nach Kabul, der Hauptstadt Afghanistans, und sich nicht von irgendwelchen militärischen Weisungen einschüchtern und von ihrer Route abbringen zu lassen. Wieder geht es durch unfruchtbares Gebirge, sie hat Reifenpannen, Sonnenbrand, quält sich auf Wegen und Pfaden, die sich immer wieder im Nichts verlieren. Sie kommt durch die Ortschaft Ghazni und spaziert durch die pittoreske Altstadt – als sie plötzlich von zwei Soldaten gepackt, zum Militärgefängnis geschleppt und dort in einer von Kot starrenden Zelle eingesperrt wird. Nach etwa einer Stunde kommt der befehlshabende Offizier, lässt sie frei und entschuldigt sich, das Ganze sei nur eine Manöverübung gewesen. Sie lehnt indes einen Versöhnungswodka ab, setzt ihren Spaziergang fort und radelt anderntags unbeirrt nach Kabul weiter. Die Hauptstadt ist damals eine vergleichsweise offene, europäisierte Stadt, unter dem Einfluss von Russen und Amerikanern: Die Männer gehen in Anzügen durch die Straßen, viele Frauen und Mädchen sind unverschleiert. Etliche Städter verstehen Deutsch oder Englisch. Alkohol jedoch ist strikt verboten, was die trinkerprobte Irin bitter ankommt. Immerhin kann sie in der Botschaft Großbritanniens einen Whisky zur mentalen Aufmunterung schnorren.

Dervla Murphy will das Land ausgiebiger erkunden und auf Rozinante weiter nordwärts radeln, durchs bis zu fünftausend Meter hohe Gebirge des Hindukusch nach Bamian und weiter nach Mazar-i-Sharif. Doch keiner kann ihr sagen, ob die Wege schneefrei sind. Zudem benötigt sie Passierscheine, und es dauert mehrere Tage, bis sie die ausgestellt bekommt. Nach vier Tagen endlich geht es weiter nordwärts, sie kommt in die Stadt Qu'Lah Doab. Die Männer, denen sie unterwegs begegnet, sind mit Gewehren und Revolvern bewaffnet und machen sich einen Spaß daraus, alles abzuknallen – Singvögel, Vierbeiner und manchmal, so geht das Gerücht, auch Reisende –, was ihnen vor die Kimme kommt. Dervla Murphy lässt sich davon in ihrem Optimismus nicht beeinträchtigen, bislang ist ja alles gut gegangen, und Männer in Europa, so wiegelt sie ab, würden auch auf Fasane schießen. Sie bewältigt den 3000 Meter hohen Shibarpass: »Ich kam mir vor wie eine Fliege, die an einer Wand hochläuft.« Irgendwann zerfetzt es einen Reifen, aber in einem Dorf bugsiert man sie und Rozinante in ein abenteuerliches Gefährt, das sich großspurig Bus nennt und sie rumpelnd die letzten zwanzig Meilen nach Bamian bringt. Unterwegs kommt es allerdings zu einer bewaffneten Auseinandersetzung zwischen dem Fahrer, seinem Schaffner und den Passagieren, ein Streit, der sich an der Höhe des Fahrgeldes entzündet. Dervla erhält mit dem Gewehrkolben einen Schlag in die Rippen, der Fahrer stoppt den Bus, steigt aus und bedroht die Passagiere mit der Schießbüchse, ihm recken sich vonseiten der Fahrgäste mehrere Dutzend Flintenläufe entgegen, während die Irin arglos zwischen den Fronten steht. »Man beachtete mich jedoch überhaupt nicht, und der Streit ging weiter. Alle fingerten nervös an ihren Abzügen herum [...].« Schließlich einigt man sich gütlich, und die Fahrt nach Bamian kann ohne Blutvergießen fortgesetzt werden. Nachts kommen sie an. Es ist bitterkalt. Dervla Murphy findet eine Unterkunft, aber es gibt weder Licht noch Wasser, nichts zu essen und zu trinken, keine Heizung, und auf dem Bett liegt lediglich eine dünne Decke. Frierend verbringt sie die Nacht, der Sturm rüttelt an den dünnen Scheiben. Am Morgen blickt sie aus dem Fenster und erschrickt: Die Unterkunft befindet sich auf einem vierhundert Meter hohen Felsen, der an einer Seite senkrecht abstürzt. Auf der anderen Seite des Abgrunds sieht sie eine Felswand, worin mehrere, bis zu fünfzig Meter hohe Buddha-Figuren eingemeißelt sind (sie werden Jahrzehnte später von fanatischen Taliban-Kämpfern gesprengt). Dervla Murphy mietet sich eine Stute, reitet einen Tag lang voller Begeisterung durch die Umgebung und entdeckt die Schönheiten des Hindukusch: »Tief drangen wir in die aufregenden Regionen der verschneiten Gipfel vor. Unser Weg führte uns durch üppig grüne Schluchten, durch Flüsse und Wälder hindurch die Hänge hinauf.«

In den nächsten Tagen erkundet sie die nördlichen Ausläufer des Hindukusch, gelangt mit dem Rad und auf Lastwagen nordwärts bis Pul-i-Khumri. Dort muss sie sich wegen dreier gebrochener Rippen – Resultat des Stoßes mit dem Gewehrkolben – in das örtliche Krankenhaus begeben, wo man ihr den Brustkorb bandagiert. Zu ihrem Zimmer gehört eine Toilette, deren Wasserspülung aber kaputt ist. »Das hindert aber anscheinend niemand daran, die Toilette dennoch zu benutzen. [...] Wenn man sich in diesem Kasten nicht die Ruhr holt, kann man von Glück sagen – es wimmelt nur so von Fliegen. Glücklicherweise führt das Zimmer auf eine große Veranda hinaus, und das Bett steht neben einem großen Fenster mit Blick auf den herrlichen Garten, durch den ein quirliger breiter Bach sprudelt.« Fünf Tage bringt Dervla Murphy in dem Hospital zu. Sie entdeckt in einem der Säle einen Schallplattenspieler und ein paar Vinylscheiben mit Musik von Schubert, Beethoven und Brahms, die sie voller Wehmut wieder und wieder hört. Als sie am fünften Morgen von einem Skorpion in den Fuß gestochen wird, entschließt sie sich, zu türmen. Gefährlicher kann die Weiterreise auch nicht sein!

Im Himalaja

Wieder geht es südwärts, und wieder auf Rozinante, die zuverlässiger und bequemer ist als jeder afghanische Bus. Dervla Murphy gelangt nach Kabul und Jalalabad, kommt durch die grandiose Tangi-Schlucht, nimmt im hier wild schäumenden Kabul-Fluss ein Bad, wobei sie sich ein kleines Stück von den Fluten treiben lässt: »[...] die mich beobachtenden Daschtunen sahen mich an, als wäre ich nicht ganz richtig im Kopf.« Östlich der Schlucht passiert sie die Grenze und befindet sich in Pakistan. Der erste Halt ist die Stadt Landi Kotal, von den Pakistanis gern »die Stadt der zehntausend Diebe« genannt. Der Ort liegt in der Region Paschtunistan, ein von eigenwilligen Stämmen und verfeindeten Clanführern beherrschtes Gebiet. Doch auch jetzt macht die Irin mit der Gastfreundschaft der Einheimischen gute Erfahrungen: Sie wird von Menschen nach Hause eingeladen, erhält Obdach und Essen. Nächste Station ist Peshāwar, das ihr seltsam englisch anmutet, mit Bungalows, »Bäumen und blühenden Büschen in nahezu jeder Straße«. Durch die Straßen rollen Rikschas. Dervla Murphy mietet sich für drei Tage einen Bungalow, denn es beginnt zu regnen, und sie möchte sich ein wenig erholen. Peshāwar verfügt sogar über eine britische und eine irische Gemeinde, und Dervla Murphy wird drei Tage lang herumgereicht, zum Essen eingeladen und von irischen Nonnen durch deren Kloster und Schulinternat geführt. Am 14. Mai 1963 bricht sie wieder auf, diesmal jedoch mit dem Bus. Es geht über den 1070 Meter hoch gelegenen Khaiberpass, der geografisch das Tor zwischen Zentralasien und dem Indischen Subkontinent darstellt und seit der Antike eine der wichtigsten Verbindungen der Großregion ist (bereits Alexander der Große zog hier mit seinem Heer hinüber nach Indien).

Dervla Murphy hat eine fixe Idee: Eigentlich könnte sie relativ bequem südostwärts durch die Indusebene hinüber nach Indien und dessen Hauptstadt Neu-Delhi gelangen, den Zielpunkt ihrer Fahrt. Aber sie liegt gut in der Zeit, es ist gerade einmal Mitte Mai, und so verlangt es sie, nordwärts zu fahren, ins sagenhafte Kaschmir, um das ursprünglich gebliebene Bergland, seine Natur und seine Menschen zu erleben und die mächtigen, unter ewigem Schnee und Eis liegenden Sieben- und Achttausender des Himalaja zu bestaunen. Im Umland macht sie mit Rozinante noch mehrere Ausflüge, fährt über drei Pässe hinein in dünn besiedelte Gebirgstäler, wo sie die hier lebenden, ungefährlichen, wie »Mini-Drachen« wirkenden Echsen bestaunt, die bis zu einem Meter zwanzig lang werden.

Sie fährt weiter ostwärts nach Rāwalpindi (das damals, bis zur Fertigstellung des neuen Regierungssitzes in Islamabad, die Hauptstadt Pakistans ist). Es ist unerträglich heiß, das Thermometer erreicht 45 Grad im Schatten. Dennoch lässt Dervla Murphy nicht von ihrem Fahrrad ab, wenngleich sie sich manchmal an den überhitzten Metallteilen die Finger verbrennt. In Rāwalpindi wird sie von der Familie eines Generals in ihr mit allen Annehmlichkeiten ausgestattetes Haus eingeladen und bringt hier mehrere Tage zu. Sie erholt sich von den Strapazen der Reise, liegt, mit Mückenstichen übersät, im Bett und horcht voller Schauer auf die Schreie der Schakale, die nachts »wie verdammte Seelen« bis an die Gartenmauer heranschleichen. Sie will weiter nach Gilgit, dem Tor zum Himalaja, unweit des 8126 Meter hohen Nanga Parbat gelegen. Aber um diese Zeit – es ist der 24. Mai – sind die Pässe noch nicht frei und können nicht einmal von Allradjeeps, geschweige denn von einer Radfahrerin, bezwungen werden. Also bleibt nur die Flugverbindung. Doch beim Abendessen im Hause des Generals erzählt man der Irin, »dass alle Piloten für die Strecke [Rawal]Pindi-Gilgit einen fünfzigprozentigen Gefahrenzuschlag bekommen, weil es so riskant ist, den Himalaja zu überfliegen«. Dervla Murphy ist von dieser Hiobsbotschaft eingeschüchtert, einige Minuten lang überlegt sie, den Plan fallen zu lassen. »Aber mein schottisches Blut [der Ahnen] siegte, und ich beschloss, es zu riskieren. [...] Natürlich kommt Roz mit, und wenn wir Glück haben, ist Mitte Juni der Babusarpass geöffnet.«

Am 4. Juni besteigt sie das Flugzeug nach Gilgit, eine kleine Dakota-Maschine: »Es war der reinste Albtraum. Und wenn ich bis August hier in Gilgit warten muss, bis der Pass geöffnet wird. Ich denke gar nicht daran, diese furchtbare Strecke nach [Rawal]Pindi zurückzufliegen.« Im Flugzeug, das den halben Tag lang in der Sonne stand, ist es glühend heiß, eine Klimaanlage gibt es nicht. Die Stewardess reicht der Irin eine Zeitung, um sie abzulenken: »Auf der ersten Seite las ich ›Flugzeugunglück – Dreiundzwanzig Menschen bei einem Flugzeugabsturz im Himalaja umgekommen‹.« Die Maschine hebt ab, fliegt hinein in die bizarre Bergwelt Kaschmirs, am Nanga Parbat vorbei, durch enge Täler und Schluchten, ein Flug, der alle Merkmale luftakrobatischer Künste trägt: »Eine Dakota kann nicht so hoch steigen, um über diese gigantischen Eisriesen zu fliegen. Wir mussten durch eine Schlucht, die für meine Begriffe für eine Dakota viel zu schmal war. […] Schroffe Felswände nur wenige Zentimeter von den Tragflächen entfernt zu wähnen ist alles andere als gemütlich. Vermutlich sind links und rechts gut zwanzig Meter Platz, aber ich bleibe dabei, vom Blickwinkel eines Passagiers aus handelt es sich um wenige Zentimeter!« Die Region ist zwischen Pakistan und Indien umstritten, und in Gilgit ist viel pakistanisches Militär stationiert. Dervla Murphy isst auf der Terrasse des Offizierskasinos, im Schatten großer Platanen, mit grandiosem Ausblick auf die nahen, vergletscherten Bergriesen. Der Ort liegt auf 1500 Meter Höhe, der Hausberg, gleich hinter dem Kasino »beinahe überhängend« aufsteigend, misst fast dreitausend Meter. Am nächsten Tag besteigt die Irin diesen Berg, um einen besseren Ausblick auf die nahen Sieben- und Achttausender zu haben. Unterwegs stößt sie in einer Schlucht auf die erst wenige Tage alte Leiche eines jungen Mannes, der offensichtlich von Widersachern in den Abgrund gestoßen worden ist. Dervla Murphy verheimlicht ihren Fund nach ihrer Rückkehr in Gilgit, da sie Schwierigkeiten befürchtet. Aber sie ist aufgewühlt, inmitten dieser so friedlich scheinenden Landschaft solch ein schreckliches Zeugnis menschlicher Gewalt entdeckt zu haben.

Sie will ein Stück weit durch das Gilgit- und Industal radeln, muss aber einsehen, dass die Strecke für Rozinante ungeeignet ist. Also wechselt sie den Sattel, mietet ein Pony namens Rob, und bricht auf: Der Weg windet sich in Serpentinen hinauf, an Bergflanken entlang. Dervla Murphy gelangt in entlegene Dörfer und ist angesichts der Armut, des Elends und des Schmutzes entsetzt (obgleich sie auf ihrer langen Fahrt schon so manches erlebt hat): »Die Hautkrankheiten hier sind so schrecklich, dass ich euch erspare, sie zu beschreiben. Jeder hier stinkt förmlich zum Himmel – sogar im Freien ist der Gestank kaum zu ertragen, und in den kleinen Steinhäusern kommt man fast um.« Doch die Menschen sind liebenswürdig, teilen das bisschen, was sie an Essen haben – Maulbeeren, Maismehlsuppe, Tee – mit der Fremden und bieten ihr ein ärmliches Nachtlager an. Die majestätischen Ausblicke und unverwechselbaren Natureindrücke indes entschädigen Dervla Murphy für alle Mühen und Entbehrungen: »Die Farben sind so leuchtend und klar, die Kontraste in ihrer Einfachheit so wundervoll, dass ich all die Eindrücke wie ein Schwamm in mich aufsauge, in der Hoffnung, die Bilder mögen in mir erhalten bleiben […].« Sie reitet ein Stück weit in ein Tal im Nordwesten, kehrt dann nach Gilgit um, liefert Rob ab, holt Rozinante und macht sich auf den Weg zum südlich gelegenen, 4173 Meter hohen Babusarpass, der die Distrikte Baltistan und Kohistan verbindet. Nur drei Monate im Jahr, von Juli bis September, ist der Pass überhaupt befahrbar, und es ist erst Mitte Juni, als Dervla Murphy ihr Glück versucht. Sie wird diesen an Leichtsinn grenzenden Optimismus beinahe mit dem Leben bezahlen.

Sie kommt in die Kleinstadt Chilas, tausend Meter hoch gelegen, von hier aus führt ein Pfad hinauf zur Passhöhe. Dervla Murphy marschiert morgens um halb vier zu Fuß los, Rozinante wird geschoben. Sie begeht den Fehler, zu wenig Wasser mitzunehmen. Die Gegend ist karg und felsig, ein Bach windet sich durch eine nicht zugängliche tiefe Schlucht. Unbarmherzig brennt die Sonne herab, während es wegen der Höhe und der nahen Gletscher bald kalt wird. Nach einigen Stunden ist Dervla Murphy dehydriert, der Körper stellt sogar das Schwitzen ein. Endlich gelangt sie zu einer Quelle, kann trinken und sich ausruhen. Das Abenteuer ist indes noch nicht zu Ende. Sie marschiert weiter, ist auf viertausend Metern angelangt. Die Luft wird dünn, das Atmen fällt schwer. Sie gelangt zu einer Schutzhütte, die von Schmutz starrt, ist aber froh, vor Einbruch der bitterkalten Nacht Obdach gefunden zu haben. Am nächsten Morgen marschiert sie weiter durch felsiges Ödland, sie gerät in ein Gewitter. Als es vorüber ist, marschiert sie weiter. Der Weg wird von drei kleinen Gletschern blockiert, die Dervla aber zu Fuß überwinden kann. Ein Stück weiter kommt sie zu einem Sturzbach. Eine Brücke ist vor Kurzem von den Schmelzwassermassen des Frühlings weggerissen worden, und so muss sie wohl oder übel mitsamt Rozinante den Bach durchwaten. Der ist tiefer als gedacht, bis zur Brust taucht sie ein in das eiskalte Nass. Starr vor Kälte marschiert sie weiter, gelangt zu größeren Gletschern. Es ist bereits halb fünf Uhr nachmittags, und sie weiß, dass sie nur noch drei Stunden bis zum Einbruch der Nacht hat, um irgendwie hinunter ins Tal zu gelangen und eine Unterkunft zu finden. Andernfalls, dessen ist sie sich sicher, wird sie in der kalten Gebirgshöhe erfrieren. Sie kommt zu einem größeren Gletscher und einem von ihm gespeisten See, die ihr unüberwindbar erscheinen. Den Gletscher, in dessen Oberfläche tiefe Spalten gähnen, wagt sie nicht zu überqueren, also schultert sie Rozinante und versucht die Gletscherzunge weiträumig zu umgehen. Der beschwerliche Marsch zieht sich hin. Langsam dämmert es. Sie ist nur noch eine Meile vom Dorf Basal entfernt. Doch eine Schlucht versperrt den Weg, über die nur eine natürliche Schneebrücke führt, die bereits vom Gletscher ausgehöhlt und durchlöchert ist. Wird der Steg halten? Wenn er einbricht, wird er die Abenteurerin in den Tod reißen. Dervla Murphy hat keine Alternative und wagt es: Sie hat Glück, die Schneebrücke hält. Das letzte Stück ins Tal hinunter rutscht sie über ein Firnfeld, auf allen vieren, Rozinante hinter sich her zerrend.

Reisende und Menschenrechtsaktivistin

Sechs Tage später, sie hat den Babusarpass überschritten, gelangt Dervla Murphy in die südlich gelegene Provinzstadt Abbottabad, wo sie bei der Familie einer Ärztin unterkommt. Glücklich notiert sie: »Jetzt hat mich die Zivilisation tatsächlich wieder.

Ich brauchte ungefähr zwei Stunden im Bad, um wieder wie eine ordentliche Bürgerin und nicht wie eine Einheimische auszusehen.« Auf dem Basar kauft sie sich ein pakistanisches Gewand, denn ihre eigenen Kleider sind nach den Strapazen in Fetzen. Trotz aller psychischen Erleichterung fühlt sie sich krank und schwach, hat allein in den letzten vier Wochen acht Kilogramm abgenommen. Die Ärztin diagnostiziert eine Ruhrinfektion und verordnet eine Fastenkur mit Schwefeltabletten. An eine baldige Weiterreise ist also nicht zu denken, zumal die Monsunzeit mit Gewittern und heftigen Regenfällen beginnt und Straßen und Wege unpassierbar macht.

Länger als vier Tage hält es die irische Globetrotterin indes nicht im Bett. Das Reisen ist für sie zu einer Obsession geworden. Allen Warnungen der Ärztin zum Trotz bricht sie auf und fährt mit dem Linienbus (Rozinante im Gepäckraum) nach Rāwalpindi. Die Kunde von der abenteuerlustigen Irin ist inzwischen bis in höchste Kreise vorgedrungen, und so wird sie in der Hauptstadt, wo sie zwei Nächte zubringt, sogar vom pakistanischen Präsidenten Mohammed Ayub in dessen Privatvilla zum Abendessen empfangen. Die Großstadt Lahore, letzte Station vor Indien, erscheint ihr schmutzig und im Verkehr erstickt, und so fährt sie bereits nach anderthalb Tagen weiter nach Indien.

Aus den Gebirgen und Hochländern Pakistans geht es mit dem Fahrrad hinunter in die schier endlose, gleichförmige, fruchtbare, aber auch stark zersiedelte Ebene des Punjab. Dervla Murphy fühlt sich nicht wohl. Ihr Blick, an die majestätischen Berge Kaschmirs gewöhnt, findet weder Halt noch Freude. Auch die bittere Armut in Indien stößt ihr mehr auf als die in den arabischen Ländern, vielleicht, weil sie einhergeht mit Überbevölkerung und an Selbstaufgabe grenzendem Gleichmut, »bewohnt von unfreundlichen, muffigen, stumpfsinnigen Leuten«, wie sie notiert. Dervla Murphys Toleranz und Geduld, die auf ihrer weiten Reise sich oft genug beweisen mussten, sind nun erschöpft: »Die Hauptbeschäftigung der Einheimischen besteht scheinbar darin, sich neben frische Kuhfladen zu kauern und zu warten, bis die Sonne sie so weit getrocknet hat, dass man sie aufheben und zurechtkneten kann; später, wenn sie völlig trocken sind, schüren sie damit ihr Feuer.« Selbst stumpfsinnig geworden, radelt sie unvermindert ihr Pensum und langt nach zwei Tagen, am 7. Juli 1963, in Neu-Delhi, der Hauptstadt Indiens, an, wo sie bei einem britischen Ehepaar, das hier seit über dreißig Jahren lebt, unterkommt. Rozinante ist inzwischen fast völlig zu Schrott gefahren, aber sie hat wie eine treue Mähre tapfer durchgehalten. Dervla Murphy war knapp sechs Monate unterwegs und hat in jener Zeit gerade einmal vierundsechzig Pfund ausgegeben. Rasch erholt sie sich und schmiedet bereits nach drei Tagen neue Pläne, die sie mit ihrer Gastgeberin erörtert: »Ich sprach heute Abend mit Mrs. Haddow über meine Zukunftspläne, und wir stimmten beide darin überein, dass Radfahren auf alle Fälle zwischen jetzt und November nicht mehr in Frage kommt. Der Geist ist willig, *aber* …! Ich werde mich daher morgen, mit Hilfe von Mrs. Haddow, nach irgendeiner freiwilligen Arbeit hier in Indien umsehen, die mir so lange Freude macht, bis Roz und ich wieder weiterfahren können.«

Das Abenteuer geht also weiter – aber das ist eine andere, lebenslange Geschichte. Dervla Murphy unternimmt noch zahlreiche Reisen, die immer gewagt erscheinen und von ihrem wachen und unangepassten Geist, von ihrer Welt- und Lebensneugierde zeugen. Nachdem sie im Juli 1963 Neu-Delhi glücklich erreicht hat, arbeitet sie ein halbes Jahr lang ehrenamtlich mit tibetischen Flüchtlingen in einem Camp im nordindischen Dharamsala, am Fuße des Himalaja, das von Tsering Dolma, einer Schwester des Dalai Lama, geleitet wird. Zwei Jahre später bereist sie Nepal und arbeitet auch hier mit tibetischen Flüchtlingen. 1966 durchquert sie auf einem Maultier Äthiopien. 1973 erkundet sie mit ihrer gerade einmal fünf Jahre alten Tochter Rachel Südindien. 1978 unternimmt sie auf einem Maultier eine Expedition durch die peruanischen Anden. Weitere Reisen gehen nach Madagaskar und Kamerun. Noch 1992, sie ist bereits einundsechzig Jahre alt, radelt Dervla Murphy von

Kenia nach Simbabwe; 2002, mit einundsiebzig, durch Sibirien. 2005 bis 2007 bereist sie drei Mal Kuba und schreibt darüber ein Reportagebuch und Reiseerzählungen. 2011 verbringt die Achtzigjährige vier Wochen im Gazastreifen und kommt mit unterschiedlichsten palästinensischen Menschen zusammen. Über all diese abenteuerlichen Trips verfasst sie Bücher, Artikel und Radiosendungen, die sie zur Bestsellerautorin machen und ihr viel Bewunderung und Respekt einbringen. Denn: Sie versteht das Reisen nicht allein als Abenteuer und körperliche und geistige Herausforderung, die es zu bestehen gilt. Sie sieht sich zeitlebens auch als Friedensbotschafterin und Menschenrechtsaktivistin. Das bewies sie bereits während ihrer Arbeit in tibetischen Flüchtlingscamps in den 1960er-Jahren. Sie bemühte sich auch um die Verständigung von Katholiken und Protestanten in Nordirland, lebte eine Zeit lang in den sozialen Brennpunkten in Bradford und Birmingham (wo sie mit Einwanderern aus Asien und der Karibik in Kontakt trat und die Ursachen der sozialen Konflikte auszuloten versuchte). Sie engagierte sich für eine bessere Versorgung von Aids-Kranken und -Waisen in Afrika und wandte sich gegen die Apartheid in Südafrika – um nur die wichtigsten Engagements zu nennen.

Heute (2018) lebt Dervla Murphy noch immer in ihrer Heimatstadt Lismore in Irland, gemeinsam mit mehreren Hunden und Katzen. Bekanntlich passieren die schlimmsten Dinge im Haushalt. Und so benennt auch Dervla Murphy, die auf ihren abenteuerlichen Trips die gefährlichsten Situationen gemeistert hat, ihren ärgsten Unfall: Als sie zu Hause über ihre Katze stolperte, stürzte und sich den Arm brach.

Lynne Cox (geb. 1957)
Schwimmen gegen den Kalten Krieg

Es ist Anfang August 1987. Der Eiserne Vorhang trennt Europa in seiner Mitte, die Mauer teilt Berlin. NATO und Warschauer Pakt stehen sich hier im Kalten Krieg hochgerüstet gegenüber. Eiseskälte im wortwörtlichen Sinne herrscht an der anderen Demarkationslinie zwischen beiden Supermächten: in der schmalen Beringstraße, dem natürlichen Meereskanal zwischen der Ostspitze Sibiriens und der Westspitze Alaskas, die den nördlich gelegenen Arktischen Ozean mit dem Pazifik verbindet. Die Meerenge ist an ihrer schmalsten Stelle etwa zweiundachtzig Kilometer breit und nur dreißig bis fünfzig Meter tief – in der letzten Eiszeit vor rund zehntausend Jahren bestand hier noch eine Landverbindung zwischen Sibirien und Alaska. Die Grenze zwischen den USA und der Sowjetunion verläuft mitten in der Beringstraße, so stark gesichert wie kaum eine andere weltweit: Sobald ein Flugzeug oder ein Schiff auch nur versehentlich diese Demarkationslinie verletzt, sei es aus Unwissenheit, Unbedarftheit oder wegen schlechter Wetterverhältnisse, wird es von der gegnerischen Seite militärisch bekämpft. Schlimm trifft es die Ureinwohner jener kalten Regionen, die Inuit: Seit dem Ende des Zweiten Weltkriegs und dem Beginn des Kalten Kriegs haben die Bewohner östlich und westlich der Beringstraße keinen Kontakt mehr zueinander. So wurde – weit entfernt vom innerdeutschen Grenzzaun – auch in der fernen Arktis ein Volk gegen seinen Willen geteilt. Familien wurden auseinandergerissen. Zudem haben die Sowjets ganze Inuit-

Dörfer zwangsevakuiert, deren Bewohner umgesiedelt (im besseren Fall) oder (im schlimmeren Fall) in Straflager geschickt. Ganz besonders hart trifft es die miteinander verwandten Bewohner zweier kleiner Inseln mitten in der Beringstraße: der Kleinen Diomedes-Insel (mit sieben Quadratkilometern Fläche) und der Großen Diomedes-Insel (mit neunundzwanzig Quadratkilometern Fläche). Die eine gehört zu den USA, die andere zur Sowjetunion. Beide Inseln liegen nur etwa 4,35 Kilometer auseinander. Zwischen ihnen verläuft die Datumsgrenze, aber eben auch die tödliche Grenze zwischen Ost und West, die Front des Kalten Kriegs.

In jenen Tagen Anfang August 1987 beobachten die Inuit auf der östlichen, Kleinen Diomedes-Insel durchs Fernrohr beunruhigende Bewegungen rund um die benachbarte große Insel: Mehrere sowjetische Kriegsschiffe ziehen auf. Auf der Großen Diomedes-Insel werden Geschütze in Stellung gebracht. Truppenkontingente und Ausrüstung werden von den Kriegsschiffen auf das Eiland verlagert. Die älteren Inuit auf der Kleinen Diomedes-Insel sind sich sicher, dass es seit der Kuba-Krise 1962 nicht mehr so viel militärische Bewegung auf der Nachbarinsel gegeben hat. Doch was ist der Grund für das Aufgebot an Schiffen, Waffen und Truppen? Im fernen Moskau ist seit 1985 Generalsekretär Michail Gorbatschow an der Macht. Er will die Sowjetunion reformieren (»Perestroika«) und nach außen hin friedlich öffnen (»Glasnost«). Erste Schritte zu einer Verständigung mit dem Westen sind eingeleitet, gegen Widerstände aus der KPdSU. Weshalb dann diese militärische Drohgebärde in den fernen arktischen Gewässern, auf einer kaum besiedelten Eskimo-Insel?

Die Ursache hierfür befindet sich seit wenigen Tagen mitten unter den Bewohnern des kleinen Dorfes mit seinen gerade einmal einhundert Einwohnern: die dreißig Jahre alte US-Amerikanerin Lynne Cox. Sie ist eine bekannte Langstrecken- und Extremschwimmerin, die bereits den Ärmelkanal und die Magellanstraße durchquert hat, die Cookstraße bezwang und trotz der Haie und Seeschlangen ums Kap der Guten Hoffnung kraulte. Seit beinahe zwölf Jahren wird Lynne Cox von einer Obsession getrieben: Sie will die kalte Eismeerfront zwischen der Kleinen und der Großen Diomedes-Insel durchschwimmen und damit ein Zeichen für Versöhnung und Frieden setzen. Zwölf Jahre lang hat sie Konsulate, Botschaften, Abgeordnete, Ministerien und wissenschaftliche Institutionen mit der Bitte um Hilfe und Vermittlung angeschrieben – ohne Erfolg. Denn noch immer hat sie von sowjetischer Seite nicht die Genehmigung erhalten, die 4,35 Kilometer zwischen den beiden Inseln zu bewältigen. Also hat sie sich – des Wartens und Hingehaltenwerdens überdrüssig – im Juni 1987 einfach auf den Weg gemacht, von ihrem Wohnort Los Angeles mit dem Flugzeug nach Anchorage in Alaska, von dort weiter in kleineren Flugzeugen und per Hubschrauber auf die Kleine Diomedes-Insel. Doch durch die Weltpresse haben die Sowjets von der couragierten, unverbesserlichen Sportlerin und ihrem illegalen Vorhaben erfahren: Notfalls, so hat Lynne Cox verkündet, werde sie eben ohne Genehmigung starten, vielleicht schaffe sie es ja bis auf sowjetisches Territorium, und wenn nicht, so wolle sie wenigstens bis zur Demarkationslinie gelangen …

Deswegen also die Truppenzusammenziehung, das Auffahren schwerer Geschütze und Kriegsschiffe: um eine dreißigjährige Schwimmerin, die nichts am Leibe trägt als einen Badeanzug und eine Schwimmbrille, notfalls mit Gewalt aufzuhalten! Ein groteskes Unterfangen, eine schlechte Farce des Kalten Kriegs.

Eine Niete im Schulsport

Lynne wird 1957 in Boston als zweites von vier Kindern des Ehepaars Cox geboren. Zwei Jahre vor ihr war David (Dave) zur Welt gekommen, zwei Jahre nach ihr folgt Laura, fünf Jahre nach ihr Ruth. Früh beginnen die vier Cox-Kinder mit dem Schwimmunterricht. Neben Lynne wird auch David später als

Langstreckenschwimmer Erfolge feiern. Lynne ist noch ein Kind, als ihr die Trainerin, die vom sportlichen Talent und dem starken Willen ihrer Schülerin überzeugt ist, prophezeit, sie werde eines Tages über den Ärmelkanal schwimmen. Die kleine Lynne hat keine Ahnung, was und wo der Ärmelkanal ist. Als sie an jenem Nachmittag nach Hause kommt, greift sie zum Atlas und schaut nach: »Ich studierte die Karte, und der Gedanke setzte sich in meinem Kopf fest. Vielleicht würde ich eines Tages durch den Ärmelkanal schwimmen.«

Der Gedanke wird zur fixen Idee, zur Obsession; und der Ärmelkanal nur zum Auftakt für eine Unmenge sportlicher Herausforderungen. Wenig später wird den Eltern klar, dass die Kinder, allen voran Lynne, qualifizierten Unterricht benötigen, wollen sie als Schwimmer reüssieren. So zieht die Familie im Jahre 1969 von New Hampshire in Neuengland nach Los Angeles in Kalifornien, weil dort die Trainingsmöglichkeiten weit besser sind und der Vater eine Stelle als Arzt in einer modernen radiologischen Klinik erhält. In Long Beach, in der Belmont-Plaza-Schwimmanlage, die im Jahr zuvor für die Olympiaausscheidungen frisch eingeweiht worden ist, bekommt Lynne Cox Unterricht bei Don Gambril, dem Cheftrainer der amerikanischen Olympiamannschaft. Das Training findet zunächst in den Sportbecken der Anlage statt, später, als man Lynnes Talent für das Langstreckenschwimmen erkennt, auch im offenen Meer. Vom Schwimmen in der See ist Lynne von Anfang an begeistert: »Alles war neu, frisch, lebendig und wunderbar. Das Wasser umspielte meinen Kopf wie Musik, meine Schultern schimmerten im Sonnenlicht, meine Kraft nahm zu, und meine Schwimmzüge wurden immer energischer.« In der Schule hat Lynne gute Noten, nur im Turnen ist sie – eigenen Angaben zufolge – eine Niete. Doch schließlich kann der Schuldirektor davon überzeugt werden, dass ihr Schwimmtalent weiterhin der besonderen Förderung bedarf und sie damit auch mehr als die übliche körperliche Ertüchtigung beweist. Er befreit Lynne vom regulären Schulsport.

In jener Zeit feiert Lynne Cox erste Erfolge bei Langschwimmwettbewerben: Sie gewinnt vor Seal Beach ein Wettschwimmen über drei Meilen. Die nächste, größere Herausforderung ist die Bezwingung des Catalina Channel, des Meeresarms zwischen der kalifornischen Küste und der Insel Santa Catalina. Jahrelang trainiert Lynne Cox eisern und diszipliniert, um ihre Kondition zu steigern. Schließlich ist es so weit: Das Jugendteam von Don Gambril soll 1971 als erste Teenagergruppe überhaupt am Catalina Channel Contest teilnehmen. Gemeinsam wollen sie die sechsundzwanzig Kilometer lange Strecke meistern. Es ist ein Unternehmen, das nicht nur außergewöhnliche sportliche Kondition erfordert, sondern auch einen harmonischen Teamgeist, um alle gleichermaßen zu begeistern und etwaige schwächere Mitglieder anzuspornen, ohne sie physisch oder mental zu überfordern. Der Plan geht auf: Die Durchquerung des Catalina Channel gelingt den Jugendlichen ausnahmslos in rund zwölfeinhalb Stunden. Lynne Cox ist nicht die Erste. Aber sie hat sich und der Öffentlichkeit bewiesen, dass sie Durchhaltevermögen und einen starken Willen besitzt. Entrüstet ist sie jedoch über die beiden Jungen aus ihrem Team, die wenige Minuten vor ihr das Ziel erreicht haben und den wartenden Reportern der *Los Angeles Times* erzählen, sie seien stolz, vor den Mädchen angekommen zu sein. »Das ärgerte mich natürlich«, so Lynne Cox in der Rückerinnerung, »aber ich sagte nichts. Doch in diesem Augenblick fasste ich den festen Entschluss, den Ärmelkanal zu durchschwimmen. Und ich würde nicht mehr auf irgendjemanden warten. Ich würde versuchen, einen neuen Weltrekord zu schwimmen – für Frauen *und* Männer.«

Im Juni 1972 reist Lynne Cox, inzwischen fünfzehn Jahre alt, in Begleitung ihrer Mutter nach England. Von der Channel Swimming Association in Dover erhält sie eine Liste mit den Namen lizenzierter Lotsen, denn die Strömungsverhältnisse im Ärmelkanal sind so schwierig und gefährlich, dass eine Durchquerung nur mit Unterstützung möglich und erlaubt ist. Kurz zuvor hat Lynne Cox einen Brief an die legendäre Florence Chadwick geschrieben. Die 1918 geborene US-Amerikanerin durchschwamm in den Jahren 1950 und 1951 als erste Frau den Ärmelkanal in beiden Richtungen. Florence Chadwick antwortete der jungen Frau, machte ihr Mut und wünschte ihr viel Glück. Doch in England angekommen, stößt Lynne Cox zunächst auf Ungläubigkeit, ja, auf Ablehnung: Kaum einer traut einem fünfzehnjährigen Mädchen zu, die gewaltige Strecke von über dreißig Kilometern bei den gefährlichen Strömungen und dem gewaltigen Tidenhub zu meistern. Lynne Cox lässt sich indes nicht verunsichern, sie hat noch immer die ermutigenden Worte von Florence Chadwick im Ohr. Sie kann den erfahrenen Lotsen Reg Brickell für ihr Vorhaben gewinnen. Startort soll Shakespeare Beach bei Dover sein, Zielort Cap Gris-Nez bei Wissant in Frankreich. Von Brickell erfährt sie, dass der bisherige Rekord über den Ärmelkanal zwölf Jahre zuvor von dem Kanadier Helge Jensen aufgestellt wurde, der die Strecke in zehn Stunden und dreiundzwanzig Minuten schwamm (zum Vergleich: Florence Chadwick benötigte 1950 für die gleiche Strecke noch dreizehn Stunden und zwanzig Minuten). Lynne Cox entscheidet sich, gegen Mitternacht zu starten, denn dann lässt der Wind gewöhnlich nach, das Wasser ist ruhiger. Zudem liebt sie die nächtliche Stille.

In der vereinbarten Nacht des 20. Juli 1972 fahren sie mit dem Taxi vom Hotel zum Shakespeare Beach. Der Taxifahrer fragt, ob sie vielleicht eine Kanalschwimmerin sei? Lynne bejaht. Der Fahrer antwortet recht unverblümt: »Na ja, für mich sehen Sie

nicht wie eine Kanalschwimmerin aus. Dafür sind Sie zu dick.«
Lynne Cox ist entrüstet. Natürlich hat sie Fettpolster, aber
gerade die sind für Langstreckenschwimmer überlebenswichtig,
weil sie den Körper warm halten. Sie gelangen zum Strand, werden von Brickell empfangen. Lynne lässt sich von ihrer Mutter
am ganzen Körper mit Lanolin-Fett einschmieren, das zusätz-
lich Schutz vor Auskühlung bieten soll: »Das Lanolin war ein
ekliges Zeug, schlimmer als Vaseline: gelblich trüb und klebrig
wie Mohrenkopffüllung, und es stank schlimmer als ein totes
Schaf.« Dann startet sie in der Stille und Finsternis der Nacht,
Brickell im Boot an ihrer Seite. Unterwegs stößt Lynne Cox an
seltsame runde Bälle. Was denn das sei, fragt sie verunsichert
den Lotsen. »Kopfsalat«, antwortet der. »Jemand hat eine ganze
Schiffsladung Kopfsalat verklappt.« Sie kommt gut voran, das
Meer ist ruhig. Aber die tückische Strömung treibt sie, wie Bri-
ckell es vorhergesagt hat, hin und her, sodass ihre Schwimmstre-
cke nicht linear ist, sondern wie ein umgedrehtes S aussieht.
Dennoch: Der Lotse kennt sich aus und geleitet die Schwimmerin sicher an den Zielort, das Cap Gris-Nez. Inzwischen ist der
Morgen angebrochen, und ein paar Schaulustige, die über die
Presse von dem Wagnis erfahren haben, stehen oben an der
Klippe, um die Amerikanerin zu empfangen. Die Anlegestelle
ist schwierig: scharfkantige Felsen, mit Seepocken bedeckt.
Lynne Cox reißt sich daran die Knie auf, aber schließlich gelingt
es ihr, einen der Felsen zu erklimmen. Es ist geschafft! Sie hat
den Ärmelkanal schwimmend durchquert. Brickell, der die Zeit
gestoppt hat, verkündet ihr: Sie hat den Kanal in neun Stunden
und siebenundfünfzig Minuten durchmessen. Das ist Weltrekord! An der Anlegestelle des Boots wird Lynne Cox von Schaulustigen, aber auch von Vertretern britischer, französischer und
amerikanischer Zeitungen und Rundfunksender empfangen
und bejubelt. Wenige Tage später treten Mutter und Tochter
den Heimflug nach Los Angeles an. Lynne ist überglücklich und
stolz: Sie hat mit nur fünfzehn Jahren ihr bislang höchstes
Lebensziel erreicht.

Kaum wieder zu Hause, wendet sich Lynne Cox neuen Zielen und Herausforderungen zu: Sie wechselt an die High School in Los Alamitos, trainiert aber weiterhin. Ihre Kondition kann sie sehr bald von Neuem unter Beweis stellen, und ausgerechnet wieder im Ärmelkanal. Denn bereits nach wenigen Wochen erfährt sie aus der Zeitung, dass der aus Massachusetts stammende Richard Davis Hart den Ärmelkanal durchschwommen und Lynne Cox' Weltrekord um dreizehn Minuten unterboten hat. Für Lynne ist das ein Griff nach ihrer Ehre. Also bricht sie im Jahr darauf erneut nach Frankreich auf und meistert den Ärmelkanal schwimmend ein zweites Mal. Obgleich die Wind- und Strömungsverhältnisse diesmal weit ungünstiger sind als im Juli 1972 und sie drei Meilen weiter schwimmen muss, kann sie mit neun Stunden und sechsunddreißig Minuten erneut einen Weltrekord aufstellen.

Von da an gibt es kein Halten mehr: Lynne Cox' Lebensweg zieht sich durchs Wasser, und zwar durch die spektakulärsten und herausforderndsten Meeresstraßen und Flüsse der Welt: 1974 nimmt sie an einem Wettschwimmen im Nil teil, eher eine olfaktorische und hygienische Herausforderung denn eine sportliche, wie sie noch rückblickend voller Ekel konstatiert: »Etwa 400 Meter nilabwärts stieß meine Hand gegen etwas anderes. Reflexartig drehte ich mich um und sah, dass es eine tote, einäugige Ratte war. Eine plötzliche Strömung hatte sie hergetrieben, und bald schaukelten ringsum ein Dutzend toter Ratten mit fehlenden Augen oder abgebissenen Köpfen auf dem Wasser. Dieser Fluss des Lebens, von dem Fahmy [ein befreundeter Ägypter] geschwärmt hatte, war ein Fluss des Todes [...].« Sie muss den Contest nach einigen Kilometern wegen akuter Bauchkrämpfe abbrechen. Trotz einer Durchfallerkrankung hat sie es gewagt, an der Veranstaltung teilzunehmen, und muss nun, dehydriert und kurz vor dem Kollaps, in einem Kairoer Krankenhaus behandelt werden.

Von nun an vermeidet sie es, in tropischen oder subtropischen Gewässern zu schwimmen. Sie liebt kaltes, klares Meerwasser und kapriziert sich auf arktische und antarktische Regionen: 1975 bewältigt sie als erste Frau die zweiundzwanzig Kilometer breite, extrem gefährliche Cookstraße zwischen der Nord- und Südinsel Neuseelands in zwölf Stunden und zwei Minuten. Auf dem letzten Stück der Strecke, als die Strömung zunimmt und sie hinaus auf den Ozean zu ziehen droht und sich zudem Haie in dem Gewässer tummeln, ereignet sich ein kleines Wunder: Ein Rudel Delfine taucht auf und begleitet die Schwimmerin über mehrere Kilometer, ja, weist ihr sogar eine Passage zur Nordspitze der Südinsel, die zwar ein klein wenig weiter ist als die von den Lotsen favorisierte Strecke, doch offensichtlich weniger von der Strömung beeinflusst wird. Zudem gewähren die Delfine Lynne Cox Schutz vor den sich hier tummelnden Menschenhaien. »Als ich lange Stränge von dickem, braunem Seetang zu fassen bekam und mich auf einen Felsen zog, um aus dem Wasser zu steigen, hörte ich die Delfine schnattern und jubeln. Wir hatten es durch die Cookstraße geschafft!« Ganz Neuseeland hat mit der furchtlosen Amerikanerin gefiebert. Als die Nachricht von ihrem Erfolg sich über Funk und Fernsehen verbreitet, läuten im gesamten Inselreich die Kirchenglocken. Lynne Cox wird klar, dass ihre sportlichen Erfolge weit mehr sind als nur persönliche Bestätigungen: »Mit der Durchquerung der Cookstraße lernte ich begreifen, dass ein schwärmerisches Unternehmen weitaus mehr sein kann als ein sportliches Abenteuer. Es kann Brücken zwischen Menschen und Nationen schlagen.« Dieser Gedanke wird sie nicht mehr loslassen und ihr zwölf Jahre später die Kraft zu ihrem größten sportlichen Abenteuer geben …

Im Dezember 1976 durchschwimmt Lynne Cox die Magellanstraße zwischen der Südspitze des chilenischen Festlands und der Insel Feuerland. Die Strecke beträgt zwar nur zweieinhalb Kilometer, doch bilden sich in der engen Meeresstraße extreme Strömungen und Strudel, die schon ganze Schiffe in die

Tiefe gezogen haben. Auch Lynne Cox wird von einem riesigen Strudel erfasst, doch gelingt es ihr aus eigener Kraft, herauszukommen und das rettende Ufer zu erreichen: »Ich senkte den Kopf ins Wasser und sprintete, bis mein Bauch den Sand streifte; dann kroch ich auf allen vieren hinaus. […] In einer Stunde und drei Minuten hatten wir es über die Magellanstraße geschafft. Ich war als erster Mensch über diese Meerenge geschwommen.«

1977 umrundet sie das Kap der Guten Hoffnung in Südafrika. Da diese Gewässer von gefährlichen Haien und Seeschlangen nur so wimmeln, wird sie nicht nur von einem Beiboot begleitet, sondern auch von einem Taucher mit Harpune, der bei Gefahr den Hai sofort töten soll. Lynne Cox wird von alten, erfahrenen Fischern der Gegend vor dem Vorhaben gewarnt, aber sie lässt sich nicht von ihrem Plan abbringen und wagt die Umrundung des Kaps. Sie entgeht einem ganzen Knäuel gefährlicher Seeschlangen nur knapp und erreicht das Ufer wie geplant, doch fehlt von dem Taucher, der sie schützen sollte, zunächst jede Spur. Der trifft schließlich doch ein und erzählt, ein großer Grauhai sei auf die ahnungslose Lynne zugeschossen und habe sein Maul bereits aufgesperrt, um sie zu verschlingen. Er entdeckte das Tier noch rechtzeitig und feuerte die Harpune ab, die den Hai jedoch nur an der Flosse traf. Das austretende Blut lockte andere Haie an, während die ahnungslose Lynne soeben den Schlusssprint ans rettende Ufer hinlegte …

Wird Gorbatschow sie schwimmen lassen?

1975 beendet Lynne Cox, die über all ihren sportlichen Aktivitäten nie ihre schulische und universitäre Ausbildung vernachlässigt, die High School und beginnt an der University of California in Santa Barbara ein Hochschulstudium. In jener Zeit sucht sie nach neuen sportlichen Herausforderungen, die außerhalb der »Ocean's Seven«, der sieben schwierigsten Langschwimmstrecken, liegen. Eines Tages breitet ihr Vater eine

Weltkarte auf dem Tisch aus und deutet auf die Beringstraße zwischen Ostsibirien und Alaska, und hier im Besonderen auf die beiden Diomedes-Inseln, die Grenze zwischen Datum, Ost und West, Sowjetunion und USA. Lynne Cox ist zunächst eingeschüchtert von dem Gedanken, dass es in diesen Gewässern Eisberge geben muss; zudem von der Tatsache, dass hier die Grenze zwischen verfeindeten Machtblöcken verläuft. Aber der Floh sitzt ihr im Ohr und wird sie nicht aufhören zu piesacken. Die fixe Idee gewinnt ein Eigenleben: Fast zwölf Jahre lang wird Lynne Cox alles nur Erdenkliche versuchen und in Bewegung setzen, um von den beiden Regierungen der USA und der Sowjetunion eine Erlaubnis zur Querung der Wassergrenze zu erhalten. Von den eigenen, amerikanischen Behörden wird sie schließlich eine mündliche Zusage zur Duldung des an Wahnsinn grenzenden Unternehmens bekommen. Gleichzeitig gerät sie aber ins Visier des FBI (das offen Kontakt zu ihr aufnimmt) und aller Wahrscheinlichkeit auch ins Fadenkreuz des KGB (was sich in verdächtigen Störgeräuschen beim Telefonieren andeutet). Aus der Sowjetunion indes erhält sie auf ihre Anschreiben, Anfragen und Eingaben nie Antwort. Jeder gewöhnliche Mensch hätte schon längst von solch einem offensichtlich aussichtslosen Vorhaben abgelassen. Doch Lynne Cox besitzt einen eisernen Willen. Und sie sieht in der Idee, die Beringstraße zu durchschwimmen, nicht nur eine sportliche Herausforderung, sondern auch eine Mission: Sie will mitten im Kalten Krieg ein Zeichen für Annäherung und Aussöhnung, für Frieden und Freiheit setzen. Als sie im Frühjahr 1987 noch immer keine positive Antwort aus Moskau erhalten hat, obwohl dort inzwischen Generalsekretär Michail Gorbatschow eine Politik der Perestroika und des Glasnost verfolgt, fasst Lynne Cox den wagemutigen Entschluss, einfach zur Kleinen Diomedes-Insel zu fliegen und sich dort in die eiskalten Fluten zu stürzen, um schwimmend die Wasserfront des Kalten Krieges zu überwinden. Sie weiß, dass sie im schlimmsten Fall von den Sowjets zur Umkehr gezwungen oder abgefangen und in ein Gefängnis verschleppt werden kann. Es ist ihr egal. Alles ist besser, als weiterhin wie auf glühenden Kohlen zu sitzen und auf Antwort zu harren. Die Qual der Obsession ist längst größer geworden als die reale Gefahr, die von den Sowjets ausgeht. Auch ihre Versuche, große Sponsoren für ihr wagemutiges Unterfangen aufzutreiben, bleiben letztlich erfolglos. Die Konzerne haben schlicht keine Lust, teures Geld im Eismeer vor Sibirien zu versenken, für eine offensichtlich realitätsferne Schwimmerin, die ohnehin bald in einem KGB-Gefängnis schmachten wird …

Lynne Cox muss sich Geld von Freunden und Verwandten leihen. Sie ist verschuldet, wohnt noch immer bei den Eltern, um Kosten zu sparen. Privatleute spenden ihr kleinere Beträge, aber das allein reicht nicht aus, um die immensen Unkosten (vor allem für das Anmieten von Hubschraubern und Booten) zu begleichen. Sie weiß: Es geht nicht nur um ihr eigenes Renommee und um die Mission, die sie in dem Vorhaben sieht, sondern auch um ihre ökonomische Zukunft. Die größte Hoffnung setzt sie noch immer in die nationale und internationale Presse. Sollte ihr die Durchquerung der Beringstraße gelingen, könnte sie nicht nur berühmt werden, sondern dürfte durch eine geschickte Vermarktung auch auf einen gewissen Geldsegen hoffen.

Mitte Juni 1987 bricht Lynne Cox nach Anchorage in Alaska auf. Sie ist pleite, ihre Bank gibt ihr keinen Kredit mehr, also musste sie sich von ihren Eltern Geld für das Flugticket leihen. Sie gibt bekannt, dass sie auch ohne sowjetische Genehmigung von der Kleinen Diomedes-Insel Richtung Westen losschwimmen wolle. Nun spenden ein paar Firmen und Privatpersonen doch noch kleinere Beträge. Vor allem aber: Die Medien werden nach und nach auf Lynne Cox aufmerksam und schicken Journalisten und Filmteams nach Alaska. Besonders wichtig wird für Lynne Cox die Zusage eines Produzenten beim Fernsehsender ABC, auch ohne die Genehmigung der Russen über Lynnes Unternehmen ausführlich berichten zu wollen.

Die Vorbereitungen ziehen sich hin: Lynne Cox besucht die Kleine Diomedes-Insel, um vor Ort die Gegebenheiten zu erkunden und Boote zu mieten. Doch der Dorfvorsteher, ein Inuk, verlangt für die Bereitstellung von ein paar Booten, sogenannten Umiaks, die mit Walrosshäuten bespannt sind, fünftausend Dollar – ein unverschämtes Ansinnen. Er lässt auch auf Bitten und Drängen nicht von seiner Forderung ab. Lynne Cox ist verzweifelt: Sie ist verschuldet, die gespendeten Beträge reichen gerade einmal, um die Kosten für die Flüge zu decken. Sie selbst wohnt in billigen Hotels, das Wetter ist schlecht, an einen Start ist nicht zu denken. So verstreichen die Wochen, ohne dass sie weiß, wie sie ohne Boote, ohne Rückendeckung durch die Einheimischen und vor allem ohne die Genehmigung der Sowjets, auf die sie insgeheim noch immer hofft, überhaupt starten soll – während das Wetter in der »sommerlichen« Beringstraße schlecht ist und dicke Nebelbänke immer wieder die Sicht hinüber zur Großen Diomedes-Insel versperren.

Von entscheidender Bedeutung wird schließlich ein Fernsehinterview, das die ABC dreht und das nicht nur in Amerika für die gewünschte Publicity und das ideelle Feedback sorgt, sondern auch auf Videokassette überspielt und über einen konsularischen Verbindungsmann nach Moskau übermittelt wird, an das Büro von Michail Gorbatschow. So erhoffen sie sich vom Repräsentanten der Glasnost-Politik doch noch das offizielle Plazet zur Durchquerung der Beringstraße. Lynne Cox ist wieder hoffnungsgestimmt. In dem Interview umreißt sie nicht nur ihre Idee, ein sportliches Wagnis als Friedensaufruf zu begreifen, sondern es wird auch ein älterer Filmausschnitt eingeblendet, in dem Gorbatschow aus einem Flugzeug steigt. Dazu sagt der ABC-Sprecher: »Wird Generalsekretär Gorbatschow Lynne die Genehmigung geben, hinüberzuschwimmen?«

Es ist Anfang August 1987. Lynne Cox ist unterdessen wieder auf dem Festland in Alaska, in der Kleinstadt Nome. Noch immer keine Reaktion aus Moskau, noch immer kein Einlenken des örtlichen Bootsbesitzers, noch immer Nebelschwaden auf dem Meer, Nieselregen und zunehmender Wind, der die starke Süd-Nord-Strömung, die vom Pazifik durch die Meerenge in den Arktischen Ozean zieht, gefährlich und unberechenbar macht. Und dann auch noch die beunruhigende Beobachtung, dass die Sowjets Kriegsschiffe vor der Großen Diomedes-Insel aufziehen lassen und Geschütze und Truppen auf die Insel verlegen! Wird Lynne Cox' Friedensinitiative am Ende Auslöser eines Grenzkonflikts und dadurch den Frieden sogar gefährden? In jenen Tagen lasten Sorge und Verantwortung schwer auf den Schultern der Schwimmerin.

Am 4. August wollen Lynne Cox und ihr Team von Nome zum Dorf Wales fliegen, das sich auf dem Festland direkt gegenüber der Kleinen Diomedes-Insel befindet. Doch schlechte Wetterverhältnisse vereiteln das. Noch immer keine Nachricht aus Moskau, dafür aber Anrufe aus der ganzen westlichen Welt: »Interviews, mein Training – es ging zu wie im Irrenhaus.« Am 5. August ist der Flugplatz von Nome noch immer in Nebel gehüllt. Wieder heißt es untätig warten. Endlich, am Nachmittag, reißt die Wolkendecke auf, der Flug kann starten. Sie erreichen das kleine Dorf Wales gerade noch rechtzeitig, bevor eine dicke Nebelbank wieder alles einhüllt. An jenem Nachmittag erhält Lynne einen Anruf, die US-Küstenwache werde ihr bei ihrem Vorhaben nicht behilflich sein, auch nicht, wenn sie, Lynne, in Not geriete. Man hat von den Truppenbewegungen auf sowjetischer Seite erfahren und wolle nichts riskieren. Zudem erhält Lynne Nachricht vom Ortsvorsteher der Kleinen Diomedes-Insel: Er rücke nicht von seiner Forderung von fünftausend Dollar Miete für die Umiaks ab. Lynne Cox ist verzagt: So allein und verlassen hat sie sich selten gefühlt – trotz des tags zuvor noch empfangenen Zuspruchs per Telefon und Telegramm aus vielen Teilen der Welt. Als die amerikanische Air-Force noch am selben Tag ein paar Kampfflugzeuge aufsteigen lässt, um die Truppenbewegungen der Sowjets genauer zu beobachten, schicken die Sowjets sofort ebenfalls Kampfjets als Drohgebärde in den Himmel. Alles steht auf Konfrontation, und Lynne Cox will diese hochgerüstete Wasserfront nach wie vor durchschwimmen …

Am Morgen des 6. August steht sie ratlos auf. Was soll sie nur tun? Wenn sie das Unternehmen abbliese, bliebe sie auf einem Berg Schulden sitzen, ihr Ruf wäre zerstört, Freunde und Anhänger wären zutiefst enttäuscht. Wenn sie es aber wagt, ohne Genehmigung der Sowjets zu starten, muss sie damit rechnen, aufgefischt, verhaftet und für Wochen oder Monate in ein sibirisches Gefängnis weggeschlossen zu werden. Eben als sie lustlos ihr Frühstück kaut, kommt jemand hereingestürzt: Ein Vertrauter sei am einzigen Telefon des Dorfes. Sie solle sofort kommen. Lynne Cox rennt durch die Ortschaft, zu dem Haus, wo der Telefonapparat steht. David Karp, ein guter Freund, ist am anderen Ende der Leitung. »Er weinte. Er wollte reden, brachte aber kein Wort heraus. Er hustete und rang nach Luft, so sehr weinte er.« Für Lynne Cox ist in diesem Augenblick klar: Die Sowjets haben endgültig Nein gesagt. Doch David kann sich endlich fassen und bringt die Worte hervor: »Die Russen haben Ja gesagt. Sie haben Ja gesagt. Ja! Du kannst schwimmen.« Dann bricht er wieder in Tränen aus, es sind Tränen der Freude. Lynne Cox ist in diesem Augenblick mehr geschockt als erleichtert, wie sie später gesteht: »Sie haben also Ja gesagt, dachte ich. Lieber Himmel, jetzt muss ich die ganze Strecke schwimmen.« Doch sie kann ihren Gedanken nicht nachhängen, denn David hat noch eine zweite Nachricht: Der Ortsvorsteher auf der Insel vermietet seine Boote nun für nur fünfhundert Dollar. Denn wenn schon die Sowjets nachgeben, so könne es doch nicht an ihm scheitern, das wäre ihm peinlich.

Ein paar Stunden später erhält Lynne Cox noch eine weitere Nachricht, diesmal von einem anderen Vertrauensmann, dem Fernsehproduzenten und Sportfunktionär Bob Walsh: Der hat von Kontaktpersonen in Moskau erfahren, Gorbatschow habe das Video tatsächlich erhalten, wenngleich mit Verzögerung (was das lange Schweigen aus Moskau erklärt). Der Generalsekretär habe persönlich Anweisung gegeben, die amerikanische Aktivistin schwimmen zu lassen. Für sie wie auch für die sie begleitenden Inuit werde man auf Visa verzichten. Zudem solle man ihnen jegliche Unterstützung zukommen lassen und sie zudem mit Booten an der Grenze empfangen und an Land geleiten und dort versorgen. Die Russen ließen auch anfragen, ob Lynne Cox bei ihrer erhofften Ankunft auf der Großen Diomedes-Insel etwas Spezielles benötige? Lynne Cox, die den Telefonhörer in der Hand hält, glaubt ihren Ohren nicht zu trauen: Die Sowjets erlauben ihr nicht nur die Durchquerung des Meeresarms, sie fragen sogar, was sie sich wünsche? Sie überlegt nicht lange und wünscht sich bei der Ankunft einen Schlafsack zum Aufwärmen und eine »Babuschka« – so bezeichnet man in Amerika ein leuchtend buntes russisches Schultertuch. »Das symbolisiert für mich irgendwie die Wärme und Vitalität der Russen«, so ihre Erklärung. Sie weiß damals nicht, dass das Wort »Babuschka« eigentlich »Großmutter« bedeutet …

Schwimmend durch die Beringstraße

So hat sich überraschend, nach zwölf Jahren vergeblicher Bemühungen, doch alles zum Guten gewendet! Es scheint ihr wie ein Traum zu sein. Noch am selben Abend fahren sie – Lynne Cox, Reporter und Kameraleute, Ärzte und Begleiter – hinüber zur Kleinen Diomedes-Insel. Die einheimischen Inuit feiern und tanzen die ganze Nacht hindurch, denn einige von ihnen haben sich entschieden, in ihren Booten die Schwimmerin zu begleiten, um nach Jahrzehnten der gewaltsamen Trennung zum ersten Mal wieder Verwandte auf der anderen Seite des Meeresarms zu sehen.

Anderntags, es ist Freitag, der 7. August 1987, fahren Lynne Cox und ihre Begleiter zur Südspitze der kleinen Insel. Hier wollen sie starten. Doch leider ist das Wetter nicht klar. Erneut ziehen Nebelschwaden auf. Lynne Cox entscheidet sich dennoch für den Start. Sie kann und will nicht noch länger warten. Die Strecke von 2,7 Meilen Luftlinie (etwa 4,35 Kilometer) ist für die geübte Schwimmerin zwar nicht weit, aber das Meer ist nur ungefähr fünf Grad Celsius warm, und die Strömung in der engen Beringstraße stark und gefährlich. Noch nie zuvor ist Lynne Cox eine solche Strecke in so kaltem Wasser geschwommen. Daher wollen die Ärzte in Abständen ihre Körpertemperatur messen. Sie reichen der Schwimmerin eine Silberkapsel, die sie schlucken soll. Die Kapsel enthält einen Temperaturfühler und einen Sender. Zudem muss sie eine dünne Rektalsonde einführen, die mit einem sechs Meter langen Kabel verbunden ist, das zusammengerollt unter ihrem Badeanzug liegt. Mit einem metallenen Fühler wollen die Ärzte, die sie in einem der Umiaks begleiten, hin und wieder das Kabel kontaktieren, um so die Körpertemperatur zu kontrollieren. Die umständliche Prozedur ist nötig, denn für den Fall, dass Lynne Cox eines der Begleitboote oder einen ihrer Begleiter berührte, wäre sie nach den internationalen Regeln des Langschwimmsports ausgeschieden.

Der Nebel nimmt zu, die Sichtweite beträgt nur noch einhundert Meter. Die Große Diomedes-Insel, sonst mühelos erkennbar, ist wie das mythische Avalon hinter grauen Schleiern verschwunden. Lynne Cox wird einzig und allein mit Hilfe der Richtungsangaben ihrer Begleiter schwimmen können. Aber nun ist es zu spät, um abzubrechen. Sie hat sich im Boot umgezogen, trägt Badeanzug, Badekappe und Schwimmbrille. Beherzt springt sie ins fünf Grad kalte Wasser und krault sofort los, greift tief in die Fluten, ihre Arme und Hände wie Schaufeln einsetzend. »Noch nie war etwas so grandios gewesen wie dieser Augenblick. Endlich, endlich schwamm ich von den Vereinigten Staaten über die Beringstraße in die Sowjetunion. Ich schwamm mit einem absoluten Hochgefühl. Meine Armzüge – das fühlte ich, obwohl meine Arme taub waren – waren stark und kraftvoll, und ich bewegte mich schnell über die ruhige Oberfläche des Beringmeeres.« Nach wenigen Dutzend Metern hat sie die beiden Begleitboote bereits hinter sich gelassen – und im Nebel aus dem Blick verloren. »Vor und hinter mir gab es nichts, was mir als Anhaltspunkt hätte dienen können.« Auch die Kleine

Diomedes-Insel ist bereits im Nebel verschwunden. Lynne Cox ist mutterseelenallein, irgendwo in den Weiten des arktischen Meeres, von eiskaltem Wasser und dichtem Nebel umschlossen. »Die Boote fielen weiter zurück, da ihre Besatzungen offenbar nicht wussten, wohin sie fahren sollten.« Langsam kriecht Angst in ihr hoch. Was, wenn die Boote den Kontakt zu ihr verlören? Die Inuit in den Umiaks führen nur einfache Kompasse mit sich, und ihre Erfahrung als Robbenfänger und Fischer. Lynne Cox ruft in den Dunst hinein, sie sollen zu ihr aufschließen. Aber sie weiß nicht, ob der Nebel den Schall nicht schluckt. Sie hört und sieht nichts mehr, gerät in Panik. »Ich schwamm weiter, so schnell meine Arme sich bewegen konnten. Es war, als würde ich um mein Leben schwimmen.« Sie kühlt rascher aus, als sie es sich vorgestellt hat: »Ich schaute auf meine Schultern; sie waren rot und weiß gefleckt.« Der Körper zieht das Blut aus den Extremitäten und der Haut zurück und sammelt es im Inneren, um das Herz und andere lebenswichtige Organe zu schützen. Es ist ein Überlebensreflex der Natur, aber wenn sie zu lange im kalten Wasser bleiben wird, das weiß sie, wird sie kollabieren und ohnmächtig werden. Wenn dann nicht die Begleiter sofort zur Stelle sind, wird sie hilflos in den Tiefen des Eismeeres untergehen …

Endlich taucht das Boot der Ärzte wieder aus dem weißgrauen Nichts auf. Sie geben der Schwimmerin ein Zeichen, dass sie mit dem langen Stab die Körpertemperatur kontrollieren wollen. Sie messen 36,1 Grad Celsius – alles noch im grünen Bereich. Der Grenzwert liegt bei 34,4 Grad. Aber das Messen dauert mehrere Minuten. Wertvolle Zeit, die verloren geht und in der Lynne Cox, da sie sich währenddessen nicht bewegt, noch mehr auskühlt. Sie nimmt den Sprint wieder auf. Die Strecke zieht sich hin. Sie ahnt: Sie schwimmt nicht in einer geraden Linie, sondern wird von der Beringströmung mitgerissen. Aber sie vermisst eindeutige Angaben und Weisungen von den Begleitbooten. Anscheinend sind die Männer sich selbst unschlüssig, wo sie überhaupt sind. »Der Nebel verdichtete sich, und die

Sichtweite reduzierte sich auf 50 Meter. […] Vielleicht hatten wir die Grenze schon überquert. Aber wie sollte man das feststellen? […] Die Strömung schob uns nach Norden, und wir schnitten sie schräg an. Wir durften nicht in die Tschuktschensee [nördlich der Beringstraße] abgetrieben werden, bevor wir die andere Küste erreichten. Der gespenstische Nebel hüllte uns ein, verringerte das Licht und verkürzte die Sicht auf zehn Meter.« Sie verliert die Beiboote wieder aus dem Blick. Erneut kriecht Angst in ihr hoch, während sie immer mehr auskühlt, ihre Haut weiß wird, die Muskeln verhärten und sie zu zittern beginnt. Plötzlich sind die Beiboote wieder bei ihr. Nochmals wollen die Ärzte die Körpertemperatur messen, aber das Gerät funktioniert nicht richtig, und sie mühen sich mehrere Minuten lang ab – wiederum wertvolle Zeit, und wiederum sinkt Lynnes Körpertemperatur. Sie entschließt sich, nun nur noch weiter zu schwimmen, keine Messung mehr zuzulassen – es ist kostbare Zeit, die verloren geht, Zeit, die über Leben und Tod entscheiden kann.

Irgendwann müssen sie und die Begleiter es sich stumm eingestehen: Sie haben die Orientierung verloren, sind durch die Strömung vom Kurs abgekommen, irren im Nebel umher und wissen nicht einmal mehr, in welcher Richtung sich die Große Diomedes-Insel befindet. Insgeheim betet Lynne Cox: »Bitte sucht uns.« Die Bitte ist an die Russen gerichtet, die irgendwo mit ihren gut ausgerüsteten Schiffen sein müssen, die an der Wassergrenze warten, um sie in Empfang zu nehmen und sicher zur Insel zu geleiten. Aber das stille Gebet wird von der Angst und vom Nebel geschluckt. Endlich spürt sie im Wasser ein Vibrieren. Dann hört sie leise das Tuckern eines Motors. Tatsächlich: Es ist das Boot der Russen. Sie haben ihre Scheinwerfer eingeschaltet und suchen die Amerikanerin, rufen nach ihr, aber der Nebel schluckt Licht und Schall. Lynne Cox spürt nur das Vibrieren des Motors. Sie ruft, sie schwenkt mit den Armen, aber die Russen hören und sehen sie nicht. Auch die Ärzte und Inuit-Begleiter sind auf die Russen aufmerksam geworden, schreien und winken wie verrückt. Endlich nehmen die Russen sie wahr und nähern sich ihnen. Lynne Cox erinnert sich. »Für mich war es einer der wunderbarsten Anblicke, an die ich mich erinnern kann. Das dunkelgraue Schiff der Russen tauchte aus dem Nebel auf und tuckerte langsam auf uns zu. Da waren sie. Tatsächlich. Und sie würden uns helfen. Elf Jahre lang hatte ich mir diesen Moment vorgestellt.«

Sie haben bereits die unsichtbare Front, die auch die Datumsgrenze darstellt, überquert. Es ist nun nicht mehr der 7. August, sondern bereits der 8.: »Wir waren aus der Gegenwart in die Zukunft gelangt.« Die russische Barkasse hält sich in einer Distanz von etwa fünfzig Metern von der Schwimmerin und weist ihr den Weg hinüber zur Großen Diomedes-Insel. Nun wachsen Lynne Cox neue Kräfte zu. Beherzt greift sie ins eiskalte Wasser, schaufelt sich voran. Aber ihre Körpertemperatur ist inzwischen in einem riskanten Bereich. Sie spürt ihre Hände nicht mehr, auch das Gesicht nicht. Die Strömung wird stärker, die Wassertemperatur sinkt auf drei Grad. Sie ist am Ende ihrer Kräfte und am Ende des medizinisch Vertretbaren. Die Ärzte im Beiboot blicken sie besorgt an. Wird sie es schaffen? Oder sollte sie nicht besser aufgeben und zum Boot schwimmen? Aber dann wäre alle Mühe umsonst, es wäre das Eingeständnis des Scheiterns. Die ganze Welt, in Ost und West, blickt an diesem Tag auf Lynne Cox, wartet auf Nachrichten über Funk und Fernsehen, Nachrichten von der mutigen Amerikanerin, die den Kalten Krieg bezwingt.

Da hört Lynne das Geschrei der Seevögel. Das Land kann nicht mehr weit sein. Sie erkennt im Nebel die Umrisse von Klippen. Es sind nur noch fünfzig Meter bis ans Ufer. Aber es ist eine Steilklippe, wo niemand außer den Vögeln auf sie wartet. Ein Stück schneebedeckter Strand befindet sich mehrere Hundert Meter weiter südlich. Dort warten Russen und Inuit, Einheimische und angereiste Reporter und das offizielle Empfangskomitee. Die Ärzte rufen ihr zu, so rasch wie möglich zu den Klippen zu schwimmen. Damit hätte sie das Land erreicht, die

Beringstraße bezwungen, könnte zu Recht sagen, das Unternehmen sei geglückt. Aber Lynne Cox, ihrer Unterkühlung und ihren Schmerzen zum Trotz, entscheidet sich eines anderen: »Ich wusste, dass ich es mein Leben lang bereuen würde, wenn ich jetzt nicht weitermachte.« Sie nimmt alle Kraft und ihren Willen zusammen und schwimmt parallel zur Küste in Richtung des Strandes: »Ich betrachtete meine Hände, die durchs Wasser zogen. Sie sahen aus wie die violett-grauen Hände eines Leichnams. […] mein Gesicht fühlte sich nicht mehr wie ein Gesicht an, sondern so, als sei es vom Schädel abgelöst.« Sie erkennt in der Ferne etwa dreißig Gestalten im weißen Schnee am Ufer. Dorthin will sie. Sie sieht die Menschen bereits winken, hört sie jubeln. Endlich sieht sie, wie der Meeresboden sich ihr entgegenhebt, das Wasser wird flach. Menschen, die russisch sprechen, kommen auf sie zu. Lynne Cox kriecht die letzten Meter auf allen vieren aus dem Wasser. Helfende Hände recken sich ihr entgegen, packen sie in warme Decken. Ein ganzes Rudel russischer Journalisten wartet auf sie, Kameras sind auf sie gerichtet. Anstatt sich gleich in das nahe gelegene Aufwärmzelt führen zu lassen, steht Lynne Cox erst einmal den Reportern Rede und Antwort, spricht, obwohl sie kaum die tauben Lippen bewegen kann, tapfer in die Mikrofone: »Ich bin über die Beringstraße geschwommen, um in die Zukunft zu gelangen, um die internationale Datumsgrenze zu überqueren und symbolisch eine Brücke zwischen den Vereinigten Staaten und der Sowjetunion zu schlagen. Ich wollte damit eine Atmosphäre von Wohlwollen und Friedensbereitschaft zwischen unseren beiden Ländern und unseren beiden Völkern schaffen. […] Wir müssen Freunde werden. Deshalb habe ich es ja getan – deshalb haben wir es getan.« Sie zeigt auf das Team, das ebenfalls an Land gekommen ist. Dann lässt sie sich von einer älteren russischen Ärztin in das Zelt führen. Dort wird Lynne Cox warm eingepackt, erhält Wärmepackungen, wird untersucht. Langsam erhöht sich ihre Körpertemperatur, kehrt wieder Leben in sie zurück. Sie erfährt von ihren Ärzten, dass sie zwei Stunden und sechs Minuten unterwegs war. Draußen singen und tanzen die Russen und die Inuit. Auf zwei Tischen wurde ein Büfett aufgebaut, Kellner in weißen Schürzen servieren Tee, Fisch, Brot und Schokolade. Es ist ein ausgelassenes, frohes Fest, ein Fest der Freude und der Völkerverständigung.

Währenddessen zeigt die russische Ärztin, ihr Name ist Rita, der Amerikanerin Kinderfotos. Ob das ihre Kinder seien, will Lynne Cox wissen. Nein, nicht die Kinder, die Enkel. Sie, die Ärztin, sei eine Babuschka, eine Großmutter. Lynne Cox geht ein Licht auf: Babuschka! Sie hat sich ja von den Russen bei der Ankunft eine Babuschka gewünscht. Die haben sich wohl etwas gewundert, aber den Wunsch brav erfüllt. »Rita lächelte und nahm mich in die Arme. Sie erlaubte mir, das Zelt zu verlassen und nachzusehen, was sich da draußen tat.«

Botschafterin des Friedens

Die Nachricht von der Bezwingung der Beringstraße, der Front des Kalten Kriegs zwischen den Supermächten USA und Sowjetunion, geht noch am selben Tag um die ganze Welt. Lynne Cox und ihre Begleiter kehren in ihren Booten nach Alaska zurück. Auch dort wird gefeiert. Sie erhält Preise und Auszeichnungen, offizielle und inoffizielle, Abzeichen der Sowjetunion und der USA. Bereits am nächsten Tag fliegt sie von Anchorage nach New York und tritt in einer Fernsehsendung der ABC auf. Sie kommt in New York nur mit einem verschwitzten Trainingsanzug an und muss sich, abgebrannt, wie sie ist, von dem TV-Produzenten Geld leihen, um sich für den Auftritt angemessene Kleidung zu beschaffen.

Eine Unmenge von Anrufen erreicht sie. In den folgenden Wochen erhält sie Briefpost aus der ganzen Welt, Worte der Anerkennung und des tiefen Dankes. Etwa vier Monate nach ihrem großen Abenteuer sitzt sie eines Tages im heimatlichen Los Angeles vor dem Fernseher, als die Nachrichten einen Bericht über ein Treffen des sowjetischen Generalsekretärs Michail Gorbatschow mit dem US-Präsidenten Ronald Reagan und den First Ladys im Weißen Haus in Washington bringen. Sie heben die Gläser zu einem Toast, und Gorbatschow sagt in die Kameras: »Letzten Sommer hat eine tapfere Amerikanerin namens Lynne Cox nur zwei Stunden gebraucht, um von einem unserer Länder zum anderen zu schwimmen. Wir haben im Fernsehen miterlebt, wie herzlich und wohlwollend unsere Landsleute und die Amerikaner sich begegneten, als sie sowjetischen Boden betrat. Sie hat durch ihren Mut bewiesen, wie nahe sich unsere Völker sind.« Es ist für Lynne Cox, die sprachlos vor dem Fernseher sitzt, wohl der größte Triumph: Sie wird – das hat sie sich immer gewünscht – bis in die höchste Führungsebene hinauf als eine Botschafterin des Friedens angesehen.

1989 öffnet sich die Berliner Mauer, fällt der Eiserne Vorhang. 1991 löst sich die Sowjetunion auf. Der Kalte Krieg ist damit beendet. Für Lynne Cox jedoch ist das nicht das Ende ihres politischen Engagements. Und schon gar nicht das Ende ihrer sportlichen Aktivitäten. Bereits 1988 durchschwamm sie den Baikalsee in Sibirien. 1990 schwimmt sie sechzehn Kilometer in der Spree, durch die ganze, nun nicht mehr geteilte Stadt, von Ost nach West. 1992 durchquert sie den Titicacasee, 2002 schwimmt sie in fünfundzwanzig Minuten 1,7 Kilometer weit in den null Grad kalten Eisgewässern der Antarktis. Sie schreibt mehrere Bücher über ihr Leben und ihre Schwimmabenteuer, sowie eine Biografie über den Polarforscher Roald Amundsen. Im Jahre 2000 wurde Lynne Cox in die Ruhmeshalle des internationalen Schwimmsports aufgenommen. Sogar ein Asteroid wurde nach ihr benannt. So prangt ihr Name wortwörtlich am Himmel.

Auswahlbibliografie

Annie Taylor

Berton, Pierre: Niagara: A History of the Falls. Albany/New York 1992.
Kusmierz, Marvin: Anna Edson Taylor. In: http://bay-journal.com/bay/
   1he/people/fp-taylor-annie.html
Murray, Joan: Queen of the Mist. The forgotten heroine of Niagara. Bos-
   ton 1999.
Parish, Charles Carlin: Queen of the Mist: The Story of Annie Edson
   Taylor, First Person Ever to Go over Niagara Falls and Survive. Inter-
   laken/New York 1987.
Whalen, Dwight: The Lady Who Conquered Niagara: The Annie Edson
   Taylor Story. Brewer 1990.

Lina Bögli

Arlt, Judith: »Ich esse auf einem gedeckten Tisch, aus schönem Porzel-
   lan und mit dem Besteck des Königs Kalakaua«. Die Weltreisende
   Lina Bögli (1858–1941). http://juditharlt.de/wp-content/uploads/
   2014/06/Arlt_BoegliJahrbuch2008.pdf
Arlt, Judith: Die Welt war schneller als die Worte. Weinheim 2014.
Bögli, Lina: Immer Vorwärts. Frauenfeld 1915.
Bögli, Lina: Talofa. In zehn Jahren um die Welt. Mit einem Nachwort
   von Doris Stump. Zürich 1990.
Strub, Elisa: Lina Bögli, ein reiches Frauenleben. Zürich 1949.

Maria Leitner

Killet, Julia und Helga W. Schwarz (Hgg.): Maria Leitner oder: Im Sturm der Zeit. Berlin 2013.

Leitner, Maria: Eine Frau reist durch die Welt. Mit einem Nachwort von Hartmut Kahn. Berlin 1986.

Schwarz, Helga: »Maria Leitner – eine Verschollene des Exils?« In: Thomas Koebner, Wulf Köpke, Claus-Dieter Krohn, Sigrid Schneider (Hgg.): Exilforschung. Ein Internationales Jahrbuch. Bd. 5. Fluchtpunkte des Exils und andere Themen. München 1987, S. 123–134.

Odette du Puigaudeau

Puigaudeau, Odette du: Barfuß durch Mauretanien. Zwei wagemutige Abenteurerinnen durchqueren die Wüste. Aus dem Französischen von Ilse Rothfuss. München 2006.

Puigaudeau, Odette du: La Piste Maroc-Sénégal. Paris 1954.

Puigaudeau, Odette du: Mémoire du Pays Maure: 1934–1960. Présenté par Monique Vérité. Paris 2000.

Puigaudeau, Odette du: Tagant. Paris 1993.

Roussos, Katherine: Odette du Puigaudeau: Entre idéalisme et désenchantement. http://www.sielec.net/pages_site/FIGURES/roussos_puigaudeau/puigaudeau_1.html

Vérité, Monique: Odette du Puigaudeau. Une Bretonne au désert. Paris 2001.

Clärenore Stinnes

Feldman, Gerald D.: Hugo Stinnes. Biographie eines Industriellen 1870 bis 1924. Aus dem Englischen übersetzt von Karl Heinz Siber. München 1998.

Habinger, Gabriele und Carl-Axel Söderström: Eine Frau fährt um die Welt. Die spektakuläre Reise der Clärenore Stinnes, 1927–1929. München 2016.

Kuball, Michael, Clärenore Söderström (Hgg.): Söderströms Foto-Tagebuch 1927–1929. Die erste Autofahrt einer Frau um die Welt. Frankfurt/M. 1981.

Stinnes, Clärenore: Im Auto durch zwei Welten. Die erste Autofahrt einer Frau um die Welt 1927 bis 1929. Herausgegeben und Vorwort von Gabriele Habinger. Wien 1996.

Winter, Michael: Pferdestärken. Die Lebensliebe der Clärenore Stinnes. Hamburg 2001.

Ella Maillart

Maillart, Ella: Leben ohne Rast. Eine Frau fährt durch die Welt. Übersetzt von Lothar Tobias. Wiesbaden 1952.
Maillart, Ella: Vagabundin des Meeres. Eine unerschrockene Frau auf hoher See. Aus dem Englischen von Marion Balkenhol. München 1993.
www.ellamaillart.ch

Martha Gellhorn

Gellhorn, Martha: Reisen mit mir und einem Anderen. Fünf Höllenfahrten. Deutsch von Herwart Rosemann. Zürich 2011.
Moorehead, Caroline: Martha Gellhorn. A Life. London 2004.
Rollyson, Carl: Nothing ever happens to the brave. The story of Martha Gellhorn. New York 1990.

Dervla Murphy

Murphy, Dervla: Aus eigener Kraft. Mit dem Fahrrad nach Indien. München 1993.
Murphy, Dervla: Wheels within Wheels. London 1979.

Lynne Cox

Cox, Lynne: Die Eismeerschwimmerin. Lebensbahnen einer ungewöhnlichen Frau. Aus dem Amerikanischen von Frank Auerbach. München 2007.
http://www.spiegel.de/einestages/lynne-cox-schwimmerin-in-der-beringstrasse-1987-a-949540.html
www.lynnecox.com

»Eine der feinsinnigsten und klügsten Biografien der letzten Jahre«

Focus

Armin Strohmeyr
Annette Kolb
Dichterin zwischen den Völkern

Piper Taschenbuch, 368 Seiten
€ 12,00 [D], € 12,40 [A]*
ISBN 978-3-492-31217-2

»D'Leut ärgern« war bereits früh Annette Kolbs Lieblingsbeschäftigung, weil sie für ihre Überzeugung einstehen wollte. Sie war zugleich scharfsinnig und naiv, sie war Pazifistin und streitbar. Ihre Bücher vermitteln eine große Leichtigkeit, dabei fiel ihr das Schreiben zeitlebens schwer. Armin Strohmeyr zeichnet die aufregende Geschichte einer Zeitzeugin nach, deren Leben exemplarisch ist für ein von Anerkennung und Verfolgung gleichermaßen bestimmtes Schriftstellerdasein.

PIPER

Leseproben, E-Books und mehr unter **www.piper.de**

>>Das Kamel hat seine Vorteile –
doch man muss ganz schön lange
nach ihnen suchen!<<

Amelia Edwards, 1874

Armin Strohmeyr

**Die leuchtenden
Länder**

Reisende Frauen erkunden den
Orient

Piper Taschenbuch, 352 Seiten
€ 11,00 [D], € 11,40 [A]*
ISBN 978-3-492-30967-7

Während sich im Europa des ausgehenden 19. und frühen
20. Jahrhunderts die Oberschicht in pulsierenden Metropo-
len wie Paris, London oder Berlin verlustierte, war den hier
porträtierten Frauen ein Leben zwischen Boudoir und Salon
nicht genug. Abenteurerinnen wie Isabel Burton, Vita Sack-
ville-West und Freya Stark bereisten in Männerkleidern den
Orient, ritten auf Maultieren durch Wüsten und über Gebirge, verteidigten sich gegen Wegelagerer und erforschten als
Archäologinnen und Ethnologinnen alte Kulturen.

PIPER

Leseproben, E-Books und mehr unter **www.piper.de**

Beeindruckend und unterhaltsam

Armin Strohmeyr

Uns gehört die Welt

Schreibende Frauen erobern die
Fremde, 9 Porträts

Piper Taschenbuch, 352 Seiten
€ 9,99 [D], € 10,30 [A]*
ISBN 978-3-492-27392-3

Statt Geschichten für Romane zu erfinden, reisten mutige
Frauen im 18., 19. und frühen 20. Jahrhundert lieber durch
die Welt, um wahre Abenteuer zu erleben. Mit Feldstecher,
Schreibfeder und Machete im Gepäck erforschten sie fremde
Gesellschaften und ferne Länder. Von Sophie von La Roche,
die sich in einer Sänfte den Montblanc hochtragen ließ, bis
zu Luise Mühlbach, die vom Khediven von Ägypten sogar
zur Eröffnung des Suezkanals eingeladen wurde – die Reiseberichte und Tagebücher der Porträtierten zeugen von Mut
und Abenteuerlust.

Leseproben, E-Books und mehr unter www.piper.de

PIPER